安徽庄学史

高 深 王德龙 著

科学出版社

北 京

内 容 简 介

本书以历代安徽学者的庄学著述为主要研究对象，以历史为线索，考察了庄学在安徽这一地域上产生、发展、流变的历史。安徽北部是道家哲学的发源地，自宋代之后，安徽庄学的重心也转移到安徽南部。这种地域特色造就了安徽庄学的独特性和典型性。安徽庄学史既是中国庄学史的一支，又是中国庄学史的主流。从先秦至中华民国，安徽庄学既有平稳发展，也呈现大起大落。除唐、元两代之外，在每一个时代中，安徽地域上都产生了一批卓有建树的庄学家，涌现出了一批引领时代潮流的大家。然而，安徽庄学成果良莠不齐，得失并存，历代庄学研究都具有时代和个人的局限。

本书适合高校师生、庄学爱好者、旅游文化公司职员、政府官员阅读。

图书在版编目（CIP）数据

安徽庄学史 / 高深，王德龙著. —北京：科学出版社，2017.7

ISBN 978-7-03-053823-9

I. ①安… II. ①高… ②王… III. ①庄周（约前369—前286）–哲学思想–研究 IV. ①B223.5

中国版本图书馆CIP数据核字（2017）第146537号

责任编辑：王洪秀 / 责任校对：王晓茜

责任印制：张欣秀 / 封面设计：铭轩堂

科学出版社 出版

北京东黄城根北街16号

邮政编码：100717

http://www.sciencep.com

北京东华虎彩印刷有限公司 印刷

科学出版社发行 各地新华书店经销

*

2017年7月第 一 版 开本：B5（720×1000）

2017年7月第一次印刷 印张：25 1/2

字数：405 000

定价：108.00 元

（如有印装质量问题，我社负责调换）

前　　言

安徽蒙城是庄子的故乡，皖北地区曾经是庄子生活、讲学、著书的重要区域，庄子的影响首先发生在皖北的大地上，然后向周边扩展，遍布了全国。有感于“安徽”与“庄学”的这种地缘关系，“安徽庄学史”这个题目就出现在了脑海中。接下来就要论证“安徽庄学史”研究的必要性问题。

经过多年的庄学研究，笔者发现，开展地域庄学史的系统研究是必要的。所谓“地域庄学史”是指就某一地域上的庄学史的研究，与“宏观庄学史”相对。所谓“系统研究”是指历时研究，与“断代史研究”相对。到目前为止，关于庄学史的研究主要有三个方面的向度：一是宏观庄学史研究，如熊铁基等的《中国庄学史》（2003 年）、方勇的《庄子学史》（2008 年），这是大部头的中国庄学史的系统研究；二是断代庄学史研究，如李宝红、康庆的《二十世纪中国庄学》（2006 年）、刘洪生的《20 世纪庄子研究史稿》（2007 年）、马晓乐的《魏晋南北朝庄子史论》（2012 年）；三是地域庄学史的断代研究，如杨文娟的《宋代福建庄学研究》（华东师范大学 2006 年博士学位论文）、陈湘君的《晚清湖湘老庄学研究》（湖南师范大学 2009 年硕士学位论文）、李波的《明代桐城庄子研究》（《安庆师范学院学报》2010 年第 5 期）等。在以上三个向度的研究中，宏观庄学史的研究已经完成。庄学史的宏观研究、大型庄学书目的编写、庄学文献的大规模会辑整理，标志着中国庄学研究全面综合阶段的完成。宏观庄学史的研究既已完成，断代庄学史的研究意义就不大了。而地域庄学史的研究恰恰开始起步，这是很有潜力的一种研究角度。

地域学术史的研究方法已被普遍运用到文学史研究之中了。据笔者所知，自 20 世纪 80 年代以来，绝大多数省份已完成了地域文学史的编撰工作，如《山西文学史》（1993 年）、《湖北文学史》（1995 年）、《安徽文学史》（2013 年）等。这些地域文学史的存在本身就有力地证明了地域学术史研究的生命力。目前的庄学研究，大多只注重历时的梳理，而不注意其空间分布的探索；只注重时代性和民族性，而不注意地域性或地域风格的考察。因此，这种研究往往是一维的、单向的，缺乏立体感和丰富性。地域庄学史研究作为庄学研究的新视角，对于拓展庄学研究的领域、推进庄学研究的精细化有其方法论意义。

在全国各地的庄学研究中，安徽庄学具有得天独厚的有利条件：地域特色鲜明和学术发展典型，这是选择安徽庄学史作为选题研究的又一重要原因。安徽省位居中原，地处南北文化交流会合之地，地形呈南北条形分布，且与中国经济、政治中心由北往南转移相适应。在各地域庄学中，安徽庄学最具代表性，最能反映中国庄学的面貌。安徽庄学与中国庄学同兴同衰，经历了同样的波澜起伏。安徽庄学史既是中国庄学史的一支，又是中国庄学史的主流，研究安徽庄学史有助于理清庄学产生、发展的进程和流变。

本书以历代安徽学者的庄学著述为主要研究对象，以历史为线索，考察安徽庄学的变迁。在对安徽学者庄学著述文献进行检索、阅读、研究的基础上，全书贯穿“接受学”的视角，总结秦汉至中华民国各时期安徽庄学的成果，包括各个时代安徽庄学研究概述，以及各个时代中影响较大、具有代表性的庄学著作的内容、成就及其对《庄子》的继承和发展。本书在分析庄学著作的内容、体例、特点的基础上，运用接受学的方法，分析这些庄学作者的思想与《庄子》之间的关系，是正确地把握还是有所偏离？并结合地域或时代的因素分析其原因。对于已佚或搜集不到的庄学文献，笔者则尽量记录其图书信息，包括著者简介、著述时间、影响及评价、传承情况等。

以上所言为本书选题缘由、研究思路和方法。

高　深

2017 年 4 月 5 日于淮北

目　　录

绪　　论

作为道家哲学的集大成著作，《庄子》一书引起了历代学者的广泛关注，对其的整理、注释和研究层出不穷，遂形成一个相对独立的研究领域——庄学。在经历了“以随文注疏为主”的古代庄学和“以专题分析研究为主”的近代庄学之后，中国庄学又迎来了第三个阶段，即全面综合的新阶段。大型庄学书目的编写、庄学史的宏观研究、庄学文献的大规模会辑整理，标志着中国庄学研究全面综合阶段的完成。庄学研究呼吁研究方法的转型。由于中国地域辽阔，学术史的地域性显著，庄学在各个地域上的研究皆成果卓著、特色鲜明，地域庄学史的研究将会推进庄学研究的精细化。“安徽庄学史”研究的目标就是研究庄学在安徽这一地域上产生、发展、流变的历史。那么为什么研究安徽的庄学，而不是其他地域的庄学呢？首要原因是，在庄学历史上，安徽具有独特的地位，是庄学的发源地和庄学研究的重要省份，安徽庄学研究具有重要的价值和意义。其次，中国历代庄学本身就具有鲜明的地域性，这也是开展安徽庄学研究的前提。

一、中国庄学的地域性

“时间”和“空间”是事物的两种最基本的运动形式。学术研究总是在一定的时空中展开的。庄学研究亦然。从区域史的角度来研究中国庄学，对于揭示庄学发展变迁的规律或许更为清晰。借鉴地域文学史研究的方法，从中国历代庄学家的地理分布格局入手，来研究中国庄学的地域性问题，首先要对庄学家的地域归属进行统计和分类。之所以选用“庄学家”而非“庄学文献”的地理分布格局来说明庄学的地域性，是因为每个作为研究主体的“庄学家”有其生活的时间与空间，以“庄学家”为研究线索，便于考察其庄学著述产生的时代与地域。研究庄学家的目的仍然是研究其庄学著述，庄学家与其庄学著述关系密切。“庄学文献”的地域范围太广，既

有产生的地域，还有传播的地域、保存的地域。故此，笔者采用“庄学家”这一视角来探讨庄学的地域性问题。为此，笔者进行了大量、细致的统计分析，绘制了“中国历代庄学家的地理分布简表”。统计的方法如下。

（1）“庄学家”的范围。本书所统计的“庄学家”以有庄学著述传世为最基本条件。“著述”可长可短，既可以是一篇论文，也可以是一部专著；体例不限，既包括研究专著、注释本、批点本、编订本，也包括内容相关的序、跋。古人著书往往有众多的参与者，有编者，有辑者，有注者，有疏者，有评者，有圈点者，有序者，有跋者，凡参与了文字处理的，皆统计在内。而校订者、参订者除外，因其在文字的加工处理上作用太小，一概忽略不计。对于疑为伪书的著述，若其抄袭之原本已经著录，伪作就不计在内，如《南华通》有两个版本，一个是屈复本，一个是孙嘉淦本，然而考证认为屈复本为伪作，与孙嘉淦《南华通》实属一本，故此，屈复本《南华通》就未著录。有些伪作是因书贾为谋取利益、杂抄众书而托之名人，经考证属实的，亦不计入，如《南华真经评注》一书，经考证，“是书贾采用换头换面的手段，杂钞众书而成”①。类似的还有托名陆可教、李廷机的《庄子玄言评苑》，托名陈深的《诸子品节·庄子品节》等著述，亦不计入。

（2）“历代”的划分。本书研究的时间范围是自先秦至中华人民共和国成立（1949 年）。在时段的划分上，沿用学界惯例，在朝代分期的基础上划分为若干个阶段。为清晰地展现不同时段区域庄学的特色，将先秦至中华人民共和国成立这一时期的庄学史划分为周秦、两汉、三国两晋南北朝、隋唐五代、宋元、明、清、民国八个阶段。在统计庄学家的时段分布时，一般情况下根据庄学家的出生时间确定其朝代归属。当庄学家一身跨两朝时，再根据实际情况作前后延伸，原则上采取与其庄学著述关系最密切的时代。例如，清末出生的学者叶玉麟，因其《白话译解庄子》完成于 1935 年左右，所以将其归于民国。类似的情况还有胡适、刘文典、陈撄宁等。

（3）“地域”的界定。依据目前中华人民共和国的行政区划将全国划分为 23 个省、5 个自治区、4 个直辖市、2 个特别行政区：

① 刘海涛，《〈南华真经评注〉伪书相关问题考论》，《图书馆理论与实践》2014 年第 2 期，第 61-64 页。

（华北）天津市、北京市、河北省、山西省、内蒙古自治区

（东北）辽宁省、吉林省、黑龙江省

（华东）上海市、江苏省、浙江省、安徽省、福建省、江西省、山东省

（中南）河南省、湖北省、湖南省、广东省、广西壮族自治区、海南省

（西南）重庆市、四川省、贵州省、云南省、西藏自治区

（西北）陕西省、甘肃省、青海省、宁夏回族自治区、新疆维吾尔自治区

（港澳台）香港特别行政区、澳门特别行政区、台湾省

所谓庄学家的地理分布是指庄学家户籍归属的省（自治区、直辖市）。在统计庄学家的户籍地时，因为存在中国历史行政区划变动因素，所以各庄学家的户籍地皆以现在的行政区划为准。户籍问题极为复杂，既有相对稳定者，又有变动不居者，还有所谓祖籍、出生地、侨居、占籍、卫籍、流寓种种不同的情形。笔者考察庄学家的地理分布，目的在于考察一个地区的人文地理环境对庄学家的庄学研究所产生的作用和影响。因此，户籍归属首先考虑完成其庄学著述的地区，其次是对其庄学著述影响最大的地区，例如，陈寅恪，祖籍江西九江，生于湖南长沙，后迁居金陵，在江苏金陵的生活，对陈寅恪影响最大，故此笔者将陈寅恪的户籍划归江苏。又如，苏轼，祖籍河北，世居四川，然其庄学著述《庄子祠堂记》是他在安徽蒙城客居时所做，所以将苏轼归在安徽庄学家之列。另外，按现在行政区划，婺源应归江西，但考虑到婺源在历史上的长期稳定（宋元明清四代）的地域特色（徽州），现在也把江西婺源划归安徽。

遵循以上三个方面的原则，笔者统计了先秦至1949年的庄学著述。主要参考了严灵峰的《周秦汉魏诸子知见书目》《无求备斋庄子集成初编》《无求备斋庄子集成续编》《无求备斋老列庄三子集成补编》、方勇的《子藏·庄子卷》《庄子学史》、熊铁基的《中国庄学史》、蒋元卿的《皖人书录》、胡孚琛的《中华道教大辞典》、刘海涛的《〈周秦汉魏诸子知见书目〉明代〈庄子〉书目匡补》、李瑞振的《金元庄学文献考》、安徽省图书馆编辑的《安徽文献书目》等资料，以及笔者搜集的单篇论文，共得

577 人（籍贯或朝代不明者 60 人未计在内），兹将这 577 人的地理分布情况列于表 1.1：

表 1.1　中国历代庄学家的地理分布简表（单位：人）

时代 省份	周秦	两汉	三国两晋南北朝	隋唐五代	宋元	明代	清代	民国	总计
吉林								1	1
辽宁								1	1
河北			3	3	3	2	6	6	23
北京							2	1	3
天津							1	1	1
甘肃							3		3
山西	1			1	4	5	3		14
山东		1	8		5	6	12	2	34
陕西		2		5	2	2	2		13
河南	1		11	4	2	1		1	20
江苏			5	3	4	35	20	20	87
上海						4	6		10
安徽	1	1	11	2	6	22	32	18	94
浙江			1	1	15	51	21	14	103
四川				2	2	2	4	6	16
江西					15	15	1	2	33
湖南						3	11	6	20
湖北			2	1		12	4	3	22
广东						4	9	5	18
福建					13	21	8	6	48
云南								1	1
重庆					1			2	3
贵州						2	2		4
广西							2	3	5
未明									（60）
总计	3	4	41	22	72	187	149	99	577

从表 1.1 可知，中国庄学于先秦发源于安徽，最先传播至河南、山西、陕西、山东等地区，三国两晋南北朝、唐宋时期研究者人数逐渐增多，范

围逐渐扩大，元代衰落，明代达到高峰，清代、民国逐渐转弱。中国历代庄学家的地理分布极不均衡，具体而言，如下所示。

周秦时期庄学家主要分布在今天的安徽、山西和河南三省，也就是当时的宋、楚、赵、卫等国。

两汉时期庄学家主要分布在今天的安徽、陕西和山东，也就是当时的淮南、夏阳、安陵、东平。

三国两晋南北朝时期庄学家主要分布在今天的河北、山东、河南、江苏、安徽、湖北，也就是当时的安平、清河、范阳、山阳、姑幕、琅琊、平昌、东海、陈留、颍川、河内、中牟、洛阳、新野、汝南、封丘、南兰陵、建康、庐江、谯郡、广陵、丹阳、建康、江夏，重心在河南、山东。

隋唐五代时期庄学家主要分布在今天的河北、山西、陕西、河南、江苏、浙江、湖北，重心在陕西。

宋元时期庄学家主要分布在河北、山西、山东、陕西、河南、江苏、安徽、浙江、四川、江西、福建、重庆，重心在福建、江西、浙江、山西。

明代时期庄学家主要分布在河南、河北、山西、山东、江苏、上海、浙江、安徽、江西、陕西、湖南、湖北、四川、广东、福建、贵州，重心在浙江、江苏、安徽、福建，仅此四省占了全国庄学家的66%。

清代时期庄学家主要分布在今天的陕西、山西、甘肃、河北、山东、江苏、浙江、安徽、湖南、湖北、四川、广东、福建、贵州、广西、江西、上海、北京、天津、吉林，重心在江苏、安徽、浙江、山东、湖南，仅此五省占了全国庄学家的64%。

民国时期庄学家主要分布在今天的吉林、辽宁、河北、北京、天津、山东、河南、江苏、安徽、浙江、四川、江西、广东、广西、重庆、福建、云南，重心在江苏、安徽、浙江，仅此三省占了全国庄学家的53%。

综上所述，浙江、安徽、江苏、江西、福建、山东庄学研究队伍最为庞大，其中，福建、浙江、江西三省的庄学研究从宋代开始转盛，元代消歇，明代达到顶峰，清代、民国减弱。江苏、山东与安徽则持续时间最久，数量也较多，仅次于浙江、福建、江西。与江南庄学后期超盛相比，河南的庄学研究前强后弱，在19位庄学家中唐代之前就有15位，这是很独特的。究其原因，自宋代开始，中国经济重心南移，江南成为中国的政治、经济、文化中心，教育发达，精英云集，学术空前兴盛。安徽庄学的高峰在清代，唐朝之前没有间断，这是独一无二的。

二、安徽庄学的独特性

（1）在唐代之前，只有安徽庄学的发展没有间断。这是中原地区的河北、山东、河南、江苏等省所不具备的。江苏、浙江、湖北、福建、江西等地庄学的高峰出现在明代，清代渐衰。而安徽庄学的高峰在清代，清代安徽庄学一枝独秀，最为繁荣，远超江苏、浙江、福建、江西、山东等省份。

（2）在各地域庄学中，安徽庄学最具代表性。安徽省位于华东腹地，吴头楚尾，襟江带淮，东连吴越，西接中原，北承齐鲁，南达赣闽，地处南北文化交流会合之地，自古人文荟萃，名流辈出，教育事业源远流长。安徽学人自古就深受道家老庄的影响，王安石《蒙城清燕堂》诗有“民有庄周后世风”句。[①]战国时期皖北地区是庄子生活、讲学、著书的重要区域，此时也是庄子学说产生及传播的初期。据《庄子》记载，庄子身边有一些游学弟子，为庄学在安徽地域的传播奠定了基础。从《吕氏春秋》频繁征引《庄子》来看，庄子的后继者在安徽地域也大有人在。汉初黄老思想占主流地位，庄学在安徽地域也随之迅速传播，《淮南子》对《庄子》的阐发就是代表。《淮南子》不仅大量引用《庄子》，更是积极阐释《庄子》的第一部书。即使在儒学独尊的汉代中期，安徽庄学亦有广泛的影响，儒家学者桓谭的《新论》对《庄子》就多有吸收和借鉴。汉魏时期安徽地域的抒情小赋从写法到思想都明显地受到《庄子》影响，宋玉、曹植的赋都与《庄子》散文有直接联系。魏晋玄学兴起，玄学家以清谈老庄为风雅，《庄子》的影响盛极一时，如“竹林七贤”中的嵇康和刘伶，皆力求在言语行为上效法庄子。北宋时，曾在安徽做官的文豪苏轼撰写《庄子祠堂记》，首揭《庄子》辨伪的大旗。自明代始，安徽庄学著作大量涌现，如方虚名的《南华真经旁注》（五卷）、吴世尚的《庄子解》（三卷）、钱澄之的《庄屈合诂》（八卷）、释德清的《庄子内篇注》（四卷）等都是明代著名

① 宁波、刘丽华、张中良校点，《王安石全集》（上），长春：吉林人民出版社 1996 年版，第 249 页。

的庄学力作。不过，安徽庄学研究者囿于其学派或宗教信仰，对《庄子》的注释和研究亦多有偏颇，带有以儒释庄、以佛释庄或者以道教释庄等不同的倾向性。清代桐城派庄学异军突起，姚鼐的《庄子章义》（五卷）、方潜的《南华经解》、吴汝纶的《庄子点勘》（十卷）、马其昶的《庄子故》等都产生了广泛的影响。此外，安徽佛教学者杨文会力避玄虚，扎扎实实地进行了庄佛会通研究。在“以文解庄”方面，吴世尚的《庄子解》有推进之功。民国时期，安徽庄学既有对传统的坚守，亦有开风气之作，如胡远濬的《庄子诠诂》、胡朴安的《庄子内篇章义浅说》、刘文典的《庄子补正》、陈撄宁的《〈南华内外篇〉分章标旨》、叶玉麟的《白话译解庄子》、郎擎霄的《庄子学案》、单演义的《庄子荟释》、胡适的《庄子》研究、王傅爕的《庄子发微》等，可以说，在吸收西学、学术方法的转型和白话文著述等方面，安徽庄学都走在了时代的前列。

三、安徽庄学研究的价值和意义

中国庄学的地域性凸显安徽庄学研究的价值和意义。据笔者所知，安徽庄学研究的价值和意义大致有以下几个方面。

（1）有助于理清庄学产生、发展的源流。庄子故里在安徽，安徽是庄学的源头。关于庄子的故里，目前所知最早的记载是司马迁的《史记》：“庄子者，蒙人也，名周。周尝为蒙漆园吏，与梁惠王、齐宣王同时。”（《史记・老子伯夷列传》）[①]古“蒙”到底在哪里，今天却引起了诸多争议。关于庄子故里，目前主要有以下几种说法——安徽蒙城、河南商丘、山东东明。就笔者的统计来看，在汉代之前，河南庄学家仅有吕不韦一人，著作仅见吕不韦主编的《吕氏春秋》，众所周知，《吕氏春秋》并非出自吕不韦一人之手，是其纂辑门客所著而成。两汉时期，河南没有承继者。汉代山东唯一的庄学家是刘梁（著有《庄子外杂篇注》），名声远不及安徽的淮南王刘安，按照传播学的理论，庄子学说的传播应该是由近及远、由强到弱。山东、河南历代庄学家的人数之和不及安徽一省。庄子作为道家的集大成者，其影响应该自其故里向周边渐行扩散才是，比较山东、河南、

① （汉）司马迁撰，（南朝宋）裴骃集解，（唐）司马贞索隐，（唐）张守节正义，《史记》，上海：上海世纪出版股份有限公司、上海古籍出版社 2011 年版，第 1653 页。

安徽的庄学家的分布可知，安徽最具备这一特点。安徽蒙城作为庄子故里的可能性最大。

（2）在各地域庄学中，安徽庄学最具代表性，最能反映中国庄学的面貌，譬如，安徽庄学与中国庄学同兴同衰，经历了同样的波澜起伏。研究安徽庄学可以发现中国庄学的普遍性问题，并加以合理阐释。

（3）安徽庄学研究是推进中国庄学研究精细化、纵深发展的途径之一。随着时间的推移，庄子的影响越来越大，越传越远，今天已跨越国界，远涉重洋，所以，研究庄子者自然不受庄子出生地和故里的局限。在庄学已成为世界显学的今天，庄学研究著作浩博，难以计数，因此仅注重一些著名的有典型意义的成果即已构成一大部头的庄学史，另外还有众多不知名的学者的庄学研究被淹没，他们的真知灼见有待于挖掘。大范围、大视域的庄学研究难免挂一漏万，而限于某一地域的研究即可避免这一缺憾。因此，以地域为视角的庄学研究是庄学研究精细化、纵深化发展的必经之路。

（4）本书对安徽庄学进行历史的考察，有助于挖掘安徽历史文化宝藏，批判继承优秀历史文化遗产，促进安徽地域学术发展，推动安徽文化建设，提升皖北文化旅游等产业。

综上所述，安徽庄学研究具有得天独厚的有利条件。首先，安徽庄学地域特色鲜明。安徽北部是道家哲学的发源地，安徽大部分又是受楚文化影响较大的地区，安徽地处中原，呈长条状由南向北伸展，南北文化差异较大。这种地域特色造就了安徽庄学的独特性。其次，安徽学术具有典型性。自汉代以来，安徽学者对《庄子》的注释、研究代不乏人，成果卓著，且涌现出了一批引领时代潮流的大家，如汉代淮南王刘安，魏晋嵇康，五代宋初陈抟，明代程以宁、钱澄之，清代姚鼐、马其昶，民国时期叶玉麟、陈撄宁、刘文典、胡适，等等。到目前为止，安徽庄学研究主要集中在少数大家的著作上，且主要以人物个案研究或著述个案研究的形式存在着，作为整体考察的著作尚未出现，安徽庄学研究正有待于向宏观整合和地域综合的方向突破。

四、本书的研究思路

本书在全面搜集安徽地域上从先秦至民国的庄学著述的基础上，划分为周秦、两汉、三国两晋南北朝、隋唐五代、宋元、明、清、民国八个阶段进行分别研究，力图揭示每一阶段的安徽庄学发生、发展、变迁的规律及其原因。对于搜集到的每一部庄学著述，都要清晰地把握其思想内容和结构特点，运用接受学的理论，分析它们对《庄子》的继承与偏离，总结其成就与得失。对于已佚或搜集不到的庄学文献，则尽量记录其图书信息，包括著者简介、著述时间、影响及评价、传承情况等。

第一章　周秦安徽庄学

研究庄学的产生，一个最基本的问题就是庄子的生卒年代，但由于资料缺乏，对于庄子的生卒年代，笔者只能给一个大体的范围，那就是百家争鸣的战国时代。战国时期是道家学派的集大成者庄子生活、讲学、著书的时期，也即庄子学说产生及传播的初期。庄子学说是百家争鸣的时代产物，也有着鲜明的时代及地域特色。秦代的学术与战国时期一脉相承且时间短暂，故放在一起讨论。

第一节　庄子故里考辨

一、庄子宋人、楚人辨

根据今本《庄子》，庄子生平活动的地区主要集中在宋、楚两国。对于庄子属于当时的宋国还是楚国，学术界多有争议。笔者仅对主要证据作一些辨析。《庄子》中多出现宋国的人物与故事，如《逍遥游》中“宋人有资章甫而适诸越，越人断发文身，无所用之”，“宋人有善为不龟手之药者，世世以洴澼絖为事”等。这说明，庄子对宋国人物掌故非常熟悉。更为重要的是在宋国见到庄子的身影，经常被引用的就是《列御寇》篇的记载：

> 宋人有曹商者，为宋王使秦。其往也，得车数乘；王说之，益车百乘。反于宋，见庄子曰：“夫处穷闾厄巷，困窘织屦，槁项黄馘者，商之所短也；一悟万乘之主，而从车百乘者，商之所长也。”庄子曰：“秦王有病，召医，破痈溃痤者，得车一乘；舐痔者，得车五乘；所治愈下，得车愈多。子岂治其痔邪？何得车之多也？子行矣！”“今宋国之深，非直九重之渊也；宋王之

猛，非直骊龙也；子能得车者，必遭其睡也。使宋王而寤，子为齑粉夫！”①

曹商“反于宋，见庄子”，很多人据此认定庄子为宋国人。其实，这段话只能说明曹商是宋国人，而不能证明庄子是宋国人。这段话仅能证明庄子当时就在宋国，至于庄子是否是宋国人，还没有确切的证据，反而更倾向于证明庄子不是宋国人，若是，庄子不会说“今宋国”“宋王”，而应该说“吾国”“吾王”。

对于楚人楚物，《庄子》中同样多有记载，例如，“仲尼适楚，出于林中，见痀偻者承蜩，犹掇之也”（《达生》）；“楚之南有冥灵者，以五百岁为春，五百岁为秋；上古有大椿者，以八千岁为春，以八千岁为秋。而彭祖乃今以久特闻，众人匹之，不亦悲乎”（《逍遥游》）；“孔子适楚，楚狂接舆游其门”（《人间世》）；“丘也尝使于楚矣，适见豚子食于其死母，少焉，眴若，皆弃之而走。不见己焉尔，不见类焉尔。所爱其母者，非爱其形也，爱使其形者也”（《德充符》）；“子贡南游于楚，反于晋，过汉阴，见一丈人方将为圃畦，凿隧而入井，抱瓮而出灌，搰搰然用力甚多而见功寡”（《天地》）。不仅如此，庄子在楚的证据也不少，如“庄子之楚，见空髑髅，髐然有形，撽以马捶，因而问之”（《至乐》）等，不胜枚举。庄子与楚人关系之密切于《秋水》篇记载亦可见出：

> 庄子钓于濮水，楚王使大夫二人往先焉，曰：“愿以境内累矣！”庄子持竿不顾，曰：“吾闻楚有神龟，死已三千岁矣，王巾笥而藏之庙堂之上。此龟者，宁其死为留骨而贵乎？宁其生而曳尾于涂中乎？”二大夫曰：“宁生而曳尾涂中。”庄子曰：“往矣！吾将曳尾于涂中。”

楚王欲聘用庄子为相，“愿以境内累”说明庄子就在楚国境内，属于楚国人。

对于宋人，庄子多持批评态度，但对楚人庄子多所称道，这说明，《庄子》思想主要源于楚文化的影响。有不少学者甚至认为道家学术也主要源于楚文化，如刘师培、冯友兰、任继愈等都持此说。证据之一，许多重要

---

①（清）王先谦撰，《庄子集解》，北京：中华书局1987年版。本书所引《庄子》皆据此本。

的道家人物皆为楚人，如《史记》载老聃、老莱子均为楚人，《汉书·艺文志》中记环渊、鹖冠子、老莱子、长卢子为楚人。《论语》中有孔子游楚时自己所遇狂接舆、长沮、桀溺、荷蓧丈人等，均为道家人物。《庄子》中亦曾记有肩吾、连叔、庚桑楚、南荣趎等多名楚道家人物行止。因而楚国历来被视为道家思想的发源地。证据之二，《老子》《庄子》等道家散文风格与楚辞非常接近，如恢诡谲怪的浪漫主义创作手法及“兮”字的运用。宋玉《对楚王问》中有这样一段文字：

故鸟有凤而鱼有鲲。凤凰上击九千里，绝云霓，负苍天，翱翔乎杳冥之上；夫蕃篱之鷃，岂能料天地之高哉！鲲鱼朝发昆仑之墟，暴鬐于碣石，暮宿于孟诸；夫尺泽之鲵，岂能与之量江海之大哉！故非独鸟有凤而鱼有鲲也，士亦有之。夫圣人瑰意琦行，超然独处；夫世俗之民，又安知臣之所为哉？①

文中的鲲鹏意象，凤、鷃、鲲、鲵之比较，以及行文风格都与《庄子·逍遥游》如出一辙。《老子》中多用“兮”字，如“豫兮若冬涉川，犹兮若畏四邻，俨兮其若客，涣兮若冰之将释，敦兮其若朴，旷兮其若谷，混兮其若浊”（第15章），“祸兮，福之所倚；福兮；祸之所伏”②等。《庄子·天运》篇开头一段所提出的一系列问题与屈原《天问》篇提出的问题非常相似。《天运》曰：“天其运乎？地其处乎？日月其争于所乎？孰主张是？孰维纲是？孰居无事推而行是？”屈原《天问》曰：“邃古之初，谁传道之？上下未形，何由考之？……圜则九重，孰营度之？惟兹何功，孰初作之？”这些都是涉及宇宙产生之原因的大问题，与儒家关注人际关系之视角截然不同。此外，宋玉“《风赋》一篇，令人想起《庄子·齐物论》中所写的‘天籁’与‘地籁’，两者在描写上各有千秋，都可称为写‘风’的上乘之作。《大言》和《小言》二赋也显然受《庄子》一书中‘小大之辩’的启发，《逍遥游》《齐物论》中都有‘小大之辩’的各种寓言和具体形象：鲲鹏与斥鴳是这样，蟪蛄、朝菌与冥灵、大椿则是小年与大年，此外还有大知与小知等……《钓赋》一文，很容易使人联想到《庄子》中所

① （梁）萧统著，李善注，《文选》卷45，北京：中华书局1977年版。
② 朱谦之，《老子校释》，北京：中华书局1984年版。本书所引《老子》皆据此本。

写到的‘任公子之钓’；而文中所描写的‘玄洲之钓’‘尧舜禹汤之钓’‘大王之钓’，和《庄子·说剑》篇中的庶民之剑、诸侯之剑与大王之剑写法上何等相似（《御赋》残简也有类似的写法）”[①]。

《庄子》文本将庄子故里指向楚国，《庄子》与楚文化的密切联系亦将庄子故里指向楚国，因此，笔者有理由认为庄子是楚人而非宋人。

二、庄子故里在今安徽蒙城的证据

据不完全统计，关于庄子故里的考辨的论著已有60多篇，其中安徽蒙城说者论据最充分。综合已有的研究成果，笔者认为庄子为安徽蒙城人说法的理由主要有以下几个方面：①《史记》说庄周蒙人也，曾为漆园吏。蒙、漆园当在一地。春秋战国时称蒙之处有宋、齐、鲁，但既有漆园，又是蒙地的只有安徽蒙城。②鉴于《庄子》一书鲜明的楚文化色彩，庄子显然是在楚文化环境中成长的思想家，只有安徽蒙城在战国时属楚。③魏晋时嵇康是铚人，距蒙城不过百里，他不仅知道庄子是蒙城人，还特地到蒙城隐居。在蒙城县吕望集有庄公庙，蒙城境内还有庄周乡。[②]④出土文物方面的证据：在蒙城县附近的古蔡地，连续发现了带“蒙”字的战国时期的青铜兵器；1977年，阜阳双孤堆西汉墓发现了《庄子》竹书残片；1980年，在蒙城庄子祠堂遗址出土了由宋代苏轼撰文的《庄子祠堂记》碑，所存文字与《蒙城县志》《归德府志》所载《庄子祠堂记》碑文相同，证明了蒙城县令、秘书丞王竞于蒙漆园城建造庄子祠这一事实；1999年，在安徽蒙城挖出一块方碑，碑文开头是“维嘉庆二十三年（1818年）十一月二十六日辰时，堂侄书忍卜葬先考、妣于漆园城东北新茔，索余为志”等语，这一墓志的发现证实漆园城自古有之，与今天所认定的漆园城旧址相符合。[③]

在今山东、安徽、河南三省中，与古楚国重合最多的无疑是安徽省，安徽受楚文化影响无疑最大。但是，在三省交界处其实又很难说得清，因为在庄子生活的时代，这个交界地带绝没有今天的区域规划和管理，而是作为一个地区出现的，譬如稍后到来的沛国，就分属于今天安徽、河南、

① 汤漳平，《简论道家对唐前文学的影响》，《中州学刊》2002年第1期，第60-69页。
② 孙以楷，《庄子楚人考》，《安徽史学》1996年第1期，第18-19页。
③ 李灿，《庄周故里考正》，《漆园古今特辑：庄子学刊》，卢干主编，合肥：黄山书社1996年版。

山东、江苏四省。基于此，有人已经将《庄子》的地域文化特色研究扩展到两淮流域，如已故孙以楷先生就是这样处理的。《道家文化寻根——安徽两淮道家九子研究》①认为，道家文化在淮河母亲的怀里孕育、诞生、成长、发展。古之道术的代表人物中与淮河流域有着密切关系的，大概有许由、夏禹、皋陶、彭祖、商汤、姜尚、管仲、孙叔敖等。道家学说的开山鼻祖老子及其弟子，如列子、文子、杨朱、环渊等，也都生活在淮河流域。淮河流域即以今天皖北地区为中心，包括山东、江苏、河南周边地区的广大地区。即便按现在的行政规划，将庄子故里归于安徽是证据最充分的。

第二节 《庄子》的思想渊源

庄子的思想主要见于《庄子》一书，因此，考察庄子的思想渊源主要依据《庄子》一书。据今本《庄子》内容来看，在《庄子》之前，与《庄子》关系密切的道家文献主要有以下几部：《老子》《管子》《文子》《列子》等。下面简要分析《庄子》与它们之间的关系，以考察《庄子》的思想渊源。

一、《庄子》与《老子》

关于《庄子》与《老子》的关系，最早提出并加以阐述的是西汉的司马迁。其《史记·老子伯夷列传》曰，庄子“其学无所不窥，然其要本归于老子之言。故其著书十余万言，大抵率寓言也。作《渔父》《盗跖》《胠箧》，以诋訿孔子之徒，以明老子之术”②。司马迁的观点得到了广泛的赞同，关于《庄子》《老子》的关系今人严北溟亦有类似的论述：

> 应该承认老和庄是有区别的，但不是根本性的区别。老庄哲学实际上是一个完整的道家哲学体系。具体研究表明，庄子思想根本精神和主要观点，是从老子那里出发的，不过因为老子时代在前，问题还只是初步提出，《老子》一书的文字又写得特别概括、简练，所以许多观点只有到庄子，才运用其“汪洋自恣”的

---

① 孙以楷、陈广忠著，《道家文化寻根——安徽两淮道家九子研究》，合肥：安徽人民出版社2001年版。

②（汉）司马迁撰，（南朝宋）裴骃集解，（唐）司马贞索隐，（唐）张守节正义，《史记》，上海：上海世纪出版股份有限公司、上海古籍出版社2011年版，第1653页。

> 生花妙笔予以广泛的发挥，精细的论证，并给以生动的、有时是夸大的、浪漫的、幻想式的内容。毕竟庄无老无以溯其源，老无庄无以扬其波，老庄二人，相依为命，是哲学史上长期存在的事实。[①]

笔者赞同此种观点，“今本《庄子》中多处直接征引《老子》，并加以强调、解说或发挥”[②]，这是不争的事实。

“老子者，楚苦县厉乡曲仁里人也。”（《史记·老子伯夷列传》）《括地志》云：“苦县在亳州谷阳县界。有老子宅及庙，庙中有九井尚存，在今亳州真源县也。”学术界一般认为，老子故里在今安徽亳州，《老子》一书出自老子之手。老子哲学的最高范畴是“道”，它也是最基本和最核心的概念，《老子》五千言，主要内容有三个方面：一是“道”论，二是“德”论，三是“无为”论。老子认为“道”是万物的本原：“渊兮似万物之宗”（《老子》第 4 章），“独立而不改，周行而不殆，可以为天下母”（《老子》第 25 章）；宇宙万物的主宰，“长之、育之、亭之、毒之、养之、覆之”（《老子》第 51 章）；人事的法则和依据，“人法地，地法天，天法道，道法自然”（《老子》第 25 章）。老子认为社会混乱的根本原因就是不尊重“道”、不遵从“道”：“大道废，有仁义；智慧出，有大伪；六亲不和，有孝慈；国家昏乱，有忠臣。”（《老子》第 18 章）老子“道”论阐述了“道”的含义、功能及运动状态。老子认为“道”无为无形，却又真实存在，它既化生天地万物，又是天地万物运动的规律。“德”即“得道”，认识“道”，遵从“道”，“孔德之容，唯道是从”（《老子》第 21 章）。落实于人生世事，就是“无为”，“无为而无不为”。老子用格言韵语的形式总结了“得道”的智慧，既有帝王之术，又有生存智慧。《老子》一书之思想主旨可以用三个词概括，即“尊道”“贵德”“无为”。

庄子是战国中期老子学说的继承者和主要发展者，他面对战国时期社会动乱和诸子纷起的历史情势，以弘扬老子学说为已任，将道家学说发展到一个新的阶段。与老子哲学相比，庄子哲学体系更为宏大，内容更加丰富。老子的“道”本体论与宇宙论的意味较重，而庄子则将它与人生密切

① 严北溟，《从道家思想演变看庄子哲学》，《社会科学战线》1981 年第 1 期，第 11-18 页。
② 丁怀轸，《道的复调——老子与庄子的比较分析》，《淮北煤炭师范学院学报》2008 年第 5 期，第 65-69 页。

地联系起来，使之成为人类价值的源泉。强调得“道”才能获得人生的幸福，并构建了完备的“得道致福”的人生哲学体系，为不幸的人生提供了一套人类自我拯救的系统哲学。《老子》的“道”论、“德”论属于粗线条勾勒，而《庄子》则是条分缕析、精细论证。《庄子》在“得道致福”的总框架下分别深入论证了各相关论题，如人类的存在状况、人的局限性、“道”的超越性、得“道”的方法、得“道”的表现、“道”言的特点等。可以说，道家学说从老子开始，经过一系列的发展阶段，到庄子才集大成，总结了道家思想，建立了庄子哲学的完整体系，即“完成了本体论、认识论、人生论的理论构建”[①]。人们虽然将老庄并称，“但从哲学论题的深度、广度及其复杂性来考察，庄子远远超过老子”，“如果说一部《老子》是道家学说之纲，那么，一部《庄子》便是道家学说纲举目张的著述”。[②]《老子》可谓《庄子》一书最直接的思想源泉。

二、《庄子》与《管子》

《管子》是以春秋时期齐国政治家管仲之名命名的一部诸子著作，按照先秦子书的著述传统，此书记载了管子的言行事迹，是管子思想的反映。管子，生活在公元前723～前645年，颍上（今安徽省阜阳市颍上县）人。《管子》一书内容庞杂，包括儒家、法家、阴阳家、名家、兵家和农家的观点，其中以黄老道家著作最多，《汉书·艺文志》即将此书列入道家类。清代史学家章学诚说：“《管子》，道家之言也。”[③]关于《管子》的成书时间，学术界一般把成书年限推定在战国到西汉这段时间。朱熹曰：“《管子》之书杂。管子以功业著者，恐未必曾著书，如《弟子职》之为，全似《曲礼》。他篇有似《庄》《老》。又有说得也卑，直是小意智处，不应管仲如此之陋。”又曰：“《管子》非仲所著。仲当时任齐国之政，事甚多。稍闲时，又有三归之溺，决不是闲工夫著书底人。著书者是不见用之人也。其书《老》《庄》说话亦有之。想只是战国时人收拾仲当时行事言语之类著之，并附以它书。”[④]宋濂《诸子辨》曰：“是书非管仲自著也。其中有

① 孙以楷主编，《道家与中国哲学》（先秦卷），北京：人民出版社2004年版，第7页。

② 陆钦，《庄子通义》，长春：吉林人民出版社1999年版，第747、766页。

③ 叶瑛，《文史通义校注》，北京：中华书局2004年版，第972页。

④（宋）朱熹著，（宋）黎敬德编，《朱子语类》卷137，北京：中华书局1986年版，第3252页。

绝似曲礼者，有近似老庄者，有论伯术而极精微者，或小智自私而其言至卑污者。疑战国时人，采掇仲之言行，附以他书成之。”[①]

朱熹、宋濂的观点几成定论，学术界一般接受他们的观点，认为《管子》非管仲自著，主要根据是管仲忙于政务，无暇著书。岂不知这种推测是没有根据的。自有史以来，凡著书立说者大多属于忙人，正是他们忙于某一项职业，投入精力与时间于某一项事业，他们在某一领域才有卓越的成就，有思想上的超越，有必要记录下来或发表出来。曹操一代枭雄，日理万机，南征北战，“御军三十年，手不舍书，昼则讲武策，夜则思经传，登高必赋，及造新诗，被之管弦，皆成乐章”（王沈《魏书》）[②]。曹操没有因其功业卓著而废弃诗文创作。诸葛亮的《出师表》和《诫子书》都作于身为蜀汉丞相之后，而非闲卧隆中之时。笔者认为，《管子》的成书虽然经历了较长的过程，但至迟在春秋时期已经有《管子》或其中单篇流传。《韩非子·五蠹》云：“今境内之民皆言治，藏商、管之法者家有之，而国贫，言耕者众，执耒者寡也；境内皆言兵，藏孙、吴之书者家有之，而兵愈弱，言战者多，被甲者少也。故明主用其力，不听其言；赏其功，伐禁无用。”这里，“藏商、管之法者”与“藏孙、吴之书者”结构、用法一致，其所指亦应一致。若非《管子》在前，就不好解释《管子》与《老子》之间的相似。《管子》全书几乎各篇都有《老子》的语言片段与哲学思想。《老子》以韵文的形式阐述其哲理，若《老子》成书在前，《管子》的语言应该有韵文的烙印，然而《管子》全是散文。《老子》一书语言简洁含蓄，亦当有其思想的渊源和现实生活的基础，春秋时期的管子就应该是老子的思想渊源之一。由此推测，当是老子接受《管子》思想的影响，在总结前人经验的基础上，将其智慧以最精练的形式表达出来。

虽然笔者承认《管子》春秋时期就已有流传，但也不可否认，《管子》中有管子后学的手笔。首先，最明显的证据就是书中多处引用管子的话，如《枢言》开头曰：“管子曰：‘道之在天者，日也；其在人者，心也。’”其次，在论述的文字之后，往往以“故曰”结束。这可以理解为管子后学

① 张舜徽，《文献学论著辑要》，西安：陕西人民出版社1985年版，第197页。

②（晋）陈寿撰，《三国志》卷一《魏书·武帝纪》裴注，北京：中华书局1982年版。

对老师管子学说的阐释。再次，今本《管子》中有很多记录管子言行事迹的篇章，这些亦明显出于后人手笔。其实，余嘉锡等学者早已指出，古代子书往往是某一学派传习的资料汇编，其中既有老师的著述、言论，也有弟子、后学增益的内容。《管子》原本、后学之阐释及后人对管子言行事迹的记录，就是刘向编辑的《管子》版本的来源，刘向最后编订为 86 篇。正是由于后学之阐释和后人之记录的存在，学术界将其成书时间下移至战国时期，甚至秦汉之际。

与《老子》《管子》关系相似，《庄子》和《管子》之间亦有很多相似之处。张连伟的《〈庄子〉与〈管子〉散论》列举两书相似的语句达 13 处之多，认为“《庄子》和《管子》中的某些相似观念确证了古代思想发展的连续性”[①]。《庄子》对《管子》的借鉴与吸收是符合学术思想发展逻辑的。

三、《庄子》与《文子》

文子，姓辛，号计然，“蔡（葵）丘濮上人”（《太平御览》卷 404 引太史公《素王妙论》）（一说今河南兰考，一说今山东临淄）人，是老子的弟子，与孔子同时，有《文子》（《通玄真经》）一书传世。但学术界一般对文子是谁，《文子》的真伪及其成书年代存在争议。笔者认为今本《文子》为伪书，是抄袭《淮南子》等书而成的。1973 年，在河北省定州市八角廊西汉墓葬中出土的竹简中有《文子》，但简本《文子》的出土仍然没有使《文子》的断代问题得到彻底解决。比较发现，简本《文子》与今本《文子》亦有很大的差异。简本《文子》的出土仍然没有确证《文子》为先秦子书，学术界关于两本《文子》的纷争依然存在，如张丰乾的《出土文献与文子公案》即认为竹简《文子》作于汉初，而非先秦。[②]虽然学术界弥漫着严重的疑古思潮，笔者还是认为，《文子》某些篇章成于文子时代，由后学纂辑成书，被广泛征引，这符合先秦子书的著述传统。《韩非子·内储说上》一节中说：“赏誉薄而谩者，下不用也；赏誉厚而信者，

① 张连伟，《〈庄子〉与〈管子〉散论》，《管子学刊》2004 年第 4 期，第 15-19 页。
② 张丰乾，《出土文献与文子公案》，北京：社会科学文献出版社 2007 年版。

下轻死。其说在文子，称若兽鹿。”（《韩非子·七术·必罚》）[①]《韩非子》中提到的“其说在文子”的“文子”，指的是《文子》一书无疑。可见，《文子》的出现至迟在战国时期。至于其与《淮南子》重出的问题，前人论之甚详：“《淮南子》一书，是以道家学说为基础而融会百家之言的巨著，堪称先秦至西汉的黄老之学的理论总结，故大量地引录、糅合并发挥显于当时的《文子》，本是十分自然的事情。”[②]今本《文子》渊源有自，其与古本《文子》有差异，应是后出而窜乱所致。

一般认为，《文子》主要解说老子之言，阐发老子思想，继承和发展了道家“道”的学说。《〈文子〉与先秦两汉典籍重见资料汇编》即认为：“无论竹简本或传世本《文子》，皆多称引、阐释《老子》之义。至于今本《文子》诸篇章节，或以‘文子问’‘老子曰’之师生问答形式启首，或以‘老子曰’为始，论旨亦多与《老子》近，可见此书与《老子》关系密切。《汉志》属诸‘道家’，杜道坚视之为‘《道德经》之传’，云‘《文子》法《老》而立言’。”[③]正因为其宗法《老子》，而《老子》又为道家开山之作，源远流长，因而《文子》与先秦两汉其他道家典籍亦有密切的关系，一般认为，《庄子》与《文子》的关系较小，重出不多。顾观光谓《文子》内容出于“《淮南》者，十之九；取他书者，不过十之一也”[③]。关于《庄子》与《文子》关系的研究很少，据笔者所知，仅有一篇论文和一部工具书。《〈庄子〉〈文子〉〈淮南子〉重文研究》考察了《文子》《庄子》《淮南子》三书重出文献，得出了“《庄子》袭用《文子》”“《文子》与《淮南子》有因承关系”的结论。[④]何志华、朱国藩、樊善标编著的《〈文子〉与先秦两汉典籍重见资料汇编》是一部非常有价值的工具书，此书将先秦两汉典籍与《文子》重见者，按经、史、子、集四部分类排列，对研究《庄子》与《文子》关系极为重要。借助此书，笔者对《文子·精诚》一篇与《庄子》重出之语句进行了统计，结果竟有19处之多：

① (战国)韩非子，《韩非子》，长沙：岳麓书社2015年版。
② 蔡靖泉，《文学史上的〈文子〉》，《江汉论坛》1995年第5期，第59-62页。
③ 何志华、朱国藩、樊善标编著，《〈文子〉与先秦两汉典籍重见资料汇编》，香港：香港中文大学出版社2010年版，第4页。
④ 聂麟枭、聂中庆，《〈庄子〉〈文子〉〈淮南子〉重文研究》，《辽东学院学报》2015年第6期，第22-27页。

（1）《文子》曰：“稽之不得，察之不虚，日计不足，岁计有余，寂然无声，一言而大动天下，是以天心动化者也。”

《庄子·庚桑楚》：“今吾日计之而不足，岁计之而有余。”

（2）《文子》：“君臣乖心，倍譎见乎天下，神气相应，征矣，此谓不言之辩，不道之道也。”

《庄子·齐物论》：“孰知不言之辩，不道之道？若有能知，此之谓天府。”

（3）《文子》：“死生同域，不可胁凌，又况夫官天地，府万物，友造化，含至和，而已未尝死者也。”

《庄子·德充符》：“将求名而能自要者，而犹若是，而况官天地，府万物，直寓六骸，象耳目，一知之所知，而心未尝死者乎？”

（4）《文子》：“若乃未始出其宗者，何为而不成？”

《庄子·应帝王》：“乡吾示之以未始出吾宗。”

（5）《文子》：“天道无私就也，无私去也，能者有余，拙者不足，顺之者利，逆之者凶。”

《庄子·天运》：“天有六极五常，帝王顺之则治，逆之则凶。”

（6）《文子》：“是故圣人若镜，不将不迎，应而不藏。万化而不伤。”

《庄子·应帝王》：“至人之用心若镜，不将不迎，应而不藏，故能胜物而不伤。”

（7）《文子》：“此假不用能成其用也。”

《庄子·知北游》：“是用之者，假不用者也以长得其用，而况乎无不用者乎！物孰不资焉！”

（8）《文子》：“其民童蒙不知西东，视瞑瞑，行蹎蹎，侗然自得，莫知其所由。”

《庄子·马蹄》：“其行填填，其视颠颠。”

（9）《文子》：“侗然自得，莫知其所由，浮游汎然，不知所本，自养不知如往。”

《庄子·在宥》：“浮游，不知所求；猖狂，不知所往。”

（10）《文子》：“是故有真人而后有真知。其所持者不明，何知吾所谓知之非不知与？”

《庄子·齐物论》：“庸讵知吾所谓知之非不知邪？”

(11)《文子》：“是故有真人而后有真知。其所持者不明。”

《庄子·大宗师》：“夫知有所待而后当，其所待者特未定也。庸讵知吾所谓天之非人乎？所谓人之非天乎？且有真人而后有真知。”

(12)《文子》：“芒然仿佯乎尘垢之外，逍遥乎无事之际，含阴吐阳而与万物同和者，德也。”

《庄子·大宗师》：“芒然彷徨乎尘垢之外，逍遥乎无为之业。”

(13)《文子》：“举大功，显令名，礼君臣，正上下，存危国，继绝世，立无后者，义也。”

《庄子·刻意》：“语大功，立大名，礼君臣，正上下，为治而已矣。”

(14)《文子》：“是故道散而为德，德溢而为仁义，仁义立而道德废矣。”

《庄子·知北游》：“故曰：‘失道而后德，失德而后仁，失仁而后义，失义而后礼。礼者，道之华而乱之首也。”

(15)《文子》：“夫人拘于世俗，必形系而神泄。使我可拘系者，必其命有在乎外者矣。”

《庄子·山木》：“物之所利，乃非己也，吾命有在外者也。”

(16)《文子》：“故圣人所以动天下者，真人不过；贤人所以矫世俗者，圣人不观。”

《庄子·外物》：“圣人之所以（马戒）天下，神人未尝过而问焉；贤人所以（马戒）世，圣人未尝过而问焉。”

(17)《文子》：“人主之思，神不驰于胸中，智不出于四域。”

《庄子·德充符》：“知不出乎四域。”

(18)《文子》：“昔南荣（走朱）耻圣道而独亡于己，南见老子，受教一言，精神晓灵，屯闭条达，辛苦十日不食，如享太牢。”

《庄子·庚桑楚》：“南荣（走朱）赢粮，七日七夜至老子之所。老子曰：‘子自楚之所来乎？’南荣（走朱）曰：‘唯’。老子曰：‘子何与人偕来之众也？’”

（19）《文子》："至人潜行，譬犹雷霆之藏也，随事而举事，因资而立功，进退无难，无所不通。"

《庄子·达生》："至人潜行不窒。"

比较其重出文献，发现《庄子》对《文子》不是简单的袭用，而是进行了改造和发挥。有理由认为，道家《文子》亦为《庄子》的思想渊源之一。

四、《庄子》与《列子》

列子，名寇，又名御寇，"居郑莆"（《列子·天瑞》）[1]，与郑穆公同时，是战国时期道家著名的思想家和文学家。归在其名下的《列子》一书以保存众多脍炙人口的寓言故事著称，是道家典籍中与《庄子》关系最为密切的一部书。最引人注目的是两书重出的内容。据谭家健先生的《〈列子〉故事渊源考略》统计，《庄子》33篇中有19篇中的寓言与《列子》重复，且每一篇中不仅有一处重复。[2]鉴于《庄子》《列子》重处之多，过去一般判《列子》为伪书，晚出。但随着地下文物的大量出土，学术界对疑为伪书的文献采取了更为审慎的态度。许多学者都撰文力主《列子》为先秦典籍。严灵峰的《列子辩诬及其中心思想》（台北：文史哲出版社，1994年版）、马达的《列子真伪考辨》（北京：北京出版社，2000年版）、岑仲勉的《再论列子真伪》（北京：中华书局，2004年版）、许抗生的《列子考辨》（《道家文化研究》第1辑）、刘建国的《先秦伪书辨证》（西安：陕西人民出版社，2004年版）等都否定了《列子》伪书的命题。王利锁的《〈庄子〉、〈列子〉重出寓言故事辩议——以〈庄子〉、〈列子〉之先后为核心进行考察》一文"围绕《庄子》、《列子》中重出寓言故事这一现象，对《庄子》、《列子》书之先后进行了辨议"，认为《庄子》《列子》重出的寓言片段，在两书中的呈现形式是不同的。在《列子》中，这些寓言故事"是作为一个独立的片段而存在，与前后文只有相似的思想倾向，并没有严格的逻辑关系，其位置是可以随便调整的"，而在《庄子》中，"此故事被镶嵌在文章之中，与前后文构成严密的逻辑关系"，成为表现庄子思想的重要证据。"按一般通例而言，后代对前代材料的借用抄

---

① 杨伯峻撰，《列子集释》，北京：中华书局1979年版。本书所引《列子》皆据此本。

② 谭家健，《〈列子〉故事渊源考略》，《社会科学战线》2000年第3期，第136-144页。

录都是有目的的，要么据以引申发挥，要么据以立论批驳，只要不是编‘类书’，一般不会把前代有价值的材料从其严密的逻辑环链中单独抽出来放在那里而不加诠释。以此来看，说《列子》抄自《庄子》，于理不通；若说《庄子》借之《列子》进行改造升华，则符合逻辑。”得出的结论就是“《列子》当早于《庄子》”，“列子是庄子的前辈，是庄子建构自己思想的重要参照和超越对象，庄子在建构自己思想体系时，参考和借用过《列子》的思想资料”①。笔者赞同以上说法，列子早于庄子，《列子》是列子及其后学的著作，是庄子思想的渊源之一，这是不容置疑的。

除了以上所说先秦道家学派代表人物之外，笔者从《庄子》中还可以举出一些重要人物，譬如黄帝、杨朱、宋钘、关尹、肩吾、连叔、南郭子綦等，可以说，这些道家人物的思想与言行都构成了庄子思想的来源。道家人物都谈“道”，但各有偏重，大体言之，老子着重在本体论方面，宋钘、关尹着重在认识论方面，杨朱着重在人生哲学特别是养生论方面，田骈、慎到着重在政治方面。庄子则继承和发展了道家先辈的学说，倾向于全面综合，并将“人”上升到与天地并立的高度，谈论人的行为应体悟“道”、效法“道”，从而超越人的局限性，超脱人生的不幸，从而彰显其人生哲学的特色。当然，庄子思想渊源于道家前辈，只是就诸侯纷争的春秋战国特定的时代而言，从一个更加久远的时代来看，诸子百家都有同一个思想文化渊源，那就是夏商周文化。先秦诸子出于同样的文化背景、拥有同样的文化渊源，他们各自卓然成为一家，更是百家争鸣的时代产物。

第三节　百家争鸣与庄学的产生

春秋战国时期始于周平王东迁，终于秦始皇帝建立中国历史上第一个大一统王朝。公元前 770 年，东周平王立，为避戎寇，东迁洛邑。自此以后，内忧外患，王室愈衰。周天子“徒建空名于公侯之上”，在长期积累和损益前代经验的基础上建立起来的典章制度悉遭破坏。诸侯国之间的争霸战争连年不断，天下大乱，民不聊生，“争地以战，杀人盈野；争城以

① 王利锁，《〈庄子〉、〈列子〉重出寓言故事辩议——以〈庄子〉、〈列子〉之先后为核心进行考察》，《河南社会科学》2007 年第 1 期，第 134-139 页。

战，杀人盈城”（《孟子·离娄上》）[①]，“殊死者相枕”“桁杨者相推”“刑戮者相望”（《庄子·在宥》）；同时，物欲横流，道德沦丧，为了获得财富和权力，甚至不择手段，以致形成了“无耻者富，多信者显”“窃钩者诛，窃国者为诸侯”（《庄子·胠箧》）的黑暗现实。面对这种局面，有识之士纷纷提出自己的救世主张。例如，孔子“列君臣父子之礼，序夫妇长幼之别”（《史记·太史公自序》），以“礼”为拯救社会的良方；墨家则以“尊天明鬼”“法仪尚同”为基础，力倡“兼爱”“节用”等主张，以“强本节用”（《史记·太史公自序》）著称于世；以老庄为代表的道家就是以弘扬古道为己志，树立起“道”的旗帜，卓然成为一著名学派，以古道来拯救人心和社会。为了推行自己的“道”，他们到各诸侯国进行游说，例如，孔子周游列国，席不暇暖；墨子、宋钘为了制止不义战争，游说楚王；孟轲先后说齐宣王、梁惠王；许行自楚至滕；荀卿先游齐，后适楚；其他纵横法术之士，奔走各国之间，那就更不必说了。这些学术派别不同、思想见解各异的学者互相辩难，各不相下，著书立说，授徒讲学，这不但形成百家争鸣的局面，而且开了私家著述的风气。先秦的诸子百家著作，如《老子》《论语》《孟子》《墨子》《庄子》《荀子》《韩非子》等散文，就是在此特定历史条件下产生的。诸子学说既互相对立又互相影响，相激相荡，相反相成，各具特色。

面对“人智兴起，人欲横流”“以利益为天，以智巧为神”[②]的社会现实，老子留下一部《老子》，飘然而去。在《老子》中，老子指出社会混乱的根源在于人的无知背道和任意妄为。老子说：“知常曰明。不知常，妄作凶。”（《老子》第16章）因此，老子拯救社会的法宝就是“无为”。老子说：“我无为，而民自化；我好静，而民自正；我无事，而民自富；我无欲，而民自朴。”（《老子》第57章）“无为”的基础是对“道”的信仰：“道恒无为，而无不为。侯王若能守之，万物将自化。”（《老子》第37章）《老子》用众多的篇幅描述了“道”，即“渊兮似万物之宗”（《老子》第4章），“独立而不改，周行而不殆，可以为天下母”（《老子》

① 杨伯峻译注，《孟子译注》，北京：中华书局1960年版。
② 袁步佳，《〈老子〉与基督》，北京：中国社会科学出版社1997年版，第6页。

第 25 章）等，认为人最重要的“美德”就是顺从“道”：“孔德之容，唯道是从”（《老子》第 21 章）。“唯道是从”是人真正的智慧。

面对“礼崩乐坏”、诸侯纷争的社会现实，孔子以“礼”为拯救社会的良方。孔子出生于礼仪之邦的鲁国，自小就养成了知书好礼的习性，出于对礼的特殊爱好，更出于对礼的教化作用的重视，孔子十五岁便立志对礼进行系统的学习和研究。孔子曾在鲁昭公的资助下，到过宗周洛阳学习周礼，并向周朝的柱下史官、道家学派创始人老聃问过礼。《史记・孔子世家》载：“鲁南宫敬叔言鲁君曰：‘请与孔子适周。’鲁君与一乘车，两马，一竖子俱，适周问礼，盖见老子。”此外，孔子为了研习夏礼到过杞国，为了研习殷礼到过宋国，皆颇有收获。弟子言偃问他：“夫子之极言礼也，可得而闻与？”他说：“吾欲观夏道，是故之杞，而不足征也，吾得《夏时》焉；吾欲观殷道，是故之宋，而不足征也，吾得《乾坤》焉。《乾坤》之义，《夏时》之等，吾以是观之。”（《礼记・礼运》）①通过比较夏商周三代礼制，最终确定了礼之范本——周礼。他说：“夏礼，吾能言之，杞不足征也；殷礼，吾能言之，宋不足征也。文献不足故也。足，则吾能征之矣。”“周监于二代，郁郁乎文哉，吾从周！（《论语・八佾》）②

对于“礼”的作用，孔子给以无以复加的重视，他认为：“夫礼，先王以承天之道，以治人之情。故失之者死，得之者生。《诗》曰：‘相鼠有体，人而无礼；人而无礼，胡不遄死！’是故夫礼，必本于天，殽于地，列于鬼神，达于丧祭射御冠昏朝聘。故圣人以礼示之，故天下国家可得而正也。”（《礼记・礼运》）孔子学习、周游列国，孜孜以求的，就是希望统治阶级以礼治国。先秦儒学就是以复兴周礼来拯救社会的政治学说。作为“礼治”之辅翼，德治也是孔子的重要思想。孔子提出“为政以德”的主张。“德”的一个重要内容即“仁”。孔子“一以贯之”之道即“忠恕”二字（《论语・里仁》）。“恕”是不以己之所恶施于人，即“己所不欲，勿施于人”。“忠”是尽己之力以助人，即“己欲立而立人，己欲达而达人”。忠恕之道也就是“推己及人”“将心比心”。

① 张文修编，《礼记》，北京：北京燕山出版社 1995 年版，第 160 页。本书所引《礼记》皆据此本。
②（宋）朱熹集注，《四书集注》，长沙：岳麓书社 1988 年版。本书所引《论语》皆据此本。

针对春秋战国时期混乱的局面，墨子则揭起“法天”的大纛，大力宣扬“尊天”“明鬼”的义道。墨子所说的“天”是有意志的最高主宰，“天欲义而恶不义”（《墨子·天志上》）[①]，“天之欲人之相爱相利，而不欲人之相恶相贼也”（《墨子·法仪》）。“天”的主宰表现在根据人的表现给予赏罚：“顺天意者，兼相爱、交相利，必得赏。反天意者，别相恶、交相贼，必得罚。”（《墨子·天志上》）并且“天”全知全能，“天”的赏罚是人所逃不掉的：“若处家得罪于家长，犹有邻家避逃之……处国而得罪于国君，犹有邻国避逃之……今人处天下而事天，将无所避逃之也。”“夫天不可为林谷幽涧无人，明必见之。”（《墨子·天志中》）墨子认为社会混乱的根本原因在于“人与人不相爱”，而“人与人不相爱”的根本原因就是对“天”的信仰的缺失。墨子曰：

> 逮至昔三代圣王既没，天下失义，诸侯力征。是以存夫为人君臣上下者之不惠忠也，父子弟兄之不慈孝弟贞良也，正长之不强于听治，贱人之不强于从事也。民之为淫暴寇乱盗贼，以兵刃毒药水火，退无罪人乎道路率径，夺人车马衣裘以自利者并作，由此始，是以天下乱。此其故何以然也？则皆以疑惑鬼神之有与无之别，不明乎鬼神之能赏贤而罚暴也。今若使天下之人偕若信鬼神之能赏贤而罚暴也，则夫天下岂乱哉！（《墨子·明鬼》）

庄子认为百家之学“多得一察焉以自好”，独对老子赞不绝口，谓之“古之博大真人”（《庄子•天下》）。庄子继承并发展了老子的学说，在“尊道”“贵德”“无为”等方面基本一致。不同之处在于，庄子以浪漫主义的想象和瑰丽的寓言对以上三个方面进行了有机、详尽的论证，将“五千言”的诗体发展成为“十余万言”的专题论文。以“致福”有待于“得道”，“得道”才能“致福”为纲领，构建了其独特、庞大的思想体系，对人生的方方面面作了系统的论述，《逍遥游》首擎“得道”“致福”的大纛，浓缩了《庄子》全书的观点，是贯穿全书的纲领；《齐物论》是以“道”观物；《养生主》是以“道”养生；《人间世》是以“道”处世；《德充符》是得“道”的表现；《大宗师》是以“道”为宗师；《应帝王》是

---

① 谭家健、孙中原译注，《墨子今注今译》，北京：商务印书馆 2009 年版。本书所引《墨子》皆据此本。

以“道”治理国家；外篇、杂篇是对内篇的阐发。

在《大宗师》中，庄子对“道”作了直接、正面的描述：“夫道，有情有信，无为无形；可传而不可受，可得而不可见；自本自根，未有天地，自古以固存；神鬼神帝，生天生地；在太极之先而不为高，在六极之下而不为深；先天地生而不为久，长于上古而不为老。”由此可见，“道”是宇宙的本原，是创造天地万物的神，是自在、今在、永在的上帝，是宇宙万物的主宰。“道”是万物存在的根据，“道者，万物之所由也”（《渔父》），“天不得不高，地不得不广，日月不得不行，万物不得不昌”（《知北游》）。事物之间虽千差万别，各有各的特长，各有各的属性，但都秉于“道”而存在，都遵从于“道”才显示了自己的特长和属性。

人也不例外。这是因为人是受造，是有限的，庄子将人的局限性概括为三个方面——“拘于墟”“笃于时”“束于教”。所谓“拘于墟”，就是人受生存空间的限制。庄子说：“号物之数谓之万，人处一焉；人卒九州，谷食之所生，舟车之所通，人处一焉。”（《秋水》）所谓“笃于时”，就是人受时间的限制。庄子对人生的短暂有一个形象的比喻：“人生天地之间，若白驹之过隙，忽然而已。”（《知北游》）所谓“束于教”，就是人受教育的限制，人的认识是有限的：“计人之所知，不若其所不知。”（《秋水》）正因为人的局限性，人才是不完全的，有待于得“道”。“夫知有所待而后当”（《大宗师》），是所待于“道”；人们之间的是非之争是无用的，胜者未必是，败者未必非。所以是非之辩也要待于“道”。

得“道”与幸福密切相关，《秋水》篇说：“知道者必达于理，达于理者必明于权，明于权者不以物害己。至德者，火弗能热，水弗能溺，寒暑弗能害，禽兽弗能贼。非谓其薄之也，言察乎安危，宁于祸福，谨于去就，莫之能害也。”《知北游》也说：“邀于此者，四肢强，思虑恂达，耳目聪明，其用心不劳，其应物无方。”所以，得“道”能避害趋福。得“道”之“福”贯穿在全书之中。《庄子》中所描写的任何一种物象都与作者信奉的“道”有着一种直接或间接的内在联系，这种联系就是“得道致福”。不仅《庄子》文中出现了大量的“福”字，就是没有“福”字的地方也无一不落脚于人生的幸福上。例如，超脱是非之争（《齐物论》），“保身、全生、养亲、尽年”（《养生主》），“知其不可而安之若命”（《人间世》），“无以好恶内伤其身”（《德充符》），“无天怨、无人非、无物累、无鬼责”（《天道》），“虽富贵不以养伤身，虽贫贱不以利累形”（《让王》），“说其志意，养其寿命”（《盗跖》），等等。所以，只有得“道”，人才能获得属天的智慧，才能在纷繁复杂、矛盾重重的人世间处理好各种关系，获得人生的幸福。总之，人生的幸福有待于得“道”。人只有得到“道”，才最终无“所待”了。

怎样才能得到“道”呢？庄子认为，“道”存在于万物之中，“无所不在”（《知北游》），当然也存在于人心中。那么为什么还说人有待于“道”呢？这是因为“道隐于小成”（《齐物论》），人的“小成”遮蔽了大道，即人的狭隘见识占据了人心，“道”就被遮蔽了。人不但见识狭隘，而且自我满足，从而阻挡了对大“道”的追求。庄子认为，得“道”的前提是“虚己”，因为“唯道集虚”（《人间世》）。只有虚怀若谷，才能反观大“道”，循“道”而为。因此，庄子告诫人们要像圣人那样虚己。而虚己就要“无己”“无功”“无名”。“无己”就是不固执己见，“无功”就是不求己功，“无名”就是不求己名。只有“虚己”，才会“道充”。这就是庄子在《人间世》篇所说的“心斋”之法。“心斋”就是将心境打扫干净的意思。

得“道”之法还在于返璞归真。庄子认为，人先天的本性是与“道”为一的，是纯真无瑕的，而世俗之人往往“驰其形性，潜之万物，终身不反”（《徐无鬼》），而与大“道”疏离了。因此庄子认为得“道”“真人”就是“不以心捐道，不以人助天”之人，并将回返于“道”称为“反其真”（《大宗师》），将顺“道”而行称为“采真之游”（《天运》）。

得“道”之法还有法天自然。庄子认为，人与天地万物一样，同禀大道。而人高出于万物之处在于人是有智能的动物。也正因为人有智能，人才一意孤行，从而与大“道”相乖。而天地万物，因为无知无能，也就保持了与道合一的完美状态。所以，天地万物的自然无为就是人效法的榜样。《刻意》说：“若夫不刻意而高，无仁义而修，无功名而治，无江海而闲，不导引而寿，无不忘也，无不有也，淡然无极而众美从之，此天地之道，圣人之德也。故曰：夫恬淡寂寞，虚无无为，此天地之平而道德之至也。”人效法天，就要“去知与故，循天之理”（《刻意》）、“顺物自然，而无容私焉”（《应帝王》）、“与时俱化，而无肯专为”（《山木》）、“法天贵真，不拘于俗”（《渔父》）。

综上所述，《庄子》一书围绕“道”，回答了“什么是‘道’”“人为什么要得‘道’”“用什么方法得‘道’”“怎样以‘道’处世”及如何以‘道’观人生”等问题，成为先秦道家学术的集大成之作。

那么是什么原因致使庄子将老子五千言的“道论”丰富发展而为十余万言的道家学说的集大成著作呢？在老子和庄子之间，还有一些道家学者，他们丰富了老子的思想。庄子对于其成果当然有所吸取。除了学术发展的内在原因外，最主要的原因应该是学派之间的相激相荡。

面对人生的苦难和邪恶的世道，儒家学派大力宣扬仁义礼智，对此，世人往往给予高度评价，然而道家对此却持否定态度，认为仁义之行，唯且无诚，更是大乱之本。《庄子》对人为道德给予了彻底的否定，要求将人行为的目标上溯到最高的终极存在——“道”。《庄子》认为，道德、仁义、法令、规章等主张对于拯救世道人心毫无益处。《胠箧》篇说：

为之斗斛以量之，则并与斗斛而窃之；为之权衡以称之，则并与权衡而窃之；为之符玺以信之，则并与符玺而窃之，为之仁义以矫之，则并与仁义而窃之。何以知其然邪？彼窃钩者诛，窃国者为诸侯，诸侯之门而仁义存焉，则是非窃仁义圣知邪？故逐于大盗，揭诸侯，窃仁义并斗斛、权衡、符玺之利者，虽有轩冕之赏弗能劝，斧钺之威弗能禁。此重利盗跖而使不可禁者，是乃圣人之过也。……彼曾、史、杨、墨、师旷、工倕、离朱，皆外立其德，而以爚乱天下者也，法之所无用也。

“斗斛”“权衡”“符玺”本是治理社会的“国之利器”，比喻治理天下的法令、规章，一旦被盗贼所窃取，“斗斛”“权衡”“符玺”又有什么用呢？不但如此，“仁义”也被大盗窃取，这说明，规范人的行为的道德、法令、规章从根本上来说是无用的。

《庄子》认为，仁义非但无用，适足以撄人心。《骈拇》篇说：“自虞氏招仁义以挠天下也，天下莫不奔命于仁义，是非以仁义易其性与？”《在宥》篇说：

昔者黄帝始以仁义撄人之心，尧、舜于是乎股无胈，胫无毛，

以养天下之形，愁其五藏以为仁义，矜其血气以规法度。然犹有不胜也。尧于是放讙兜于崇山，投三苗于三峗，流共工于幽都，此不胜天下也夫！

尧"放讙兜""投三苗""流共工"都说明以仁义治理国家的失败。因此，面对险恶的社会局面，不从根本上治理社会，抑本扬末地呼吁仁义的儒法等学派难免不遭到庄子学派的严厉谴责。庄子学派据以非儒的理由正是道家学派所体认的"道"，他们认为儒家主张是失丧"道"的表现。《知北游》篇说：

失道而后德，失德而后仁，失仁而后义，失义而后礼。礼者，道之华而乱之首也。

庄子认为，讲究"礼"是"道""德""仁""义"丧失的表现，"礼"是"道"之皮毛，又是致乱的开始，而儒家孜孜以求的正是"道之皮毛"。《庄子》认为不寻求天地之正"道"而单单倡导仁义之举，不但不会起到预期的作用，反而会贻害无穷。《徐无鬼》篇说：

啮缺遇许由，曰："子将奚之？"曰："将逃尧。"曰："奚谓邪？"曰："夫尧，畜畜然仁，吾恐其为天下笑。后世其人与人相食与！夫民不难聚也，爱之则亲，利之则至，誉之则劝，致其所恶则散。爱利出乎仁义，捐仁义者寡，利仁义者众。夫仁义之行，唯且无诚，且假乎禽贪者器。是以一人之断制利天下，譬之犹一覕也。夫尧知贤人之利天下也，而不知其贼天下也，夫唯外乎贤者知之矣。"

庄子认为，爱利出乎仁义，捐仁义者寡，利仁义者众，仁义之行就有了虚伪。而一味地宣扬仁义，其危害就大了。庄子预言："后世其人与人相食与！""人与人相食"比喻人们争夺名利的惨状。

庄子对儒家仁义道德的批判，就是因为儒家"蔽于人而不知天"。这一点，在传教士的眼里也是非常明显的。丁韪良（W. A. P. Martin，1827—1916）在《天道溯原》中有这样一段话：

夫中华儒教，言人而不及神，言人有五伦，而不知神与人实为首伦。故仅教人事世上之君，不教之事天上之帝。教人孝父母，不教之敬天上之父。教人报本追远，不教之尊奉造物之主。教人知今生之善恶，不以来生之祸福勉人为善。其教虽正而且美，究非全璧……耶稣教之正道，降自真神，真神以己式造人，则神与人，自为一伦。人既为神所造，即当知吾身之所由来，事神之为要务，神与人当立为首伦也明矣。神人立为首伦，五伦乃行乎其下而有序。如屋基有磐石，万椽架乎其上，方得安固。[1]

这是将儒家伦理与基督教比较后得出的结论，作者认为，儒家伦理教条虽美，但缺乏最重要的一伦，即“神与人”一伦，或称“首伦”。这与庄子对儒家的批判是一致的。正因为缺少了这最重要的一伦，儒家的仁义道德就缺乏应有的约束力和促动力，不但起不到应有的作用，反而为大盗所资，贻害无穷。

庄子对仁义礼智之类价值观念和行为规范的抨击，既是对老子“大道废，有仁义；智慧出，有大伪；六亲不和，有孝慈；国家昏乱，有忠臣”的继承发展，更是因为仁义之说在当时甚嚣尘上，而又被作为神圣之物，故庄子对其掊击有加。庄子否定仁义道德的目的在于引导人们认识至道，因为“道隐于小成”（《齐物论》），对仁义等道德的过度宣扬就会阻挡对大道的认识，这就是庄子学派对其他诸子理论大加批判的根本原因。这是庄子思想中最难理解之处，也是庄子之所以为庄子的独特之处。

第四节　《庄子》的成书及初传

我们今天所看到的《庄子》是西晋惠帝时期郭象为之作注的、只有 33 篇、约 7 万字的本子，分内篇、外篇、杂篇三部分。《庄子》一书早在战国末期之前就已经传世，这可以秦相吕不韦编撰的《吕氏春秋》的引文为证。《吕氏春秋·有始览·去尤》曾明确引述《庄子》之文：“《庄子》曰：‘以瓦投者翔，以钩投者战，以黄金投者殆。其祥一也，而有所殆者，必外有所重者也。外有所重者泄，盖内掘。’”[2]这段文字见《庄子·达生》篇：“以瓦注者巧，以钩注者惮，以黄金注者殙。其巧一也，而有所矜，

① （奥地利）雷立伯，《论基督之大小：1900—1950 年华人知识分子眼中的基督教》，北京：社会科学文献出版社 2000 年版，第 11 页。

② 张双棣、张万彬、尹国光、陈涛译注，《吕氏春秋译注》，北京：北京大学出版社 2000 年版。

则重外也。凡外重者内拙。”两段文字大致相同。此文虽见于《达生》篇，但引文不称“《达生》曰”而称“《庄子》曰”，足见《庄子》书作为一个整体当时已经存在，并且广为流传。《吕氏春秋》成书于公元前239年，此时距离秦统一天下还有18年。《庄子》为先秦古籍确定无疑。

有资料证明，在郭象33篇本成书之前，还有一个52篇本存在。《汉书·艺文志》曰：“《庄子》五十二篇（名周，宋人）。”[①]唐陆德明的《经典释文序录》认为，此五十二篇本“即司马彪、孟氏所注是也”，并且认为其中“内篇七，外篇二十八，杂篇十四，解说三。为《音》三卷”[②]，将52篇删减为33篇，出于郭象之手。日本高山寺古抄本载郭象之《庄子》后序中明言：“故皆略而不存，今唯裁取其长达至全乎大体者，为三十三篇。”[③]不管《庄子》最初成书时有多少篇，有一个问题必须明确，《庄子》是由互不连贯的单篇组成的，且其成书未必成于一时，既有作于庄子生前的，又有作于庄子去世之后的。可见，作为庄子代表作的《庄子》在未成书之前就已经在传播了。根据前面对《庄子》里籍及思想渊源的考察，可以说，《庄子》的最早流传即在今皖北一带。在安徽的这片土地上，庄子学逐渐产生，并广泛传播，传承并衍变，这是将安徽庄学单独研究的一个原因。

最初传播庄子思想的必定是其弟子。有人将孔子弟子与庄子弟子做了如下的比较：孔子弟子三千，有为者七十二人，有名有姓者不可胜数。庄子弟子，留名的只有蔺且，余者皆失载。如此看来，孔子的生活的确非常热闹，而庄子则相当寂寞了。这样的比较有一定的说服力。儒学作为当时的显学，的确吸引了很多的追随者。但同时也说明，《庄子》一书成于庄子之手居多。若是成于弟子之手，难免不留下弟子名姓。孔子门徒多的原因是多方面的，最主要的一点是孔子学说或主张多因顺着人性、顺应时代潮流，易于被人们接受，而庄子的学说或主张则多逆着人性、逆时代潮流，难以被人们接受。孔子的思想易于被接受，也就易于被发展；庄子的思想难以被接受，也就难以被发展，其弟子只是继承和传播师说，因而影响不能超过庄子，他们的名姓也就湮没无闻了。

---

①（汉）班固撰，（唐）颜师古注，《汉书》，北京：中华书局1962年版。本书所引《汉书》皆据此本。
②（清）郭庆藩撰，王孝鱼点校，《庄子集释》，北京：中华书局1961年版。
③ 刘文典撰，《庄子补正》，合肥：安徽大学出版社、昆明：云南大学出版社1999年版，第899页。

庄子也有一些跟随在身边游学的弟子，如《山木》篇载庄子行于山中弟子随其出行，“弟子问于庄子曰：‘昨日山中之木，以不材得终其天年；今主人之雁，以不材死。先生将何处？’”《列御寇》篇载“庄子将死，弟子欲厚葬之”等。从《庄子·天下》篇庄子弟子对庄子学说的特点、《庄子》一书的艺术特色的把握来看，庄子的弟子也是了不起的学者。

再从《吕氏春秋》征引《庄子》来看，庄子的后继者也大有人在。对于《吕氏春秋》与《庄子》的关系，王叔岷曾有过专门研究，先后发表《吕氏春秋与庄子》和《吕氏春秋引用庄子举正》等文。徐飞的《〈吕氏春秋〉援引〈庄子〉研究》认为：“《吕氏春秋》是先秦时期一部重要的文化典籍，融合兼采了多家思想，对《庄子》更表现出前所未有的重视和接受态度，多处以不同形式援引化用《庄子》入文，包括以点明出处的方式引用《庄子》语句，对庄子寓言本义予以继承、发展、改造，或者直接吸收其思想观点。引用后的庄子思想在一定程度上调和了其固有的偏激苛责，更符合《吕氏春秋》所持的抚民以静的政治追求。”[①]《吕氏春秋》是吕不韦召集门客所撰的。《史记·吕不韦传》曰：

> 吕不韦乃使其客人人著所闻，集论以为《八览》、《六论》、《十二纪》，二十余万言……号曰《吕氏春秋》。

在吕不韦的宾客之中，必有不少庄子后学，他们引用《庄子》是非常自然而且熟练的，这从《吕氏春秋》对《庄子》大量引用和化用可想而知。方勇先生在《庄子学史》中说：

> 据统计，书中仅属于明引《庄子》的文字就多达五十余条，分别见于《本生》、《贵公》、《贵生》、《功名》、《精通》、《当务》、《诚廉》、《去尤》、《听言》、《慎人》、《必己》、《下贤》、《观世》、《慎世》、《精谕》、《离谓》、《应言》、《离俗》、《适威》、《长利》、《知分》、《审为》、《求人》、《博志》、《有度》等篇。[②]

根据《吕氏春秋》著述体例，方先生所举以上二十五篇绝非出于一人之手，

① 徐飞，《〈吕氏春秋〉援引〈庄子〉研究》，《四川文理学院学报》2008年第18卷第1期，第62-65页。
② 方勇，《庄子学史》（第一册），北京：人民出版社2008年版，第153页。

当为多人所为。由此可见，庄子后学数量必定非常可观。虽然这些人的籍贯是否属于今天的安徽不得而知，但据庄子出生地、活动范围看，安徽在先秦时期应是庄学产生、传播的基地。以《吕氏春秋》为例研究庄子后学对庄学的接受与传播，应该属于安徽学术的一部分。

第五节 《吕氏春秋》对《庄子》的吸收与偏离

《吕氏春秋》对先秦诸子皆有所吸纳，这是众所周知的事实，其中先秦道家的比重尤其突出。道家思想的影响是宏观、全方位的，“多影响吕书的宇宙观、政治观、人生论等”①，但吕书吸纳道家思想的同时又有所改造。分析《吕氏春秋》对道家思想的继承和改造有助于理解吕书的性质，也就是其学派归趣。这是《吕氏春秋》研究中的首要问题。陈鼓应曾说自己曾“反覆究习《吕》书，试图在这部集先秦道家之大成的巨著中，探讨它在哪些方面吸收原始道家及稷下黄老，并探寻它在哪些方面有着新的内涵”②。王启才的《〈吕氏春秋〉对〈老子〉的继承与超越》一文主要从对“道”的解释与体认，法天地的指导思想，因顺、无为、贵公、尚信、整体思维、养生观等方面论述了《吕氏春秋》对《老子》的继承关系；从小国寡民与大一统，反对战争与倡导“义兵”“不尚贤”，查贤、进贤、绝学弃智、尊师劝学等方面论述了其超越之处。③这些研究的目的都是探究《吕氏春秋》的思想性质。类似的研究还有侯利中的《〈吕氏春秋〉与老庄哲学的关系》（《语文学刊》1989年第6期，第27-29页），孙以楷、刘慕方的《〈吕氏春秋〉——先秦诸子的集大成》（《学术界》1992年第6期，第25-28页），修建军的《〈吕氏春秋〉与道家析论》（《管子学刊》2000年第3期，第53-57页），杨莹的《〈吕氏春秋〉中的道家思想研究》（河北大学2013年硕士学位论文）等。有些研究则是为了探究《庄子》的成书时间。《庄子》一书既有庄子手笔，也有弟子之作，那么最晚是什么时候写成的呢？有人比较了《吕氏春秋》与《庄子》相同或相似的内容，分析到底是谁引

① 李家骧，《〈吕氏春秋〉与先秦百家的思想渊源关系》，《台州学院学报》2005年第2期，第5-13页。
② 陈鼓应，《从〈吕氏春秋〉看先秦道家思想特点》，《中国哲学史》2001年第1期，第86-93页。
③ 王启才，《〈吕氏春秋〉对〈老子〉的继承与超越》，《阜阳师范学院学报》2002年第4期，第9-12页。

谁，从而做出《庄子》成书下限的判断。王发国的《从〈吕氏春秋〉、〈韩非子〉等书推测〈庄子〉之成书年代》（《西南民族学院学报》1986 年第 3 期，第 108-120 页）、李伟的《〈吕氏春秋〉引用〈庄子〉新论——以〈让王〉等四篇为例》（《诸子学刊》第十一辑，第 205-213 页）、聂中庆的《〈庄子〉〈吕氏春秋〉重文研究》（《西部学刊》2014 年第 9 期）等文都属于这一类。《吕氏春秋》对《庄子》的吸收既有作为思想的继承，又有作为史料的引用。《吕氏春秋》在继承庄子思想的同时还有所偏离。下面就从这三个方面分别论述。

一、《吕氏春秋》对《庄子》思想的继承

（一）尊道

“道”是老子首倡的一个最基本的哲学范畴，《老子》第 25 章说：“有物混成，先天地生。寂兮廖兮，独立而不改，周行而不殆，可以为天下母。吾不知其名，字之曰道；强为之名，曰大。”它是万物的本原，无形无象，却又真实存在。“天得一以清，地得一以宁，神得一以灵，谷得一以盈，万物得一以生，侯王得一以为天下正。”（《老子》第 39 章）“得一”就是得“道”，万物得道而生。它至关重要、至尊至贵，老子曰：“古之所以贵此道者何？不曰：求以得，有罪以免邪？故为天下贵。”（《老子》第 62 章）庄子继承了老子的“道”论，也认为“道”是本原性存在，无形无象，无所不在，“刻雕众形”“覆载万物”（《大宗师》）。《大宗师》篇有一段集中论道的文字：

> 夫道，有情有信，无为无形；可传而不可受，可得而不可见；自本自根，未有天地，自古以固存；神鬼神帝，生天生地；在太极之上而不为高，在六极之下而不为深；先天地生而不为久；长于上古而不为老；狶韦氏得之，以挈天地；伏羲氏得之，以袭气母；维斗得之，终古不忒；日月得之，终古不息；堪坏得之，以袭昆仑；冯夷得之，以游大川；肩吾得之，以处大山；黄帝得之，以登云天；颛顼得之，以处玄宫；禺强得之，立乎北极；西王母得之，坐乎少广，莫知其始，莫知其终；彭祖得之，上及有虞，

下及五伯；傅说得之，以相武丁，奄有天下，乘东维，骑箕尾，而比于列星。

庄子认为，“道”是万物的本原和主宰，是万物存在的根据，“道者，万物之所由也”（《渔父》），“天不得不高，地不得不广，日月不得不行，万物不得不昌”（《知北游》）。事物之间虽千差万别，各有各的特长，各有各的属性，但都秉于“道”而存在，都遵从于“道”才显示了自己的特长和属性。

《吕氏春秋》对作为万物本原之“道”的尊崇与老子、庄子是一致的，它也认为“道”最为尊贵。例如，《季春纪·圜道》：

一也者至贵，莫知其原，莫知其端，莫知其始，莫知其终，而万物以为宗。圣王法之，以全其性，以定其生，以处号令。

《吕氏春秋》所说“一”即指此“道”，此“一”，无始无终，万物以为宗，又是万物存在的根据和法则。这与《庄子·大宗师》论“道”一段一致。《吕氏春秋》还用“太一”指称此“道”。例如，《仲夏纪·大乐》：

太一出两仪，两仪出阴阳。阴阳变化，一上一下，合而成章……万物所出，造于太一，化于阴阳。

此段同样论述“道”的创生性。与《庄子·田子方》中“至阴肃肃，至阳赫赫。肃肃出乎天，赫赫发乎地，两者交通成和而物生焉”说法一致。《仲夏纪·大乐》篇曰：“道也者，视之不见，听之不闻，不可为状。有知不见之见、不闻之闻、无状之状者，则几于知之矣。道也者，至精也，不可为形，不可为名，强为之，谓之太一。”“《吕氏春秋·大乐》的‘太一’与其所说的‘道’，都是从宇宙本根上取义的。因此，太一就是道，道就是太一。由于太一或道，至精至微，不可感知，故只有认知了‘不见之见、不闻之闻、无状之状’，才算得上是接近于知道的，即‘几于知之矣’。”[①]可见，《吕氏春秋》之“道”论直接继承了《老子》和《庄子》，也将“道”置于最尊贵的地位。

① 萧汉明，《也论〈吕氏春秋〉的学派属性与学术定位》，《诸子学刊》第四辑 2010 年，第 375-400 页。

（二）贵德

“道”是客观存在的，人唯有认识“道”、体悟“道”，才能获得智慧，以应对生活中的各种问题。“德”即得“道”，这是《老子》中“德”的特定用法。《老子》曰：“孔德之容，唯道是从。”（《老子》第 21 章）“道生之，德畜之。物形之，势成之。是以万物莫不尊道而贵德。”（《老子》第 51 章）庄子继承老子，也用“德”表示得“道”，即认识“道”、体悟“道”。因为“道”是万物的本原，事物的一切规定性在乎它。《庄子》曰：“故形非道不生，生非德不明。”（《天地》）“执道者德全，德全者形全，形全者神全。”（《天地》）得“道”是人生的首务。“得吾道者，上为皇而下为王；失吾道者，上见光而下为土”“不通于道者，无自而可”（《在宥》），“若成若不成而后无患者，唯有德者能之”（《人间世》）。《吕氏春秋》亦以得“道”为贵，如说：“凡彼万形，得一后成。故知知一，则应物变化，阔大渊深，不可测也；德行昭美，比于日月，不可息也；豪士时之，远方来宾，不可塞也；意气宣通，无所束缚，不可收也。……故知知一，则若天地然，则何事之不胜？何物自不应？”（《季春纪・论人》）又如：“贵富而不知道，适足以为患，不如贫贱。贫贱之致物也难，虽欲过之，奚由？”（《孟春纪・本生》）这与《庄子》论得“道”的重要性是一脉相承的。

（三）全性

物之“性”是“道”所赋予的，庄子称其为“天理”和“固然”（《养生主》）。对于此本性，人只有顺应，只有保全，而不可“撄”，这是庄子对老子“辅万物之自然而不敢为”（《老子》第 64 章）之无为思想的运用。《庄子》曰：“物固有所然，物固有所可。”（《齐物论》）“故合者不为骈，而枝者不为跂，长者不为有余，短者不为不足。是故凫胫虽短，续之则忧；鹤胫虽长，断之则悲。”（《骈拇》）“无为也，而后安其性命之情。”（《在宥》）《吕氏春秋》亦认为万物有其固有的本性，“不可长，不可短”，只有顺应，曰：“性者，万物之本也，不可长，不可短，因其固然而然之，此天地之数也。”（《不苟论・贵当》）又如：“始生之者，天也；养成之者，人也。能养天之所生而勿撄之谓天子。”（《孟春纪·本生》）“是故圣人之于声色滋味也，利于性则取之，害于性则舍之，此全性之道也。”（《孟春纪·本生》）以上说法皆与《庄子》大同小异。

（四）重生

《老子》虽无明确的“重生”主张，但此思想是蕴涵在五千言中的。《老子》曰：“名与身孰亲？身与货孰多？”（《老子》第44章）此反问句式已表明，与“名”“物”相比，“身”为重。又说：“是谓深根固柢，长生久视之道。”（《老子》第59章）此“长生久视之道”为道家、道教所传承。另外，从《老子》对“道”的重视和对战争的反对，亦可以看出其对生命的重视。在《庄子》中，“重生”思想较多地得到了阐发。《养生主》篇论养生的目的就是“保身”“全生”“养亲”“尽年”。《人间世》即探讨“事暴君，处污世”“善全之道”。《让王》篇列举一系列因重生而轻辞君位的得道之人，他们视生命高于一切，反映了庄子重生轻物的思想。庄子曰：“夫天下至重也，而不以害其生，又况他物乎？”“今世俗之君子，多为身弃生以殉物，岂不悲哉？”《吕氏春秋》继承了《庄子》之重生轻物思想，其言论与《庄子》大致相同，如《重己》篇曰：“今吾生之为我有，而利我亦大矣。论其贵贱，爵为天子，不足以比焉；论其轻重，不可以易之；论其安危，一曙失之，终身不复得。此三者，有道者之所慎也。”（《孟春纪·重己》）《开春论·审为》篇亦是将“身”与“天下”相比，强调自身为一切行为的终极目的。此篇开头即提出论点：“身者，所为也；天下者，所以为也。审所以为，而轻重得矣。”文中所引“太王亶父”“韩魏相与争侵地”“中山公子牟”三个故事皆源自《庄子·让王》篇，文字基本相同，立意亦相同，阐发“重生”“轻利”“不以养伤身”“不以利累形”的思想。

因重生而养生，《庄子》中有丰富的养生思想，如“依乎天理”“因其固然”的顺其自然的生活态度（《养生主》）、“不以利自累”的知足心态（《让王》）、“穷亦乐，通亦乐”的达观心态（《让王》）等。此外，关于养生，《庄子》还有一个生动的比喻，曰：“善养生者，若牧羊然，视其后者而鞭之。”（《达生》）何为“鞭其后”呢？《庄子》举例说："鲁有单豹者，岩居而谷饮，不与民共利，行年七十而犹有婴儿之色；不幸遇饿虎，饿虎杀而食之。有张毅者，高门县薄，无不走也，行年四十而有内热之病以死。豹养其内而虎食其外，毅养其外而病攻其内，此二子者，皆不鞭其后者也。"从单豹、张毅的例子来看，所谓"鞭其后"就是警惕自身的不足之处。《庄子》中还有一个比喻："夫为天下者，亦奚以异乎牧马者哉？亦去其害马者而已矣。"（《徐无鬼》）对于"养生"而言，"害马者"就是"害生者"。《盗跖》篇列举了"天下之至害者"六个方面：

> 平为福，有余为害者，物莫不然，而财其甚者也。今富人，耳营钟鼓管籥之声，口嗛于刍豢醪醴之味，以感其意，遗忘其业，可谓乱矣；侅溺于冯气，若负重行而上也，可谓苦矣；贪财而取慰，贪权而取竭，静居则溺，体泽则冯，可谓疾矣；为欲富就利，故满若堵耳而不知避，且冯而不舍，可谓辱矣；财积而无用，服膺而不舍，满心戚醮，求益而不止，可谓忧矣；内则疑劫请之贼，外则畏寇盗之害；内周楼疏，外不敢独行，可谓畏矣。此六者，天下之至害也，皆遗忘而不知察；及其患至，求尽性竭财，单以反一日之无故，而不可得也。故观之名则不见，求之利则不得，缭意体而争此，不亦惑乎？

《庄子》认为对养生危害最大的就是富贵，并列举了由富贵而带来的六个方面的问题——"乱""苦""疾""辱""忧""畏"。与此相似，《吕氏春秋·孟春纪·本生》也列举了由富贵带来的祸患：

> 出则以车，入则以辇，务以自佚，命之曰"招蹷之机"。肥肉厚酒，务以自强，命之曰"烂肠之食"。靡曼皓齿，郑卫之音，务以自乐，命之曰"伐性之斧"。三患者，贵富之所致也。故古之人不肯贵富者矣，由重生故也；非夸以名也，为其实也。

"招蹷之机""烂肠之食""伐性之斧"三患皆由贵富所致，可以说，基于"重生"之考虑，"贵富而不知道"，"不如贫贱"。

《吕氏春秋·仲春纪·贵生》篇继续阐发"贵生"的思想，指出"圣人深虑天下，莫贵于生"，其议论明显继承了《庄子》的言论。《庄子·天地》篇论五种"生之害"：一曰"五色乱目"，二曰"五声乱耳"，三曰

“五臭薰鼻”，四曰“五味浊口”，五曰“趣舍滑心”。《吕氏春秋》更进一步指出人的本性却是“耳欲声”“目欲色”“鼻欲香”“口欲滋味”，这些往往有害无益，因此，“耳目鼻口不得擅行，必有所制”，“此贵生之术也”。这是对《庄子》贵生思想的继承和发展。接下来几段几乎全引《庄子》，“尧以天下让于子州支父”“越人三世杀其君，王子搜患之”“鲁君闻颜阖得道之人也”“以隋侯之珠弹千仞之雀”都与《庄子·让王》文字大同小异，立意也相同。

庄子认为：“人大喜邪，毗于阳；人大怒邪，毗于阴。阴阳并毗，四时不至，寒暑之和不成，其反伤人之形乎！”（《在宥》）以上说明情感太过亦会导致疾病的产生。庄子论养生之法还有淡化情感，做到“唯神是守”。庄子说：“吾所谓无情者，言人之不以好恶内伤其身。”（《德充符》）对此，《吕氏春秋》亦有所继承，《季春纪·尽数》篇亦论及养生去害之术，曰：“何谓去害？大甘、大酸、大苦、大辛、大咸，五者充形则生害矣。大喜、大怒、大忧、大恐、大哀，五者接神则生害矣。大寒、大热、大湿、大风、大霖、大雾，七者动精则生害矣。故凡养生，莫若知本，知本则疾无由至矣。”此类言论明显受到《庄子》的影响。

（五）无为

“自然无为”作为人类的处世原则是《老子》“道法自然”的必然结论。“无为而治，是《老子》所倡导的理想社会的治国思想，也是他用以反对以智治国的思想武器。在老子看来，人的主观能动性的发挥，只能限定在辅助与顺应万物自身运动的范围之内，这就是所谓‘无为’；超出这个范围，人的能动性发挥得越大，破坏性也就越大，而这就是所谓‘有为’。在老子的理想社会里，人的个性在没有任何‘有为’的强制性措施的制约下将会得到充分的发展，他们依照自身的需要过着淳朴而敦厚的自由自在的生活。”[①]对此无为的原则，《庄子》完全继承下来，例如：

> 夫虚静、恬淡、寂漠、无为者，天地之平而道德之至，故帝王、圣人休焉。（《天道》）

① 萧汉明，《也论〈吕氏春秋〉的学派属性与学术定位》，《诸子学刊》第四辑 2010 年，第 375-400 页。

君子不得已而临莅天下，莫若无为。无为也，而后安其性命之情。（《在宥》）

古之畜天下者，无欲而天下足，无为而万物化，渊静而百姓定。（《天地》）

在《庄子》中，“无为”是“道德之至”，于个人或国家都是必需的。就个人层面而言，“无为也而后安其性命之情”；就国家治理而言，“无欲而天下足，无为而万物化，渊静而百姓定”。

庄子“无为”的实质是循“道”而为，《天地》曰：“循于道之谓备。”其具体表现就是顺物自然、虚静以待、安时处顺、绝圣弃智等。《吕氏春秋》直接继承了《庄子》中的“无为”思想，可以说《吕氏春秋》的核心思想就是“无为”。对此前人多有论述。高诱的《吕氏春秋序》说：“此书所尚，以道德为标的，以无为为纲纪，以忠义为品式，以公方为检格。”“这个说法虽过于简略，但也大致说明了《吕氏春秋》一书是以原始道家道与德为最高范畴，以无为而治为治国纲纪的。”①具体而言，主要有以下几方面的表现。

1. 顺物自然

《老子》首倡顺物自然的原则，曰：“道大，天大，地大，人亦大。域中有四大，而人居其一焉。人法地，地法天，天法道，道法自然。”（《老子》第25章）《庄子》对此原则多有阐发：

天无为以之清，地无为以之宁，故两无为相合，万物皆化。（《至乐》）

夫水之于汋也，无为而才自然矣；至人之于德也，不修而物不能离焉。若天之自高，地之自厚，日月之自明，夫何修焉？（《田子方》）

天地有大美而不言，四时有明法而不议，万物有成理而不说。圣人者，原天地之美而达万物之理，是故至人无为，大圣不作，观于天地之谓也。（《知北游》）

《吕氏春秋》在《庄子》法天地的基础上，更将这一原则落实到国家制度建

① 萧汉明，《也论〈吕氏春秋〉的学派属性与学术定位》，《诸子学刊》第四辑2010年，第375-400页。

设的层面上。在全书的结构安排上，“十二纪”是作者构想的一年的施政纲领，其哲学基础就是“法天地”。因为“古之治身与天下者，必法天地也”（《仲春纪·情欲》）。《序意》篇曰：“维秦八年，岁在涒滩，秋甲子朔。朔之日，良人请问十二纪。文信侯曰：尝得学黄帝之所以诲颛顼矣，‘爰有大圜在上，大矩在下，汝能法之，为民父母’。盖闻古之清世，是法天地。凡十二纪者，所以纪治乱存亡也，所以知寿夭吉凶也。上揆之天，下验之地，中审之人，若此则是非可不可无所遁矣。”《十二纪》指出，春生、夏长、秋收、冬藏是自然界运行的规律，顺应时令，人们要做每个时节该做的事情，天子行政应“无变天之道，无绝地之理，无乱人之纪”（《孟春纪·孟春》）。春季阳气渐盛，万物萌生，是生育的季节。因此，天子发布政令要以宽厚仁恩为主旨，禁止杀伐伤生，要劝勉农桑、抚恤孤寡、赈济贫困等。

2. 虚静以待

在《庄子》中，虚静是体道的重要途径。《人间世》曰：“唯道集虚。虚者，心斋也。”如何做到虚静呢？《庄子·庚桑楚》中有一段集中的论述：

> 彻志之勃，解心之缪，去德之累，达道之塞。贵、富、显、严、名、利六者，勃志也。容、动、色、理、气、意六者，缪心也。恶、欲、喜、怒、哀、乐六者，累德也。去、就、取、与、知、能六者，塞道也。此四六者不荡胸中则正，正则静，静则明，明则虚，虚则无为而无不为也。

“此四六者不荡胸中则正，正则静，静则明，明则虚，虚则无为而无不为也。”《庄子》中这一个由“虚静”到“无为”的方法，《吕氏春秋》完全地继承下来了。《似顺论·有度》篇曰：

> 不能尽知，执一而万物治。使人不能执一者，物感之也。故曰：通意之悖，解心之缪，去德之累，通道之塞。贵富显严名利，六者悖意者也。容动色理气意，六者缪心者也。恶欲喜怒哀乐，六者累德者也。智能去就取舍，六者塞道者也。此四六者不荡乎胸中则正。正则静，静则清明，清明则虚，虚则无为而无不为也。

这段文字与《庄子·庚桑楚》中的一段几乎完全相同，也认为“贵富显严名利”等二十四项是人遵从“道”的障碍。“此四六者不荡乎胸中则正。

正则静，静则清明，清明则虚，虚则无为而无不为也。”

3. 绝圣弃智、绝仁弃义

“绝圣弃智”最早是由《老子》提出来的。《老子》曰：“大道废，有仁义；智慧出，有大伪；六亲不合，有孝慈；国家昏乱，有忠臣。绝圣弃智，民利百倍；绝仁弃义，民复孝慈；绝巧弃利，盗贼无有。”（《老子》第18、19章）“绝圣弃智”“绝仁弃义”“绝巧弃利”等思想在《庄子》中得到了充分发挥。《马蹄》篇曰：“夫残朴以为器，工匠之罪也；毁道德以为仁义，圣人之过也。”《胠箧》曰：“故绝圣弃智，大盗乃止。”《在宥》曰：“绝圣弃智而天下大治。”《吕氏春秋》将这一思想也继承了下来。《审分览・任数》篇曰：“去听无以闻则聪，去视无以见则明，去智无以智则公。”“治乱安危存亡，其道固无二也。故至智弃智，至仁忘仁，至德不德。”这些都表现了道家学派“大巧若拙”“绝圣弃智”的观点和主张。

4. “外物不可必”

“外物不可必”是《庄子・外物》篇首次提出而为《吕氏春秋》所继承的一个观点。《庄子・外物》篇首句即“外物不可必”。接下来列举一系列事例加以证明：道义不可靠，如“人主莫不欲其臣之忠，而忠未必信”“人亲莫不欲其子之孝，而孝未必爱”；他人不可靠，如“庄周家贫，贷粟于监河侯”而失败、“儒以诗礼发冢”；人智不可靠，如老莱子对孔子的告诫，即“不忍一世之伤，而骜万世之患”“神龟能见梦于宋元君，而不能避余且之网”等。其结论就是“至人不留行焉”，亦即不执著于己见和成见，达到“游于世而不避，顺人而不失己”。《庄子・山木》篇亦对此论点有所阐发，在“庄子行于山中，见大木”一段后，庄子曰：“若夫万物之情、人伦之传，则不然。合则离，成则毁，廉则挫，尊则议，有为则亏，贤则谋，不肖则欺，胡可得而必哉？”（《庄子・山木》）《庄子》论述“外物不可必”的道理，其目的就是引人归向“道”：“若夫乘道德而浮游则不然。无誉无訾，一龙一蛇，与时俱化，而无肯专为；一上一下，以和为量。浮游乎万物之祖，物物而不物于物，则胡可得而累邪？”“乘道德而浮游”，这是道家老庄为后人指引的道路，是庄子哲学的最终目的。

这一思想，《吕氏春秋》完全继承下来。《孝行览・必己》篇开头一段全引《庄子·外物》篇“外物不可必”一段，接下来《山木》篇“庄子行于山中，见大木”一段亦被完整地加以引用：

> 外物不可必。故龙逢诛，比干戮，箕子狂，恶来死，桀纣亡。人主莫不欲其臣之忠，而忠未必信，故伍员流于江，苌弘死，藏其血三年而为碧。亲莫不欲其子之孝，而孝未必爱。故孝已疑，曾子悲。
>
> 庄子行于山中，见木甚美长大，枝叶盛茂，伐木者止其旁而弗取。问其故，曰：“无所可用。”庄子曰：“此木以不材得终其天年矣。”出于山，及邑，舍故人之家。故人喜，具酒肉，令竖子为杀雁飨之。竖子请曰：“其一雁能鸣，一雁不能鸣，请奚杀？”主人之公曰：“杀其不能鸣者。”明日，弟子问于庄子曰：“昔者山中之木以不材得终其天年，主人之雁以不材死，先生将何以处？”庄子笑曰：“周将处于材与不材之间。材不材之间，似之而非也，故未免乎累。若夫道德则不然。无讶无訾，一龙一蛇，与时俱化，而无肯专为；一上一下，以禾为量，而浮游乎万物之祖，物物而不物于物，则胡可得而累邪？此神农、黄帝之法。若夫万物之情、人伦之传则不然。成则毁，大则衰，廉则剉，尊则亏，直则骫，合则离，爱则隳，多智则谋，不肖则欺，胡可得而必？”（《孝行览·必己》）

这两段文字与《庄子》原文相差无几。不仅如此，《吕氏春秋》的作者对《庄子》有精深的研究，不仅引用《庄子》中明显表达“外物不可必”的段落，而且还化用《庄子·达生》篇其他的史料，如引用“张毅好恭”“不终其寿，内热而死”“单豹好术”以及被虎所食的例子加以证明“外物不可必”的道理。

（六）论人

1. 论人的局限性

《吕氏春秋》认为人的认识是有限的，它说：“目固有不见也，智固有不知也，数固有不及也。不知其说所以然而然，圣人因而兴制，不事心焉。”（《似顺论·别类》）又说：“穴深寻，则人之臂不能及矣。是何也？不至固也。智亦有所不至。”（《先识览·悔过》）这一论题在先秦诸子中，唯有《庄子》阐发得最详，如《逍遥游》曰：“瞽者无以与乎文章之观，聋者无以与乎钟鼓之声。岂惟形骸有聋盲哉？夫知亦有之。”《秋水》篇更具体地指出人所受的“时间”“空间”“教育”三个方面的局限，即所谓“拘于虚”“笃于时”“束于教”。这一思想为《吕氏春秋》所继承，指出君主虽有认识上的局限，但能悔过自新，还是好的。

2. 论人的复杂性

《吕氏春秋·季春纪·论人》篇旨在论述考查人的方法，其中隐含着关于人的复杂性的认识。其文曰：

> 何谓求诸人？人同类而智殊，贤不肖异，皆巧言辩辞以自防御，此不肖主之所以乱也。凡论人，通则观其所礼，贵则观其所进，富则观其所养，听则观其所行，止则观其所好，习则观其所言，穷则观其所不受，贱则观其所不为。喜之以验其守，乐之以验其僻，怒之以验其节，惧之以验其特，哀之以验其人，苦之以验其志。八观六验，此贤主之所以论人也。论人者，又必以六戚四隐。何谓六戚？父母兄弟妻子。何谓四隐？交友、故旧、邑里、门郭。内则用六戚四隐，外则用八观六验，人之情伪、贪鄙、美恶无所失矣。譬之若逃雨污，无之而非是。此先圣王之所以知人也。

这里提到考查人的方法有所谓“八观”“六验”“六戚”“四隐”等。其原因在于人之难测，即所谓“人同类而智殊，贤不肖异，皆巧言辩辞以自防御”。人本身不仅在智力、品行等方面存在着种种差异，而且还表里不一，这些都表明了人的复杂性。对人性的复杂性的认识及考查人的方法都直接受到《庄子》一书的影响。

《庄子·列御寇》篇有所谓“九征”，其言曰：

> 孔子曰：“凡人心，险于山川，难于知天。天犹有春、秋、冬、夏、旦、暮之期，人者厚貌、深情。故有貌愿而益，有长若不肖，有顺怀而达，有坚而缦，有缓而釬。故其就义若渴者，其去义若热。故君子：远使之而观其忠，近使之而观其敬，烦使之而观其能，卒然问焉而观其知，急与之期而观其信，委之以财而观其仁，告之以危而观其节，醉之以酒而观其侧，杂之以处而观

其色。九征至，不肖人得矣。”

以上所谓“九征”，其实就是从九个方面考查人的方法，亦即“九观”。其理论的基础就是人心“险于山川，难于知天”的人性的复杂性。此理论与方法被《吕氏春秋》直接继承了下来。

3. 论得道之士的品格和见识

1）“穷达一也”的达观心态

《吕氏春秋》论得道之士的品格有所谓“穷达一也”的达观心态。《孝行览·慎人》就是对《庄子·让王》篇的直接继承：

> 孔子穷于陈、蔡之间，七日不尝食，藜羹不糁。宰予惫矣，孔子弦歌于室。颜回择菜于外。子路、子贡相与而言曰：“夫子逐于鲁，削迹于卫，伐树于宋，穷于陈、蔡。杀夫子者无罪，藉夫子者无禁，夫子弦歌鼓琴，未尝绝音。盖君子之无所丑也若此乎？”颜回无以对，入以告孔子。孔子憱然推琴，喟然而叹曰：“由与赐小人也！召，吾语之！”子路与子贡入，子贡曰：“如此者，可谓穷矣！”孔子曰：“是何言也！君子达于道之谓达，穷于道之谓穷。今丘拘仁义之道，以遭乱世之患，其所以也，何穷之谓？故内省而不疚于道，临难而不失其德，大寒既至，霜雪既降，吾是以知松柏之茂也。陈、蔡之厄，于丘其幸乎！”孔子烈然反瑟而弦，子路抗然执干而舞。子贡曰：“吾不知天之高也，不知地之下也。”古之得道者，穷亦乐，达亦乐。所乐非穷达也。道得于此，则穷达一也，为寒暑风雨之序矣。故许由虞乎颍阳，而共伯得乎共首。

这一段与《庄子·让王》中“孔子穷于陈、蔡”一段大致相同，其主旨也相同。

2）“达乎性命之情”的先见之明

《吕氏春秋》论得道之士的品格还有所谓先见之明。《先识览·观世》篇举列子谢绝子阳粟一例，意在赞扬有道之士的“先识”，其文曰：

> 子列子穷，容貌有饥色。客有言之于郑子阳者，曰：“列御寇，盖有道之士也，居君之国而穷，君无乃为不好士乎？”郑子阳即令官遗之粟数十秉。子列子出见使者，再拜而辞。使者去，

子列子入，其妻望而拊心曰：“闻为有道者妻子，皆得逸乐，今妻子有饥色矣，君过而遗先生食，先生又弗受也。岂非命也哉？”子列子笑而谓之曰：“君非自知我也。以人之言而遗我粟，至已而罪我也，有且以人言。此吾所以不受也。”其卒民果作难，杀子阳。……达乎性命之情也。（《先识览·观世》）

这一段与《庄子·让王》中“子列子穷”一段大致相同。《庄子·让王》篇列子之所以却粟也是因为预见将来的患难，这是列子“达乎性命之情”的缘故。

3）“羞居浊世”的“高节戾行”

《离俗览·离俗》篇有大段文字与《庄子·让王》篇同，其言曰：

舜让其友石户之农，石户之农曰：“棬棬乎后之为人，葆力之士也！”以舜之德为未至也，于是乎夫负妻戴，携子以入于海，去之终身不反。舜又让其友北人无择，北人无择曰：“异哉后之为人也！居于畎亩之中而游尧之门。不若是而已，又欲以其辱行漫我。吾羞之。”因自投于苍领之渊。

汤将伐桀，因卞随而谋，卞随辞曰：“非吾事也。”汤曰：“孰可？”曰：“吾不知也。”汤又因瞀光而谋，瞀光曰：“非吾事也。”汤曰：“孰可？”曰：“吾不知也。”汤曰：“伊尹何如？”曰：“强力忍訽，吾不知其他也。”汤遂与伊尹谋伐桀。克之，以让卞随。卞随辞曰：“后之伐桀也，谋乎我，必以我为贼也；胜桀而让我，必以我为贪也。吾生乎乱世，而无道之人再来訽我，吾不忍数闻也。”乃自投于颍水而死。汤又让于瞀光曰：“知者谋之，武者遂之，仁者居之，古之道也。吾子胡不位之？请相吾子。”瞀光辞曰：“废上，非义也；杀民，非仁也；人犯其难，我享其利，非廉也。吾闻之，非其义，不受其利；无道之世，不践其土。况尊我乎！吾不忍久见也。”乃负石而自沉于募水。

故如石户之农、北人无择、卞随、务光者，其视天下，若六合之外，人之所不能察。其视富贵也，苟可得已，则必不之赖。高节厉行，独乐其意，而物莫之害。不漫于利，不牵于势，而羞居浊世。惟此四士者之节。

以上内容与《庄子》相差仅几个字，立意相同。两者皆通过列举一些不忍久居浊世之高士投水而死的故事，说明他们“遭治世不避其任，遇乱世不为苟存”的操守。《吕氏春秋·离俗》篇的以上所引内容并非在赞扬这种“高节戾行”，而只是告诫君王，如何役使人民。士有“心之不辱”者存，“故人主之欲得廉士，不可不务求”。

《庄子·让王》篇古今学者多以为伪作，笔者以为或许就是因为其中所宣扬的这种极端的行为并不符合《庄子》一书一贯的重生轻物的思想。且《庄子·让王》篇思想前后迥异，从开头到“孔子穷于陈蔡”的内容都以重生轻物为主，即使逃避浊世，也不至于自取灭亡，而止于“入深山”“入于海”“逃乎丹穴”等。但“舜以天下让其友北人无择”之后，开始出现“自投清冷之渊”“自投稠水而死”“自沉于卢水”“遂饿而死”等极端的行为。很可能后半部分是后人羼入之作。今据《吕氏春秋》与《让王》篇重复部分来看，这种判断成立。

（七）言意之辨

关于“言”“意”关系，《庄子》有一段形象的比喻，即“荃者，所以在鱼，得鱼而忘荃；蹄者，所以在兔，得兔而忘蹄；言者，所以在意，得意而忘言”（《庄子·外物》）。庄子认为，在“言”“意”关系中，“言”是手段，“意”是目的，正像“荃”与“鱼”，“蹄”与“兔”的关系一样，借“言”寄“意”，不以“言”害“意”。这一思想也被《吕氏春秋》继承了下来。《审应览·离谓》篇曰：“言者以谕意也。”“夫辞者，意之表也。鉴其表而弃其意，悖。故古之人，得其意则舍其言矣。听言者以言观意也，听言而意不可知，其与桥言无择。”也认为语言的目的在达意，意为主，言为次，“得其意则舍其言矣”。

（八）论“仁义”

道家与儒家对立的焦点是关于对待“仁义”的态度。儒家宣扬仁义，道家则主张“绝仁弃义”（《老子》第19章）。道家《庄子》并非完全否定仁义，而是反对仁义至上主义，也就是反对儒家不语“性与天道”而单单标举仁义的做法。在道家的观念里，“道”是第一位的，《庄子·天地》

篇曰："形非道不生，生非德不明。""仁义"的位置应在"道德"之后，如《庄子·天道》曰："道德已明而仁义次之。"《庄子》认为，"放德而行，循道而趋，已至矣"，没有必要"偈偈乎揭仁义，若击鼓而求亡子"（《天道》），徒然扰乱人性。《庄子》曰："残朴以为器，工匠之罪也；毁道德以为仁义，圣人之过也。"（《马蹄》）因此，庄子对儒家宣扬仁义的做法予以彻底的否定，提出"绝圣弃智，大盗乃止"（《胠箧》）的命题。"绝仁弃义"即包含在"绝圣弃智"之中。道家对儒家宣扬仁义的批驳，多被视为过激的言辞。实不知儒家宣扬仁义的本质是背离大道的有为之举，固在道家摒弃之列。

对于庄子的仁义观，《吕氏春秋》的部分作者是心领神会的。《似顺论·有度》篇曰：

> 孔墨之弟子徒属充满天下，皆以仁义之术教导于天下，然而无所行。教者术犹不能行，又况乎所教？是何也？仁义之术外也。夫以外胜内匹夫徒步不能行，又况乎人主？唯通乎性命之情，而仁义之术自行矣。

"仁义之术"的作用是外在的，不能解决人里面的问题。"唯通乎性命之情，而仁义之术自行矣"，说明人只有"通乎性命之情"才能践行仁义。而"通乎性命之情"唯有德者能为之。可见，在汲取儒家思想上，《吕氏春秋》也是以道家的理论基石为出发点的。如何看待仁义问题，是判别其立场的重要依据。《吕氏春秋》认为仁义没有必要特别去提倡，孔、墨之徒充斥天下，皆以仁义之术教导人，但自己不能践行，这是仁义宣扬失败的典型例证。这与庄子"剽剥儒墨"的立场是一致的。

庄子对儒家仁义的批判还在于指出其危害。《徐无鬼》曰：

> 啮缺遇许由，曰："子将奚之？"曰："将逃尧。"曰："奚谓邪？"曰："夫尧，畜畜然仁，吾恐其为天下笑。后世其人与人相食与！夫民，不难聚也；爱之则亲，利之则至，誉之则劝，致其所恶则散。爱利，出乎仁义。捐仁义者寡，利仁义者众。夫仁义之行，唯且无诚，且假夫禽贪者器，是以一人之断制利天下，譬之一觋也。夫尧，知贤人之利天下也，而不知其贼天下也。夫唯外乎贤者知之矣。"

庄子对儒家仁义的危害分析精辟，只可惜儒家知识分子受儒学的局限，很难接受。至今仍然有人坚持儒家主张尽善尽美。然而，《吕氏春秋·长利》篇的作者则完全接受下来，《恃君览·长利》曰：

尧治天下，伯成子高立为诸侯。尧授舜，舜授禹，伯成子高辞诸侯而耕。禹往见之，则耕在野。禹趋就下风而问曰："尧理天下，吾子立为诸侯。今至于我而辞之，故何也？"伯成子高曰："当尧之时，未赏而民劝，未罚而民畏。民不知怨，不知说，愉愉其如赤子。今赏罚甚数，而民争利且不服，德自此衰，利自此作，后世之乱自此始。夫子阖行邪？无虑吾农事！"协而耰，遂不顾。夫为诸侯，名显荣，实佚乐，继嗣皆得其泽，伯成子高不待问而知之，然而辞为诸侯者，以禁后世之乱也。

这一段直接引用《庄子·天地》篇"尧治天下，伯成子高立为诸侯"一段，言辞略有差异，立意全同，皆是强调"德自此衰，刑自此立，后世之乱自此始"之意。

二、《吕氏春秋》对《庄子》中史料的采用

1. 史料同，用意亦同

庄子后学常常将《庄子》之文作为史料引用，甚至其用意也没有改变。《离俗览·适威》引《庄子·达生》"东野稷以御见庄公"的故事，旨在说明君主役使人民应该因顺人性的道理：

东野稷以御见庄公，进退中绳，左右旋中规。庄公曰："善。"以为造父弗过也，使之钩百而少及焉。颜阖入见，庄公曰："子遇东野稷乎？"对曰："然，臣遇之。其马必败。"庄公曰："将何败？"少顷，东野之马败而至。庄公召颜阖而问之曰："子何以知其败也？"颜阖对曰："夫进退中绳，左右旋中规，造父之御，无以过焉。乡臣遇之，犹求其马，臣是以知其败也。"

故乱国之使其民，不论人之性，不反人之情，烦为教而过不识，数为令而非不从，巨为危而罪不敢；重为任而罚不胜；民进则欲其赏，退则畏其罪。知其能力之不足也，则以为继矣。以为继，知，则上又从而罪之，是以罪召罪。上下之相雠也，由是起矣。

《庄子》曰："其马力竭矣，而犹求焉，故曰败。"《吕氏春秋》用之批判"乱国之使其民，不论人之性，不反人之情"的错误，这一思想正是在《庄子》违背自然本性必然招致失败的基础上得出来的。《吕氏春秋》对君主违反人性的统治也是对《庄子·则阳》篇的继承，《则阳》篇曰：

古之君人者，以得为在民，以失为在己；以正为在民，以枉为在己。故一形有失其形者，退而自责。今则不然。匿为物，而愚不识；大为难，而罪不敢；重为任，而罚不胜；远其涂，而诛不至。民知力竭，则以伪继之。日出多伪，士民安取不伪？夫力不足则伪，知不足则欺，财不足则盗。盗窃之行，于谁责而可乎？

《吕氏春秋》的作者对《庄子》融会贯通，将《达生》和《则阳》的两段文字合并在一起而天衣无缝。

此外，《孝行览·慎人》篇引《庄子·让王》中"孔子穷于陈、蔡之间"一段，"通过孔子厄于陈蔡之间的故事说明，所谓人为努力，就是要致力于'得道'，这样，不管穷达贫富，就都能得其乐了"[①]。这种通过得道之士"穷亦乐，达亦乐"的境界的描述，鼓励人求"道"的做法，与《庄子》是一致的。《审应览·精谕》篇论"目击而道存"的一段亦是引自《庄子·田子方》，其立意也相同。

2. 史料同，用意不同

庄子后学引用《庄子》之文常常将《庄子》之文作为史料引用，其意则不相袭用，如《孟春纪·贵公》引《庄子·徐无鬼》"管仲有病"一段，内容全同，但用意不同。《庄子》该段写管仲举人为国政的故事，从对话中否定了廉洁亢直而不能浑同于物的作风，称许了忘怀无心的临政态度。文中以"上忘而下畔""其于国有不闻也，其于家有不见也"等意念为侧重，表现隰鹏合乎道的要求。而《吕氏春秋》则用来称赞桓公之公，"桓公行公去私恶，用管子为五伯长"。又如，《慎行论·求人》篇曰：

昔者尧朝许由于沛泽之中，曰："十日出而焦火不息，不亦劳乎？夫子为天子，而天下已治矣，请属天下于夫子。"许由辞曰："为天下之不治与？而既已治矣。自为与？啁噍巢于林，不

① 张双棣、张万彬、尹国光、陈涛译注，《吕氏春秋译注》，北京：北京大学出版社 2000 年版，第 408 页。

过一枝；偃鼠饮于河，不过满腹。归已，君乎！恶用天下？”遂之箕山之下，颍水之阳，耕而食，终身无经天下之色。故贤主之于贤者也，物莫之妨，戚爱习故不以害之，故贤者聚焉，贤者所聚，天地不坏，鬼神不害，人事不谋，此五常之本事也。

此段文字与《庄子·逍遥游》“尧让天下于许由”一段大致相同，但《吕氏春秋》之意不在称许许由之“无名”，而在于称赞尧之“贤”。此处引用的目的，乃在于取其史料价值。又如，《仲冬纪·当务》篇有三处引自《庄子》：

跖之徒问于跖曰：“盗亦有道乎？”跖曰：“奚啻其有道也？夫妄意关内，中藏，圣也；入先，勇也；出后，义也；知时，智也；分均，仁也。不通此五者而能成大盗者，天下无有。”备说非六王、五伯，以为尧有不慈之名，舜有不孝之行，禹有淫湎之意，汤武有放杀之事，五伯有暴乱之谋。世皆誉之，人皆讳之，惑也。故死而操金椎以葬，曰：下见六王、五伯，将敲其头矣！”辨若此，不如无辨。

楚有直躬者，其父窃羊而谒之上。上执而将诛之。直躬者将代之。将诛矣，告吏曰：“父窃羊而谒之，不亦信乎？父诛而代之，不亦孝乎？信且孝而诛之，国将有不诛者乎？”荆王闻之，乃不诛也。孔子闻之曰：“异哉！直躬之为信也。一父而载取名焉。”故直躬之信不若无信。

其中，“盗亦有道”一段文字与《庄子·胠箧》篇同，但反其意而用之。“楚有直躬者，其父窃羊而谒之上”一段，旨在说明“直躬之信不若无信”。《庄子》曰：“直躬证父，尾生溺死，信之患也。”（《盗跖》）可见，其两书命意显然不同。

“庖丁解牛”的典故首见于《庄子·养生主》篇，说明“顺其天理”“因其固然”的处世态度。《季秋纪·精通》中也引“庖丁解牛”的典故，其言曰：“宋之庖丁好解牛，所见无非死牛者，三年而不见生牛，用刀十九年，刃若新磨研，顺乎理，诚乎牛也。”此处“庖丁解牛”是讲精诚的作用，与《庄子》显然不同，仅作为典故使用。

《有始览·去尤》篇明引《庄子》曰：

> 《庄子》曰：“以瓦殺者翔，以钩殺者殆。其祥一也，而有所殆者，必外有所重者也。外有所重者泄，盖内掘。”鲁人可谓外有重矣。

《庄子》原文曰：“以瓦注者巧，以钩注者惮，以黄金注者惛。其巧一也，而有所矜，则重外也。凡外重者，内拙。”（《庄子·达生》）其结论是“凡外重者，内拙”，《吕氏春秋》的结论则是“可谓外有重矣”，只侧重一个方面。

三、《吕氏春秋》对《庄子》的偏离

《吕氏春秋》对《庄子》既有继承又有偏离。其偏离主要表现在以下几个方面。

1. 养性说

道家老庄论“性”，只有因顺，没有“养成”之说。《吕氏春秋》则曰：“始生之者，天也；养成之者，人也。能养天之所生而勿撄之谓天子。”（《孟春纪·本生》）“养天之所生”是对《庄子》“依乎天理”“因其固然”的偏离。

2. 死义说

《吕氏春秋·仲春纪·贵生》旨在阐述贵生的思想及养生的方法。文章指出，“圣人深虑天下，莫贵于生”，凡有害于生命的事就不去做，这就是养生的方法。文中引用《庄子·让王》篇的子州支父辞为天下、王子搜逃君、颜阖却聘等事例说明天下“莫贵于生”，这种思想直接来源于《庄子》。但是篇末所引子华子“全生为上，亏生次之，死次之，迫生为下”（《吕氏春秋·仲春纪·贵生》）的话时，却又将“生”与“义”联系起来，认为不义而生不如为义而死，这显然是儒家思想的反映，是道家后学对老庄道家“重生”思想的偏离。

《季冬纪·诚廉》亦是如此。《庄子·让王》篇伯夷、叔齐耻而不食周粟、受饿而死的典故，颂扬了他们宁死“以洁吾行”的气节。《庄子·让王》对于伯夷、叔齐的做法并无褒贬，仅是强调不依赖富贵之意。《让王》原文：“若伯夷、叔齐者，其于富贵也，苟可得已，则必不赖。高节戾行，独乐其志，不事于世，此二士之节也。”但结合《庄子》全书来看，庄子对伯夷、叔齐之行持否定态度，他们属于"以身殉名"之士，其所行与盗跖没有本质区别。《骈拇》篇说："伯夷死名于首阳之下，盗跖死利于东陵之上。二人者，所死不同，其于残生伤性均也。"（《庄子·骈拇》）《吕氏春秋》虽继承了《庄子》重生轻物的思想，但不够彻底，显然接受了儒家"舍生取义，杀身成仁"的思想，这是对《庄子》重生思想某种程度上的偏离。

3. 君道无为、臣道有为说

作为道家的处世原则，"无为"应该具有普适性。然而《庄子·天道》篇却将君臣对举，主张君道无为，而臣道有为，其言曰："上必无为而用天下，下必有为为天下用，此不易之道也。"究其原因，"上无为也，下亦无为也，是下与上同德，下与上同德则不臣；下有为也，上亦有为也，是上与下同道，上与下同道，则不主"。考察《庄子》全书，君道无为、臣道有为的思想仅见于《天道》篇。可以猜测，《天道》篇出于庄子后学之手，对庄子的无为思想已有所偏离。《吕氏春秋·任数》篇作者亦持这种君臣有别的无为观，《审分览·任数》篇："因者，君术也；为者，臣道也。……故曰君道无知无为，而贤于有知有为，则得之矣。" 这进一步说明，《庄子》中有庄子后学的羼入，而这些人也参与了《吕氏春秋》的撰写。其无为观在继承老庄哲学的基础上有所偏离。

4. 务"忧黔首者"

《庄子》中的处世态度是"无肯专为"，相比而言，《吕氏春秋》作者中的庄子后学的处世态度就积极得多。《吕氏春秋·有始览·听言》中一段直接引自《庄子》的话就透露了此消息：

> 夫流于海者，行之旬月，见似人者而喜矣。及其期年也，见其所常见物于中国者而喜矣。夫去人滋久，而思人滋深欤！乱世之民，其去圣王亦久矣。其愿见之，日夜无间。故贤王秀士之欲忧黔首者，不可不务也。

"去人滋久，而思人滋深"的论述直接来自《庄子·徐无鬼》篇，而用意明显不同，《庄子》原文如下：

> 徐无鬼曰："子不闻夫越之流人乎？去国数日，见其所知而喜；去国旬月，见所尝见于国中者喜；及期年也，见似人者而喜

矣；不亦去人滋久，思人滋深乎？夫逃虚空者，藜藋柱乎鼪鼬之径，良位其空，闻人足音跫然而喜矣，又况乎昆弟、亲戚之謦欬其侧者乎？久矣夫，莫以真人之言謦欬吾君之侧乎！”

《庄子·徐无鬼》篇用“去人滋久，而思人滋深”比喻的目的是解释徐无鬼的话使魏武侯大悦的原因，突出徐无鬼的真知，阐发道家哲理。《吕氏春秋》引用《庄子》中徐无鬼的话却有积极的用世目的，旨在劝告君王成就圣王的事业：“乱世之民，其去圣王亦久矣。其愿见之，日夜无间。故贤王秀士之欲忧黔首者，不可不务也。”这是庄子后学对《庄子》中帝王之德“不将不迎”（《应帝王》）的偏离。

《吕氏春秋》对《庄子》的态度是很复杂的，既有继承，又有偏离，还有仅仅作为史料的引用。《吕氏春秋》的作者不仅熟悉《庄子》，且有精深的研究，他们对《庄子》的态度肯定多于否定，虽有所偏离，但大旨相同。

第六节　小　　结

庄子生于安徽蒙城，长于蒙，官于蒙，著述并讲学于蒙。《庄子》一书既是对道家先哲的自觉继承，也是学派论争的产物，更有其弟子后学的整理和加工。庄子学说首先借其弟子得以继承并传扬，也得到了其他诸子的关注和批评，在战国时期产生了较为广泛的影响。从地域上说，以安徽蒙城为中心向周围扩散，产生了较大的影响，《庄子·天下篇》和《吕氏春秋》就是周秦庄学的代表作。在后学的阐述中，庄子学说的精华大致被继承下来，但也应该看到，后学对《庄子》哲理的认识没有能达到庄子的深度，因而对庄子的“无为”思想、处世态度的理解亦有所偏离。

第二章 两汉安徽庄学

第一节 汉初黄老思潮与安徽庄学

汉代是庄学自产生之后的第一个辉煌时期。庄学遇到了它发展的良好土壤。汉初统治者承战乱之后，汲取秦王朝短期覆亡的教训，采取休养生息的政策。出于安定社会、巩固封建王朝的需要，汉文帝、景帝、窦太后和相国曹参等俱好黄老，因而黄老思想成为汉初的主要统治思想。所谓“黄老”，实质上就是老子，黄帝只是后人依托。黄老思想的核心就是道家思想，如“文帝本修黄老之言，不甚好儒术，其治尚清静无为”（《风俗通义校注》卷二）[①]。黄老学早在先秦就存在了。例如，战国齐稷下学宫就有不少学黄老道德之术的人。《史记·孟荀列传》记载：

> 自邹衍与齐之稷下先生，如淳如髡、慎到、环渊、接子、田骈、驺奭之徒，各著书言治乱之事以干世主，岂可胜道哉！
>
> 慎到赵人，田骈、接子齐人，环渊楚人，皆学黄老道德之术，因发明序其旨意。故慎到著《十二论》，环渊著《上下篇》，而田骈、接子皆有所论焉。

汉初，统治阶层普遍崇信黄老，黄帝、老子之书都读，《史记·外戚世家》说：

> 窦太后好黄帝老子言，帝（景）及太子（武帝）、诸窦不得不读黄帝、老子，尊其术。

所谓黄帝书，是时人按照“老子言”编造出来的，实质还是老子的思想。对于为什么托名于黄帝，人们一般认为出于托古自重的目的，如司马迁说：

---

①（汉）应劭著，王利器校注，《风俗通义校注》，北京：中华书局 1981 年版。

"学者多称五帝，尚矣。"（《史记·五帝本纪》）又如，《淮南子·修务训》中说：

> 世俗之人，多尊古而贱今。故为道者，必托之于神农、黄帝而后能入说。乱世暗主，高远其所从来，因而贵之。为学者，蔽于论而尊其所闻，相与危坐而称之，正领而颂之。[①]

除托古自重之外，还有一点必须注意，那就是黄老之学侧重治国安邦之术。

先秦道家学说的创始人是老子，老子哲学的最高范畴是"道"，"道"也是最基本和最核心的概念。"道"论阐述了"道"的含义、功能及运动状态。老子认为"道"无为无形，却又真实存在，它既化生天地万物，又符合天地万物运动的规律。"德"即"得"，也就是"得道"的境界，老子用格言韵语的形式总结了"得道"的智慧。《老子》一书的主要内容就是在"尊道""贵德"的基础上引申出"自然无为"的原则及治国安邦之术。《老子》内容有三：一是"体道"类，即对"道"的描述和解释；二是自然无为的人生原则类；三是从自然无为的原则中引申出有关治国安邦之术类。其中，有关治国安邦之术的句子摘录如下：

> 不尚贤，使民不争。（3章）
>
> 圣人不仁，以百姓为刍狗。（5章）
>
> 爱民治国，能无为乎？（10章）
>
> 故贵以身为天下者，则可寄于天下；爱以身为天下者，乃可以托于天下。（13章）
>
> 功成事遂，百姓皆谓我自然。（17章）
>
> 绝圣弃智，民利百倍。（19章）
>
> 是以圣人抱一为天下式。（22章）
>
> 奈何万乘之主，而以身轻天下。（26章）
>
> 圣人用之则为官长。（28章）
>
> 天下神器，不可为也。（29章）
>
> 以道佐人主者，不以兵强天下。（30章）
>
> 侯王若能守之，万物将自宾。（32章）

① 刘文典撰，冯逸、乔华点校，《淮南鸿烈集解》，北京：中华书局1998年版。

是以侯王自谓孤、寡、不榖。（39章）

清静为天下正。（45章）

取天下常以无事。（48章）

圣人无常心，以百姓心为心。（49章）

修之于国，其德乃丰。（54章）

以正治国，以奇用兵，以无事取天下。（57章）

其政闷闷，其民淳淳。（58章）

有国之母，可以长久。（59章）

治大国若烹小鲜。（60章）

故大邦以下小邦，则取小邦。（61章）

故立天子，置三公，虽有拱璧以先驷马，不如坐进此道。（62章）

天下大事必作于细。（63章）

为之于未有，治之于未乱。（64章）

故以知治国，国之贼。（65章）

江海所以能为百谷王者，以其善下之，故能为百谷王。（66章）

夫慈，以战则胜，以守则固。（67章）

祸莫大于轻敌。（69章）

民不畏威，则大威至矣。（72章）

民不畏死，奈何以死惧之？（74章）

民之饥，以其上食税之多，是以饥。（75章）

是以兵强则不胜。（76章）

人之道则不然，损不足以奉有余。（77章）

受国之垢，是谓社稷主；受国之不祥，是谓天下王。（78章）

是以圣人执左契，而不责于人。（79章）

小国寡民，使民有什伯之器而不用。（80章）[①]

从以上所引即可看出，《老子》一书中对政治的关注。黄帝是传说时期的古代圣王，在老子前再冠以黄帝之名，其取法老子治理天下的用意就更加

① （春秋）老聃著，孙以楷解读，《老子解读》，合肥：黄山书社2007年版。

明显了。类似的如孔子渴慕周公、墨家效法大禹一样，都是托古以寄托他们的政治理想。黄老道家侧重于治国安邦之术，适应了战国末期、秦初、汉初乱极思治的现实政治需要，于是成为当时主流学术思潮，出现了集黄老道家思想之大成的著作——《淮南子》。对此，熊铁基在《秦汉新道家》中总结说：

> “黄老”这个战国开始、秦汉之际形成的道家派别，脱胎《老子》，对《老子》是有所发展的，发展的主要方面是在政治哲学方面，着重在“治术”，所以称“黄老道德之术”，也是很确切的一种表述。①

西汉初期所盛行的黄老思想，实际上包含了较多的庄子思想成分。方勇的《庄子学史》中即认为，武帝初年杨王孙的“裸葬”显然是对庄子返真复朴思想的最直接阐释，淮南王刘安主持编纂的《淮南子》一书，更是这一时期黄老学的集大成著作，然而事实上它却大量援引《庄子》的思想资料。在作为全书后序的《要略》篇中还破天荒地提出了“考验乎老、庄之术而以合得失之势”的说法，从而开创了中国历史上“老庄”并称的先河。②

理解黄老思想和庄子思想的关系，有助于我们理解在黄老盛行之际，庄子学说实处于其发展的鼎盛时期。这与有些学者所论汉代庄学的沉潜的认识正相反。有人从“黄老”与“老庄”的分化强调汉代黄老学盛行时期庄子学的沉潜。道家学术在《老子》的基础上分化为黄老之学与老庄之学。蒋伯潜的《诸子通考・诸子人物考・庄子及道家者流》中说：“汉人言道家辄曰‘黄老’，魏晋人言道家则曰‘老庄’。”③这段话客观上指出了汉代与魏晋时期人们对道家哲学接受的不同侧面。事实上情况并非如此简单。在魏晋南北朝“老庄”学处于显学之时，学术界对庄子的接受却走上了偏颇，真正弘扬庄子学的时期正是汉代。

与黄老之学侧重于治国安邦之术不同，老庄之学的内容则既丰富又全面。庄子是战国中期老子学说的继承者和主要发展者，他面对战国时期社会动乱和诸子纷起的历史情势，以弘扬老子学说为己任，将道家学说发展

① 熊铁基等，《秦汉新道家》，上海：上海人民出版社 2001 年版，第 177 页。
② 方勇，《庄子学史》，北京：人民出版社 2008 年版，第 158、159 页。
③ 蒋伯潜，《诸子通考》，上海：上海古籍出版社 2013 年版。

到一个新的阶段。与老子哲学相比，庄子哲学体系更为宏大，内容更加丰富。庄子的论题比老子更加系统和深入，这是因为庄子对前辈道家学人的广泛吸取。在黄老道家之学兴盛的秦汉，庄子学的处境如何呢？《庄子》一书的客观存在，学者没有完全忽视。据统计，《吕氏春秋》指名和不指名的引《庄子》之文达二十次左右。[①]《淮南子·要略》有“考验乎老庄之术”的自白，对《庄子》更为重视。西汉严遵“依老子严周之指著书十余万言”（《汉书·王贡两鲍传》）[②]，《汉书·叙传》关于班嗣的记载也很引人注目：

> 嗣虽修儒学，然贵老严之术。桓生欲借其书，嗣报曰：“若夫严子者，绝圣弃智，修生保真，清虚淡泊，归之自然，独师友造化……故不进。”
>
> 师古曰：“老，老子也。严，庄周也。”

桓谭欲借之书就是《庄子》，班嗣所极为宝贵的也是《庄子》。《后汉书·马融列传》记马融早年“饥困”之时谓其友人曰：

> 古人有言曰：“左手据天下之图，右手刎其喉，愚夫不为。”所以然者，生贵于天下也。今以曲俗咫尺之羞，灭无赀之躯，殆非老庄所谓也。[③]

此为马融与友人的一段日常谈话，表明他认同老庄的处世哲学，将其作为自己为人处世的原则。可以说，在汉代，老庄之名不如黄老之名响亮，但老庄之实并不比黄老逊色多少（特别是在东汉时期）。全面借鉴先秦各家而以道家为主的《淮南子》对《庄子》的阐发就是明证。

到了武帝推行“独尊儒术”的政策之后，盛行数十年的黄老思想虽然失去了官方的学术地位，但由于前期的弘扬，庄子思想在儒家学人那里也备受青睐，影响深远。陆贾《新语》的政治哲学就是建立在道家哲学的基础之上的。董仲舒“天人感应”论直接受庄子“物类相召”的启发；桓谭对谶纬迷信的批判，其重要的思想武器就是道家自然哲学。阴阳、术数、卜筮之人对道家老庄著作亦非常重视。《史记·日者列传》载，通《周易》、

---

① 王范之，《吕氏春秋研究》，呼和浩特：内蒙古大学出版社 1993 年版。
② （汉）班固撰，颜师古注，《汉书》，北京：中华书局 1962 年版。
③ （宋）范晔撰，（唐）李贤等注，《后汉书》，北京：中华书局 1965 年版。本书所引《后汉书》皆据此本。

述黄帝、老子的司马季主，对宋忠、贾谊问时说：“庄子曰：‘君子内无饥寒之患，外无劫夺之忧，居上而敬，居下不为害，君子之道也。’今夫卜筮者之为业也，积之无委聚，藏之不用府库，徙之不用辎车，负装之不重，止而用之无尽索之时。持不尽索之物，游于无穷之世，虽庄氏之行未能增于是也，子何故云不可卜哉？”他以庄子之说为自己卜筮之业辩护，可见老庄之学在西汉普遍被接受的程度。

到了东汉后期，随着社会政治的日益衰败，儒学渐衰，以批判社会弊端著称的庄子言论更是得到了人们的普遍认同。《庄子与中国文学》论曰：“在东汉末年，当经学衰落，政治腐败，奸宦祸国，社会黑暗，一些有识的文人士大夫愤世嫉俗，以王符、崔寔、仲长统为代表的一些思想家开始起而抨击社会的腐败与黑暗之时，于是就开始形成了一种社会批判的思潮。《庄子》思想中的某些部分与之吻合了，甚至成了批判社会的武器，于是，庄子思想存在的土壤又渐渐形成了。”[①]这些愤世嫉俗之士以庄子为模则，放弃“学而优则仕”的人生道路，以庄子学说安顿自己的心灵，追求超越世俗的体道境界。《后汉书·仲长统传》记载仲长统的话说：“安身闺房，思老氏之玄虚；呼吸精和，求至人之仿佛……逍遥一世之上，睥睨天地之间。不受当时之责，永保性命之期。如是，则可以陵霄汉，出宇宙之外矣。岂羡夫入帝王之门哉！”这种思想是很有代表性的。

汉赋从写法到思想都明显受到《庄子》影响。赋体文学与楚辞有直接的渊源关系，而《庄子》散文对楚辞有直接的影响。例如，屈原的《天问》是一篇有关天、地运行原因的思索，其结构与所探索的问题与《庄子·天运》篇有直接的联系。屈原作品中奇特而夸张的想象，古代神话、历史传说及寓言故事的运用等，也都显示出受《庄子》的影响。《庄子》中排比和骈俪句，虚构的人物对话等已开赋体文学之先声。《楚辞·远游》也直接受《庄子》影响，希望摆脱世俗的羁绊，寻求精神的归依，其神游天地，甚至要“与泰初而为邻”，显然都可从《庄子》中找到痕迹。《庄子》有《渔父》篇，屈原也有，这两篇作品，宋洪兴祖认为是“皆假设问答以寄意耳”

① 宋效永，《庄子与中国文学》，南京：江苏教育出版社1995年版，第45页。

（《楚辞补注》）[①]。

宋玉的赋体创作就明显受到《庄子》寓言的影响，除《对楚王问》受《逍遥游》之影响外，《风赋》一篇，令人想起《庄子·齐物论》中所写的“天籁”与“地籁”。两者在描写上各有千秋，都可称为写风的上乘之作。《大言》和《小言》二赋也显然受《庄子》一书中“小大之辩”的启发。《钓赋》一文，很容易使人联想到《庄子》中所写到的“任公子之钓”；而文中所描写的“玄洲之钓”“尧舜禹汤之钓”“大王之钓”与《庄子·说剑》篇中的“庶民之剑”“诸侯之剑”“大王之剑”写法上何其相似。西汉前期贾谊的《吊屈原赋》《鹏鸟赋》，是作者在失意之后创作的，因而有着更多的人生感慨，他将自己的不幸与屈原的悲剧联系在一起，感叹于“横江湖之鳣鲸兮，固将制于蝼蚁”这样一个悲惨的结局，其典故便出自《庄子·庚桑楚》。尤其是《鹏鸟赋》更可以看出《庄子》的影响。赋以寓言的形式，写自己与鹏鸟的对话，以老庄思想来排遣忧闷，寻求超脱，寻求心灵的慰藉。张衡的《骷髅赋》从作品题材到创作中表达的思想都是从《庄子》那里来的。除揭露社会现实、抒发自己怀才不遇的汉赋外，还有一类抒情小赋也直接受到《庄子》“回归自然”的影响，如张衡的《归田赋》、东方朔的《答客难》等。张衡的《归田赋》里有这样一段话：“谅天道之微昧，追渔父以同嬉。超尘埃以遐逝，与世事乎长辞。”“感老氏之遗戒，将迴驾乎蓬庐。”“苟纵心于物外，安知荣辱之所如？”[②]其中，“渔父”“物外”两词就是化用《庄子》的典故。西汉的东方朔虽然并不热衷仕途的升迁，但仍然在朝廷当官，采取的就是“朝隐”的办法。他说：“陆沉于俗，避世金马门。宫殿中可以避世全身，何必深山之中，蒿庐之下。”[③]东方朔的“陆沉”思想就是直接来自《庄子》，在《则阳》篇中，庄子借仲尼之口说：“是圣人仆也。是自埋于民，自藏于畔。其声销，其志无穷，其口虽言，其心未尝言，方且与世违而心不屑与之俱。是陆沉者也，是其市南宜僚邪？”[④]可以说，终汉之世，庄子学说遇到了它前所未有的良好环

① （宋）洪兴祖撰，白化文等点校，《楚辞补注》，北京：中华书局1983年版，第179页。
② （汉）张衡著，张震泽校注，《张衡诗文集校注》，上海：上海古籍出版社1986年版，第242、245页。
③ （明）张溥辑，《汉魏六朝百三名家集》（第一册），南京：江苏古籍出版社2001年版影印彭懋谦信述堂刊本，第197页。
④ 参考崔大华等，《道家与中国文化精神》，郑州：河南人民出版社2003年版，第372页。

境，庄子学说满足了乱世文人的心理需要，为他们提供一方心灵的净土和处世的良方。

第二节　《淮南子》——一部别开生面的阐释老庄之作

《淮南子》原名《鸿烈》，又名《淮南鸿烈》，由西汉淮南王刘安（公元前 179 年一前 122 年）召集宾客集体编撰而成。今存内篇 21 篇。对于《淮南子》，历代正史《艺文志》《经籍志》均将其归入“杂家”，东汉高诱则认为属于道家，他说：“其旨近老子，淡泊无为，蹈虚守静，出入经道。言其大也，则焘天载地，说其细也，则沦于无垠，及古今治乱存亡祸福，世间诡异瑰奇之事。其义也著，其文也富，物事之类，无所不载。然其大较，归之于道。”（《淮南鸿烈集解·叙目》）比较而言，持道家说者颇多，如梁启超曾说：“《淮南鸿烈》为西汉道家言之渊府。”（《中国近三百年学术史》）[①]胡适说：“道家集古代思想的大成，而淮南书又集道家的大成。”（《淮南王书》）[②]牟钟鉴认为：“全书是在老庄哲学的基础上，融冶儒、法、阴阳各家的思想而成的，主要倾向是道家。”[③]许地山认为：“综观《淮南》全书是以老庄思想为中心来折中战国以来诸家底学说，可以看为集汉代道家思想底大成。”[④]殷光熹说：“《淮南子》一书是对西汉前期道家思想的系统而详尽的总结，是研究与‘文景之治’相适应的统治思想即黄老思想的极其宝贵而丰富的资料。”（《淮南鸿烈集解点校说明》）[⑤]

无论对《淮南子》的性质持有何种观点，学术界对《淮南子》深受老庄思想影响的认识却是一致的。郑良树的《刘安与淮南子》中说：“《淮南子》的思想既以道家为主，则其受老子及庄子的影响一定很大。《淮南子》引用《老子》书可以说俯拾皆是，尤其是《道应篇》，整个篇幅都是发挥《老子》的思想，其作风和《韩非子》的《喻老篇》大致是相同的。至于明文指出引用《庄子》者，全书只有一次，在《道应篇》。不过，《庄

① 梁启超，《中国近三百年学术史》，上海：上海古籍出版社 2014 年版，第 235 页。

② 胡适，《中国中古思想史长编》，上海：上海古籍出版社 2013 年版，第 125 页。

③ 牟钟鉴，《〈吕氏春秋〉与〈淮南子〉思想研究》，济南：齐鲁书社 1987 年版，第 164 页。

④ 许地山，《道教史》，上海：华东师范大学出版社 1996 年版，第 121 页。

⑤ 刘文典，《淮南鸿烈集解》，合肥：安徽大学出版社、昆明：云南大学出版社 1998 年版。本书所引《淮南子》皆据此本。

子》的思想影响《淮南子》远远地超过了《老子》，就是句法及成语，都受了《庄子》的影响，而且许多的故事都出于《庄子》，更收罗了不少《庄子》佚文。”[①]徐复观在其所著的《两汉思想史》书中也说，《淮南子》“引用《庄子》一书之多，及发挥庄子思想之宏，古今未有其比”[②]。王叔岷认为，虽然《淮南子》引用《庄子》直接说明的只有一处，但“其暗用《庄子》者触篇皆是。今本《庄子》三十三篇，惟《说剑篇》之文，不见于《淮南》。其余三十二篇，则均有称引”（《〈淮南子〉引〈庄〉举偶》）[③]。王叔岷在《〈淮南子〉与〈庄子〉》和《〈淮南子〉引〈庄〉举偶》两文中，对《淮南子》明引、暗引及本于《庄子》而易其词的详加勾勒，揭示了两者密切的渊源关系。可以说，几乎所有《淮南子》思想研究的论著都论及《淮南子》与《庄子》的关系，如孙纪文的《淮南子研究》（北京：学苑出版社，2005 年版）、牟钟鉴的《〈吕氏春秋〉与〈淮南子〉思想研究》（济南：齐鲁书社，1987 年）、杨有礼的《新道鸿烈——〈淮南子〉与中国文化》（开封：河南大学出版社，2005 年版）、熊铁基的《秦汉新道家》（上海：上海人民出版社，2001 年）、马庆洲的《淮南子考论》等。

《淮南子》大量引用《庄子》，刘安是积极阐释《庄子》的第一个人。孙以楷考证认为：“刘安是中国学术史上整理、编纂、解说《庄子》的第一个人，《天下》篇是刘安为《庄子》所写的《解说》三篇之一。”[④]方勇的《〈淮南子〉对庄子的积极阐释》从“道论”“无为论”“修养论”三个方面总结了《淮南子》对《庄子》的阐释。[⑤]笔者认为，《淮南子》不仅与《老子》《庄子》有密切的联系，而且更可以说是一部别开生面的阐释老庄之作。

一、《淮南子》引《老子》《庄子》最多

马庆洲《淮南子考论》认为，《淮南子》引用的先秦文献达四十余种，其中有“六艺略”中的《易》《诗》《书》《礼》《春秋》《论语》及《尔

① 郑良树，《刘安与淮南子》，《竹简帛书论文集》，北京：中华书局 1982 年版，第 308 页。
② 徐复观，《两汉思想史》（二），上海：华东师范大学出版社 2001 年版，第 114 页。
③ 王叔岷，《〈淮南子〉引〈庄〉举偶》，《道家文化研究》第 14 辑，陈鼓应主编，北京：生活 • 读书 • 新知三联书店 1998 年版，第 366 页。
④ 孙以楷，《刘安与庄子》，《安徽大学学报》1990 年第 1 期，第 9-15 页。
⑤ 方勇，《〈淮南子〉对庄子的积极阐释》，《漳州师范学院学报》2001 年第 16 卷第 2 期，第 26-33 页。

雅》，有“诸子略”中儒、道、阴阳、墨、法、名、纵横、杂、农家等各家著作，有“诗赋略”中的“楚辞”，还有“兵书略”“数术略”“方技略”中的某些典籍。[①]《淮南子》虽博采众家，但取法于《老子》《庄子》者最多。《淮南子》对于《庄子》内、外、杂篇都加以吸收。据王叔岷先生统计，《淮南子》中与《庄子》文句近似的引文多达223例。其明引《庄子》虽仅一见，然“暗用《庄子》者则触篇皆是”，更不用说化用《庄子》的文句了。据马庆洲统计，《淮南子》引《老子》63处，引《诗经》21例，引《周易》13例，引孔子言论7例，引《尚书》4例，引《管子》2例，引《春秋》1例。

二、《淮南子》创作主旨：“纪纲道德，经纬人事”

现在所称的《淮南子》一书，刘安自名为《鸿烈》。《淮南子·要略》中有“此《鸿烈》之《泰族》也”一语就是明证。《淮南》一名最早是由刘向确定的。刘向之所以要改《鸿烈》为《淮南》，余嘉锡认为是因为刘安所著有“内”“外”书之分，《鸿烈》特其“内篇”之名，不可以赅“外书”。刘向既为之编定，因改题为《淮南》，以总会之。[②]《淮南》而称“子”始于《西京杂记》：“淮南王安，著《鸿烈》二十一篇。……号为《淮南子》，一曰《刘安子》。”[③]《隋书·经籍志》即以《淮南子》之名著录此书，称“《淮南子》二十一卷，汉淮南王刘安撰，许慎注”。又“《淮南子》二十一卷，高诱注”[④]。为什么称“鸿烈”呢？高诱的《淮南子注叙目》云：“号曰《鸿烈》，‘鸿’大也，‘烈’明也，以为大明道之言也。故夫学者不论《淮南》，则不知大道之深也。”（《淮南鸿烈集解·叙目》）他所要弘扬、阐明的恰恰是道家老庄之“道”。正如《淮南子·要略》所言：

> 夫作为书论者，所以纪纲道德，经纬人事，上考之天，下揆之地，中通诸理，虽未能抽引玄妙之中才，繁然足以观终始矣。总要举凡，而语不剖判纯朴，靡散大宗，惧为人之惽惽然弗能知也；故多为之辞，博为之说，又恐人之离本就末也。故言道而不

① 马庆洲，《淮南子考论》，北京：北京大学出版社2009年版，第129页。
② 余嘉锡，《古书通例》，上海：上海古籍出版社1995年版，第42页。
③（晋）葛洪集，成林等译注，《西京杂记全译》，贵阳：贵州人民出版社1993年版。
④（唐）魏徵等著，《隋书》，北京：中华书局1973年版。

> 言事，则无以与世浮沉；言事而不言道，则无以与化游息。

“纪纲道德”就是以道德为纲纪，“恐人之离本就末”，故崇本抑末，其目的正合道家老庄学说“尊道”“贵德”之宗旨。

另外，还有人根据《淮南子·要略》最后一段文字来论证《淮南子》的杂家性质。例如，《淮南子考论》即认为：

> 《要略》从时代背景分析了“太公之谋”、“儒者之学”、“墨子之学”、“管子之书”、“晏子之谏”、“纵横修短”、“刑名之书”、“商鞅之法”八家之学的产生，认为他们都产生于特定的历史条件之下，有各自的局限性，而“刘氏之书”，“观天地之象，通古今之事；权事而立制，度形而施宜；原道德之心，合三王之风，以储与扈治。玄眇之中，精摇靡览，弃其畛挈，斟其淑静，以统天下，理万物，应变化，通殊类，非循一迹之路，守一隅之指，拘系牵连之物，而不与世推移也。故置之寻常而不塞，布之天下而不窕”……《淮南子》引用的先秦诸子，能够证实的就涵盖了“九流十家”中的九家。[①]

《淮南子考论》认为，《淮南子》一书广泛吸收各家成果，而不属于上述八家之一，而有自己的新的思想体系。岂不知，道家与上述八家不同，上述八家所涉及的论题都可以用“道”来统摄。而且“要想综合百家，必须以老庄哲学作为理论基础，因为老庄哲学及其‘道’论，面向六合，贯穿天地人三才，能够超越各家各派的局限，从宇宙总体上考察问题，从事物深层的本质上把握事物运动变化规律，视野开阔，眼光深邃，概括力和透视力极强，所以老庄哲学容易囊括其他诸子，而诸子均难以包容老庄。于是综合性文化思想就形成了以老庄哲学为主导，同时贯通百家的发展势头”[②]。《要略》所标举的“原道德之心”最明显地揭示了其学术归属。《淮南子》的道家取向是毋庸置疑的。“秦汉道家在总体上崇道，不把宗法制度与伦理放在至高无上的地位，而是先老庄而后六经。”[③]“先老庄而后六经”正是对《淮南子》虽博采众家而又独主道家的充分肯定。

---

① 马庆洲，《淮南子考论》，北京：北京大学出版社 2009 年版，第 115 页。

② 牟钟鉴，《〈吕氏春秋〉与〈淮南子〉思想研究》，济南：齐鲁书社 1987 年版，第 10 页。

③ 牟钟鉴，《〈吕氏春秋〉与〈淮南子〉思想研究·序言》，济南：齐鲁书社 1987 年版。

三、《淮南子》基于老庄而归于老庄

如前所述，“尊道”“贵德”和“无为”是道家哲学的三大基石、三大支柱。《淮南子》在这三方面的论述都与老庄哲学具有一贯性。《淮南子》《庄子》《老子》三者是一脉相承的关系。《庄子》继承发展了《老子》，可谓别开生面的释《老子》之作，《淮南子》与《老子》《庄子》的关系正复如此。兹分别从道论、德论、无为论、“仁”“义”“礼”“乐”论四个方面进行论述。

（一）道论

与《老子》《庄子》一致，“道”亦是《淮南子》哲学思想最基本和最高的概念。《淮南子》对“道”的描绘和论述已不是基于《老子》之“道”，而是在丰富和发展了《老子》道论的《庄子》道论的基础上的。“道”是《老子》首先提出来的，“道”的规定性在《老子》书中尚不明晰，仅有几处非常模糊的描述，如《老子》第 25 章：“有物混成，先天地生，寂兮廖兮，独立而不改，周行而不殆，可以为天下母。”《老子》第 4 章：“道冲，而用之或不盈，渊兮似万物之宗……湛兮似或存，吾不知谁之子，象帝之先。”《老子》第 21 章：“道之为物，惟恍惟惚。惚兮恍兮，其中有象；恍兮惚兮，其中有物；窈兮冥兮，其中有精；其精甚真，其中有信。”《老子》第 42 章：“道生一，一生二，二生三，三生万物。”《老子》第 51 章：“道生之，德畜之，物形之，势成之。是以万物莫不尊道而贵德。”综上所述，《老子》之道可以概括为：“它无形无象，虚无空洞，又可称为无；它无分无界，混然一体，还可称为一；它蕴精于内，生天地育万物，存在上帝之先，故为天地之母、万物之宗；它无知无欲，自然无为，人称玄德，万物为则。”[①]庄子之“道”承接老子而来。“道”是天地万物的始祖，这在《老子》那里已经说得很清楚了，那么，“道”是从哪里来的？庄子认为它自己就是自己的根，自己就是自己的母体。在《庄子·大宗师》篇庄子作了大段形象的描述：

夫道，有情有信，无为无形；可传而不可受，可得而不可见；

① 王德有，《以道观之》，北京：人民出版社 1998 年版，第 19 页。

自本自根，未有天地，自古以固存；神鬼神帝，生天生地；在太极之上而不为高，在六极之下而不为深；先天地生而不为久；长于上古而不为老；狶韦氏得之，以挈天地；伏羲氏得之，以袭气母；维斗得之，终古不忒；日月得之，终古不息；堪坏得之，以袭昆仑；冯夷得之，以游大川；肩吾得之，以处大山；黄帝得之，以登云天；颛顼得之，以处玄宫；禺强得之，立乎北极；西王母得之，坐乎少广，莫知其始，莫知其终；彭祖得之，上及有虞，下及五伯；傅说得之，以相武丁，奄有天下，乘东维，骑箕尾，而比于列星。

这里讲了“道”三方面的特点：“道“的存在——“自本自根”；“道”的地位——“神鬼神帝”；“道”的作用——万物皆来源于“道”且依赖于“道”。对于“道”的存在，在《知北游》中，庄子还用形象的寓言故事说明“道”“无所不在”。对于“道”的作用，庄子从多个方面进行了具体形象的说明。例如：

夫道，窅然难言哉！将为汝言其崖略。夫昭昭生于冥冥，有伦生于无形，精神生于道，形本生于精，而万物以形相生，故九窍者胎生，八窍者卵生。其来无迹，其往无崖，无门无房，四达之皇皇也。邀于此者，四肢疆，思虑恂达，耳目聪明，其用心不劳，其应物无方。天不得不高，地不得不广，日月不得不行，万物不得不昌，此其道与！且夫博之不必知，辩之不必慧，圣人以断之矣。若夫益之而不加益，损之而不加损者，圣人之所保也。渊渊乎其若海，魏魏乎其终则复始也，运量万物而不匮，则君子之道，彼其外与！万物皆往资焉而不匮，此其道与！（《知北游》）

且道者，万物之所由也，庶物失之者死，得之者生，为事逆之则败，顺之则成。（《渔父》）

庄子对“道”的描述，形象地说明了“尊道”“贵德”的必要性。此论点虽是从老子那里继承而来的，但无疑更加丰富、形象生动，深化了原论题。

《淮南子》受汉赋的影响，往往以华丽的词汇、排比的句子，在《庄子》的基础上，进一步对“道”作了文学式的描绘。例如，《原道训》曰：

夫道者，覆天载地，廓四方，柝八极，高不可际，深不可测，

> 包裹天地，禀授无形；原流泉浡，冲而徐盈；混混滑滑，浊而徐清。故植之而塞于天地，横之而弥于四海；施之无穷，而无所朝夕。舒之幎于六合，卷之不盈于一握。约而能张，幽而能明，弱而能强，柔而能刚，横四维而含阴阳，紘宇宙而章三光。甚淖而滒，甚纤而微。山以之高，渊以之深，兽以之走，鸟以之飞，日月以之明，星历以之行，麟以之游，凤以之翔。

此段对“道”的存在和作用的论述明显继承了《庄子·大宗师》集中论“道”的内容。《淮南子》也多次多方面论述了“道”的特性。例如：

> 夫太上之道……得以利者不能誉，用而败者不能非，收聚畜积而不加富，布施禀授而不益贫，旋县而不可究，纤微而不可勤，累之而不高，堕之而不下，益之而不众，损之而不寡，斫之而不薄，杀之而不残，凿之而不深，填之而不浅。忽兮怳兮，不可为象兮；怳兮忽兮，用不屈兮；幽兮冥兮，应无形兮；遂兮洞兮，不虚动兮；与刚柔卷舒兮，与阴阳俯仰兮。（《原道训》）

此段论“道”“益之而不众，损之而不寡”明显继承了《庄子·知北游》“若夫益之而不加益，损之而不加损者”一节，然而意接而词不重。又如：

> 夫道者，无私就也，无私去也。能者有余，拙者不足，顺之者利，逆之者凶。譬如隋侯之珠，和氏之璧，得之者富，失之者贫，得失之度，深微窈冥，难以知论，不可以辩说也。何以知其然？今夫地黄主属骨，而甘草主生肉之药也，以其属骨，责其生肉，以其生肉，论其属骨，是犹王孙绰之欲倍偏枯之药，而欲以生殊死之人，亦可谓失论矣！若夫以火能焦木也，因使销金，则道行矣。若以慈石能运铁也，而求其引瓦，则难矣。物固不可以轻重论也。夫燧之取火于日，慈石之引铁，蟹之败漆，葵之向日，虽有明智，弗能然也。（《览冥训》）

此段论天地万物各有各的特长，各有各的属性，都是“道”的作为，不可以人意求之，与《庄子·秋水》中“梁丽可以冲城，而不可以窒穴，言殊器也；骐骥骅骝，一日而驰千里，捕鼠不如狸狌，言殊技也；鸱夜撮蚤，察毫末，昼出瞋目而不见丘山，言殊性也”一段，本质上是一致的。

关于“道”与“物”的关系，《淮南子》也明显继承了《老子》《庄子》。“道”“物”关系的论述源于《老子》，《老子》曰：

道生一，一生二、二生三，三生万物。（第42章）

天下万物生于有，有生于无。（第40章）

由此可见，“道”与“物”有“一”与“多”、“有”与“无”的关系。在此基础上，《庄子》作了进一步探索：

夫昭昭生于冥冥，有伦生于无形，精神生于道，形本生于精，而万物以形相生。故九窍者胎生，八窍者卵生。其来无迹，其往无崖，无门无房，四达之皇皇也。（《知北游》）

有先天地生者物邪？物物者非物。物出不得先物也，犹其有物也，犹其有物也，无已。（《知北游》）

物物者与物无际，而物有际者，所谓物际者也。不际之际，际之不际者也。（《知北游》）

明乎物物者之非物也。（《在宥》）

《庄子》认为，有“有”就必有“无”，有“物”就必有“物物者”，“物物者与物无际”，这些论述，都远远超过了《老子》。而《淮南子》关于“道”“物”关系的论述又在《庄子》的基础上展开而走得更远。例如：

夫无形者，物之大祖也；无音者，声之大宗也。其子为光，其孙为水。皆生于无形乎！……所谓无形者，一之谓也。所谓一者，无匹合于天下者也。卓然独立，块然独处，上通九天，下贯九野。员不中规，方不中矩。大浑而为一，弃累而无根。怀囊天地，为道开门。穆忞隐闵，纯德独存，布施而不既，用之而不勤。是故视之不见其形，听之不闻其声，循之不得其身；无形而有形生焉，无声而五音鸣焉，无味而五味形焉，无色而五色成焉。是故有生于无，实出于虚，天下为之圈，则名实同居。……道者，一立而万物生矣。（《原道训》）

此段以“无形”指称“道”，以“有形”指称“物”，这是对《庄子》的继承，只是语言表述不同而已。《庄子》虽认识到了物和物的区别，但认为“以道观之”，万物齐一，庄子强调齐一视之。《淮南子》则进而认识到万物之间的区别，认为“同出于一，所为各异”“方以类聚，物以群分”（《诠言训》）。

老子之“道”是逻辑推理的结果，是基于现实世界之多与有而推论出来的。所谓“道生一，一生二、二生三，三生万物”。庄子继承并发扬之，由“有”推出“无”，即“道”。例如：

有始也者，有未始有始也者，有未始有夫未始有始也者。有有也者，有无也者，有未始有无也者，有未始有夫未始有无也者。俄而有无矣，而未知有无之果孰有孰无也。（《齐物论》）

基于此，《淮南子·俶真训》进而论述了万物孕育的过程，对《庄子》关于万物产生的若干阶段作了形象的注释。

（二）德论

“德”，即得，得“道”曰“德”。对于得“道”的意义，本书在前面论“道”的作用时已经涉及。《淮南子》继承《庄子》道论，也主张“贵德”。例如：“夫道者，无私就也，无私去也。能者有余，拙者不足，顺之者利，逆之者凶。”（《览冥训》）又如：“故达于道者，不以人易天，外与物化，而内不失其情，至无而供其求，时骋而要其宿。小大修短，各有其具。万物之至，腾踊肴乱而不失其数。是以处上而民弗重，居前而众弗害，天下归之，奸邪畏之，以其无争于万物也。”（《原道训》）这些都说明，得“道”能在乱世中得以保全。原因是得“道”之人能达性命之情，达性命之情则外物不能害己。如《精神训》所说：

所谓真人者也，性合于道也。……芒然仿佯于尘垢之外，而消摇于无事之业。浩浩荡荡乎，机械知巧弗载于心。是故死生亦大矣，而不为变。虽天地覆坠，亦不与之抮抱矣。审乎无瑕，而不与物糅；见事之乱，而能守其宗。若然者，亡肝胆，遗耳目，心志专于内，通达耦于一，居不知所为，行不知所之，浑然而往，逯然而来，形若槁木，心若死灰。忘其五藏，损其形骸。不学而知，不视而见，不为而成，不治而辩。感而应，迫而动，不得已而往，如光之耀，如景之放，以道为紃，有待而然。抱其太清之本，而无所容与，而物无能营。廓惝而虚，清靖而无思虑。大泽焚而不能热，河、汉涸而不能寒也。大雷毁山而不能惊也，大风晦日而不能伤也。是故视珍宝珠玉犹砾石也；视至尊穷宠犹行客也；视毛嫱、西施，犹（頬）丑也。以死生为一化，以万物为一方，同精于太清之本，而游于忽区之旁。有精而不使，有神而不行，契大浑之朴，而立至清之中。是故其寝不梦，其智不萌，其魄不抑，其魂不腾。反覆终始，不知其端绪，甘瞑太宵之宅，而觉视于昭昭之宇，休息于无委曲之隅，而游敖于无形埒之野。居而无容，处而无所，其动无形，其静无体，存而若亡，生而若死，出入无间，役使鬼神。沦于不测，入于无间，以不同形相嬗也，终始若环，莫得其伦。此精神之所以能登假于道也。

与《庄子》关于理想人格的描述一致，《淮南子》也将“性合于道也”之人称为“真人”。这一段对《庄子》《逍遥游》《德充符》《齐物论》等篇多有引用，更直接化用了《大宗师》中下面的语句：

古之真人，不逆寡，不雄成，不谟士。若然者，过而弗悔，当而不自得也。若然者，登高不栗，入水不濡，入火不热。是知之能登假于道者也若此。古之真人，其寝不梦，其觉无忧，其食不甘，其息深深。真人之息以踵，众人之息以喉。屈服者，其嗌言若哇。其耆欲深者，其天机浅。古之真人，不知说生，不知恶死；其出不䜣，其入不距；翛然而往，翛然而来而已矣。不忘其所始，不求其所终；受而喜之，忘而复之，是之谓不以心捐道，不以人助天，是之谓真人。

真人之所以具有“登高不栗，入水不濡，入火不热”“大泽焚而不能热，河、汉涸而不能寒也。大雷毁山而不能惊也，大风晦日而不能伤也”等异能，“机械知巧弗载于心”之天真，都是“登假于道”的结果。《庄子》有一则“子贡与汉阴丈人”的寓言，当子贡责问汉阴丈人，为什么有先进的抽水机械而不用时，汉阴丈人回答说：“有机械者，必有机事；有机事者，必有机心。机心存于胸中，则纯白不备；纯白不备，则神生不定；神生不定者，道之所不载也。吾非不知，羞而不为也！”（《庄子·天地》）汉阴丈人的话无疑代表了庄子的观点。《淮南子》关于真人“机械知巧弗载于心”的论述，无疑是对《庄子》学说的继承。

（三）无为论

“无为”在《老子》中是作为政治原则首先提出来的，此原则的提出是基于对“道”的认识。《老子》第 37 章说：“道常无为而无不为。侯王若能守之，万物将自化。化而欲作，吾将镇之以无名之朴。镇之以无名之朴，夫将不欲。不欲以静，天下将自正。”“人法地，地法天，天法道，道法自然”，归根到底，人法“道”。这是“无为”说的根据。

1.“无为”的含义

对于《老子》所阐述的抽象的“无为”原则，《庄子》进一步作了形象的解释和补充。他首先界定了两个概念：“天”和“人”，将“天”和“人”进行对比，来说明“无为”就是与“人为”相对的概念。他说：“牛马四足，是谓天；落马首，穿牛鼻，是谓人。”（《秋水》）《庄子》一书自始至终贯穿了“无为”的处世原则，大到治国，小到修身，用形形色色的寓言和说理对“无为”原则进行了形象化诠释。《庄子》的“无为论”，《淮南子》都继承了下来，且进一步作了理论的论证和说明。基于《庄子》关于“天”“人”的界定，《淮南子·天道训》对何谓“天”“人”作了进一步说明，它说：

> 所谓天者，纯粹朴素，质直皓白，未始有与杂糅者也。所谓人者，偶差智故，曲巧诈伪，所以俯仰于世人而与俗交者也。故牛岐蹄而戴角，马被鬓而全足者，天也；络马之口，穿牛之鼻者，人也。循天者，与道游者也；随人者，与俗交者也。

“所谓天者，纯粹朴素，质直皓白，未始有与杂糅者也”，是事物本来的面目，《庄子》称之“常性”“常然”者也。《庄子》曰：“天下有常然。常然者，曲者不以钩，直者不以绳，圆者不以规，方者不以矩，附离不以胶漆，约束不以纆索。”（《骈拇》）

2.“无为”为政治的最高原则

《庄子》继承《老子》“无为”的政治原则，并对之进行了形象的描绘，这就是著名的“至德之世”的理想蓝图：

> 故至德之世，其行填填，其视颠颠。当是时也，山无蹊隧，泽无舟梁；万物群生，连属其乡；禽兽成群，草木遂长。是故禽

兽可系羁而游，鸟鹊之巢可攀援而窥。夫至德之世，同与禽兽居，族与万物并，恶乎知君子小人哉！同乎无知，其德不离；同乎无欲，是谓素朴；素朴而民性得矣。（《马蹄》）

古之人，在混芒之中，与一世而得澹漠焉。当是时也，阴阳和静，鬼神不扰，四时得节，万物不伤，群生不夭，人虽有知，无所用之，此之谓至一。当是时也，莫之为而常自然。（《缮性》）

从《庄子》对“至德之世”的描述中可以看出，庄子所谓的“无为”主要表现在三个方面：一是“民性得”——尽民之性；二是“四时得节，万物不伤”——尽物之性；三是“人虽有知，无所用之”——绝圣弃智。

《淮南子》也以“无为”为政治的最高原则，它的“至德之世”理想就是在《庄子》的基础上提出来的，它说：

至德之世，甘瞑于溷澖闲之域，而徙倚于汗漫之宇。……当此之时，莫之领理决离，隐密而自成。浑浑苍苍，纯朴未散，旁薄为一，而万物大优，是故虽有羿之知而无所用之。（《俶真训》）

《淮南子》对“至德之世”的描述与《庄子》是一致的，“是故虽有羿之知而无所用之”，明显继承了《庄子》至德之世“人虽有知，无所用之，莫之为而常自然”的理想。

《庄子》认为社会的发展呈现德衰之势，“浇淳散朴，离道以善，险德以行，去性而从于心”，以致“无以反其性情而复其初”（《缮性》）。《庄子·缮性》说：

逮德下衰，及燧人伏羲始为天下，是故顺而不一。德又下衰，及神农黄帝始为天下，是故安而不顺。德又下衰，及唐虞始为天下，兴治化之流，浇淳散朴，离道以善，险德以行，然后去性而从于心。心与心识知而不足以定天下，然后附之以文，益之以博；文灭质，博溺心，然后民始惑乱，无以反其性情而复其初。

《淮南子》的社会发展观也与《庄子》相同，它对“衰世”的分析也与《庄子》同出一辙，它说：

及世之衰也，至伏羲氏，其道昧昧芒芒然，吟德怀和，被施颇烈，而知乃始昧昧晽晽，皆欲离其童蒙之心，而觉视于天地之间。是故其德烦而不能一。乃至神农、黄帝，剖判大宗，窍领天

> 地，袭九窾，重九垫，提挈阴阳……于此万民睢睢盱盱然，莫不竦身而载听视。是故治而不能和。下栖迟至于昆吾、夏后之世，嗜欲连于物，聪明诱于外，而性命失其得。施及周室之衰，浇淳散朴，离道以伪，险德以行，而巧故萌生。周室衰而王道废，儒墨乃始列道而议，分徒而讼，于是博学以疑圣，华诬以胁众，弦歌鼓舞，缘饰《诗》、《书》，以买名誉于天下。繁登降之礼，饰绂冕之服，聚众不足以极其变，积财不足以赡其费。于是万民乃始慲觟离跂，各欲行其知伪，以求凿枘于世而错择名利。是故百姓曼衍于淫荒之陂，而失其大宗之本。（《俶真训》）

其句式、结构、语句多与《庄子》相同。只是比《庄子》更形象化、具体化。可以视为对《庄子》哲理的阐释。

3.“无为”而“无不为”

“无为”不是绝对的无所作为，而是有所为的手段，其最高境界是“无为而无不为”，这是《老子》《庄子》《淮南子》一脉相承的观点，只是《淮南子》《庄子》对此境界的论述更加丰富、透彻。《老子》曰：“道常无为而无不为。”（《老子》第37章）“无为而无不为。”（《老子》第48章）。《庄子》对“无为”的根据进行了论述，它说：“天地有大美而不言，四时有明法而不议，万物有成理而不说。圣人者，原天地之美而达万物之理，是故至人无为，大圣不作，观于天地之谓也。”（《知北游》）所谓“观于天地之谓也”，正是针对《老子》“人法地、地法天、天法道、道法自然”而言的。到底什么是“无为”呢？《淮南子》在《老子》《庄子》的基础上进一步作了解释：

> 所谓无为者，不先物为也；所谓无不为者，因物之所为。所谓无治者，不易自然也；所谓无不治者，因物之相然也。（《原道训》）

> 人主之术，处无为之事，而行不言之教。清静而不动，一度而不摇，因循而任下，责成而不劳。（《主术训》）

> 无为者，非谓其凝滞而不动也，以其言莫从己出也。（《主术训》）

不但如此，《淮南子·修务训》还对当时的错误认识进行了辨析：

> 或曰："无为者，寂然无声，漠然不动，引之不来，推之不往。如此者，乃得道之像。"吾以为不然。……夫地势，水东流，人必事焉，然后水潦得谷行。禾稼春生，人必加功焉，故五谷得遂长。听其自流，待其自生，则鲧、禹之功不立，而后稷之智不用。若吾所谓无为者，私志不得入公道，嗜欲不得枉正术，循理而举事，因资而立，权自然之势，而曲故不得容者，事成而身弗伐，功立而名弗有，非谓其感而不应，攻而不动者。若夫以火熯（hàn）井，以淮灌山，此用己而背自然，故谓之有为。

笔者认为，"无为者"非所谓"寂然无声，漠然不动，引之不来，推之不往"，而是像顺着水流的趋势而疏导洪水一样，顺其自然。

（四）"仁""义""礼""乐"论

《庄子》之学"以诋訿孔子之徒，以明老子之术"（《史记·老子伯夷列传》）为务。先秦道家与儒家呈水火不容之势，儒家最为道家诟病之处在于对仁义礼乐的崇尚。儒家认为，"仁""义""礼""乐"等足以治世，"仁"和"礼"是儒学的核心。孔子认为，"要在仁义"（《天道》），认为"君人者，以己出经式仪度，谁敢不听而化诸？"（《应帝王》）对此，道家多次予以批驳。其观点主要有以下几个方面：①"仁""义""礼""乐"皆非人之性，适足以扰乱人之性，甚至危害天下；②虽承认"仁""义""礼""乐"有可取之处，但"仁""义""礼""乐"的作用非常有限，不足以为治；③"道"为本，仁义礼乐为末。④"绝圣弃知而天下大治"。以上四点是儒道对立的体现，是儒道学说分歧之所在。《淮南子》对"仁""义""礼""乐"的态度可以作为判断其主导倾向的依据。

考察发现，在对待"仁""义""礼""乐"的态度上，《淮南子》与道家观点出奇一致。

（1）"仁""义""礼""乐"皆非人之性，适足以扰乱人之性。《淮南子·齐俗训》曰：

> 率性而行谓之道，得其天性谓之德。性失然后贵仁，道失然后贵义。是故仁义立而道德迁矣，礼乐饰则纯朴散矣，是非形则百姓眩矣，珠玉尊则天下争矣。凡此四者，衰世之造也，末世之用也。

> 夫礼者，所以别尊卑，异贵贱；义者，所以合君臣、父子、兄弟、夫妻、朋友之际也。今世之为礼者，恭敬而忮；为义者，布施而德。君臣以相非，骨肉以生怨，则失礼义之本也。故构而多责。夫水积则生相食之鱼，圭积则生自肉之兽，礼义饰则生伪匿之本。……及至礼义之生，货财之贵，而诈伪萌兴，非誉相纷，怨德并行。

（2）虽承认“仁”“义”“礼”“乐”有可取之处，但“仁”“义”“礼”“乐”的作用非常有限，不足以为治。《淮南子·本经训》曰：

> 是故仁义礼乐者，可以救败，而非通治之至也。夫仁者，所以救争也；义者，所以救失也；礼者，所以救淫也；乐者，所以救忧也。……是故德衰然后仁生，行沮然后义立，和失然后声调，礼淫然后容饰。是故知神明然后知道德之不足为也，知道德然后知仁义之不足行也。知仁义然后知礼乐之不足修也。今背其本而求其末，释其要而索之于详，未可与言至也。

（3）“道”为本，“仁”“义”“礼”“乐”为末。《淮南子》曰：

> 故太上神化，其次使不得为非，其次赏贤而罚暴。……是任术而释人心者也，故为治者不与焉。（《主术训》）

> 故有道以统之，法虽少，足以化矣；无道以行之，法虽众，足以乱矣。治身，太上养神，其次养形；治国，太上养化，其次正法……法者，治之具，而非所以为治也。（《泰族训》）

> 故有道以统之，法虽少，足以化矣；无道以行之，法虽众，足以乱矣。（《修务训》）

“法，治之具，而非所以为治也”（《氾论训》），是说“法”不具有根本上的完备性。“是故不法其已成之法，而法其所以为法，所以为法者，与化推移者也。”（《齐俗训》）“所以为法者”，即“道”。总之，“仁”“义”“礼”“乐”必须在“道”的统帅下才能发挥作用。所谓“仁义之不能大于道德也，仁义在道德之包”（《说山训》）。

（4）“绝圣弃知而天下大治”。《庄子》在纠正儒家片面宣扬“仁”“义”“礼”“乐”“刑罚”等作用的错误时，愤激地提出“绝圣弃知而天下大治”（《在宥》）的命题，与此观点一致，《淮南子·主术训》也得出了“智不足以治天下”的结论。它说：

> 由此观之，无为者，道之宗。故得道之宗，应物无穷，任人之才，难以至治。汤、武，圣主也，而不能与越人乘干舟而浮于江湖；伊尹，贤相也，而不能与胡人骑騵马而服騊余；孔、墨博通，而不能与山居者入榛薄险阻也。由此观之，则人知之于物也浅矣，而欲以遍照海内，存万方，不因道之数，而专己之能，则其穷不达矣。故智不足以治天下也。

基于以上的认识，《淮南子》在对待道家与儒家的态度上，呈明显的倾向性，道家为根本，儒家为辅佐，这也体现在他对当今皇上的歌颂中：

> 逮至当今之时，天子在上位，持以道德，辅以仁义，近者献其智，远者怀其德，拱揖指麾而四海宾服，春秋冬夏皆献其贡职，天下混而为一，子孙相代，此五帝之所以迎天德也。夫圣人者，不能生时，时至而弗失也。辅佐有能，黜谗佞之端，息巧辩之说，除刻削之法，去烦苛之事，屏流言之迹，塞朋党之门，消知能，修太常，隳肢体，绌聪明，大通混冥，解意释神，漠然若无魂魄，使万物各复归其根，则是所修伏牺氏之迹，而反五帝之道也。《淮南子·览冥训》

“持以道德，辅以仁义”，就是以道统儒、以儒辅道的具体表现。正如牟钟鉴所说：“秦汉道家在总体上崇道，不把宗法制度与伦理放在至高无上的地位，而是先老庄而后六经。”（《〈吕氏春秋〉与〈淮南子〉思想研究·序言》）“先老庄而后六经”正是以道统儒、以儒辅道的另一种表述而已。

综上所述，道家天道观既是《淮南子》的理论基础又是其哲学的归宿，其道家倾向是极为明显的。持黄老道家说者、新道家说者无疑都是对此倾向性的强调，不唯如此，“杂家说”者实际上也是强调道家的主导地位。江瑔在《读子卮言·论道家为百家所从出章》里说，《淮南子》“得道家之正传，而所得于道家亦较诸家为独多者，则惟杂家。盖杂家者道家之宗子，而诸家皆道家之旁支也。惟其学虽本于道家，而亦旁通博综，更兼采儒墨名法之说：故世名之曰杂家。此不过采诸家之说以浚其流，以见王道之无不贯；而其归宿仍在道家也”[①]。高诱所谓“讲论道德，总统仁义”，

① 江瑔著，张京华点校，《读子卮言》，上海：华东师范大学出版社2012年版，第63页。

可以理解为以道家的“道”“德”思想对儒墨各家之“仁”“义”等总而统之。也就是说，以道家思想为主体和核心，对儒墨名法各家思想有批判、有吸收，而吸收的部分大都置于道家思想的统帅之下。

四、从各篇来看，《淮南子》与道家《老子》《庄子》的关系

今本《淮南子》除《要略》外，共20篇，其中阐发《老子》《庄子》，大量征引《老子》《庄子》的有14篇，另外6篇虽然引用《老子》《庄子》语句最少，但其基本原则还是取自《老子》《庄子》的，这6篇是《天文训》《坠形训》《时则训》《兵略训》《说山训》《说林训》。

1.《天文训》《坠形训》《时则训》

《淮南子·天文训》篇首解题说：“文者象也，天先垂文象，日月五星及彗孛，皆谓以谴告一人，故曰天文。”《天文训》总结了西汉以前中国天文、历法、星象、音律等科学成果，在具体的记载论述中，将人事紧密结合天道，构建了一整套人事效法天道的行为模式。此篇有很大一部分是从《吕氏春秋》中搬过来的，引用《老子》《庄子》的文句几乎没有，但其理论根源却上溯于《老子》《庄子》。《天文训》开头一段即将一切天文现象归结于“道”的作为说：

> 道始生虚廓，虚廓生宇宙，宇宙生气。气有涯垠……阳气胜则散而为雨露，阴气盛则凝而为霜雪。

笔者认为阴阳、四时、日月星辰、雷霆霜雪这些天文现象皆源于“道”，这是以“道”贯通阴阳学说的具体表现。天道为人事的法则，是老庄一脉相承的基本原则。《淮南子》建构的天文理论也是建基于此原则之上的。《天文训》说：

> 道曰规，道始于一，一而不生，故分而为阴阳，阴阳合和而万物生。……故黄钟之律九寸而宫音调，因而九之，九九八十一，故黄钟之数立焉。

《庄子》认为，“道”生万物，“道”亦在万物之中。《淮南子》中日月星辰的成因和运转规律皆可视为“道”的表现。所谓“故律历之数，天地之道也”，探讨天文、历法、星象、音律等的规律即为道家的要务。

《坠形训》篇首解题说：“纪东西南北山川薮泽，地之所载，万物形兆

所化育也，故曰‘地形’，因以题篇。”这是关于古代地理的文献，涉及山川薮泽、矿物特产、地形土质、自然气候及海外民俗等多方面内容，其中大部分内容是抄录自《尚书虞贡》篇与《山海经》，《坠形训》承接《天文》篇“天人合一”的思路而进一步拓展到地人关系。《坠形训》引用《庄子》的文句几乎没有，但同样体现了以道家老庄思想贯通全文的企图，《坠形训》全篇对地理现象的描述都是以道观物的结果。

> 凡人民禽兽万物贞虫，各有以生，或奇或偶，或飞或走，莫知其情，唯知通道者，能原本之。（《坠形训》）

《时则训》继续上文“天”“地”的主题转而叙述“时”。解题说：“则，法也，四时、寒暑、十二月之常法也，故曰时则。”其实就是按照一年四季、十二月来分别叙述其物候、天象、农作事宜，主体部分主要源于《吕氏春秋》十二纪和《礼记·月令》，其中仍然贯穿了天人合一的思想。例如，天子应依据天时来制定和实施法令。

“无为”是《淮南子》政治论的基本原则，这三篇虽没有明确讲到“无为”，但其精神也与“无为”有关，如《天文训》的目的是“使人有以仰天承顺，而不乱起常者也”（《要略》），《时则训》“使君人者知所以从事”（《要略》）。《天文训》《坠形训》《时则训》这三篇是作者“纪纲道德、经纬人事，上考之天，下揆之地，中通诸理”（《淮南子·要略》）创作原则的鲜明体现。《主术训》对此原则也有一段详细的解释：

> 食者，民之本也；民者，国之本也；国者，君之本也。是故人君者，上因天时，下尽地财，中用人力，是以群生遂长，五谷蕃植，教民养育六畜，以时种树，务修田畴，滋植桑麻，肥墝高下，各因其宜，丘陵阪险不生五谷者，以树竹木……先王之所以应时修备，富国利民，实旷来远者，其道备矣。

“上因天时，下尽地财，中用人力”可视为对《天文训》《坠形训》《时则训》主旨的高度概括。

2.《兵略训》

《兵略训》集中阐述道家的军事战争思想，以“道”为核心理论，从各个角度生动地展开叙述。比如战争的产生，作者从道家人性论的角度指出战争的根源：“凡有血气之虫，含牙带角，前爪后距，有角者触，有齿者噬，有毒者螫，有蹄者趹。喜而相戏，怒而相害，天之性也。人有衣食之情，而物弗能足也。故群居杂处，分不均，求不澹，则争；争，则强胁弱，而勇侵怯。”对于战争的胜负，作者认为“兵失道而弱，得道而强；将失道而拙，得道而工；国得道而存，失道而亡。所谓道者，体圆而法方，背阴而抱阳，左柔而右刚，履幽而戴明。变化无常，得一之原，以应无方，是谓神明”。作者认为，战争是不得已而用之，“教之以道，导之以德而不听，则临之以威武；临之威武而不从，则制之以兵革”。即使不免于战争也以不扰民为务，“克国不及其民，废其君而易其政”“故义兵之至也，至于不战而止”“故得道之兵，车不发轫，骑不被鞍，鼓不振尘，旗不解卷，甲不离矢，刃不尝血，朝不易位，贾不去肆，农不离野”。作者认为战争是迫不得已而行之，而最高的境界却是“不战而止”，“刑，兵之极也，至于无刑，可谓极之矣”，这是作者无为政治观在战争上的体现。此外，作者对战略战法、军务将官、兵力装备等要素的分析也体现了以无为制有为、以静制躁、后发制人等无为原则。可以说，《兵略训》是以道家思想为主导的古代战争战略思想的总结，是中国古代最重要的军事文献之一。

3.《说山训》《说林训》

《说山训》篇题原注说：“山为道本，仁者所处，委积如山，故曰‘说山’。”《说林训》篇题原注说：“木丛生曰林。说万物承阜，若林之聚矣，故曰‘说林’。”这两篇异曲同工，都是将大量的故事、道理用简明、深刻的箴言形式来表述。两篇所述，林林总总，涉及的内容十分广泛，几乎涵盖了《淮南子》全书论及的主题。《说山训》《说林训》尽管内容庞杂，但其基本原则是道家的，如说：“升之不能大于石也，升在石之中；夜不能修其岁也，夜在岁之中；仁义之不能大于道德也，仁义在道德之包。”（《说山训》）又如论不以善恶撄人心时，作者说：

> 人有嫁其子而教之曰：“尔行矣。慎无为善。”曰：“不为善，将为不善邪？”应之曰：“善且犹弗为，况不善乎？”此全其天器者。（《说山训》）

这则寓言故事可以视为对《庄子·养生主》“为善无近名”的形象化解释。又如，关于“无为”原则的论述：

> 人无为则治，有为则伤。无为而治者，载无也；为者，不能

有也；不能无为者，不能有为也。人无言而神，有言者则伤。无言而神者载无，有言则伤其神。（《说山训》）

对“有”“无”的辩证认识：

寒不能生寒，热不能生热；不寒不热，能生寒热。故有形出于无形，未有天地能生天地者也，至深微广大矣！雨之集无能霑，待其止而能有濡；矢之发无能贯，待其止而能有穿。唯止能止众止。（《说山训》）

足所蹍者浅矣，然待所不蹍而后行；智所知者褊矣，然待所不知而后明。（《说林训》）

论“无用”乃“大用”的观点说：“虎豹之文来射，蝯狖之捷来乍。”（《说林训》）论物性不同，其用各异说：

椎固有柄，不能自椓；目见百步之外，不能自见其眦。狗彘不择甂瓯而食，偷肥其体而顾近其死。凤皇高翔千仞之上，故莫之能致。月照天下，蚀于詹诸。腾蛇游雾，而殆于蝍蛆。乌力胜日，而服于鵻礼，能有修短也。莫寿于殇子，而彭祖为夭矣。短绠不可以汲深，器小不可以盛大，非其任也。（《说林训》）

这与《庄子》对事物各有其本性的认识是一致的。另外还有多处直接引用或化用《庄子》的成句。例如：

临江河者，不为之多饮，期满腹而已。（《说林训》）

夫所以养而害所养，譬犹削足而适履，杀头而便冠。（《说林训》）

怒出于不怒，为出于不为。视于无形，则得其所见矣；听于无声，则得其所闻矣。至味不慊，至言不文，至乐不笑，至音不叫，大匠不斫，大庖不豆，大勇不斗，得道而德从之矣。（《说林训》）

以瓦鉒者全，以金鉒者跋，以玉鉒者发，是故所重者在外，则内为之掘。（《说林训》）

类似的引用或化用还有很多，兹不一一列举。综上所述，《淮南子》全书对《庄子》的阐释随处可见。

五、从古书注释体例看《淮南子》对《庄子》的阐释

古书注释体例不一，有所谓“说”“解”“微”“故”“训”“传”等注释术语。“训诂”连用，最早见于春秋时期鲁人毛亨注释《诗经》的书，书名叫《诗故训传》，“故”“训”“传”是三种注解古文的方法。训诂合用始见于汉朝的典籍。用通俗的语言解释词义叫“训”；用当代的话解释古代的语言叫“诂”。一般认为，“训”是“道形貌”的，即对文献语言的具体含义进行形象的描绘和说明，所解释的语言单位，以字（词）为主。而称为“训”或“训纂”的，虽为数很少，但多着眼于义理的解释。可见，作为汉代注释工作中的“训”是非常灵活的，其方法和体例具有很强的不确定性。

《淮南子》全书除《要略》外，二十篇之篇目皆有‘训’字，如《原道训》《俶真训》《道应训》等。清姚范疑“训”字非淮南原书篇名所固有，乃“高诱自名其注解”而加上去的（见刘文典《淮南鸿烈集解》）。也有人认为“注家向来没有在原书篇名上擅自增字而又不予说明者。同是高诱，注《吕氏春秋》即无此举。‘训’乃训解之义，指各篇皆有训解某种理论的作用，不能理解成注家对各篇的训解，应为原书固有，最后一篇《要略》乃全书篇目提要，故无‘训’字”[①]。笔者认为，古人注书虽然向来不会在原著上动手脚，但如果是高诱不慎留下的，而后人相沿承袭，也是有可能的。高诱注于篇题下每每有题解，如《原道训》题下，许慎注曰：“原，本也。本道根真，包裹天地，以历万物，故曰《原道》，因以题篇。”如果原著中有某字，那么高诱在第一篇下不可能不予以解释，除非此字不必出注，其义自明。由上所论，“训”字正是汉代通行的注释术语，淮南原本有“训”字而未予出注也是可能的。因此，若单从篇名看，并不能证明何种说法为是，但若考虑到其内容，从其对道家《庄子》的诠释理路看，笔者赞同牟钟鉴的观点，认为“训”字应为淮南原书篇名所固有，目的是说明此书本为诠释某种理论而作，并非开创之作。这也符合淮南王刘安韬光养晦的处世策略。

① 牟钟鉴，《〈吕氏春秋〉与〈淮南子〉思想研究》，济南：齐鲁书社 1987 年版，第 162 页。

《淮南子》结构完整，体系严密，表明事前有明确的创作方针，正如《要略》所说："夫作为书论者，所以纪纲道德，经纬人事，上考之天，下揆之地，中通诸理……凡属书者，所以窥道开塞，庶后世使知举错取舍之宜适，外与物接而不眩，内有以处神养气，宴炀至和，而己自乐所受乎天地者也。故言道而不明终始，则不知所仿依；言终始而不明天地四时，则不知所避讳；言天地四时而不引譬援类，则不知精微；……欲强省其辞，览总其要，弗曲行区入，则不足以穷道德之意。故著书二十篇，则天地之理究矣，人间之事接矣，帝王之道备矣！""夫道论至深，故多为之辞，以抒其情；万物至众，故博为之说，以通其意。""'多为之辞'，表现在语言方面，即运用各种修辞手段使深奥的道理简明易懂。""'博为之说'，表现在说理方面，即以大量的事例，反复阐述一个道理。"[①]其目的就是"穷道德之意""以抒其情""以通其意"，这些都鲜明地体现了其解庄的意图。

《淮南子》一书多用"所谓"一词，引出对《庄子》语句的阐释，如《俶真训》中说：

> 有始者，有未始有有始者，有未始有夫未始有有始者；有有者，有无者，有未始有有无者，有未始有夫未始有有无者。所谓有始者，繁愤未发……有未始有有始者，天气始下……有未始有夫未始有有始者，天含和而未降……有有者，言万物掺落……有无者，视之不见其形，听之不闻其声，扪之不可得也，望之不可极也……有未始有有无者，包裹天地……有未始有夫未始有有无者，天地未剖，阴阳未判，四时未分，万物未生，汪然平静，寂然青城，莫见其形。

首先引出《庄子》语句，进而对之进行详细解说，对《庄子》关于万物产生的若干阶段作了形象的注释。又如，《精神训》曰：

> 所谓真人者也，性合于道也。故有而若无，实而若虚；处其一不知其二，治其内不识其外。明白太素，无为复朴，体本抱神，以游于天地之樊。芒然仿佯于尘垢之外，而消摇于无事之业。

① 马庆洲，《淮南子考论》，北京：北京大学出版社 2009 年版，第 168 页。

“真人”是《庄子》对理想人格的一种称呼，《淮南子》对其属性进行了解释。又如，《原道训》曰：

> 所谓天者，纯粹朴素，质直皓白，未始有与杂糅者也。所谓人者，偶差智故，曲巧诈伪，所以俯仰于世人而与俗交者也。故牛岐蹄而戴角，马被髦而全足者，天也；络马之口，穿牛之鼻者，人也。循天者，与道游者也；随人者，与俗交者也。

《庄子》首先区分“天”“人”，并给予简要而形象的说明，《淮南子》在此处则给予了详细的解说。

《淮南子》文中之论述还往往用“是故”一词衔接，归结到老庄的观点上甚或老庄的语句上来。“是故”一词的广泛运用就鲜明地体现了其解说的性质。例如，文中处处可见如下的结构：

> 是故道散而为德，德溢而为仁义，仁义立而道德废矣！（《俶真训》）
>
> 是故五色乱目，使目不明；五声哗耳，使耳不聪；五味乱口，使口爽伤；趣舍滑心，使性飞扬。此四者，天下之所养性也，然皆人累也。（《精神训》）
>
> 是故德衰然后仁生，行沮然后义立，和失然后声调，礼淫然后容饰。是故知神明然后知道德之不足为也，知道德然后知仁义之不足行也。知仁义然后知礼乐之不足修也。今背其本而求其末，释其要而索之于详，未可与言至也。（《本经训》）

《道应训》篇这一特点最为明显，几乎每一段论述都以“故老子曰”归结到《老子》的语句上来。有人曾说：“《淮南子》一书里，隐隐约约地有一些文字是在说解《离骚》《九歌》《天问》及《九章》。”[①]与此说相对的就是，《淮南子》一书大部分文字，明明确确地在解说《老子》和《庄子》。如果说《庄子》是注释《老子》之作，那么，《淮南子》就可以称为阐释《老子》和《庄子》的一部力作。

① 郑良树，《屈赋与〈淮南子〉》，《大陆杂志》1976年第6期，第280页。

第三节　桓谭《新论》对《庄子》的继承

桓谭（约公元前23—56），字君山，沛国相（今安徽省淮北市）人，是汉代古文经学派的一位著名学者，在当时的政界、思想界、文艺界、音乐界都非常活跃，在许多领域都有突出的成就。桓谭生平著作，据《后汉书·桓谭传》载，有“言当时行事二十九篇，号曰《新论》……所著赋、诔、书、奏凡二十六篇”“除《仙赋》和给光武帝奏章中的部分内容尚分别保存在《艺文类聚》和《后汉书·桓谭传》中外，其余均已亡佚”[①]。清严可均辑《全后汉文》保存桓谭著作《新论》十六篇、《仙赋并序》、《陈时政疏》、《抑谶重赏疏》。其中以《新论》为最重要，在当时就得到了高度评价，王充称赞他的著作“讼世间事，辨昭然否，虚妄之言，伪饰之辞，莫不证定”（《超奇》），“挟君山之书，富于积猗顿之财”（《佚文》）[②]。桓谭《新论》很可能在宋代即已失传，清人的研究首先就是辑佚。《桓谭新论》旧有孙冯翼和严可均两种辑本。孙本收入《问经堂丛书》第三涵，嘉庆七年刊；严本晚于孙本十三年，收入《全后汉文》卷13～卷 15。清代黄以周亦有辑本，但未刊行。这几种辑本都有缺憾。有鉴于此，朱谦之乃有《新辑本桓谭新论》之作，现存《新论》的版本就是在清人辑佚的基础上修订而成的，1959 年成书，但最早面世时间是 2002 年，收入《朱谦之文集》中。此本收入《新编诸子集成续编》（2009 年），这是目前最好的本子。此外还有 1936 年中华书局出版的孙冯翼辑的《桓子新论》（1985 年中华书局出版了《桓子新论》，收入《丛书集成初编》）、1976 年宿县安徽大学中文系《桓谭新论》校注小组编校出版了《桓谭及其新论》、1977 年上海人民出版社出版了《新论》等多种版本。

目前学术界对桓谭的研究渐次展开，其作品、生平考证继续进行，在哲学思想、政治思想、音乐思想、文艺思想、教育思想等领域都有所涉及，但数量有限，缺乏深入系统的研究，对其思想渊源的研究尤为缺乏，道家

① 汪廷遠、邱耐久，《桓谭及其作品资料补辑》，《淮北煤师院学报》1983 年第 3 期，第 107-114 页。
②（汉）王充，《论衡》，上海：上海人民出版社 1974 年版。

思想的研究仅见论文一篇[①]。《隋书·经籍志》将桓谭《新论》列入“儒家”，桓谭亦以儒者自居，将《新论》与《春秋》相比，在《本造》开篇，桓谭自述创作主旨说：“余为新论，术辨古今，亦欲兴治也。何异《春秋》褒贬耶？”[②]他在给光武帝的上疏中亦说：“观先王之所记述，咸以仁义正道为本，非有奇怪虚诞之事……陛下亦垂明听，发圣意，屏群小之曲说，述五经之正义，略雷同之俗语，详通人之雅谋。”（《王霸》）今人也多将桓谭视为儒家学者，如认为桓谭立足于儒家正统思想，上书言事，如“圣王治国，崇礼让，显仁义，以尊贤爱民为务”，认为只要统治者能够崇尚仁义，实行德政，“图王不成，其弊亦可以霸”（《王霸》）。可见，桓谭的主导思想是儒家的。据此，有人认为，桓谭反对谶纬神学的思想武器也主要是儒家的，如侯外庐认为“桓谭反对图谶，只是依据着五经‘以仁义正道为本’的儒家思想来摒弃‘奇怪虚诞之事’”[③]。钟肇鹏等则坚持认为“桓谭反对谶纬灾异的思想，还是基于他天道自然的唯物主义观点，指出侯外庐的观点‘是颇可商榷的’”[④]。

笔者认为，桓谭作为一位儒家学者，其出儒反儒、“非毁俗儒”的思想武器主要来自道家学说的启迪，其中犹以《庄子》为主。桓谭出生于黄老思想一度占据主流地位，并在政治、哲学、文学等领域产生广泛影响的西汉末年。西汉严遵“依老子严周之指著书十余万言”（《汉书·王贡两鲍传》），与桓谭同时或稍后的著名思想家如班嗣、扬雄、王充等皆博览群书，无不受老庄思想的沾溉。扬雄即曾师事著名学者严君平。扬雄曾撰《太玄》等，把源于老子之“道”的“玄”作为最高范畴，并在构筑宇宙生成图式、探索事物发展规律时，对道家思想多有融摄和发展。桓谭对扬雄亦极为推崇，称扬子云：“才智开通，能入圣道，卓绝于众。汉兴以来，未有此人也！”（《闵友》）扬雄儒道兼容的思想倾向必定对桓谭有所影响。西汉一代造就了一批儒道兼修的博学之士，其中之一就是桓谭。

《新论》创作于儒学神学化之际，作为儒家学者，桓谭没有囿于门户之

① 甄跃达，《论桓谭的道家思想》，《周口师范学院学报》2014年第1期，第23-26页。
②（汉）桓谭撰，朱谦之校辑，《新辑本桓谭新论》，北京：中华书局2009年版。本节所引《新论》皆据此本。
③ 张子侠，《建国以来桓谭研究述评》，《淮北煤师院学报》1997年第1期，第59-63页。
④ 张子侠，《建国以来桓谭研究述评》，《淮北煤师院学报》1997年第1期，第59-63页。

见而忽视《庄子》，相反，桓谭“遍习五经”“尤好古学”（《后汉书·桓谭传》），对于《庄子》也有浓厚的研究兴趣。《汉书》即记载了桓谭借阅《庄子》的一段艰难经历：

> 嗣虽修儒学，然贵老严之术。桓生欲借其书。嗣报曰：“若夫严子者，绝圣弃智，修生保真，清虚淡泊，归之自然，独师友造化而不为世俗所役者也。渔钓于一壑，则万物不奸其志；栖迟于一丘，则天下不易其乐。不絓圣人之罔，不齅骄君之饵，荡然肆志，谈者不得而名焉，故可贵也。今吾子已贯仁义之羁绊，系名声之缰锁，伏周、孔之轨躅，驰颜、闵之极挚，既系挛于世教矣，何用大道为自眩耀？昔有学步于邯郸者，曾未得其髣髴，又复失其故步，遂匍匐而归耳！恐似此类，故不进。”[①]

据班固所说，桓谭非但没有借到《庄子》，还遭到了班嗣的一顿奚落。虽有这段不愉快的借书经历，桓谭最终还是读了《庄子》，并积极吸收《庄子》的思想成分。论及《新论》的创作缘由，桓谭说：“谭见刘向《新序》、陆贾《新语》，乃为《新论》。庄周寓言乃云‘尧问孔子’；《淮南子》云‘共工争帝，地维绝’，亦皆为妄作。故世人多云短书不可用。然，论天间莫明于圣人；庄周等虽虚诞，故当采其善，何云尽弃邪？”（《新论·本造》）这说明，《新论》的创作，除直接受到了刘向《新序》、陆贾《新语》等影响外，还受到《庄子》《淮南子》等书的影响。[②]仅就《庄子》的影响而言，主要有以下四个方面。

一、以烛火喻形神

在形神关系上，庄子首次以“薪”“火”比喻“形”“神”。庄子“薪火之喻”是对于“形”“神”关系的形象比喻，即：

> 指穷于为薪，火传也，不知其尽也。（《养生主》）

王先谦解释说：“形虽亡，而神常存，养生之究竟。薪有穷，火无尽。”[③]庄子

---

①（汉）班固撰，唐·颜师古注，《汉书》，北京：中华书局 1962 年版，第 4205 页。

② 关于桓谭反对徽纬神学的思想基础问题，侯外庐从汉经今古文之争的角度作了分析， 认为“桓谭反对图谶，只是依据着五经‘以仁义正道为本’的儒家思想来摒弃‘奇怪虚诞之事’”。钟肇鹏等则坚持认为“桓谭反对截纬灾异的思想，还是基于他天道自然的唯物主义观点，指出侯外庐的观点‘是颇可商榷的’”（《桓谭和王充》）。见张子侠，《建国以来桓谭研究述评》，《淮北煤师院学报》1997 年第 1 期，第 62 页。

③（清）王先谦撰，《庄子集解》，北京：中华书局 1987 年版，第 31 页。

以“薪”喻形体，以“火”喻精神，“薪”尽“火”传，比喻形体虽然灭亡而精神可以长存。庄子还说：

> 死生亦大矣，而不得与之变，虽天地覆坠，亦将不与之遗。审乎无假而不与物迁，命物之化，而守其宗也。（《德充符》）

“死生亦大矣，而不得与之变”，意谓生死虽是大事，却不会影响到人的精神。林希逸云：“不得与之变者，言死生之变虽大，而此心不动，亦不能使我与之变也。不得，不能也；与之变者，随之而变也。”[①]这说明，人的精神可以不随肉体的变化而变化，肉体死亡并不会影响到人的精神。庄子以精神为本，形体为末。形体是有形的，终必衰朽；精神是无形的，可以长存。

受《庄子》“薪火之喻”启发，桓谭提出了“烛火之喻”。用“烛”比喻人的形体，用“火”比喻人的精神，他说：

> 精神居形体，犹火之燃烛矣。如善扶持，随火而侧之，可毋灭而竟烛。烛无，火亦不能独行于虚空，又不能复燃其灺。灺犹人之耆老，齿坠发白，肌肉枯腊，而精神弗为之能润泽。内外周遍，则气索而死，如火烛之俱尽矣。（《祛蔽》）

“精神居形体，犹火之燃烛”，“烛无，火亦不能独行于虚空”，“火烛俱尽”，这说明精神依赖于形体，不可分离。

桓谭“烛火之喻”与庄子“薪火之喻”在形式上存在明显的继承关系。“烛”与“薪”为同类事物，且都着眼于“薪尽”与“烛尽”后的“火”的存留问题，两个比喻形式最为相近。桓谭与庄子运用类似的喻证法，却得出了截然相反的结论，这说明桓谭对庄子的形神观持批判继承的态度。

相同的比喻却得出了截然相反的结论，这说明精神和形体的关系断然不能用薪火或烛火之间的关系去比拟，因为“人”作为万物之灵，与“烛”“薪”等物质具有本质的不同。他们二人的比喻虽不当，然而问题的答案却必居二人结论之中。这就是桓谭形神论要在继承庄子薪火之喻基础上展开的一个重要原因，也是后世形神论注定要在桓谭“烛火之喻”基础上展开的一个原因。桓谭“烛火之喻”是其生死自然论的一个重要论据。

① （宋）林希逸著，周启成校注，《庄子鬳斋口义校注》，北京：中华书局 1997 年版，第 82 页。

二、生死自然论

桓谭的生死自然论是针对当时流行的神仙方术迷信而提出的。由于汉代封建统治者，宠信谶纬，伪造天命，借此巩固统治，所以，在社会上，尤其在统治集团当中，各种迷信大量流行。桓谭以生死自然观为武器，反击了这股儒学妖风。《辨惑》篇列举了一些极端的例子，如曲阳侯王根为学得长生之术把方士请到家里，黄门郎程伟为索取炼丹之法将妻子活活逼死，等等。桓谭认为："生之有长，长之有老，老之有死，若四时之代谢矣。而欲变易其性，求为异道，惑之不解者也。"（《祛蔽》）"贪利长生，多求延寿益年，则惑之不解者。"（《祛蔽》）所谓"异道"就是炼丹烧汞，寻长生不死之药；访仙问道，求延年益寿之方。

"自然""无为"是道家哲学的标志性学说，虽然生死自然观在先秦诸子那里可能都会得到不同程度的认同，但由于儒家相信"天命"，且汉代统治阶级"罢黜百家，独尊儒术"，这就为儒家学说与谶纬迷信的结合埋下了伏笔。在汉初，道家的影响主要以黄老道家的面目出现。当黄老道家得势之时，老庄思想颇深入人心。桓谭论人之生死"若四时之代谢"的说法，明显脱胎于《庄子》生死"为春秋冬夏四时行"的观点。《至乐》篇说：

> 察其始而本无生，非徒无生也，而本无形，非徒无形也，而本无气。杂乎芒芴之间，变而有气，气变而有形，形变而有生，今又变而之死，是相与为春秋冬夏四时行也。

庄子认为人的生死是不以人的意志为转移的客观规律，如"春""秋""冬""夏"四时的运行一样。在生死问题上，庄子持顺其自然的态度，不悦生，不恶死，主张生死齐一。桓谭继承了庄子的生死自然观，也认为人的生长老死和一切生物的自然本性一样，无可改易，所谓"长生不老"只是迷信和妄想。这对后来的王充、曹操、曹植等都有明显的影响。曹植《辨道论》曰："夫神仙之书，道家之言，乃言傅说上为辰尾宿，岁星降下为东方朔。淮南王安诛于淮南，而谓之获道轻举；钩弋死于云阳，而谓之尸逝柩空，其为虚妄，甚矣哉！中兴笃论之士有桓君山者，其所著述多善。"[①]

① （清）严可均辑，《全上古三代秦汉三国六朝文》（第三册），石家庄：河北教育出版社 1997 年版，第 190 页。

三、养生论

桓谭的养生思想也与庄子一脉相承。针对当时盛行的“神仙可学”、服药可“延年”（《辨惑》）的迷信思想，桓谭借窦公之口对导引、服食等做法给予了否定：

> 言文帝时，得魏文侯时乐人窦公，年百八十岁，两目皆盲。文帝奇而问之曰：“因何服食能至此邪？”对曰：“臣年十三失明，父母哀其不及众技事，教臣鼓琴。日讲习以为常事。臣不能导引，无所服饵也，不知寿得何力。”（《祛蔽》）

窦公长寿不在于“导引”与“服饵”，这与庄子反对刻意操练形体的观点是一致的。庄子提出养生的原则和方法，那就是“缘督以为经”，“缘督”就是“缘道”，就是“依乎天理”“因其固然”（《养生主》），反对刻意操练形体。庄子说：“吹呴呼吸，吐故纳新，熊经鸟伸，为寿而已矣，此导引之士，养形之人，彭祖寿考者之所好也。若夫不刻意而高，无仁义而修……不道引而寿，无不忘也，无不有也，淡然无极而众美从之，此天地之道，圣人之德也。”（《刻意》）很明显，庄子对“导引之士，养形之人”的做法是持反对态度的。

那么窦公终究“寿得何力”呢？桓谭将窦公长寿归功于他的精神的保全，他说：“余以为窦公少盲，专一内视，精不外鉴，恒逸乐，所以益性命也，故有此寿。”（《祛蔽》）神全则寿长是《庄子》中重要的命题。《庄子·在宥》篇曰：

> 无视无听，抱神以静，形将自正；必静必清，无劳女形，无摇女精，乃可以长生。目无所见，耳无所闻，心无所知，女神将守形，形乃长生。

桓谭“精不外鉴”与庄子“无摇汝精”的说法也是一脉相承的。

四、无为政治观

无为政治观是庄子自然无为学说的一个重要方面。庄子认为，“君子不得已而临莅天下，莫若无为”（《庄子·在宥》）。《庄子》中随处可见对有为政治的猛烈批判。例如：

回闻卫君，其年壮，其行独，轻用其国，而不见其过；轻用民死，死者以国量乎泽，若蕉，民其无如矣。

昔者尧攻丛枝、胥敖，禹攻有扈，国为虚厉，身为刑戮，其用兵不止，其求实无已。是皆求名实者也。（《庄子·人间世》）

国君“轻用其国”“轻用民死”给人民带来沉痛的灾难：“死者量乎泽，若蕉，民其无如矣”；尧和禹也因为“用兵不止”“求实无已”以致“国为虚厉，身为刑戮”，这都是统治阶级的任意妄为造成的。庄子对有为政治的批判是历代进步士人批判腐败政治的宝贵的思想资源。

传播老庄无为政治的黄老之学在汉初曾作为主流意识形态出现，这自然会影响到桓谭。与庄子无为政治观一致，桓谭也认为治国之术在于无为。他说：“子贡问蘧伯玉曰：‘子何以治国？’答曰：‘弗治治之。’”（《正经》）并以尖锐的言辞对有为之政治进行了揭露，例如，“然上乃多过差，既欲斥境广土，又乃贪利，争物之无益者”，“又歌儿卫子夫因幸爱重，乃阴求陈皇后过，恶而废退之”，“信其巫蛊，多征会邪僻，求不急之方。大起宫室，内竭府库，外罢天下，百姓之死亡不可胜数”（《识通》）。桓谭通过“欲”“贪”“争”“求”“爱”等词语的运用，对武帝的好大喜功、贪利、偏私、迷信等行为给予了无情的揭露和批判，并指出其根本原因就在于个人私欲的膨胀，与上举庄子对有为政治的批判有异曲同工之妙。

五、社会历史观

先秦诸子多厚古薄今，借称美先王之治而提出自己的政治主张，如儒家盛推尧、舜、禹、汤、文、武、周公，称他们为圣王，其世代为治世之楷模。道家所推崇的“至德之世”则更为古远，那时的人们没有高低贵贱之分，也没有君子小人之别，人们顺从人的本性而生活，不知道仁义礼法，虽猖狂妄行，却蹈乎大方，是无为而治的典范。随着圣人的出现，社会日趋混乱，道德沦丧，人类历史呈衰退之势。《庄子·缮性》篇中的一段就是这种退化史观的代表：

古之人，在混芒之中，与一世而得澹漠焉。当是时也，阴阳和静，鬼神不扰，四时得节，万物不伤，群生不夭，人虽有知，

> 无所用之，此之谓至一。当是时也，莫之为而常自然。逮德下衰，及燧人、伏羲始为天下，是故顺而不一。德又下衰，及神农、黄帝始为天下，是故安而不顺。德又下衰，及唐、虞始为天下，兴治化之流，枭淳散朴，离道以善，险德以行，然后去性而从于心。心与心识知而不足以定天下，然后附之以文，益之以博。文灭质，博溺心，然后民始惑乱，无以反其性情而复其初。

庄子认为，古之“混芒”之世，人与“道”合，“莫之为而常自然”；“逮德下衰”，则“离道以善，险德以行”；然后“去性而从于心”；然后“附之以文，益之以博”。与“离道以善，险德以行”相对应的是儒家仁义教化，与“附之以文，益之以博”相对应的是法家的繁苛政令。

桓谭对上古人类历史的看法与庄子相似，也认为古代社会呈递降之势：

> 夫上古称三皇、五帝，而次有三王、五伯，此皆天下君之冠首也。故言三皇以道治，而五帝用德化；三王由仁义，五伯用权智。其说之曰：无制令刑罚，谓之皇；有制令而无刑罚，谓之帝；赏善诛恶，诸侯朝事，谓之王；兴兵众，约盟誓，以信义矫世，谓之伯。（《王霸》）

按帝王称号之不同，桓谭将古代历史分为四个不同的时期——“皇”“帝”“王”“伯”（通“霸”）。四个历史时期有不同的治理方法：“三皇以道治，而五帝以德化，三王由仁义，五伯以权智。”（《王霸》）这个先“道”后“德”，再“仁义”，最后“权智”的顺序与庄子的认识相一致。桓谭褒王道而贬霸功，明显受到《庄子》的影响。

六、利生治丧观

儒家有厚葬久丧的传统和礼仪，墨家、道家都给予了批评。墨家提出“节葬说”，从利害关系的角度予以批评；道家《庄子》则通过哲学的思辨来加以批驳。最著名的如“老聃死，秦佚吊之”（《养生主》），“庄子妻死”“鼓盆而歌”（《至乐》），“庄子将死，弟子欲厚葬之”（《列御寇》），这三则寓言皆阐发了庄子对死亡的达观。老聃死，秦佚吊之，只哭了三声就出来了，其弟子感到困惑不解。秦佚解释说：“始也吾以为其人也，而今非也。”意思是说，老聃既然已经死了，就不再是“人”了，也就没有必要再哭了。再说，“适来，夫子时也；适去，夫子顺也”， 老聃顺从大化流行，亲戚朋友亦该“安时而处顺”，如此则“哀乐不能入也”。庄子妻死，惠子往吊，庄子正“箕踞鼓盆而歌”，面对惠子“不亦甚乎”的责备，他回答说：“不然。是其始死也，我独何能无慨然！察其始而本无生……今又变而之死，是相与为春秋冬夏四时行也。人且偃然寝于巨室，而我嗷嗷然随而哭之，自以为不通乎命，故止之。”（《至乐》）庄子认为，生死如春秋冬夏四时的运行一样自然，死亡没有什么可怕，已死之人“偃然寝于巨室”，而我“嗷嗷然随而哭之”，实在没有必要。庄子将死，弟子欲厚葬之。庄子以“吾以天地为棺椁，以日月为连璧，星辰为珠玑，万物为赍送。吾葬具岂不备邪？何以加此？”加以拒绝。庄子“以天地为棺椁，以日月为连璧，星辰为珠玑，万物为赍送”，其胸怀可谓旷达之至，这是反对厚葬的最好理由，其思想根源则是视死如归的哲理洞见。“在上为乌鸢食，在下为蝼蚁食，夺彼与此，何其偏也？”（《列御寇》）人是自然的造化，也要归于自然。在自然的造化面前，人的智慧何等捉襟见肘！

《庄子》的死亡哲学为汉初贾谊所继承，《鹏鸟赋》即以道家老庄哲学排遣失意之情，他说：“天地为炉兮，造化为工；阴阳为炭兮，万物为铜。合散消息兮，安有常则？千变万化兮， 未始有极。忽然为人兮，何足控抟；化为异物兮，又何足患？”（贾谊《鹏鸟赋》）“学黄老之术”的杨王孙效法庄子裸葬，不仅立遗嘱将自己裸葬，还有系统的理论主张。桓谭对死亡的看法亦深受《庄子》影响，其面对死亡的达观就体现出了道家顺其自然的倾向。桓谭批评王莽虐尸的行为说：

> 王翁刑杀人，又复加毒害焉。至生烧人，以五毒灌死者肌肉。及埋之，复荐覆以荆棘。人既死，与土木等，虽重加创毒，亦何损益？（《言体》）

桓谭认为“人既死，与土木等”，本无足轻重，不值得劳民伤财，办理丧事。桓谭还批评扬雄不能“以义割恩”，超脱丧子之痛：

> 扬子云为郎，居长安，素贫。比岁亡其两男，哀痛之，皆持归葬于蜀，以此困乏。雄察达圣道，明于死生，宜不下季札。然而慕恋死子，不能以义割恩，自令多费，而至困贫。（《识通》）

扬雄“慕恋死子”“而至困贫”，以死害生，实乏明智。桓谭对扬雄的批评与杨王孙“不加功于亡用，不损财于亡谓”（《汉书·杨王孙传》）的思想一脉相承，皆源于道家《庄子》死为“物化”（《天道》）的死亡观。

七、引用或化用《庄子》

除以上几方面对《庄子》的继承与借鉴外，《新论》还有多处引用或化用《庄子》之文，仅笔者所见就有四处：

（1）“夫以人言善我，亦必以人言恶我”。此语见《新论·见征》，原文如下：

> 夫以人言善我，亦必以人言恶我。王翁使都尉孟孙往泰山告祠，道过徐州，徐州牧宋仲翁道余才智，陈平、留侯之比也。孟孙还，喜谓余曰：“仲翁盛称子德，子乃此邪！”余应曰：“与仆游四五岁，不吾见称。今闻仲翁一言而奇怪之。若有人毁余，子亦信之。吾畏子也。”

“夫以人言善我，亦必以人言恶我”与《庄子·让王》篇“以人之言，而遗我粟；至其罪我也，又且以人之言”类似，且整段故事亦类似。《庄子·让王》曰：

> 子列子穷，容貌有饥色。客有言之于郑子阳者，曰：“列御寇，盖有道之士也，居君之国而穷，君无乃为不好士乎？”郑子阳即令官遗之粟。子列子见使者，再拜而辞。使者去，子列子入，其妻望之而拊心曰：“妾闻为有道者之妻子，皆得佚乐，今有饥色。君过而遗先生食，先生不受，岂不命邪？”子列子笑，谓之曰：“君非自知我也。以人之言，而遗我粟；至其罪我也，又且以人之言。此吾所以不受也。”其卒，民果作难，而杀子阳。

（2）“声氏之牛夜亡而遇夔，止而问焉：‘我有四足，动而不善；子一足而超踊，何以然？’”[1]（《补遗》）此语与《庄子·秋水》一段极为相似：

> 夔怜蚿，蚿怜蛇，蛇怜风，风怜目，目怜心。夔谓蚿曰：“吾

① 此条据《太平御览》卷 899 兽部 11 属于《庄子》。孤证无凭，暂归《新论》。

以一足跉踔而行，予无如矣。今子之使万足，独奈何？”

“我有四足，动而不善；子一足而超踊，何以然？”与“吾以一足跉踔而行，予无如矣。今子之使万足，独奈何？”存在着明显的继承关系。

（3）《新论》有引用庄子和弟子的对话

庄周病剧，弟子对泣之。应曰：“我今死则谁先？更百年生则谁后？必不得免，何贪于须臾？”（《祛蔽》）

这段话在《庄子》今本中已不存，很可能是《庄子》佚文。

（4）“惟人心之所独晓，父不能以禅子，兄不能以教弟也”（《离事》）与《庄子》有明显的继承关系。《庄子·天运》曰：

使道而可献，则人莫不献之于其君；使道而可进，则人莫不进之于其亲；使道而可以告人，则人莫不告其兄弟；使道而可以与人，则人莫不与其子孙。

《庄子》论得“道”乃是个人的体悟，难以传给别人，即使父子兄弟之间亦不能传授。桓谭“惟人心之所独晓，父不能以禅子，兄不能以教弟也”一句，显然是对《庄子》的化用。

（5）“凡人性，难极也，难知也。故其绝异者，常为世俗所遗失焉。”（《求辅》）此句是说，人性极难以辨识，因此察人不易。这与《庄子》“凡人心险于山川”一段相似。《列御寇》曰：

凡人心险于山川，难于知天。天犹有春秋冬夏旦暮之期，人者厚貌深情。故有貌愿而益，有长若不肖，有慎狷而达，有坚而缦，有缓而悍。故其就义若渴者，其去义若热……九徵至，不肖人得矣。

庄子对人心叵测有深刻的洞察，对于每一个读《列御寇》的人，以上这段话必然会留下深刻的印象。桓谭“凡人性，难极也，难知也”的话，很难说没有受到《庄子》的影响。

桓谭立身处世亦深受《庄子》的影响。作为一位儒家的古文经学家，桓谭不像一般儒者那样温文尔雅、彬彬有礼、道貌岸然、循规蹈矩，而是“性嗜倡乐，简易不修威仪”（《后汉书·桓谭传》），这显然深受道家庄子返璞归真思想的影响。桓谭虽然“喜非毁俗儒，由是多见排挤”，但历仕四朝，享年七十多岁，这与桓谭深谙善全之道有关。他不像一般士子一样汲汲于功名，而是满足于作一介郎官。《后汉书》载：“当王莽居摄篡弑之际，天下之士，莫不竟褒称德美，作符命以求容媚，谭独自守，默然无言。”（《后汉书·桓谭传》）桓谭还帮助傅晏一家远祸全身。傅晏是傅皇后之父，因皇后失宠而被疏远，傅晏因此闷闷不乐。时董昭仪受皇帝宠幸，其兄董贤用权。桓谭告诫他要谨慎、谦退，以防董贤的加害。傅晏接受了桓谭的意见，“故傅氏终全于哀帝之时”（《后汉书·桓谭传》）。桓谭虽不齿董贤的为人，但当董贤因慕桓谭之名而与之结交之时，桓谭曲与委蛇，没有因触犯权贵而遭到打击和迫害。桓谭实践了道家轻利重生、全身远祸的思想原则，这与他对《庄子》“保身”“全生”思想的服膺是分不开的。

综上所述，《庄子》一书对桓谭及其《新论》的创作有着显著的影响。《新论》对道家庄子的形神观、生死自然观、无为政治观、养生思想、社会历史观等皆有所吸取，成为其“非毁俗儒”、反对谶纬神学的有力武器。桓谭对庄子思想的吸取，体现了汉代儒道互补的趋势。同时，桓谭对神仙方术等迷信思想的批判，也是对道家道教化趋势的一种抵抗。道教没有在道家文化的发源地——皖北地区发展，可能与桓谭等对谶纬迷信的激烈反对有一定的关系。

第四节　小　　结

庄子学在汉代一般认为是潜行期，学术界多以桓谭借书的艰难经历，说明著名学者如桓谭都很难见到《庄子》，可见庄子学在汉代不受重视。研究《庄子》对儒家学者桓谭的影响，可以窥见汉代庄子学的一角。桓谭的庄子学接受形象地说明，在经历汉初黄老思潮、汉代中期儒学独尊之后，学者的思想倾向已经产生分化，既有纯道家的一派，也有纯儒家一派，还有儒道兼修的一派，而桓谭就属于后者，是儒家知识分子接受道家学说的代表。综观汉代庄学的传播与接受，庄子学的影响还是非常显著的，其影响多是积极、正面的。无论黄老学的庄学著作还是儒家学派的著作，对《庄子》的弘扬和继承都是非常明显的，都是基于《庄子》的本来面目。《淮南子》就是最具代表性的阐释老庄的专著，在对《老子》《庄子》理解的深度和广度上，《淮南子》是独一无二的。但它也有明显的道教化趋势。道教的思想渊源之一就是道家学说，道家学术在汉代谶纬迷信的推波助澜下，难免不发生变异。但道教没有在谶纬思想盛行的皖北地区发展，究其原因，正统儒学和道家影响俱各有功。更有很多儒道兼修、清醒的士大夫，对神仙方术等迷信思想严加排拒，而桓谭就是此类学者的代表。

第三章　三国两晋南北朝安徽庄学

三国（220—280）是上承东汉下启西晋的一段历史时期。从公元 220 年起，中国历史上先后建立了曹魏、蜀汉、东吴三个割据政权，它们三分东汉州郡之地，各霸一方，互相对峙，史称“三国鼎立”。曹魏后期的实权渐渐被司马懿掌控。公元 265 年，司马炎取代曹魏政权建立新政权，国号为晋，史称西晋。公元 280 年，西晋灭东吴，统一中国，至此三国时期结束。东晋（317—420）是由西晋王室后裔在南方建立起来的政权，其统治范围仅限于江南的半壁江山。由于东晋王朝的统治阶层大部分是由过江避难的中原望族组成，因而东晋王朝实系西晋王朝的延续，历史上一般将东晋西晋放在一起加以探讨。三国时期，政治、文化的中心在曹魏，因而多将三国两晋这一时期简称为“魏晋”。庄学界一般将魏晋与南北朝时期一并考察，并以“庄学的勃兴”（熊铁基、刘固盛等的《中国庄学史》）、“庄子学兴盛”（方勇的《庄子学史》）相称。本书的分期亦沿袭传统做法。

第一节　玄学与安徽庄学

从建安到正始前这一段时期，是曹魏集团统治的鼎盛期。曹魏的政治既有黄老之治的余绪，又有在人生失意之时对老庄思想的认同，因此这一时期庄学的影响仍然很明显。建安士人所具有的强烈生命意识与《庄子》珍视生命的理念相吻合。建安文学中充满了对人生深深的眷恋和对生命短促、无可奈何的叹息。此外，东汉末年的党锢之祸直接导致士人由清议向清谈转变，东汉清议的内容为人品及时政，魏晋清谈的内容则为玄理。魏晋易代之际，“天下多故，名士少有全者”（《晋书·阮籍传》）[①]，因此

①（唐）房玄龄等著，《晋书》，北京：中华书局 1974 年版。

远离世事、空谈名理、崇尚虚无遂成为士人躲避政治迫害的自觉选择。司马氏打着名教的旗帜，使用种种卑劣、阴谋的手段夺取政权，消灭异己力量，引起了正义之士的强烈不满。以批判儒学著称的老庄学说引起了他们思想上的共鸣，他们服膺老庄学说，谈论、践行老庄哲学，以之为武器进行消极对抗，表现出与统治阶层不合作的决绝态度。《庄子》《老子》《周易》是士人玄谈的主要内容，合称“三玄”，其中又以老庄思想为主。

魏晋之初，玄学兴起，以何晏、王弼为代表的“正始之音”，就以清谈老庄为其基本内容。同时，阮籍著《达庄论》，嵇康公开宣称“老子、庄周，吾之师也”（《与山巨源绝交书》）[①]。此时为《庄子》作注的有十余家。正如闻一多所说：“一到魏晋之间，庄子的声势忽然浩大起来，崔譔首先给他作注，跟着向秀、郭象、司马彪、李颐都注《庄子》。像魔术似的，庄子忽然占据了那全时代的身心。他们说‘三日不谈老庄，则舌本间强’。尤其是《庄子》，竟是清谈家的灵感的源泉。”（《周易与庄子研究》）[②]此时士人不仅喜谈庄子，也身体力行，“竹林七贤”就是典型的代表。他们厌恶官场的黑暗，主张“越名教而任自然”。庄子对社会现实的批判、对自然无为的向往，直接影响了一代玄学。终晋之世，玄风大畅，《晋书·儒林传》曰：“有晋始自中朝，迄于江左，莫不崇饰华竞，祖述玄虚，名教颓毁。”[③]干宝的《晋纪总论》曰：“学者以老庄为宗，而黜六经；谈者以虚薄为辩，而贱名检。”（《文选》卷49）[④]

晋王朝偏安江南后，逃避到江南的士大夫，把清谈之风带到江南并加以发展，以之为他们腐化生活的掩饰。《文心雕龙·时序篇》：“自中朝贵玄，江左称盛，因谈余气，流为文体，是以世极迍邅，而辞意夷泰，诗必柱下之旨归，赋乃漆园之义疏，故知文变染乎世情，兴废系乎时序。”[⑤]可以说，玄风独煽是魏晋思想领域的一个独特的景观。但是，也应该看到，玄学风尚之下士人对《庄子》的理解是存在问题的。一些人虽然嗜读《庄子》，喜谈《庄子》，崇拜庄子，效法庄子的行为，但就其思想实质来说，

---

① （三国魏）嵇康著，戴明扬校注，《嵇康集校注》，北京：中华书局2014年版。

② 闻一多，《周易与庄子研究》，成都：巴蜀书社2003年版，第77页。

③ （唐）房玄龄等著，《晋书》，北京：中华书局1974年版。

④ （梁）萧统，《文选》，北京：中华书局1977年版，第692页。

⑤ （梁）刘勰著，陆侃如、牟世金译注，《文心雕龙译注》，济南：齐鲁书社1995年版，第542页。

却偏离了《庄子》自然无为的主旨。余英时在《士与中国文化》中说：

> 所谓士风，牵涉两个不可截然划分的方面：一是知识分子（当时称之为“士”或“士大夫”）的思想，一是他们的行为。就思想言，其特色是易、老、庄的三玄之学代替了汉代的经学；就行为言，其特色则是突破传统礼教的樊篱而形成一种“任诞”的风气。①

余英时的话说明了所谓“魏晋风度”的思想来源与特点。当时士人崇尚老庄，结果导致“任诞”的风气。刘伶显然效法了庄子，但由庄子的达观而走上放荡；嵇康也显然效法了庄子，但由庄子的清高而走上对抗。这说明，此时的文人在接受老庄思想上走入极端，以至于达到荒诞的局面，这就偏离了庄子“顺物自然”的处世之道。这也说明，这一时期《庄子》的影响虽大，但接受者并没有真正理解庄子思想的精髓，而是偏离庄子的思想实质。因此，笔者并不接受魏晋庄学勃兴的说法，而是用“庄学嬗变”来总结这一时期庄学的特点。

南北朝时期的庄学与魏晋时期的庄学有很大的不同，宜分别加以审视。所谓的“勃兴”其实仅限于魏晋时期。南北朝时期，社会矛盾的主流是民族矛盾，南朝的偏安与北朝的动荡都不利于庄学研究的开展，此时安徽庄学极为萧条和荒凉。

第二节　“曹氏三祖”对《庄子》的接受

三国时期，政治、经济、文化的重心皆在曹魏，曹氏家族的文学创作引领了一代文学，有所谓的“曹氏三祖”和“三曹”之说。“曹氏三祖”是指曹魏政权太祖曹操（武帝）、世祖曹丕（文帝）和烈祖曹睿（明帝）。“三曹”是指曹操、曹丕和曹植，因其在文学上的突出成就而并称。曹氏家族对《庄子》都有不同程度的接受，尤其是曹植，其诗文对《庄子》的化用和借鉴最多，对《庄子》的继承最显著。对于曹植，下文专门论述。这里仅探讨“曹氏三祖”对《庄子》的接受。

---

① 余英时，《士与中国文化》，上海：上海人民出版社1987年版，第401页。

曹操（155—220），字孟德，沛国谯（今安徽省亳州）人。建安元年（196 年），迎献帝至许昌，为大将军，削平北方割据豪强，任丞相，封魏王。曹丕代汉称帝，追尊为魏武帝。曹操、曹丕对《庄子》的接受首先表现在对《庄子》文学表现手法的继承，如对时间易逝的感叹。大凡有志于成就一番功业者，往往对时光飞逝有特别敏锐的感受，曹操、曹丕父子就是这一类的代表。曹操有“对酒当歌，人生几何？譬如朝露，去日苦多”（《短歌行》）①的深沉感慨，曹丕亦有“人生居天地间，忽若飞鸟栖枯枝”（《大墙上蒿行》）②，这都直接继承了庄子对人生短暂形象的描述。《庄子·知北游》曰：“人生天地之间，若白驹之驰过隙，忽然而已。”《盗跖》曰：“天与地无穷，人死者有时。操有时之具，而托于无穷之间，忽然无异骐骥之驰过隙也。”描写人生之短促，庄子“白驹之驰过隙”的比喻是极为形象而独特的。曹操、曹丕对生命的感悟亦是循着庄子的思路对抽象的时间予以形象化的表述，其着眼点皆在于突出生命和时间的“短暂易逝”。

曹丕对庄子无为的处世原则亦有所继承，这不仅表现在他的文学作品中，也体现在他的治国之策上。他的《登城赋》有“永优游而无为”的句子，《玉玦赋》有“抱虚静而无为”，皆表现了他对道家逍遥无为生活的向往。在《论汉文帝》中，他表现了对汉文帝“躬修玄默”行为的推崇。他颁布了《薄税令》《轻刑诏》《息兵诏》，都在一定程度上贯彻了“无为而治”的政治理念。曹睿对《庄子》的接受主要表现在无为之治方面。例如，魏明帝颁布《议狱从宽简诏》曰：“有虞氏画象而民弗犯，周人刑错而不用。朕从百王之末，追望上世之风，邈乎何相去之远。法令滋章，犯者弥多。刑罚愈众，而奸不可止。往者案大辟之条，多所蠲除。思济生民之命，此朕之至意也。”③

此外，“曹氏三祖”的游仙诗表现了对方外生活的向往，明显有受《庄子》影响的痕迹。曹操诗《气出唱》《精列》《陌上桑》《秋胡行》皆属游仙诗一类。“《气出唱》三首，描写了一个幻想的境界：驾龙乘风，遨

① 夏传才校注，《曹操集校注》，石家庄：河北教育出版社 2013 年版，第 26 页。
② 夏传才、唐绍忠校注，《曹丕集校注》，石家庄：河北教育出版社 2013 年版，第 29 页。
③（清）严可均辑，《全上古三代秦汉三国六朝文》第三册，石家庄：河北教育出版社 1997 年版，第 104 页。

游海外；然后上达天庭，与仙人往还，并从那里获得氧气、方药等长寿之术；又到昆仑和君山，同西王母等‘乐共饮食’，共祝长寿。”[1]《气出唱》第一首开头曰：“驾六龙，乘风而行。行四海外，路下之八邦。历登高山临溪谷，乘云而行，行四海外。”[1]“乘风”，凭借风力，语出《庄子·逍遥游》：“夫列子御风而行，泠然善也。”曹操《陌上桑》：“食芝英，饮醴泉。”“饮醴泉”，化用《庄子·秋水篇》“南方有鸟，其名为鹓雏，子知之乎？夫鹓雏，发于南海，而飞于北海。非梧桐不止，非练实不食，非醴泉不饮”的典故。“建安十三年（208），曹操在赤壁的失利，奠定了三国鼎立的局势。以后他对孙刘多次用兵都没有成功；在时光不断流逝的情况下，不能不产生暮年将至、壮志难酬的苦闷。‘志在千里’的曹操绝不会放弃统一四海的政治抱负，而他又清楚地认识到‘造化之陶物，莫不有终期’，在理想与现实的矛盾面前，使他产生了延长寿命的强烈愿望。《气出唱》《精列》《陌上桑》《秋胡行》这几首诗就是这种心情通过浪漫主义手法的曲折反映。”[1]

第三节 曹植对《庄子》的接受

曹植（192—232），字子建，沛国谯人，魏武帝曹操之子。三国曹魏著名文学家，建安文学代表人物。自幼颖慧，十岁便诵读诗、文、辞赋数十万言，出言为论，落笔成文，深得曹操的宠爱。曹操曾经认为曹植在诸子中“最可定大事”，几次想要立他为世子。然而曹植行为放任，不拘礼法，屡犯法禁，引起曹操震怒，而他的兄长曹丕则颇能矫情自饰，终于在立储斗争中渐占上风，并于建安二十二年（217年）得立为世子。建安二十五年（220年），曹操病逝，曹丕继魏王位，不久废汉献帝称帝。曹植的生活从此发生了变化。他从一个过着优游宴乐生活的贵族王子，变成处处受限制和打击的对象。正是由于曹植的个性和经历，庄子哲学引起了曹植的共鸣，给予其精神安慰。他的诗文中多有庄子学说的印记。

① 安徽亳县《曹操集》译注小组，《曹操集译注》，北京：中华书局，1979年版，第1页。

一、曹植赋对《庄子》的继承

曹植《释愁文》《七启》《髑髅说》等赋篇都深受庄子影响。在《释愁文》[①]中，作者假设“我”和“玄灵先生”的问答，将作者的愁苦形象地描绘出来，“予以愁惨，行吟路边，形容枯悴，忧心如醉”。玄灵先生指出其愁苦的原因：“今大道既隐，子生末季。沉溺流俗，眩惑名位，濯缨弹冠，谘趣荣贵。坐不安席，食不终味，遑遑汲汲，或憔或悴。所鬻者名，所拘者利，良由华薄，凋损正气。”最后玄灵先生说：

> 吾将赠子以无为之药，给子以淡薄之汤，刺子以玄虚之针，灸子以淳朴之方，安子以恢廓之宇，坐子以寂寞之床。使王乔与子遨游而逝，黄公与子咏歌而行，庄生与子具养神之馔，老聃与子致爱性之方。[②]

结果，“我”的“众愁忽然不辞而去”。玄灵先生排解“我”愁苦的药方就是道家老庄无为思想。

《七启》集中体现了作者对老庄处世之道的向往，所谓“名秽我身，位累我躬，窃慕古人之所志，仰老庄之遗风”。《七启》假设玄微子和镜机子的问答以结构全篇。玄微子“隐居大荒之庭，飞遁离俗，澄神定灵，轻禄傲贵，与物无营，耽虚好静”，这明显深受老庄思想影响。镜机子先以六事启发他，都没有成功。这六事是“肴馔之妙”“容饰之妙”“羽猎之妙”“宫馆之妙”“声色之妙”“俊义之交”，玄微子以“名秽我身，位累我躬，窃慕古人之所志，仰庄老之遗风。假灵龟以托喻，宁掉尾于途中”“予甘藜藿，未暇此食也”“予好毛褐，未暇此服也”“余性乐恬静，未暇此观也”“余耽岩穴，未暇居此也”“予愿清虚，未暇此游也”相拒绝。镜机子又以“陵轹诸侯，驱驰当世”激发，玄微子曰：“予亮愿焉，然方于大道有累，如何？”最后，“至闻天下穆清，明君莅国，览虚盈之正义，知顽素之迷惑。令予廓尔，身轻若飞。愿反初服，从子而归”。玄微子终于被说服。

---

① 曹植《释愁文》虽未以“赋”名篇，但从写法上看属“赋”的体裁。前人亦多将之归为“赋”类，如杨柳乔，《曹植辞赋初探》，《天津社会科学》1992年第2期，第89-91页，就是这样处理的。

②（魏）曹植著，赵幼文校注，《曹植集校注》，北京：人民文学出版社1984年版，第468页。本节所引曹植诗文辞赋皆据此本。

《七启》中的玄微子似道实儒，当“天下穆清，明君莅国”之际，仍然愿意“陵轹诸侯，驱驰当世”。这其实是曹植的自我写照。归隐田园，以道家思想相标榜，其实是无奈之举。“达则兼济天下，穷则独善其身”，中国文人别无其他出路与选择。不独曹植如此，建安文人普遍具有游仙隐逸的情结，正是社会现实使然。“建安时期政治混乱，军阀割据，弱肉强食，充满了血腥味。建安士人普遍感到现世社会的艰险与残酷，感到人生的渺小与无奈，因而时常慷慨悲歌，又时常幻想超越现世社会，到另一个神仙世界中去。建安文人内心深处痛苦、矛盾，甚至迷茫，于是东汉学者所发现的老庄哲学所阐发的圣人理想人格亦很快成为一些文士企慕的对象。”①《七启》明显表现出受老庄思想影响的痕迹。

曹植《髑髅说》明显脱胎于《庄子·至乐》篇中“庄子之楚，见空髑髅”的寓言。对于《庄子》“髑髅”寓言的主旨，历来众说纷纭，有“乐死恶生”说②、“齐死生”③、“超死生”④、“以死劝生”说⑤，还有人认为，庄子透过髑髅梦，“表达自己对于现实的不满、声讨、批判和对理想的展望”⑥。如果仅仅就此寓言本身分析，是很难把握庄子髑髅梦寓言的主旨，我们必须把此寓言放到《至乐》全篇去看。在《至乐》篇开头，庄子提出了自己的中心论点：“至乐无乐，至誉无誉。”这是因为“今俗之所为与其所乐”实为“大苦”。然后庄子就列举了一系列寓言来说明此论点，其中就有“庄子妻死”和“庄子之楚，见空髑髅”的寓言。庄子用“庄子之楚，见空髑髅”的寓言说明：世人所喜悦的生反而不如死，因为“人之生也，与忧俱生”，譬如常遭“亡国之事”“斧钺之诛”“冻馁之患”等，而死则不然，“无君于上，无臣于下，亦无四时之事，从然以天地为春秋，虽南面王乐，不能过也”。庄子此寓言是针对世人悦生恶死有感而发。正如宋人褚伯秀所说：“盖见世人贪生恶死，营营不息，丧失本来之我，则此形虽存，与死何异？故立是论以矫之，庶警悟其万一。”⑦

① 方勇，《庄子学史》，北京：人民出版社 2008 年版，第 296 页。
② 郭象注、成玄英疏，《南华真经注疏》，北京：中华书局 1998 年版，第 362 页。
③ 清人林云铭即持此观点。见林云铭，《庄子因》，上海：华东师范大学出版社 2011 年版，第 187 页。
④ 宋人陈景元即持此说，见褚伯秀，《庄子义海纂微》，上海：华东师范大学出版社 2014 年版，第 578 页。
⑤ 黄克剑，《〈庄子·至乐〉髑髅寓言抉微》，《哲学动态》2015 年第 8 期，第 45-51 页。
⑥ 徐春根，《试解庄周髑髅梦》，《广西大学学报》2012 年第 6 期，第 102-107 页。
⑦（宋）褚伯秀，《庄子义海纂微》，上海：华东师范大学出版社 2014 年版，第 578 页。

曹植《髑髅说》与《庄子·至乐》篇“髑髅”寓言结构情节相似，那么思想主旨是否相似呢？曹植《髑髅说》借助庄子“髑髅梦”的寓言框架，阐发了其死乃“与道相拘，偃然常寝，乐莫是踰”的观点。这一点与庄子髑髅梦寓言看似相同，实则不同。因为其落脚点不同。《至乐》篇虽然将生劳死乐对举，其实表达作者齐彭殇、一死生的观点，这是对传统乐生恶死观的反拨。庄子认为“天下是非果未可定也”，故而主张“无为”，对于“生”“死”，不作人为的是非判断，顺其自然，齐一生死。而曹植则不然，他在继承庄子的基础上，有了变化。他虽认为“死”乃“与道相拘。偃然长寝，乐莫是踰”，但最后却落脚在肯定“生”“死”之别上，即所谓“夫存亡之异势，乃宣尼之所陈。何神凭之虚对，云死生之必均”[①]。他反对生死齐一的观点，目的是强调“生之苦”。因此曹植的“髑髅梦”看似与庄子的“髑髅梦”相同，实则不然。庄子借助“髑髅梦”阐发其因顺自然的人生哲理，曹植却借此抒发内心的苦闷；庄子是真能齐生死的哲学家，其论说语言平实，轻松幽默。而曹植多愁善感，命运的重负已经将他压得喘不过气来，在他笔下“死之乐”仅是对“生之苦”的反衬，是曹植“个人痛苦挣扎的人生困境的反映”[②]，曹植可谓失意文人接受庄学以宣泄内心愁苦之情的代表。

此外，曹植的“《蝉赋》：‘实淡泊而寡欲兮，独怡乐而长吟。’‘吟嘶哑以沮败，状枯槁以丧形。’这里‘淡泊寡欲’‘状如枯槁’均出自《庄子》。《迁都赋》中‘纷混沌而未分兮，与禽兽乎无别’和《魏德论》中‘在昔太初，玄黄混并，混沌鸿蒙，兆朕未形’，这些对太初之时的描绘均与《庄子》相仿，而‘混沌’‘太初’‘鸿蒙’也都是典型的庄学用语。”[③]曹植对《庄子》之文的喜爱反映了他以庄子之道排遣内心苦闷的努力。

二、曹植诗文对《庄子》的继承

曹植的诗文中也散见着许多与庄学相关的内容，“《桂之树行》中说：‘要道甚省不烦，淡泊、无为、自然。’《辨道论》中以庄学变化的视角看

① (魏) 曹植著，赵幼文校注，《曹植集校注》，北京：人民文学出版社 1984 年版，第 524 页。
② 宋园园，《汉魏髑髅赋所反映的士人心态》，《内蒙古农业大学学报》，2011 第 6 期，第 291-293 页。
③ 马晓乐，《魏晋南北朝庄学研究》，山东大学 2006 年博士学位论文。

待生死：‘生之必死，君子所达。夫至神不过天地，不能使蛰虫夏潜，震雷冬发，时变则物动，气移而事应。’《谏取诸国士息表》中‘鼹鼠饮海，于朝万无损益’典出《逍遥游》‘鼹鼠饮河，不过满腹’。《豫章行》中‘不见鲁孔丘，穷困陈蔡间’，语出《让王》孔子困于陈蔡之间的寓言”[①]。《卞随赞》“汤将伐桀，谋于卞随”即引自《庄子·让王》篇：“汤将伐桀，因卞随而谋。”《当事君行》：“人生有所贵尚，出门各异情。”亦是对《庄子·刻意篇》“野语有之曰：众人重利，廉士重名，贤人尚志，圣人贵精”的高度概括。《斗鸡》：“愿蒙狸膏助，长得擅此场。”此处“狸膏”亦化用《庄子》典故。丁晏曰：“《事类赋注》引《庄子》逸篇：‘羊沟之鸡，时以胜人者，以狸膏涂其头也。’”[②]

曹植本人虽然写了很多游仙诗，但他对神仙方术的态度是否定的。曹植的《辨道论》曰：“神仙之书，道家之言，乃言传说上为辰尾宿，岁星降下为东方朔。淮南王安诛于淮南，而谓之获道轻举。钩弋死于云阳，而谓之尸逝柩空。其为虚妄，甚矣哉！”汉末魏晋时期，道教在道家的基础上有了极大的发展，对此道教化的趋势，曹植是反对的。他为曹操笼络方术之士的行为辩解说：“世有方士，吾王悉所招致，甘陵有甘始，庐江有左慈，阳城有郗俭。始能行气导引，慈晓房中之术，俭善辟谷，悉号三百岁。本所以集之于魏国者，诚恐斯人之徒，挟奸宄以欺众，行妖隐以惑民，故聚而禁之也。岂复欲观神仙于瀛洲，求安期于海岛，释金辂而履云舆，弃六骥而羡飞龙哉？自家王与太子及余兄弟咸以为调笑，不信之矣。”[③]笼络方术之士，免其蛊惑作乱，这可能是曹操的计谋之一，但并未排除曹操有利用的私心。张华的《博物志》记载：“魏武帝好养性法，亦解方药，招引四方之方术之士，如左元放、华佗之徒无不毕至。”[④]另在《与皇甫隆令》里说：“闻卿年出百岁，而体力不衰，耳目聪明，颜色和悦，此事盛也。所服食施行导引，可得闻乎？若有所传，想可密示封内。”[⑤]以上证据说明，曹操未必不是真信，曹植的话仅能代表他自己的观点而已，曹植对道教的

① 马晓乐，《魏晋南北朝庄学研究》，山东大学2006年博士学位论文。
② 傅亚庶注译，《三曹诗文全集译注·前言》，长春：吉林文史出版社1997年版，第553页。
③ 傅亚庶注译，《三曹诗文全集译注·前言》，长春：吉林文史出版社1997年版，第990页。
④（晋）张华，《博物志》，上海：上海古籍出版社2012年版，第19页。
⑤ 傅亚庶注译，《三曹诗文全集译注·前言》，长春：吉林文史出版社1997年版，第241页。

反对体现了他对道家思想的坚守，这是对庄子思想深刻认同的表现。

综上所述，在曹植诗文中随处可见《庄子》的意象和典故，而这些《庄子》中的意象和典故的化用虽是曹植对庄学思想认同的反映，但更多的是曹植面临不幸遭遇之时排遣忧愁的哲理思索。“曹植的慕仙远游之作不过是一种苦闷的排泄、理想的寄托，其中并非真有寻仙以求飞升之意。从文学发展上看，正是曹植的托神仙以言志、假远游以寄慨，为后来郭璞等游仙诗作创造出一种‘坎壈咏怀’的重要方式。”①庄子的人生是豁达的，曹植的人生是郁闷的；庄子的人生是自主的，曹植的人生是压抑的。“曹植的思想虽然在儒与道之间徘徊，儒与道互补，但是终究还是以儒为主，以道为辅。”②庄子的哲学还没有内化在曹植的生命中，曹植在本质上仍然是一位儒家学者，这就是曹植之所以备受煎熬的原因。

第四节　何晏、夏侯玄与正始玄学

何晏（？—249），字平叔，南阳宛（今河南南阳）人。三国时期魏国玄学家。其父早逝，曹操纳其母尹氏为妾，何晏被收养，少以才秀知名，为曹操所宠爱。《三国志·曹爽传》谓何晏“好老庄言”③，他也是魏晋玄学的领袖人物。刘勰《文心雕龙·论说》云：“迄至正始，务欲守文；何晏之徒，始盛玄论。于是聃周当路，与尼父争途矣。”④《世说新语·文学》曰：“何晏为吏部尚书，有位望，时谈客盈座，王弼未弱冠，往见之。”⑤《晋书·王衍传》：“魏正始中，何晏王弼等祖述老庄，立论以为天地万物以无为本。”⑥何晏写过《无名论》《无为论》《道德二论》（见《世说新语·文学》）等。何晏在《道论》中说：“有之为有，恃无以生；事之为事，由无以成。夫道之而无语，名之而无名，视之而无形，听

① 汪大白，《曹植〈释疑论〉应系葛洪所杜撰》，《学术界》2001年第5期，第225-229页。
② 王评，《曹植研究》，陕西师范大学2012年博士学位论文，第20页。
③（晋）陈寿，《三国志》，北京：中华书局1982年版。
④（南朝梁）刘勰著，陆侃如、牟世金译注，《文心雕龙译注》，济南：齐鲁书社1995年版，第265页。
⑤（南朝宋）刘义庆著，（南朝梁）刘孝标注，余嘉锡笺疏，《世说新语笺疏》，北京：中华书局2007年版，第231页。
⑥（唐）房玄龄等著，《晋书》，北京：中华书局1974年版。

之而无声，道之全焉。”（《列子·天瑞》张湛注引）[①]《三国志·钟会传》裴松之注说何晏、钟会等传述“圣人无喜怒哀乐”之论，王弼则反之，主张圣人有情而不累于情。何晏诗文以阐发老庄思想为主，对《庄子》中术语的引用随处可见，其《述志诗》曰：“鸿鹄比翼游，群飞戏太清。常恐夭网罗，忧祸一旦并，岂若集五湖，顺流唼浮萍。逍遥放志意，何为怵惕惊？”[②]不仅如此，何晏在政治上也主张无为而治，如何晏《景福殿赋》末“想周公之昔戒，慕皋陶之典谟，除无用之官，省生事之故，绝流循之繁礼，反民情于太素”[③]就是典型的例证。

何晏在魏晋玄学中是一个开风气的人物。但何晏所开的玄学之风从一开始就走上了背离庄子的道路。正如《颜氏家训·勉学》篇所云：“夫老、庄之书，盖全真养性，不肯以物累己也……何晏、王弼，祖述玄宗，递相夸尚，景附草靡，皆以农、黄之化，在乎己身，周、孔之业，弃之度外。”[④]隋巢元方《诸病源候论·寒食散发候》云：“近世尚书何晏，耽好声色，始服此药，心加开朗，体力转强。京师翕然，传以相授……晏死之后，服者弥繁，于时不辍。”[⑤]鲁迅先生称何晏“吃药的祖师”[⑥]。何晏的做法显然违背了庄子顺其自然的生活态度。

夏侯玄（209—254），字太初，谯郡人。《文心雕龙·论说篇》：“魏之初霸，术兼名法，傅嘏（gǔ）、王粲，校练名理。迄至正始，务欲守文，何晏之徒，始盛玄论。于是聃周当路，与尼父争涂矣。详观兰石之《才性》，仲宣之《去伐》，叔夜之《辨声》，太初《本无》，辅嗣《两例》，平叔之二论，并师心独见，锋颖精密，盖人伦之英也。”[⑦]可见，夏侯玄本是与何晏、王弼齐名的玄学名士。

① （南朝宋）刘义庆著，（南朝梁）刘孝标注，余嘉锡笺疏，《世说新语笺疏》，北京：中华书局 2007 年版，第 234 页。
② 逯钦立编，《先秦汉魏晋南北朝诗》，北京：中华书局 1982 年版。
③ （清）严可均辑，《全上古三代秦汉三国六朝文》第三册，石家庄：河北教育出版社 1997 年版，第 394 页。
④ （北齐）颜之推著，吴玉琦、王秀霞注译，《颜氏家训译注》，长春：吉林文史出版社 1998 年版，第 154 页。
⑤ 转引自鲁迅著，《鲁迅选集》第二卷，北京：人民文学出版社 1983 年版，第 398 页。
⑥ 鲁迅著，《鲁迅选集》第二卷，北京：人民文学出版社 1983 年版，第 382 页。
⑦ （南朝梁）刘勰，《文心雕龙》，上海：上海古籍出版社 2010 年版，第 36 页。

第五节　桓范对《庄子》的接受

桓范（？—249 年），字元则，沛国人，《魏略》记沛国龙亢（今安徽省怀远县西龙亢镇北）人。曹魏大臣，有文才，善丹青。建安末入丞相府，与王象等共撰《皇览》。延康元年（220 年）为羽林左监。明帝时曾任中领军、尚书、征虏将军、东中郎将、兖州刺史等。正始年间（240—249 年）任大司农，为曹爽谋划，号称“智囊”。司马懿起兵讨伐曹爽时，桓范劝曹爽挟魏帝到许昌，曹爽不听。曹爽被司马懿所杀，桓范亦被诛。著有《世要论》十二卷，或称《桓范新书》。桓范在绘画方面亦有造诣，以善丹青著称。

桓范《世要论・节欲》曰：“夫人生而有情，情发而为欲，物见于外，情动于中，物之感人也无穷，而情之所欲也无极，是物至而人化也。人化也者，灭天理矣。夫欲之无极，以寻难究之物，虽有圣贤之姿，鲜不衰败，故修身治国之要，莫大于节欲。”①其中，“情之所欲也无极”“夫欲之无极，以寻难究之物”“鲜不衰败”明显继承了《庄子・养生主》开头一段：“吾生也有涯，而知也无涯。以有涯随无涯，殆已；已而为知者，殆而已矣。”庄子认为，人的生命是有限的，而人的欲望是无穷的，以有限的生命追随无穷的欲望是危险的。如果无自知之明，自以为是，自恃其聪明，就已经危险了。桓范的“节欲”论即是基于其对道家人性论的体认而提出来的。桓氏家族皆有明显的道家倾向。《世说新语・排调》载桓玄曾“与道曜讲《老子》”②。《北堂书钞》98 引《俗说》：“桓灵宝在南州时，自讲《庄子》七篇，一日更说。”③此外，桓胤、桓嗣、桓石秀亦尤善《庄子》《老子》，在玄学素养方面“并为桓氏子侄之冠”。桓石秀，性放旷，常弋钓林泽，不以荣爵撄心。

---

① 严可均辑，《全上古三代秦汉三国六朝文》（三），石家庄：河北教育出版社 1997 年版，第 373 页。

②（南朝宋）刘义庆著，（南朝梁）刘孝标注，余嘉锡笺疏，《世说新语笺疏注》，北京：中华书局 2007 年版，第 966 页。

③ 鲁迅著，《鲁迅全集》第三卷，上海：上海古籍出版社 2013 年版，第 1514 页。

第六节 嵇康对《庄子》的继承与偏离

嵇康（224—263），字叔夜，谯郡铚县（今安徽省濉溪县临涣镇，一说安徽宿县）人。三国时魏末文学家、思想家与音乐家。与魏宗室通婚，拜中散大夫，世称嵇中散。嵇康深受道家老庄思想影响，他宣称“老子、庄周，吾之师也”（《与山巨源绝交书》）[①]。嵇康诗文大量引用庄学术语，如“玄虚”“无为”“机心”“师心”“外荣华”“弃世遗身”“至德之世”“太清”“游心”“坐忘”“逍遥”“自得”等，而且使用的频率也很高。不仅如此，嵇康化用庄子寓言、典故非常自然，了无痕迹，如“恐足下羞庖人之独割，引尸祝以自助”“不可自见好章甫，强越人以文冕也”（《与山巨源绝交书》），“泽雉虽饥，不顾园林”（《幽愤诗》），“尔乃思丘中之隐士，乐川上之执竿也”（《卜疑》），“不知冒荫可以无景，而患景之不匿”（《释私论》），“郢人逝矣，谁可尽言”（《兄秀才公穆入军赠诗》），“形若救孺子，视若营四海”（《答难养生论》），“单豹以营内致毙，张毅以趣外失中”（《答难养生论》）等，类似的例子不胜枚举。更有甚者，一首诗几乎句句出自《庄子》，如《与阮德如》一首中，“郢人忽已逝，匠石寝不言。泽雉穷野草，灵龟乐泥蟠。荣名秽人身，高位多灾患。未若捐外累，肆志养浩然。颜氏希有虞，隰子慕黄轩。涓彭独何人，唯志在所安”。嵇康诗文的某些表述与《庄子》十分相似，几达以假乱真的程度，如《养生论》曰：“善养生者，则不然矣。清虚静泰，少私寡欲。知名位之伤德，故忽而不营，非欲而强禁也；识厚味之害性，故弃而弗顾，非贪而后抑也。外物以累心而不存，神气以醇白而不著。旷然无忧患，寂然无思虑。又守之以一，养之以和。和理日济，同乎大顺。然后蒸以灵芝，润以醴泉，晞以朝阳，绥以五弦。无为自得，体妙心玄。忘欢而后乐足，遗生而后身存。若此以往，恕可与羡门比寿，王乔争年。何为其无有哉？”[②]

嵇康对《庄子》学说的熟稔与认同是有目共睹的，研究魏晋文学的论

① （三国魏）嵇康著，戴明扬校注，《嵇康集校注》，北京：中华书局2014年版。本书所引嵇康作品皆据此本。
② 马晓乐，《魏晋南北朝庄学研究》，山东大学2006年博士学位论文。

著都要涉及嵇康对庄学的继承，有关嵇康的论文亦多从嵇康对庄子思想的继承方面立论，如认为“嵇康是第一位把庄子的返归自然的精神境界变为人间境界的人”，“嵇康第一个把庄子诗化了”[①]，“嵇康是真懂庄子的一位。他由生命的需要去读《庄子》，用心去贴近庄子而与其沟通、对话，用自己的鲜血和生命去诠释、实践庄子的学说和思想”[②]。笔者以为，虽然嵇康对庄子继承颇多，但嵇康并非真懂庄子，他在继承庄子思想的同时，也存在着严重的偏离。概而言之，嵇康对庄子思想的偏离主要表现在以下三个方面。

一、从“自然无为”到“任情肆志”

“自然”“无为”是道家老庄的主要思想，老子首倡“道法自然”的原则，庄子进一步阐发，认为事物固有的本性就是“自然”，“物固有所然，物固有所可”（《齐物论》），强调“顺物自然而无容私”（《应帝王》）。并认为“无为”才“自然”（《田子方》）。嵇康处于魏晋交替之际，目睹了司马氏与曹魏的争权斗争，加之玄风大倡的影响，于是向往庄子游心于道、无用避祸、无为逍遥的人生旨趣，追求一种优游适意、超然自得的淡泊人生。例如，嵇康诗文中多次出现“游”字，“俛仰慷慨，优游容与”（《兄秀才公穆入军赠诗》其一），“目送归鸿，手挥五弦，俯仰自得，游心太玄”（《兄秀才公穆入军赠诗》其十四）等。嵇康诗文处处流露出对庄子“自然”“无为”思想的认同，如“含道独往，弃智遗身”（《兄秀才公穆入军赠诗》其十七），“弃智”即“绝圣弃智”的省略，“遗身”即“无己”，与自然融为一体。又如，“流代难寤，逐物不还。至人远鉴，归之自然。万物为一，四海同宅”（《兄秀才公穆入军赠诗》其十八），“冲静得自然，荣华何足为”（《述志诗二首》其一），“越名教而任自然”（《释私论》）等。以上引文都体现了嵇康对庄子自然无为的继承。

虽然嵇康对庄子自然无为的处世态度多有继承，但不可否认的是，嵇康并没有真正践履庄子“无为”的真意，而是有所偏离。这源于嵇康对“自

① 罗宗强，《嵇康的心态及其人生悲剧》，《中国社会科学》1991 年第 2 期，第 148 页。

② 马良怀，《面对社会与面对生命——论向秀、嵇康对〈庄子〉的不同解读》，《厦门大学学报》2002 年第 2 期，第 33-39 页。

然”内涵的曲解。在庄子哲学中，“自然”是“道”的属性，在人事，就是“顺物自然而无容私”（《应帝王》），就是“无已”。嵇康的认识恰恰相反，他认为“人性以从欲为欢”“从欲则得自然”（《难自然好学论》）。①庄子否弃的“人为”，嵇康则有意张扬。嵇康多处强调“肆志”，如“贵得肆志，纵心无悔”（《兄秀才公穆入军赠诗》其十八），“未若捐外累，肆志养浩然”（《五言一首与阮德如》）等。他“刚肠嫉恶，轻肆直言，遇事便发”（《与山巨源绝交书》），对他这种性格的形成，嵇康自己有清楚的认识，自云幼年丧父，母兄有慈无威，“恃爱肆姐”“冯宠自放”，受老庄思想的影响，“重增其放”（《幽愤诗》）。于是养成了率真任性、旷达不羁的性格。嵇康以崇尚老庄自然无为的人生态度标榜，却以“任情肆志”“重增其放”走向自然无为的反面，最终招致杀身之祸。

二、从“清虚静泰”到“服食养身”

古人论“人”有形体和精神两个层面，简称“形”和“神”。世人所谓养生重在形体操练。庄子论养生则是从心态层面切入的，以养神为主。庄子认为，“死生存亡，穷达贫富，贤与不肖毁誉，饥渴寒暑”（《德充符》）之类事物，不是靠自己的智慧所能避免的，因此不能让此类事物“入于灵府”，也就是“无以好恶内伤其身”（《德充符》）。认为对生死、穷达、名利、毁誉等保持恬淡的心境，乃“合天德”（《刻意》），如此才能“忧患不能处，年寿长矣”（《天道》）。嵇康深受庄子养生思想影响，也强调恬淡寡欲以养神，他在《养生论》中说：“善养生则不然矣，清虚静泰，少私寡欲。知名位之伤德，故忽而不营，非欲而强禁也。识厚味之害性，故弃而弗顾，非贪而后抑也。外物以累心不存，神气以醇白独著，旷然无忧患，寂然无思虑。”

与庄子不同的是，嵇康也极为重视形体的保养。嵇康认为形神互为依存，

① 有人认为此句似乎只是批判六经压抑人性时的愤激之语，他在《答难养生论》中还有一段截然相反的论述：“今若以从欲为得性，则渴酌者非病，淫湎者非过，桀跖之徒皆得自然，非本论所以明至理之意也。”并说，“人们往往喜欢引嵇康‘越名教而任自然’一语，但其全文是‘矜尚不存乎心，故能越名教而任自然，情不系于所欲，故能审贵贱而通物情’（《释私论》），他所‘任’的‘自然’之情是‘不存乎心’、‘不系乎欲’的，实在是太淡薄了。纵观《嵇康集》，笔者发现嵇康最终追求的是‘心无措乎是非，而行不违乎道者’的境界，这简直就是回到了庄子。”（赵稀方，《庄子与中国启蒙文学源流》，《南京大学学报》1997 年第 3 期，第 144-152 页。）但笔者认为，即便嵇康的认识与庄子切合，但其认识与行为并不一致，在为人处世方面，还是未能遵行他所领受的道家原则。

“形恃神以立，神须形以存”（《养生论》），因而主张形神兼养。他说：

故修性以保神，安心以全身，爱憎不栖于情，忧喜不留于意，而体气和平，又呼吸吐纳，服食养身，使形神相亲，表里俱济也。（《养生论》）

养生的关键是“修性”“安心”，即所谓“养神”；同时相信服食、吐纳等可以延年益寿，使“形神相亲，表里俱济”。后者正是庄子所反对的形体操练。《刻意》篇曰：

吹呴呼吸，吐故纳新，熊经鸟申，为寿而已矣，此道引之士，养形之人，彭祖寿考者之所好也。若夫不刻意而高，无仁义而修，无功名而治，无江海而闲，不道引而寿，无不忘也，无不有也，澹然无极而众美从之，此天地之道，圣人之德也。

庄子认为“天地之道，圣人之德”是“不道引而寿”，因此对“彭祖寿考”之类“道引之士，养形之人”的“吹呴呼吸，吐故纳新，熊经鸟申”等做法持否定态度。

嵇康的“形神兼养”论受当时信仰影响，他坚信神仙存在，他说：“夫神仙虽不目见，然记籍所载，前史所传，较而论之，其有必矣。”（《养生论》）嵇康认为，经过身心的修养，人可以长生成仙。嵇康认为若“导养得理，以尽性命”，即可“上获千余岁，下可数百年”“与羡门比寿，王乔争年”（《养生论》）。这种信仰在他的诗文中也多有流露，如“授我自然道，旷若发童蒙。采药钟山隅，服食改姿容”（《游仙诗》），“又闻道士遗言，饵术、黄精，令人久寿，意甚信之”（《与山巨源绝交书》）。

长生、成仙的内容在《庄子》仅有少数几处记载，《在宥》篇借广成子的口说：“无视无听，抱神以静，形将自正；必静必清，无劳女形，无摇女精，乃可以长生。目无所见，耳无所闻，心无所知，女神将守形，形乃长生……我守其一以处其和，故我修身千二百岁矣，吾形未尝衰。”《天地》篇说：“天下无道，则修德就闲；千岁厌世，去而上仙，乘彼白云，至于帝乡。”并且，《庄子》提到的“形乃长生”“去而上仙”也不是形体修炼的结果。在嵇康诗文中形体修炼却是一个相当重要的方面。嵇康的养生思想既继承了庄子的恬淡寡欲、重身轻物的养生思想，又发展了庄子思想中潜在的长生、成仙因素，使长生成仙不再是自然无为的结果，而成为刻意修炼的结果，带有鲜明的时代特色。

三、从“薄周孔”到“非汤武”

“非汤武而薄周孔”是嵇康在《与山巨源绝交书》中对自己批评时政的概括，是对庄子“剽剥儒墨”“绝圣弃智”的继承与发展。作为儒墨显学的唯一劲敌，庄子对儒墨仁义说教给予了尖锐的批评。司马迁在概括庄子学说思想倾向时曾说：“作《渔父》《盗跖》《胠箧》，以诋訾孔子之徒，以明老子之术。”“善属书离辞，指事类情，用剽剥儒墨，虽当世宿学不能自解免也。”（《史记》）儒家思想的核心就是“仁”和“礼”，并以之为治世良方而积极宣传和推广。庄子认为，儒家仁义礼乐等的教化治标不治本，往往为大盗所资，贻害无穷。“窃钩者诛，窃国者为诸侯”（《胠箧》）、“儒以诗礼发冢”（《外物》）等即是庄子对儒教虚伪的揭露。庄子对儒教的批评成为历代批判虚伪政治的武器。

生活在玄学笼罩下的嵇康，自然地认同了庄子思想，接受了庄子思想，也正是庄子言论擦亮了他的眼睛，让他看见了统治阶级的残暴，看清了以名教相标榜，而大肆屠杀异己、为夺权制造舆论的司马氏集团的卑鄙伎俩。不满现实的嵇康便以庄子的“自然”与之对抗，主张“越名教而任自然”（《释私论》），自言“每非汤武而薄周孔”（《与山巨源绝交书》）。天下名士为了躲避司马氏集团的威逼利诱，纷纷归隐山林，嵇康即是“竹林七贤”之一。虽然“竹林七贤”后来有所分化，如山涛、王戎转而投靠司马氏集团，成为朝中的重臣，嵇康却表达了不合作的决绝态度。当山涛举荐他出来做官时，他写下了《与山巨源绝交书》予以回绝。据《三国志》记载“大将军尝欲辟康……及山涛为选曹郎，举康自代，康答书拒绝，因自说不堪流俗，而非薄汤、武。大将军闻而怒焉”①，终于以不孝不忠之罪名杀害了嵇康，嵇康死时年仅三十九岁。

面对黑暗的社会，嵇康和庄子都充满着愤懑不满之情，都采取了与官场决绝的态度，也都有“非汤武而薄周孔”的言论。然而二人的结局却大不相同，原因何在？嵇康所处的时代变了。庄子生活的战国时期，诸侯纷

①（晋）陈寿，《三国志》，北京：中华书局 1982 年版，第 606 页。

争，没有一个高高在上的权威。诸侯争相养士，“得士则兴，失士则亡”，士人可以为王者师，举足轻重，故庄子可以直斥魏王“昏上乱相”（《山木》）而无碍。庄子处于“百家争鸣”的时代，他的不合作只是一家之言，没有威胁到某国政权的稳固，故没有招致杀身之祸。嵇康生活的魏晋之际则不同，司马氏已掌握了魏国的军政大权，一方面通过收买、拉拢树立自己的党羽，另一方面以残酷的屠杀消灭曹魏集团的力量。作为曹魏姻亲、当时名士的嵇康的不合作就给司马氏政权的稳固造成威胁，因而成为反抗的典型而被处以极刑。正如罗宗强在《嵇康的心态及其人生悲剧》一文中所说：“从思想上说，嵇康的被杀是‘非汤武而薄周孔’，‘越名教而任自然’的言行为名教所不容；从政治上说，他却是不知不觉代表着当时名士们对于司马氏势力的不满情绪，他的被杀是司马氏在权利争夺中的需要，借一个有甚大声望的名士的生命，以弹压名士们不臣服的桀骜。”①

客观环境对人的命运是有影响的，但决定人物命运的是人的主观态度。在应对险恶环境方面，嵇康再一次偏离了庄子的处世原则。庄子顺其自然，不刻意行事。面对无道暴君时，庄子主张“形莫若就，心莫若和”，“彼且为婴儿，亦与之为婴儿；彼且为无町畦，亦与之为无町畦；彼且为无崖，亦与之为无崖。达之，入于无疵”（《人间世》），反对作螳臂挡车式的无谓牺牲。在高压、恐怖的政治气氛中，真正的道家学人就该非常谨慎，虚与委蛇，方可保全性命。嵇康的做法正好相反，轻肆直言，锋芒毕露，公开自己不合作的立场，最终导致杀身之祸，而背离了全身远祸的初衷。正是嵇康学庄不化、背离庄子哲学的精髓，使他走向了断头台。北朝颜之推曾敏锐地指出嵇康悲剧的原因：“嵇康著养生之论，而以傲物受刑。”（《养生》）“嵇叔夜排俗取祸，岂和光同尘之流也？”（《勉学》）②所论极是。嵇康以崇尚庄子精神相标举，而其行为又偏离庄子宗旨，他对庄子思想的片面接受，既是时代风气使然，又是个性所致，皆是没有真正理解、践履庄子“自然无为”的真意所致。庄子思想只是他发泄不满情绪的载体和工具而已。

---

① 罗宗强，《嵇康的心态及其人生悲剧》，《中国社会科学》1991年第2期，第148页。

②（北齐）颜之推著，吴玉琦、王秀霞注译，《颜氏家训译注》，长春：吉林文史出版社1998年版。

庄子哲学属于人生哲学，庄子的一系列言论是针对险恶的社会环境而为人们确立的行为准则，其目的是探讨获得人生幸福的途径。幸福最基本的层面就是“保身”“全生”“尽年”（《养生主》）。嵇康“任情肆志”“非汤武而薄周孔”，最终导致不被世俗所容而中年夭亡的惨剧。这说明嵇康身上既有继承庄子不与世俗同流合污的高尚情操，也有偏离庄子顺其自然的处世态度而遭遇的不幸。嵇康并非“以自身的生命实践诠释了庄学精神”[①]，而是偏离了庄学的精神实质。嵇康的养生思想也偏离了庄子以养神为主、反对养形的做法，而主张形神兼养、服食导引。其仙道信仰与理论对东晋道教学者葛洪有直接影响。可以说，嵇康对庄子精神实质的偏离是具有代表性的，其不良影响也是很显著的。

第七节　嵇喜对《庄子》的接受

嵇喜，字公穆，生卒年不详，谯国铚县人。曹魏治书侍御史嵇昭之子，竹林七贤之一嵇康之兄。魏时举秀才，后为卫将军司马攸之司马，为齐王一派重要幕僚。晋时历江夏太守、徐州刺史、扬州刺史、太仆、宗正。史书称嵇喜“有当世才”（《晋书・嵇康传》）[②]，著有文集二卷，传于世。其中有答嵇康诗四首、《嵇康别传》一篇。

嵇喜的事迹散见于《晋书》《嵇康传》《阮籍传》《司马攸传》《武帝纪》《世说新语》中。《晋书》记载：“籍又能为青白眼，见礼俗之士，以白眼对之。及嵇喜来吊，籍作白眼，喜不怿而退。喜弟康闻之，乃赍酒挟琴造焉，籍大悦，乃见青眼。”（《晋书・阮籍传》）[③]《世说新语》载：“嵇康与吕安善，每一相思，千里命驾。安后来，值康不在，喜出户延之，不入。题门上作‘鳳’字而去。喜不觉，犹以为欣故作。‘鳳’字，凡鸟也。”（《世说新语・简傲》）[④]嵇喜虽然才华出众，然不为清流所重，阮籍曾对之以白眼，吕安讥之为“凡鸟”，这说明，嵇喜与嵇康虽为一母同

① 暴庆刚，《竹林玄学的“生命实践诠释学”——以阮籍、嵇康为例》，《社会科学辑刊》2012年第2期，第27页。

②（唐）房玄龄等撰，《百纳本晋书》，北京：国家图书馆出版社2014年版，第347页。

③（唐）房玄龄等撰，《百纳本晋书》，北京：国家图书馆出版社2014年版，第345页。

④（南朝宋）刘义庆著，（南朝梁）刘孝标注，余嘉锡笺疏，周祖谟、余淑宜、周士琦整理，《世说新语笺疏》，北京：中华书局2007年版，第903页。

胞，然其为人处世大异其趣。

相对于嵇康，嵇喜的研究较少，主要从兄弟二人的赠答诗比较入手，如叶当前的《论嵇康与嵇喜的赠答送别组诗》、韩格平的《嵇康与嵇喜两组诗浅解》、李绍华的《两种玄学人生观的碰撞——读嵇康嵇喜的赠答诗》等。一般认为两人在诗中表现出截然不同的人生观，嵇康的人生观是道家的，嵇喜的人生观则是儒家的。叶当前的《论嵇康与嵇喜的赠答送别组诗》论嵇喜："从前面所述嵇喜事迹看，他是一个积极入世、敢于作为、励精图治、奋发上进的人，在家庭里殷勤招待弟弟的朋友，不计较所谓高洁之士的不耻；在亲情上冒死到刑场携琴别弟，为弟弟立传广大家门；在官场上勤政爱民、尽瘁为主。忠孝伦常，嵇喜可堪典范，由此可见嵇喜是儒家思想浸染出来的一个典型人物。"[①]但也有人认为其赠答诗中"所表现出的人生观与世界观是相似的，没有实质性的区别"[②]，"两人在诗中表现出抗俗避世和顺俗适俗的不同玄学人生观"[③]，指出嵇喜、嵇康人生观相同的一个方面，即嵇喜嵇康人生观的基调是一样的，是"玄学人生观"的不同表现。罗宗强的《魏晋南北朝文学思想史》认为嵇喜虽"还不是当时玄风的主要参加者"，其诗却"分明对于庄、老有一种深情的向往"。[④]

嵇喜的诗给人突出的印象是大量运用《老子》《庄子》术语，如"逍遥""变化""无常""至人""物化""出处""达人""庄生""漆园"等，不仅如此，嵇喜对《庄子》的理解还是本质上的认同。笔者认为，嵇喜和嵇康同受玄学（实质是老庄）思想影响，但其接受完全不同。如果说嵇康对庄子的接受是表面上的，那么嵇喜对庄子的接受就是骨子里的；如果说嵇康的接受偏离了庄子思想的实质，嵇喜的接受则更接近庄子思想的实质。嵇喜对庄子思想的接受主要体现在以下几个方面。

一、关于处世原则

嵇康在给嵇喜的赠诗中，殷切地期望嵇喜能与他一起归隐山林，以远

① 叶当前，《论嵇康与嵇喜的赠答送别组诗》，《内江师范学院学报》2010 年第 2 期，第 78-82 页。

② 孙亚军，《嵇康与嵇喜赠答诗质疑》，《南京工业职业技术学院学报》2008 年第 1 期，第 24-26 页。

③ 李绍华，《两种玄学人生观的碰撞——读嵇康嵇喜的赠答诗》，《南宁职业技术学院学报》2000 年第 3 期，第 37-39 页。

④ 罗宗强，《魏晋南北朝文学思想史》，北京：中华书局 1996 年版，第 50、51 页。

离仕途的险恶，《秀才答四首附》（其一）曰：“自谓绝尘埃，终始永不亏。何意世多艰，虞人来我疑……安得反初服，抱玉宝六奇。逍遥游太清，携手长相随。”[①]针对弟弟的殷切期望，嵇喜在回赠嵇康的诗中回答说：“君子体变通，否泰非常理。当流则蚁行，时逝则鹊起。”（《秀才答四首附》其二）“李叟寄周朝，庄生游漆园。时至忽蝉蜕，变化无常端。”（《秀才答四首附》其一）与嵇康的坚执不同，嵇喜重“变通”，引《庄子》“得时则蚁行，失时则鹊起”[②]自况，说明自己会根据具体情况作出调整，顺其自然。得时则循序渐进，失时则断然离开，不会给自己招惹祸端。并以老子为周朝柱下史、庄子为漆园吏的经历说明出仕未尝不是道家的选择。“得时则蚁行，失时则鹊起”，虽不见于今本《庄子》，但此思想今本多见。例如，《应帝王》篇曰：“无为名尸，无为谋府；无为事任，无为知主。体尽无穷，而游无朕；尽其所受乎天，而无见得，亦虚而已。至人之用心若镜，不将不迎，应而不藏，故能胜物而不伤。”“体尽无穷，而游无朕”，“朕”，迹也，“无朕”，即无迹，晦迹韬光之谓也。“将”，“送”也，与“迎”相对。“不将不迎”正是道家无为处世的原则。譬如做官，既不推辞，也不渴求。“道家哲学并非一概排斥入仕为官，道家的处世态度是顺应自然，不必强求，亦隐亦仕，无可无不可，要求与现实保持一种若即若离的松散关系。”“他们把入仕为官看成是‘其来不可却，其去不可止’的事，坦然处之，听其自然，没有儒家‘知其不可而为之’的执著精神。”[③]

庄子虽然有却聘的经历，但庄子并非主张绝对的放弃作为。对此，《山木》篇有形象的比喻：

> 弟子问于庄子曰：“昨日山中之木，以不材得终其天年；今主人之雁，以不材死；先生将何处？”庄子笑曰：“周将处乎材与不材之间。材与不材之间，似之而非也，故未免乎累。若夫乘道德而浮游则不然。无誉无訾，一龙一蛇，与时俱化，而无肯专

① （三国魏）嵇康著，戴明扬校注，《嵇康集校注》，北京：中华书局2014年版，第3、4页。本节所引嵇康、嵇喜诗皆据此本。

②“得时则蚁行，失时则鹊起”句为《庄子》佚文，除嵇喜诗外，《埤雅·释虫》亦引《庄子》语：“得时则蚁行，失时则鹊起。蚁行逶迟有序，需而不速，故君子之得时也，其廉于进如此。”（（宋）陆佃著、王敏红校点，《埤雅》，杭州：浙江大学出版社2008年版，第93页）

③ 王定璋，《道教文化与唐代诗歌》，《文史哲》1997年第3期，第75-80页。

为；一上一下，以和为量。浮游乎万物之祖，物物而不物于物，则胡可得而累邪？”

庄子的处世原则，既不是“材”，也不是“不材”，更不是“材与不材之间”，乃是“与时俱化，而无肯专为；一上一下，以和为量”。这与嵇喜所理解的“当流则蚁行，时逝则鹊起”是一致的。可见，嵇喜的理解更符合庄子的本意。

二、关于隐居的态度

嵇康给嵇喜的赠诗中表述了自己的处世态度：“世故纷纭，弃之八戎。泽雉虽饥，不愿园林。”（《兄秀才公穆入军赠诗》其十九）并恳切地希望嵇喜能像他一样“含道独往，弃智遗身”“长寄灵岳，怡志养神”（《兄秀才公穆入军赠诗》其十八）。嵇康的理想是远离世俗，寄身山林，隐而不仕。对此嵇喜回应说：“都邑可优游，何必栖山原。”（《秀才答四首附》其三）比较而言，嵇喜的理解更接近《庄子》。《庄子》中多次论及“隐”的问题。《庄子·缮性》篇较集中地论述了“隐”的原因、目的和方法，并纠正了流俗的错误观念：

> 由是观之，世丧道矣，道丧世矣。世与道交相丧也，道何由兴乎世，世亦何由兴乎道哉？道无以兴乎世，世无以兴乎道，虽圣人不在山林之中，其德隐矣。隐，故不自隐。古之所谓隐士者，非伏其身而弗见也，非闭其言而不出也，非藏其知而不发也，时命大谬也。当时命而大行乎天下，则反一无迹；不当时命而大穷乎天下，则深根宁极而待；此存身之道也。

庄子认为，“隐”不是“身隐”，而是“德隐”，“古之所谓隐士者，非伏其身而弗见也，非闭其言而不出也，非藏其知而不发也”，所以“圣人不在山林之中”。庄子批评了虚张声势的身隐，他说：“相引以名，相结以隐。与其誉尧而非桀，不如两忘而闭其所誉。反，无非伤也；动，无非邪也。”（《外物》）以此审视嵇康的竹林之游，正是“相引以名，相结以隐”的典型代表。庄子所推崇的是“自埋于民，自藏于畔”的“陆沉”。《则阳》篇曰：

> 是自埋于民，自藏于畔。其声销，其志无穷；其口虽言，其

心未尝言；方且与世违，而心不屑与之俱：是陆沉者也。

庄子所称许的隐居忘言的求道之人，并不脱离人间，而是与世人混同在一起的。汉代东方朔曰：“陆沉于俗，避世金马门。宫殿中可以避世全身，何必深山之中蒿庐之下？”[①]这种理解是符合庄子本意的。嵇喜“达人与物化，无俗不可安”“都邑可优游，何必栖山原”亦是同调。

三、关于理想人格

嵇康给嵇喜的赠诗中表述了自己对道家理想人格的向往，如“流俗难悟，逐物不还。至人远鉴，归之自然”（《兄秀才公穆入军赠诗》其十九）。嵇喜亦以自己对道家理想人格的理解作答。嵇喜曰：“达人与物化，无俗不可安。”（《兄秀才公穆入军赠诗》其三）“纵躯任世度，至人不私己”。（《兄秀才公穆入军赠诗》其二）“至人”“达人”皆是庄子所标举的得道之人。所谓“至人”是达到最高境界的人。《逍遥游》篇曰：“至人无己，神人无功，圣人无名。”庄子将“至人”置于“圣人”“神人”之上，认为“至人无己”。所谓“无己”，就是不随从己意，不任意妄为。庄子反对用智，《列御寇》曰：“贼莫大乎德有心而心有睫，及其有睫也内视，内视而败矣。凶德有五，中德为首。何谓中德？中德也者，有以自好也而吡其所不为者也。”嵇喜所谓“至人不私己”亦是不顺从自己的私意。这是针对嵇康主张“贵得肆志，纵心无悔”作出的正确阐释。

《庄子》中崇尚的人格除了“至人”“真人”之外，还有所谓的“达者”，这是常被后人忽视的一种理想人格。嵇喜所理解的“达人”亦是合乎《庄子》思想的。《庄子》曰：“达生之情者，傀；达于知者，肖；达大命者，随；达小命者，遭。”（《列御寇》）“傀”，大；“肖”，小。“肖与傀正相反，言任天则大，任智则小也。”“大命，谓天命之精微，达之则委随于自然而已。小命，谓人各有命，达之则安于所遭，亦无怨怼。”（《庄子集解》）嵇喜所说“达人与物化，无俗不可安”正是对《庄子》中“达人”形象的中肯理解。《庄子》曰：“唯达者知通为一，为是不用而寓诸庸。庸也者，用也。”（《齐物论》）《庄子》中的“达者”并不执著于

① （汉）司马迁撰，（南朝宋）裴骃集解，（唐）司马贞索隐，（唐）张守节正义，《史记》，上海：上海古籍出版社 2011 年版，第 2416 页。

一端，而是将隐与仕融合在一起，这是嵇喜出仕的理论根据。关于“达”，《庄子·人间世》有详细的论述：

> 有人于此，其德天杀。与之为无方，则危吾国；与之为有方，则危吾身。其知适足以知人之过，而不知其所以过。若然者，吾奈之何？”蘧伯玉曰：“善哉问乎！戒之，慎之，正女身也哉！形莫若就，心莫若和。虽然，之二者有患。就不欲入，和不欲出。形就而入，且为颠为灭，为崩为蹶。心和而出，且为声为名，为妖为孽。彼且为婴儿，亦与之为婴儿；彼且为无町畦，亦与之为无町畦；彼且为无崖，亦与之为无崖。达之，入于无疵。”

昏君当道，有道之士当何处？庄子的建议就是“彼且为婴儿，亦与之为婴儿；彼且为无町畦，亦与之为无町畦；彼且为无崖，亦与之为无崖。达之，入于无疵”。并以“螳螂怒其臂以当车辙”比喻个人不必作无效对抗。又以“养虎”“养马”为喻，强调顺从的重要性。为远祸全身，嵇康坚决不与掌权者合作，结果中年遇害，其所作所为恰恰背离了自己避祸的初衷，其原因就是对《庄子》处世之道的片面理解，没有真正理解《庄子》处世哲学的实质。嵇喜的理解则是深契《庄子》的。

四、关于求仙

嵇康迷信道教养生却老之术，在隐居期间，曾亲自前往山中采药，并与道士孙登、王烈等有所交往。其服食养生、追求隐逸成仙的思想主要体现在《养生论》《答难养生论》《游仙诗》等诗文中。在他给嵇喜的赠诗中也有表露：“人生寿促，天地长久。百年之期，孰云其寿。思欲登仙，以济不朽。揽辔踟蹰，仰顾我友。”（《兄秀才公穆入军赠诗》其八）“托好松乔，携手俱游。”（《兄秀才公穆入军赠诗》其十七）对此，嵇喜亦有所回应：“列仙徇生命，松乔安足齿。”（《兄秀才公穆入军赠诗》其二）嵇喜的“徇生命”这句话是套用《庄子·让王》“殉物”而来的。“徇”“殉”通用。庄子基于对生命的珍重，反对世人重物轻生的做法，《让王》篇曰：“帝王之功，圣人之余事也，非所以完身养生也。今世俗之君子，多危身弃生以殉物，岂不悲哉！”《骈拇》篇曰：“自三代以下者，天下莫不以物易其性矣。小人则以身殉利，士则以身殉名，大夫则以身殉家，圣人则以身殉天下。故此数子者，事业不同，名声异号，其于伤性以身为殉，一也。”（《骈拇》）道家重生轻物的思想无疑被嵇康全盘接受下来，但嵇喜在道家重生轻物思想的基础上，提出了一个更为深刻的命题，那就是生命的意义问题。道家哲学探讨的主要问题是人应该怎样活着，却没有回答人为什么要活着，如何生活才更有意义？因此，在道家哲学的影响下，崇尚老庄之士往往片面追求长寿，却忽略了人生的意义。正如嵇喜所说：“列仙徇生命。”各位仙人即使活千岁，毕其一生精力都耗费在追求生命的长度上，那么他们活一天与活一千年，又有什么实质的区别？由此可见，嵇喜对生命的理解远超嵇康之上。嵇喜是在无道之世既能积极有为，又能善始善终的一个典型，“纵躯任世度，至人不私己”，是真正践行老庄无为原则的得道高人。

学术界对嵇康的研究很多，对嵇喜的研究很少，将嵇喜与嵇康比较研究的确是一个有效的途径。将嵇喜与嵇康比较后笔者发现，魏晋时代玄学之士同受道家老庄思想熏陶，但其人生轨迹可以截然相反。被当时推崇的名士恰恰是道家老庄思想陶铸的伪劣产品，被名士所轻视的俗人却可能是庄子的真正传人。生活于嵇康阴影里、长期被人们遗忘的嵇喜，却有着嵇康难以企及的诸多优点。在“天下名士，少有全者”（《晋书·阮籍传》）[1]的时代里，嵇康执著追求庄子之善全之道，最终却以失败而告终；究其根源，嵇康虽以师法老庄相标榜，然其行为却背离庄子思想之实际。嵇康未达之目标，嵇喜却轻而易举地实现了。无论在理解还是践履庄子之道的层面，嵇喜皆有过之而无不及。嵇喜以其对《庄子》本质理解之透彻和对庄子之道贯彻执行之切实，实应获得崇高之评价。嵇喜、山涛皆是真正践行庄子之道的典范。在“竹林七贤”中，山涛官位最高，“其人能隐能仕，循性而动，待时而飞”，“集隐士与清官于一身”，可谓“竹林玄学的真正践行者”。[2]嵇喜与山涛应属同类人，皆是深谙庄子之道且能运用于生活实践中的人。研究庄子的影响，不仅要看喧嚣的风流人物，还要看脚踏实地、默默无闻的小人物。因为真正的道家学人因“无己”而“大智若愚”，这

①（唐）房玄龄等撰，《百纳本晋书》，北京：国家图书馆出版社 2014 年版，第 345 页。
② 刘世明，《竹林玄学与山涛》，《商丘师范学院学报》2015 年第 8 期，第 29-31 页。

些人是很难被认识的。研究庄子的影响既不能以偏概全，更不能以学庄不化的人物的言行去衡量庄子思想。以后人的接受衡量、评价先秦《庄子》，这是庄学研究中需要警惕的一种错误倾向。

第八节　刘伶对《庄子》的继承与偏离

刘伶，字伯伦，魏晋时期沛国人，“竹林七贤”之一。曾为建威将军王戎幕府下的参军。晋武帝泰始初，对朝廷策问，强调无为而治，以无能罢免。平生嗜酒，曾作《酒德颂》[①]，寄托自己的人格理想。从刘伶言行、著作中对《庄子》的化用与引用来看，刘伶喜读《庄子》，且深受其影响，如“以天地为栋宇，屋室为裈衣”（《世说新语·任诞》）的思维方式与《庄子》“以天地为棺椁”（《列御寇》）完全一致。刘伶《酒德颂》中“大人”形象，也直接受到庄子“大人”形象的启发。但是刘伶对《庄子》的接受明显偏离了《庄子》的精神实质，貌合而神离。

一、刘伶《酒德颂》“大人”形象对《庄子》“大人”形象的继承与偏离

刘伶在《酒德颂》中以文学笔法塑造了一位“唯酒是务”的“大人先生”形象，寄托了他的人格理想。此“大人先生”有两大特点：一是好酒：“止则操卮执觚，动则挈榼提壶，唯酒是务”[②]；二是借酒逃避折辱。当“贵介公子，缙绅处士，闻吾风声，议其所以。乃奋袂攘襟，怒目切齿，陈说礼法，是非蜂起”[③]之际，大人先生“方捧罂承槽，衔杯漱醪”，于是“静听不闻雷霆之声，熟视不睹泰山之形，不觉寒暑之切肌，利欲之感情。俯观万物，扰扰焉如江汉之载浮萍；二豪侍侧焉，如蜾蠃之与螟蛉”。忘却现实，逃避到醉乡之中。

此“大人先生”虽是虚构，却有刘伶生活的影子，是刘伶的真实写照。现实中的刘伶，亦嗜酒如命，《晋书·列传十九》记载，刘伶“尝乘鹿车，

① 严可均辑，《全上古三代秦汉三国六朝文》收录刘伶《酒德颂》，且仅此一篇，石家庄：河北教育出版社 1997 年版。

② 刘伶，《酒德颂》，《世说新语笺疏》注引《竹林七贤论》，北京：中华书局 2007 年版，第 296 页。

③ 《晋书·刘伶传》卷 49，北京：中华书局 1974 年版，1376 页。本书所引《晋书》皆据此本。

携一壶酒，使人荷锸而随之，谓曰：‘死便埋我。’其遗形骸如此。尝渴甚，求酒于其妻。妻捐酒毁器，涕泣谏曰：‘君酒太过，非摄生之道，必宜断之。’伶曰：‘善！吾不能自禁，惟当祝鬼神自誓耳。便可具酒肉。’妻从之。伶跪祝曰：‘天生刘伶，以酒为名。一饮一斛，五斗解酲。妇儿之言，慎不可听。’仍引酒御肉，隗然复醉。尝醉与俗人相忤，其人攘袂奋拳而往。伶徐曰：‘鸡肋不足以安尊拳。’其人笑而止”。刘伶设计骗妻子酒肉，活脱一个上瘾的酒鬼形象。醉后与人口角，与其《酒德颂》中自欺欺人的大人先生以酒遮丑、尊严尽丧的狼狈相不分伯仲。

关于《酒德颂》“大人先生”的名称，孙少华的《刘伶〈酒德颂〉及其与道教服饵、饮酒之关系》作了探讨，认为“刘伶《酒德颂》中的‘大人先生’，用法即取自司马相如之‘大人’”，指“真心修道的得道高人”[①]。笔者认为，刘伶《酒德颂》中的“大人先生”不仅是指一般的“得道高人”，更是受《庄子》中的“大人”影响而塑造的一类“得道高人”。同为得道高人，道家还有所谓的“圣人”“真人”“至人”等分别。《庄子》曰：“故海不辞东流，大之至也；圣人并包天地，泽及天下，而不知其谁氏。是故生无爵，死无谥，实不聚，名不立，此之谓大人。”（《徐无鬼》）可见，“并包天地、泽及天下”的圣人才得称“大人”。因此，“圣人”“真人”“至人”和“大人”之间的区别就在于“大人”之“大”，强调其胸怀远迈，雄视天下。庄子即具有《庄子》中“大人”的心胸。《列御寇》云：

> 庄子将死，弟子欲厚葬之。庄子曰：“吾以天地为棺椁，以日月为连璧，星辰为珠玑，万物为赍送。吾葬具岂不备邪？何以加此！”

庄子直接“以天地为棺椁，以日月为连璧，星辰为珠玑，万物为赍送”，气度何等不凡！现实中的刘伶也有类似“大人”的言论。《世说新语·任诞》载：

> 刘伶恒纵酒放达，或脱衣裸形在屋中。人见讥之。伶曰：“我以天地为栋宇，屋室为裈衣。诸君何为入我裈中？”

① 孙少华，《刘伶〈酒德颂〉及其与道教服饵、饮酒之关系》，《求实学刊》2011年第4期，第118、119页。

刘伶“脱衣裸形在屋中”，面对他人讥笑，刘伶以“吾以天地为栋宇”辩解。“以天地为栋宇”直接化用了上引《庄子》的成句。这种“大人”形象（“胸怀远迈”的得道高人）是《庄子》所独有的，也为刘伶所继承。《酒德颂》开头对“大人先生”的描述就体现了这一特点：“有大人先生者，以天地为一朝，万朝为须臾，日月为扃牖，八荒为庭衢。行无辙迹，居无室庐，幕天席地。”（《酒德颂》）

刘伶“以天地为一朝，万朝为须臾，日月为扃牖，八荒为庭衢”的句式正是套用《庄子》“以天地为棺椁，以日月为连璧，星辰为珠玑，万物为赍送”结构的结果，流露出刘伶有意模仿的痕迹。刘伶因此获得“志气旷放，以宇宙为狭也”（《世说新语笺疏·容止》）[①]的美誉。仅凭一言半语就给予如此高的评价，其实是名不副实的。比较刘伶《酒德颂》和《庄子》中的“大人”形象，就可以见出刘伶“大人”形象的干瘪。

（一）“大”之境界不同

庄子“以天地为棺椁，以日月为连璧，星辰为珠玑，万物为赍送”这段话是针对“弟子欲厚葬之”而发的。庄子认为人的生死如同四季的交替一样自然，反对厚葬奢靡之风。所谓“吾以天地为棺椁”云云，既是对弟子的安慰，也表现出庄子豁达的胸怀。庄子这种达观的言论，前无古人，后无来者，因此其特色鲜明，引人景仰。刘伶“以天地为栋宇”纯为自己“脱衣裸形”秽迹之辩护，这种大言不惭、放荡荒唐、玩世不恭的行为与庄子坦然面对死亡的思想境界无法相比。刘伶“以天地为栋宇”只是承袭了《庄子》“以天地为棺椁”的字面意思，而不得《庄子》思想的精髓。

《庄子》中的“大人”形象具有超越的眼光，具有卓越的见识。《庄子·则阳》篇中被魏王誉为“大人”的戴晋人，以“蜗角”比喻当时诸侯“触”“蛮”，揭示了诸侯间战争的得不偿失。《酒德颂》中的“大人”形象则猥琐得很，具有鲁迅笔下“自欺欺人”的阿Q的嘴脸。阿Q遭受羞辱之时，借回忆过去以忘却现实；刘伶的“大人先生”则借酒麻醉自己，取得虚假的胜利：“二豪侍侧焉，如蜾蠃之与螟蛉。”可以说，刘伶“大人先生”

① （南朝宋）刘义庆著，（南朝梁）刘孝标注，余嘉锡笺疏，周祖谟、余淑宜、周士琦整理，《世说新语笺疏》，北京：中华书局2007年版，第721页。

形象与《庄子》的“大人”形象在“大”上相通。但《庄子》中“大人”形象是“通达”之“大”，而刘伶《酒德颂》中的“大人”之“大”则是打肿脸充胖子之“假大”，是对醉生梦死、浑浑噩噩的粉饰。

（二）“求名”与“无名”之别

《庄子》中“大人”形象的一个重要特点就是“无名”。《庄子·徐无鬼》曰：“泽及天下，而不知其谁氏。是故生无爵，死无谥，实不聚，名不立，此之谓大人。”庄子认为，所谓“大人”应该是虽然“泽及天下”，却“名不立”。刘伶却“以酒为名”，刘伶自谓：“天生刘伶，以酒为名。一饮一斛，五斗解酲。”（《世说新语》）《酒德颂》中的“大人”形象亦是“唯酒是务”，无益于社会，徒然以嗜酒闻名。现实中的刘伶确有为名之嫌。“竹林七贤”中的七个名士虽然成就并不相同，但是其中地位最低、成就最低的就数刘伶。在阮籍、嵇康等名声已著之时刘伶加入其中，很难说没有依傍名人之嫌。

（三）“有为”与“无为”之别

庄子的“无为”不是什么都不为，而是“无为”与“无不为”的统一。例如，《庄子·知北游》论“大人”说：

> 故曰：“为道者日损，损之又损，以至于无为；无为而无不为也。”今已为物也，欲复归根，不亦难乎？其易也，其唯大人乎！

“无为而无不为”对于“大人”是容易的。“为”是顺道而为，遵循自然规律；“不为”是指不任意妄为、不做违背自然规律的事。《酒德颂》中的“大人”形象则相反，正事不作，“唯酒是务”。现实中的刘伶也是如此：除饮酒外无所事事，什么都不为。做官：以无能被罢免；处家：“不以家产有无介意”（《晋书·列传十九》）；文学创作：“未尝厝意文翰，惟著《酒德颂》一篇。”（《晋书·列传十九》）。徒然以能饮酒忝为“竹林七贤”之列。《竹林七贤论》说：“伶处天地间，悠悠荡荡，无所用心。”（《世说新语·文学》）[①]“无所用心”正是对庄子“无为”的偏离。

① （南朝宋）刘义庆著，（南朝梁）刘孝标注，余嘉锡笺疏，周祖谟、余淑宜、周士琦整理，《世说新语笺疏·文学》：“刘伶著《酒德颂》，意气所寄。”孝标注引，北京：中华书局2007年版，第296页。

（四）“有己”与“无己”之别

《庄子》中的“大人”形象的一个重要特点就是“无己”。《庄子·秋水》曰：“大人无己。”“无己”就是舍己，即不顺从自己的私意行背道之事。刘伶及其所塑造的“大人先生”恰恰相反，“纵意所如”，纵酒放达，任性胡为。《晋书·列传十九》称其“放情肆志”。

二、刘伶《酒德颂》“酒之德”对庄子《达生》“全于酒”的继承与偏离

刘伶《酒德颂》塑造这样一个“大人先生”的用意何在？从《酒德颂》之名可以看出他对“酒”之“德”的赞美。所谓“酒”之“德”就是“酒”的“功能”。在刘伶笔下“酒”有什么“功能”呢？在《酒德颂》中刘伶用大段篇幅描写了大人先生饮酒之后半醉半醒的感受：“无思无虑，其乐陶陶。兀然而醉，豁尔而醒。静听不闻雷霆之声……二豪侍侧焉，如蜾蠃之与螟蛉。”这是大人先生饮酒后的幻觉。这种幻觉使大人先生将现实的羞辱置之度外。这就是刘伶所赞美的“酒德”。

魏晋时人饮酒成风，他们的好酒、能酒与服饵有关，且与修炼神仙有关。有人认为“刘伶《酒德颂》应是描写刘伶服药之后的感受”，因为“魏晋修仙，药、酒并用，二者缺一不可”[①]。不管刘伶所描写的酒后的感觉是否与服药有关，刘伶是把酒后的感觉描述出来、加以赞美的第一个人，《酒德颂》因此而扬名。虽然魏晋之际及此前以“酒”为题的文学作品为数不少，体裁各异，但对刘伶创作《酒德颂》关系最密切的应该是《庄子·达生》篇“得全于酒”的比喻。

王惠《刘伶〈酒德颂〉中的文化韵味》即认为：“这位大人先生可以说是一位‘醉者神全’的人物。刘伶通过这位大人先生形象地为人们展示了‘醉者神全’的神态。”[②]在刘伶的《酒德颂》中的确有《庄子》“醉者神全”的影子。那么如何看待这个问题呢？在《庄子·达生》篇中，庄子为了说明“得全于天”的道理，引用了一个“醉者之坠车”的比喻：

① 孙少华，《刘伶〈酒德颂〉及其与道教服饵、饮酒之关系》，《求实学刊》2011年第4期，第118、119页。
② 王惠，《刘伶〈酒德颂〉中的文化韵味》，《兰台世界》2009年第22期，第62页。

> 夫若是者，其天守全，其神无郄，物奚自入焉？夫醉者之坠车，虽疾不死。骨节与人同而犯害与人异，其神全也。乘亦不知也，坠亦不知也，死生惊惧不入乎其胸中，是故逆物而不慑。彼得全于酒而犹若是，而况得全于天乎？圣人藏于天，故莫之能伤也。

庄子说，醉酒的人即使从疾驰的车上掉下来，也不会死（而清醒的人则有摔死的可能）。为什么呢？因为“死生惊惧不入乎其胸中”，其“神全”，所以虽“骨节与人同而犯害与人异”。因醉酒得以保全尚且如此，何况按照自然的规律做事呢？“圣人藏于天，故莫之能伤也”（《达生》）。

庄子的目的是阐发顺其自然的意义，反对人为。《庄子·达生》中的“醉者神全”是针对“坠车”之意外事故而言的。坠车惊惧之害远远大于醉酒之害。醉酒的保全意义是相对的，而绝对的保全则是顺其自然的生活方式。刘伶弃《庄子·达生》之精华而取其糟粕，将醉酒之功能绝对化，寻求虚假的安慰，在酒精的麻醉中醉生梦死。耽于服食养性的魏晋士人，与刘伶一样，都一同偏离了《庄子》自然无为的主旨。

对于刘伶纵酒的原因，有人认为刘伶以酒避祸：“当时才智之士逃避现实甚至应付世事的方式就是饮酒、醉酒。酒运用得当，可以躲避政治上的迫害和人事上的纠纷，以期达到遁世避祸之目的。如阮籍为躲避司马昭意欲将阮女嫁给自己儿子司马炎的亲事，饮酒大醉60天，使对方无法提亲，巧妙逃脱了卷入政治漩涡的麻烦，使司马昭的阴谋落空。”[①]如果说，魏晋士人之饮酒确有远祸全身的初衷，那么刘伶是个例外。他根本不存在政治方面的危险。刘伶绝非才智之士，不是政治人物，当时影响也不大，他无能无用，像个小丑一样被人歧视。他与所谓“礼法之士”的冲突也是醉酒所致，并无政治理念上的分歧。刘伶纵酒放达的原因，根本不是出于“托己保身”、全身远祸的目的，更不属于文人名士发泄内心不满与苦闷情绪的借酒浇愁。孙少华认为，“刘伶的好酒与服药有关”，是当时服药成仙信仰的反映。酒不仅是药引，更是“散解体内燥热的重要方法”。不论刘伶纵酒是否与服食有关，刘伶崇尚庄子，却又“唯酒是务”，以至于醉生梦死、玩世不恭，无论何者，都与没有真正理解《庄子》精髓有关。

① 王惠，《刘伶〈酒德颂〉中的文化韵味》，《兰台世界》2009年第22期，第62页。

刘伶得庄子其形，而不得其实，把自然无为的精神错误地转化为消极懒惰、避世颓废的借口，其人生价值观发生了扭曲。这种扭曲对刘伶本人或可作为一己生存之道，在人类思想史上却是应该批判的。刘伶对《庄子》的继承与偏离不是个别现象，而是魏晋时期玄学名士“虽然大力学习和宣扬庄老，其实际行为又是与庄老背道而驰”[①]的典型代表。这反映出《庄子》影响的消极一面。分析研究《庄子》对后人的不良影响，以及后人对《庄子》精髓的偏离，对于今天批判继承优秀文化遗产无疑具有重要的借鉴意义。

第九节　夏侯湛对《庄子》的接受

夏侯湛（243—291），字孝若，沛国谯人，夏侯渊之曾孙。据《晋书》载，夏侯湛年轻时既貌美又有才华，“文章宏富，善构新词”，和潘安仁友善，时人号为“连璧”（《世说新语·容止》）。著有《新论》十卷，集十卷，皆已佚。明人张溥《汉魏六朝百三家集》辑有《夏侯常侍集》。清严可均《全晋文》辑其文《抵疑》《东方朔画赞》《夏侯称夏后荣叙》《羊太常辛夫人传》等文五十四篇。近人丁福宝《全汉三国晋南北朝诗》辑录其诗六首，今人逯钦立《先秦汉魏南北朝诗》辑录其诗十首。2006 年东北师范大学硕士生张彦妮在以上成果的基础上，重新辑佚夏侯湛诗文，并加以注释和校正，撰有《夏侯湛诗集校注》。现存夏侯湛的作品诸体兼备，内容宽泛。关于夏侯湛的研究，主要包括家世、生平、交游、诗文考述、文学创作等方面，对于夏侯湛的思想倾向研究较少，高武斌《论夏侯湛的思想特征》主要分析了夏侯湛的儒家思想，对其道家思想、墨家思想仅有约略提及。[②]夏侯湛生活在魏晋玄风大畅的时代，自然不免道家庄子思想的影响。余英时曾说：“魏晋南北朝之士大夫尤多儒道兼综者，则其人大抵为遵群体之纲纪而无妨于自我之逍遥，或重个体之自由而不危及人伦之秩序者也。”[③]笔者认为，夏侯湛即属儒道兼综者。具体而言，其所受道家《庄子》的影响主要表现在以下几个方面。

① 熊铁基、刘固盛、刘韶军著，《中国庄学史》，长沙：湖南人民出版社 2003 年版，第 152 页。
② 高武斌，《论夏侯湛的思想特征》，《郧阳师范高等专科学校学报》，2010 年第 5 期，第 35-37 页。
③ 余英时，《士与中国文化》，上海：上海人民出版社 1987 年版，第 398、399 页。

一、对庄子人格的赞扬

夏侯湛诗文中多引用或化用《庄子》文句，流露出对《庄子》的理解和向往。例如，《浮萍赋》：“荫修鱼之华鳞兮，翳兰池之清潦。既澹淡以顺流兮，又雍容以随风。”[①]歌咏了浮萍顺其自然的情致。《观飞鸟赋》：“见逸游之高鸟，邈飘扬而殊势……何斯游之自得，谅逸豫之可希。苟临川而羡鱼，亦观翔而乐飞。”写出了飞鸟之高情逸致、自由自在。《玄鸟赋》：“含静泊以充饥，噏至和之精粹。澹恬心以去欲，故保生而不匮。”赋予玄鸟恬淡寡欲、轻物重生的品格。《猎兔赋》：“息徒兰浦，秣骥华田。目送归鸿，手挥五弦。优哉游哉，聊以永年。”此诗直接引用嵇康的诗句，体现了道家人格的魅力。《庄周赞》《东方朔画赞》尤为著名。《庄周赞》曰：“迈迈庄周，腾世独游。遁时放言，《齐物》尤绝。垂钓一壑，取戒牺牛。望风寄心，托志清流。”赞扬了庄子高蹈游世、远祸全身、情致高迈、超逸绝尘的风度。

在《东方朔画赞序》中，夏侯湛称赞东方朔“凌轹卿相，嘲哂豪桀，笼罩靡前，跆籍贵势。出不休显，贱不忧戚，戏万乘若寮友，视俦列如草芥，雄节迈伦，高气盖世，可谓拔乎其萃，游方之外者已”。东方朔的赞词中处处可见庄子的影子。庄子傲视王侯，“衣大布而补之，正緳系履而过魏王”，不以贫贱而气短，反而以居高临下之势，直斥魏王为“昏上乱相”（《山木》）。《列御寇》面对得志的小人曹商，庄子讽刺其“舐痔得车”；《说剑》篇载：“庄子入殿门，不趋；见王，不拜。”司马迁称庄子“剽剥儒墨，虽当世宿学，不能自解免也”（《史记·老子伯夷列传》）。东方朔为人处世确实深受庄子影响，夏侯湛论曰：“先生瑰玮博达，思周变通，以为浊世不可以富贵也，故薄游以取位。苟出不可以直道也，故颉颃以傲世。傲世不可以垂训也，故正谏以明节。明节不可以久安也，故诙谐以取容。洁其道而秽其迹，清其质而浊其文，驰张而不为邪，进退而不离群。”（《东方朔画赞》序）东方朔的行为正符合庄子的处世之道：“彼且为婴儿，亦与之为婴儿；彼且为无町畦，亦与之为无町畦；彼且为无崖，

① 严可均辑，《全上古三国两晋六朝文》（四），石家庄：河北教育出版社1997年版，第712页。本节所引夏侯湛诗文皆据此本。

亦与之为无崖。达之，入于无疵。”（《人间世》）

夏侯湛对东方朔之“朝隐”亦有充分肯定，其《东方朔画赞》曰：“邈邈先生，其道犹龙。染迹朝隐，和而不同。栖迟下位，聊以从容。”《庄子·天运》记载，孔子曾将老子比作“龙”，比喻其“尸居而龙见，雷声而渊默”的高深莫测。庄子亦推崇“龙”的千变万化，《山木》篇曰：“无誉无訾，一龙一蛇，与时俱化，而无肯专为；一上一下，以和为量。”对于出处，庄子并没有恒定的主张，而是“与时俱化，而无肯专为”。不仅如此，庄子还通过“陆沉”的比喻反对隐于山林。庄子借仲尼口曰：“是圣人仆也。是自埋于民，自藏于畔。其声销，其志无穷；其口虽言，其心未尝言；方且与世违，而心不屑与之俱：是陆沉者也。是其市南宜僚邪？”（《庄子·则阳》）郭象注：“人中隐者，譬无水而沉也。”[①]成玄英云：“心迹俱异。”[②]庄子所理解的“隐”，是“自埋于民”，而非世俗所谓避世。庄子说：“道无以兴乎世，世无以兴乎道，虽圣人不在山林之中，其德隐矣。隐，故不自隐。古之所谓隐士者，非伏其身而弗见也，非闭其言而不出也，非藏其知而不发也，时命大谬也。当时命而大行乎天下，则反一无迹；不当时命而大穷乎天下，则深根宁极而待；此存身之道也。”（《庄子·缮性》）《山木》篇中庄子还以鶮鸸鸟作比，曰：“鸟莫知于鶮鸸，目之所不宜处，不给视，虽落其实，弃之而走。其畏人也，而袭诸人间，社稷存焉尔。”（《山木》）“其畏人也，而袭诸人间”正是隐士的形象写照。

东方朔的“朝隐”理论明显源自庄子的“陆沉”。《史记·滑稽列传》中记载：“朔行殿中，郎谓之曰：‘人皆以先生为狂。’朔曰：‘如朔等，所谓避世于朝廷间者也。古之人，乃避世于深山中。’时坐席中，酒酣，据地歌曰：‘陆沉于俗，避世金马门，宫殿中可以避世全身，何必深山之中、蒿庐之下。’”[③]东方朔的“陆沉”说正是对庄子“陆沉”理论的正确阐释。夏侯湛对东方朔的称赞揭示了东方朔的思想实质，他对东方朔的理解充分体现了其深厚的庄学修养。

---

① （清）郭庆藩，《庄子集释》，北京：中华书局1961年版，第895、896页。

② （清）王先谦，《庄子集解》，北京：中华书局1987年版，第229页。

③ （汉）司马迁撰，（南朝宋）裴骃集解，（唐）司马贞索隐，（唐）张守节正义，《史记》，上海：上海世纪出版股份有限公司、上海古籍出版社2011年版，第2416页。

二、以《庄子》思想排遣失意之情

夏侯湛少有才华，深受儒、道熏陶，《晋书·夏侯湛传》称：“泰始中，举贤良，对策中第，拜郎中，累年不调，乃作《抵疑》以自广。”[①]《抵疑》假借“当路子”之疑问而作答。当路子因夏侯湛才高位卑而不解，其言曰：“吾子童幼而岐立，弱冠而著德，少而流声，长而垂名。”然而“官不过散郎，举不过贤良。凤栖五期，龙蟠六年，英耀秃落，羽仪摧残”，即使这样，却毫无愠色，“独雍容艺文，荡骀儒林，志不辍著述之业，口不释《雅》《颂》之音”，然“负俗怀讥之士，犹将登为大夫，显为卿尹。于何有宝咳唾之音，爱锱铢之力？”[②]责备夏侯湛私爱过重，不思为国效力。

针对“当路子”的责备，夏侯湛表示，自己既不欲“逍遥以养生”，也不欲“遑遑以求达”。其理由是，首先，“今天子以茂德临天下”，人才济济，自己言论皆“粪土之说，消磨灰烂，垢辱招秽”，“今子见仆入朝暂对，便欲坐望高位”，“何吾子之失评也”。因此，自己情愿“脂车以须放，秣马以待却，反耕于枳落，归志乎涡濑，从容乎农夫，悠游乎卒岁矣”。其次，今“九州为一家，万国为百郡，政有常道，法有恒训，因循而礼乐自定，揖让而天下大顺”，不存在进贤的必要。况且，“道学之贵游，闾邑之搢绅，皆高门之子，世臣之胤”，“悠悠者皆天下之彦也。讽诂训，传《诗》《书》，讲儒墨，说玄虚，仆皆不如也”。最后，世风大变，“居位者以善身为静”，方将“保重啬神，独善其身”，又岂肯取才进人？士则向往庄子所描写的神人境界：“噏风饮露，不食五谷。登太清，游山岳，靡芝草，弄白玉。不因而独备，无假而自足。不与人路同嗜欲，不与世务齐荣辱。故能入无穷之门，享不死之年。”“以此言之，何待进贤！”

“当路子”又说：“圣人有言曰：‘邦有道，贫且贱焉，耻也。’……吾子亦何不慕贤以自厉，希古以慷慨乎！”夏侯湛回答说，自己并非不欲富贵，只是自己不具备富贵之材质，他说：“夫干将之剑，陆断狗马，水截蛟龙，而铅刀不能入泥。骐骥骅骝之乘，一日而致千里，而驽蹇不能迈

① （唐）房玄龄等撰，《晋书》，北京：中华书局 1974 年版。
② 严可均辑，《全上古三代秦汉三国六朝文》，石家庄：河北教育出版社 1997 年版，第 718 页。

亩。百炼之监，别须眉之数，而壁土不见泰山。鸿鹄一举，横四海之区，出青云之外，而尺鷃不陵桑榆。此利钝之觉，优劣之决也。”“仆以竭心思，尽才学，意无雅正可准，论无片言可采，是以顿于鄙劣而莫之能起也。”至于“庄周骀荡以放言，君平卖卜以自贤，接舆阳狂以蔽身，梅福弃家以求仙，此又非仆之所安也”。夏侯湛向往的境界是“季札抗节于延陵，扬雄覃思于《太玄》，伯玉和柔于人怀，柳惠三绌于士官”。

《抵疑》多处流露出夏侯湛受庄子影响的痕迹。夏侯湛借“当路子”之口，表现自己面对“累年不调”之局面的态度：“雍容艺文，荡骀儒林，志不辍著述之业，口不释《雅》《颂》之音，徒费情而耗力，劳神而苦心，此术亦以薄矣。而终莫之辩，宜吾子之陆沉也。”此态度与“当路子”所代表的一般儒士大异其趣，而与道家庄子却有很多吻合。首先，夏侯湛不以外物累心。庄子强调“安时而处顺，哀乐不能入”（《养生主》）的人生态度，认为“至人之用心若镜，不将不迎，应而不藏，故能胜物而不伤”（《应帝王》）。因此，庄子推崇“不荣通，不丑穷”（《天地》）、“不为轩冕肆志，不为穷约趋俗，其乐彼与此同，故无忧而已矣”（《缮性》）的人生境界。夏侯湛尽管“累年不调”，却毫无怨言，不为所动，仍然“雍容艺文，荡骀儒林，志不辍著述之业，口不释《雅》《颂》之音”，亦能达到“安时而处顺”、不以外物累心的境界。其次，夏侯湛借“当路子”之口以庄子“陆沉”自许。前面讲到夏侯湛曾以“陆沉”称赞东方朔。可见，夏侯湛对道家庄子“陆沉”的处世态度很是欣赏。

夏侯湛情愿“脂车以须放，秣马以待却，反耕于枳落，归志乎涡濑，从容乎农夫，悠游乎卒岁”，并以“噏风饮露，不食五谷。登太清，游山岳，靡芝草，弄白玉。不因而独备，无假而自足。不与人路同嗜欲，不与世务齐荣辱。故能入无穷之门，享不死之年”的“神人”自慰，都反映出其受《庄子》一书的影响。《庄子·逍遥游》曰：“藐姑射之山，有神人居焉，肌肤若冰雪，绰约若处子。不食五谷，吸风饮露，乘云气，御飞龙，而游乎四海之外。”《庄子·在宥》篇曰：“得吾道者，上为皇而下为王；失吾道者，上见光而下为土。今夫百昌皆生于土而反于土，故余将去女，入无穷之门，以游无极之野。”夏侯湛形容自己“鄙劣”之材质时所用之比喻：“夫干将之剑，陆断狗马，水截蛟龙，而铅刀不能入泥。骐骥骅骝之乘，一日而致千里，而驽蹇不能迈亩。百炼之监，别须眉之数，而壁土不见泰山。鸿鹄一举，横四海之区，出青云之外，而尺鷃不陵桑榆。”亦是化用《逍遥游》“今夫斄牛，其大若垂天之云。此能为大矣，而不能执鼠”的成句，而“鸿鹄”与“尺鷃”的对比，更是从鲲鹏与斥鴳的寓言而来的。

三、生“尽其养”，死“薄其葬”

魏晋南北朝时盛行薄葬，比较著名的有曹操、曹丕父子、诸葛亮、司马懿、皇甫谧、夏侯湛等。而夏侯湛的薄葬最具特色，就是潘岳诔文中所说：“谁能拔俗，生尽其养。孰是养生，而薄其葬。”[①]夏侯湛的薄葬直接继承了汉代的杨王孙。杨王孙“学黄老之术，家业千金，厚其奉养，生无所不至。及病且终”（《汉书·杨王孙传》）[②]，乃令裸葬。这与“京师贵戚，郡县豪家，生不及养，死乃崇丧”（《潜夫论·浮侈篇》）[③]形成鲜明的对比。同时，夏侯湛的薄葬与先秦墨家薄葬也不同，墨家的薄葬强调始终一贯的简朴作风。杨王孙、夏侯湛显然没有受到墨家简朴作风的影响。能将“厚养”与“薄葬”两者联系起来的只有道家的庄子。庄子一贯主张养生，并用众多的寓言和比喻对养生的原则、方法加以论述。与对养生的重视相对，庄子关于薄葬的主张也是最为彻底的：“以天地为棺椁，以日月为连璧，以星辰为珠玑，以万物为賫送。”所以，他们的薄葬源头应该是道家庄子。《晋书·夏侯湛传》载：“湛族为盛门，性颇豪侈，侯服玉食，穷滋极珍。及将没，遗命小棺薄敛，不修封树。论者谓湛虽生不砥砺名节，死则俭约令终，是深达存亡之理。”（《晋书》）[④]潘岳诔文谓：“唯而之存，匪爵而贵。甘食美服，重珍兼味。临终遗誓，永锡尔类。敛以时袭，殡不简器。谁能拔俗，生尽其养。孰是养生，而薄其葬。渊哉若人，纵心条畅。”（《文选》）[⑤]所谓“深达存亡之理”“纵心条畅”都与道家对死亡的达观及其对生死之道的深刻理解有关。

---

①（梁）萧统撰，李善注，《文选》，北京：中华书局 1977 年版，第 785 页。
②（汉）班固撰，（唐）颜师古注，《汉书》，北京：中华书局 1962 年版。
③（汉）王符著，（清）汪继培笺，彭铎校正，《潜夫论笺校正》，北京：中华书局 1985 年版。
④（唐）房玄龄等撰，《晋书》，北京：中华书局 1974 年版，第 1499 页。
⑤（梁）萧统撰，（唐）李善注，《文选》，北京：中华书局 1977 年版，第 785 页。

综上所述，夏侯湛对《庄子》一书的化用、对庄子人格的推崇及其处世态度的达观，都表明他对庄学精神的深刻领悟。

第十节　曹毗对《庄子》的接受

曹毗，谯国人，字辅佐，西晋中期人。关于其生平著述，《晋书》本传有简略记载："曹毗，字辅佐，谯国人。高祖休，魏大司马。父识，右军将军。毗少好文籍，善属辞赋。郡察孝廉，除郎中，蔡谟举为佐著作郎。父忧去职。服阕，迁句章令，征拜太学博士。时贵阳张硕为神女杜兰香所降，毗因以二篇诗嘲之，并续兰香歌诗十篇，甚有文采。又著《扬都赋》，亚于庾阐。累迁尚书郎、镇军大将军从事中郎、下邳太守。以名位不至，著《对儒》以自释。……累迁至光禄勋，卒。凡所著文笔十五卷，传于世。"（《晋书·曹毗传》）[①]《晋书·乐志》载："太元中，破苻坚，又破其乐工杨蜀等，闲习旧乐，于是四厢金石始备焉。乃使曹毗、王珣等造宗庙歌诗。"[②]在所有宗庙歌诗中，曹毗作有《歌宣帝》《歌景帝》《歌文帝》《歌武帝》《歌元帝》《歌明帝》《歌成帝》《歌康帝》《歌穆帝》《歌哀帝》共十位皇帝的庙歌。今存诗文收入严可均所辑《全上古三代秦汉三国六朝文》和逯钦立所辑《先秦汉魏晋南北朝诗》。霍贵高《东晋文学研究》考证认为，曹毗是"曹操同族弟兄的五世孙，其生平时间大约是公元289—约384年"[②]。

与夏侯湛著《抵疑》相似，曹毗亦"以名位不至，著《对儒》以自释"（《晋书·曹毗传》）。《对儒》一文亦假借回答儒者提问，来发泄自己的牢骚和不满。开篇儒者以"宝以含珠为贵，士以藏器为俊"作比，发问："今少子睎冥风，弱挺秀容，奇以幼龄，翰披孺童。吐辞则藻落杨班，抗心则志拟高鸿，味道则理贯庄肆，研妙则颖夺豪锋。固以腾广莫而萋蒨，排素薄而青葱者矣，何必以刑礼为己任，申韩为宏通！既登东观，染史笔；又据太学，理儒功。曾无玄韵淡泊，逸气虚洞，养采幽翳，晦明蒙笼。不追林栖之迹，不希抱鳞之龙，不营练真之术，不慕内听之聪。而处泛位以

① （唐）房玄龄等撰，《晋书》，北京：中华书局1974年版。
② 霍贵高，《东晋文学研究》，河北大学2010年博士学位论文，第34页。

核物，扇尘教以自濛，负盐车以显能，饰一己以求恭。退不居漆园之场，出不蹑曾城之冲，游不践绰约之室，�不希騄駬之踪；徒以区区之怀而整名目之典，覆蒉之量而塞北川之洪，检名实于俄顷之间，定得失乎一管之锋……名为实宾，福萌祸胎，朝敷荣华，夕归尘埃，未若澄虚心于玄圃，荫瑶林于蓬莱，绝世事而雋黄绮，鼓沧川而浪龙鲲者矣。蒙窃惑焉。”①

主人回答说：“迷粗者循一往之智，狷介者守一方之矫，岂知火林之蔚炎柯，冰津之擢阳草！大人达观，任化昏晓，出不极劳，外不巢皓，在儒亦儒，在道亦道，运屈则纡其清晖，时申则散其龙藻，此盖员动之用舍，非寻常之所宝也。”

透过《对儒》的对话，我们看到曹毗之所以没有选择客人建议的“澄虚心于玄圃，荫瑶林于蓬莱，绝世事而雋黄绮”的隐居的道路，乃是深刻地认识到“循一往之智”“守一方之矫”未必能保身全生。达观之士则“运屈则纡其清晖，时申则散其龙藻”，与时俯仰，顺其自然，如此才是善全之道。曹毗在实际生活中也是这么做的。曹毗作为曹魏的宗亲，司马氏篡夺了曹魏的政权，亲族惨遭杀戮，他还撰写过《曹氏家传》一书，此历史怎会忘记？他能在司马氏朝廷黾勉于仕途，为司马氏歌功颂德，正是他“运屈则纡其清晖，时申则散其龙藻”的最好诠释。这正是对《庄子》“达之，入于无疵”（《人间世》）的处世态度的实践。

第十一节　戴逵诗文对《庄子》的化用

戴逵（326—396），字安道，祖籍谯郡铚县人，父辈迁居丹徒（今江苏丹徒），后隐会稽剡山（今浙江嵊州），东晋著名美术家、音乐家，尤以擅长雕刻及铸造佛像而知名。其生平事迹略见于《晋书·隐逸传》和《世说新语》中。著有《竹林七贤论》二卷、《放达为非道论》等，集10卷，已散佚。严可均《全晋文》辑有部分散文和辞赋。

生于玄言诗盛行的东晋，戴逵对道家《庄子》亦深有研究，其论文、辞赋中多有对《庄子》文句的化用。戴逵《流火赋》曰：“火凭薪以传焰，

① 严可均辑，《全上古三代秦汉三国六朝文》（五），石家庄：河北教育出版社1997年版，第1093页。

人资气以享年；苟薪气之有歇，何年焰之恒延。”[1]戴逵化用《庄子·养生主》薪火之喻，而反其意用之。其《申三复赞》曰：“嗜欲深则天机浅，名利集则纯白离。”“其耆欲深者，其天机浅”出自《庄子·大宗师》，“名利集则纯白离”化用《庄子·天地》篇成句：“有机事者，必有机心。机心存于胸中，则纯白不备。”《竹林七贤论》论阮籍：“观其长啸相和，亦近乎目击道存矣。”“目击道存”化用《庄子·田子方》“若夫人者，目击而道存矣，亦不可以容声矣”。又，“知溟海之禽，不以笼樊服养；栎散之质，不以斧斤致用。故能树之广汉，栖之江湖”。“保其太和，肆其天真”“涤除机心”（《闲游赞》）等都明显可见《庄子》的影响。尤其是其《放达为非道论》更是基于对道家老庄精神实质的深刻理解而批评晋代名士的任诞风气。戴逵抨击贵族们的“放纵”“旷达”：“若元康之人，可谓好遁迹而不求其本，故有捐本徇末之弊，舍实逐声之行，是犹美西施而学其颦眉，慕有道而折其角，所以为慕者，非其所以为美，徒贵貌似而已矣。”“流遁忘返，为风波之行，自驱以物、自诳以伪，外眩嚣华，内丧道实，以矜尚夺其真主，以尘垢翳其天正，贻笑千载，可不慎欤！”这些批评可谓一语中的。

戴逵终生不仕，《晋书·隐逸传》载谢玄《为戴逵上疏请绝召命》曰：“伏见谯国戴逵，希心俗表，不婴世务；栖迟衡门，与琴书为友。虽册命屡加，幽操不回。超然绝迹，自求其志。”其不仕除了其佛教信仰的影响之外，也不乏道家庄子的影响。

戴颙（377—441），字仲若，谯郡銍县人，戴逵次子。以孝行著称，据《宋书·隐逸传》记载：“颙年十六，遭父忧，几于毁灭，因此长抱羸患，以父不仕，复修其业，父善琴书，颙并传之。”[2]他还著有《逍遥论》《月令章句》《丧礼杂义》《礼记中庸传》。《逍遥集》《安徽艺文考道家》著录，已佚。

① （清）严可均辑，《全上古三代秦汉三国六朝文》（第五册），石家庄：河北教育出版社 1997 年版，第 1423 页。
② （梁）沈约，《宋书》，北京：中华书局 1974 年版，第 2276 页。

第十二节　小　　结

魏晋南北朝安徽庄学在中国庄子学史上具有重要的地位，也具有典型意义。学术界所谓“庄子学的兴盛”仅是表面现象，其实质已经偏离了庄子学说的思想主旨。学术界一般将魏晋南北朝作为一个阶段考察，实际上魏晋与南北朝的庄学研究并不均衡。本章所探讨的安徽庄学家都是魏晋时人，南北朝安徽庄学研究极为荒凉，南北朝安徽庄学著述极其缺乏，仅见何偃的《逍遥注》。何偃（413—458），字仲弘，庐江潜县（今霍山）人。何尚之之子，著有《逍遥注》，已佚。据《宋书·何偃传》，其父何尚之曾是谈玄名家。据《南史·何尚之传》载：“王球尝云：‘尚之西河之风不坠。’尚之亦云：‘球正始之风尚在。’”尚之之子何偃：“素好谈玄，注《庄子·逍遥篇》传于时。”[①]这是刘宋时期一则重要的玄谈材料，对认识该时期玄谈面貌有一定借鉴作用。元嘉二十三年（446年），文帝曾对群臣说：“吾少览篇籍，颇爱文艺，游玄玩采，未能息卷。”[②]可见，何偃不仅生活于玄谈盛行的时代，还生活在一个玄学名士之家庭，其受老庄之影响自然有其家学之渊源。

中国的南北朝时期（420—589）是历史上最为动荡不安、朝代更替最频繁的一段时期。420年，宋武帝刘裕夺取东晋政权，建立刘宋王朝。439年，北魏太武帝拓跋焘统一北中国，由此形成南北对峙的局面，南朝经历了宋、齐、梁、陈四个朝代，北朝经历了东魏、西魏、北齐、北周四个朝代。589年，隋灭陈，结束南北分裂。在短短的一百多年间，就上演了八起朝代更替。战乱必然带来政治的黑暗、经济萧条、民众生活水平的下降，因之被视为衰世之典型。一般认为衰世文学创作亦衰。虽然有人著文反驳此观点，认为衰世文学未必衰，可事实证明，南北朝文学的确处于文学史的低谷，不能与汉、唐等盛世相比。北朝文坛的荒凉更是明显。《北史·文苑传序》曰：“继而中朝板荡，戎狄交侵，僭伪相属，生灵涂炭，故文章

① （唐）李延寿撰，《南史》，长春：吉林人民出版社1995年版，第446、448页。
② （梁）沈约撰，《宋书》（卷95），北京：中华书局1974年版。

黜焉。”[1]自永嘉之乱以后，广大的北方地区，陷入长期的战乱之中，经济萧条，文化荒芜，南朝成为经济文化重心所在。

在思想文化领域，南朝既有因袭，又有新变。由于两晋玄谈带来的社会风气的败坏，两晋任诞的风气遭到众多士人的批评和抵制，两晋玄风独煽的局面得到改观，儒学重新被提倡，同时佛教亦有很大的发展，因此，儒、玄、佛合流的倾向日趋明显。“遵儒者之道，履道家之言”（王昶《家诫》）[2]成为大多数士人的为人准则，儒玄相济的人格模式广为存在。刘琨曾于《答卢谌书》中说：“昔在少壮，未尝检括，远慕老庄之齐物，近嘉阮生之放旷。”“自顷辀张，困于逆乱，国破家亡，亲友凋残……然后知聃周之为虚诞，嗣宗之为妄作也。”（《文选》卷 25）[3]刘琨的个人反思代表了时代的反思。刘勰《文心雕龙·明诗篇》中说：“宋初文咏，体有因革，庄老告退，而山水方滋。”[4]冯班《严氏纠谬》亦说：“潘（岳）、张（协）、左（思）、陆（机）以后，清言既盛，诗人所作，皆老庄之赞颂，颜、谢、鲍出，始革其制。元嘉之诗，千古文章于此一大变。”[5]这些都在表明玄谈风气的衰退。到南朝，“有关玄言佛理的清谈还在继续，但其盛况毕竟和东晋时代不能并比了。在高门华胄中，它还作为一种传统的形式被保留了一段时期，比如《南史·徐羡之传》记徐羡之与谢晦、傅亮聚会，‘亮、晦才学辩博，羡之风度详整’，《王惠传》记谢瞻才辩有风气，尝与兄弟群从造惠，谈论锋起。史臣没有详记谈论的内容，但从所使用的语言接近于《世说新语》来推测，内容当亦不离‘三玄’一类的题旨。比较详尽的记载见于王僧虔的《诫子书》，告诫儿子要懂得清谈之不易：‘汝开《老子》卷头五尺许，未知辅嗣何所道，平叔何所说，马郑何所异，指例何所明，而便盛于尘尾，自呼谈士，此最险事。设令袁令（粲）命汝言《易》，谢中书（庄）挑汝言《庄》，张吴兴（邵）叩汝言《老》，端可复言未尝看邪？’书作于刘宋时代，可见当时清谈仍以‘三玄’为主要内容。刘宋以后，尽管还有一些专治‘三玄’的学者，但专门探讨玄理的清谈则更少

① （唐）李延寿撰，《北史》，北京：中华书局 1974 年版。
② 严可均，《全上古三代秦汉三国六朝文》（第三册），石家庄：河北教育出版社 1997 年版，第 366 页。
③ （梁）萧统撰，（唐）李善注，《文选》（上、下），北京：商务印书馆 1959 年版，第 541 页。
④ （南朝梁）刘勰著，陆侃如、牟世金译注，《文心雕龙译注》，济南：齐鲁书社 1995 年版，第 265 页。
⑤ （宋）严羽著，郭绍虞校释，《沧浪诗话校释·附辑》，北京：人民文学出版社 1961 年版，第 287 页。

见，士人聚会，讲论的内容逐渐转到儒家和佛家的经典上。”[①]此期庄学著述数量既少，成就也不高。

南北朝时期的学术研究往往因与之前的两晋合并而特色不明显、成就不显著，南北朝学术研究实为薄弱环节。南北朝庄学研究著作较少，仅见博士学位论文《魏晋南北朝庄学研究》、硕士学位论文《唐前文学中的庄子阐义》[②]和《东晋南朝庐江何氏儒玄双修之家学及其门风》等少数几篇论文。而其中论及安徽的学人仅有戴颙、何尚之等少数家族而已。

① 曹道衡、沈玉成编著，《南北朝文学史》，北京：中国社会科学出版社 2007 年版，第 4 页。
② 刘建明，《唐前文学中的庄子阐义》，江西师范大学 2004 年硕士学位论文。

第四章　隋唐五代安徽庄学

第一节　李唐王朝崇道政策与安徽庄学

隋朝（581—618）是上承南北朝下启唐朝（818—907）的大一统王朝，因唐朝与隋朝的文化、制度、社会特点一脉相承，加之隋朝国祚短暂，故史学界一般将两朝并称隋唐。隋唐是中国历史上文化发展的黄金时代。佛教、道教皆极兴盛。唐朝皇帝自封为老子之后，尊崇道教。唐玄宗亲注《道德经》，又置崇玄馆，设玄学博士。开元二十九年（741 年）唐玄宗下令设置道举，“诸州置道学，生徒有差……习《老》《庄》《文》《列》，谓之四子。荫第与国子监同。谓之‘道举’”（《通典》卷 15《选举三・历代制下》）[①]。唐天宝元年，诏封庄子为“南华真人”，《庄子》为《南华真经》，《列子》为《冲虚真经》，《文子》为《通玄真经》，《亢桑子》为《洞灵真经》。以上做法，虽有利于提高道家经典《老子》《庄子》《列子》等的地位，但因偏重道教的角度，故此时道家经典并没有发挥其应有的作用。可以说，“唐代只有道教的老庄而无道家的老庄”，“在唐代文化中起影响作用的是道教的老庄而非学派的老庄”[②]。

由于唐代统治者对道教的尊崇，以致全国上下道风四起，“朝中儒臣、宫廷文人以及民间诗人对道教礼赞有加，与道士交友的屡见不鲜”，“唐代的文人士大夫，在道教信仰的浓厚氛围的熏染下，大多信奉长生久视之术。他们入道学仙，炼丹和药，兴盛一时，从初唐四杰、陈子昂到李颀、李白、杜甫，再到元白、孟郊、李贺、李商隐、刘商等，大多亲自炼丹，

① （唐）杜佑撰，《通典》，北京：中华书局 1984 年版，第 83 页上。
② 贾剑秋，《论唐代道教对唐代文化的影响》，《西南民族学院学报》1996 年第 3 期，第 53-60 页。

举不胜举，就连辟佛反道的大儒韩愈晚年也因金丹而毙命”[①]。在此环境中，道家学术极为荒凉，与之前的魏晋南北朝和后期的宋朝相比，隋唐五代庄学处于低谷。

隋唐五代时期安徽学者有作品传世的不多，其中有庄学研究的更少。《安徽文学史》中论及安徽作家时说：“隋代的安徽作家可以提及的只有刘臻。唐代的安徽作家同繁荣的经济相比，本土作家的创作成就亦并不彰显。有唐三百年，其中突出者不过李绅、张籍、杜荀鹤、吴少微、曹松、康骈等数人而已，而且集中在中晚唐。”“相比之下，流寓或游宦于安徽的外籍作家却成为唐代安徽文学最为灿烂的华章。”[②]这种情况同样适合安徽庄学。

第二节　隋唐五代安徽本土庄学著述

隋唐安徽庄学家仅见一位，就是唐代诗人、文学家休宁（今安徽黄山）人张烜，他著有《庄子通真论》三卷、《南华真经篇目义》三卷，皆已佚。安徽籍学人中引述《庄子》者亦极为罕见，对《庄子》略有征引者仅有张籍。张籍（约 766—约 830），字文昌，吴郡人，后迁居和州乌江（今安徽和县）。[③]唐德宗贞元十五年（799 年）进士，历任太常寺太祝、国子监助教、秘书郎、国子博士、水部员外郎、主客郎中，世称张水部，其乐府诗成就很高，颇为时人所重。张籍的思想以儒家为主，他早年基于儒学的立场极力批判佛教和道教，与韩愈志同道合。他曾两次上书韩愈，请他著书辟佛老之学。他说：“夫老释惑乎生人久矣，诚以世相沿化，而莫之知，所以久惑乎耳。执事材识明旷，可以任著书之事，故有告焉。”（《重与韩退之书》）他的《求仙行》《学仙》《不食姑》《不食仙姑山房》《送吴炼师归王屋》《哭丘长史》《哭山中友人》等诗，都在不同程度上对求仙学道进行了揭露和讽刺。其《学仙》诗云：“炉烧丹砂尽，昼夜候火光。药成既服食，计日乘鸾凰。虚空无灵应，终岁安所望。勤劳不能成，疑虑积心肠。虚羸生疾疹，寿命多夭伤。身殁惧人见，夜埋山谷傍。求道慕灵

① 张振谦，《中晚唐爱情诗的道教文化关照》，暨南大学 2006 年硕士学位论文，第 50 页。

② 唐先田、陈友冰主编，《安徽文学史》，合肥：安徽文艺出版社 2013 年版，第 123 页。

③ 一般认为，张籍祖上一直寓居吴郡，至贞元十二年（796 年）前后，张籍才全家迁往和州乌江，张籍子孙便世居于此。

异，不如守寻常。”[①]张籍因感于当时佛教、道教发展所带来的危害，主张弘扬儒学与之对抗，由于对佛老之痛恨，他对道家黄老之学亦失去了公正的评价。他在《与韩愈书》中说：“世俗陵靡，不及古昔，盖圣人之道废弛之所为也。宣尼殁后，杨朱、墨翟，恢诡异说，干惑人听，孟轲作书而正之，圣人之道复存于世。秦氏灭学，汉重以黄老之术教人，使人寖惑。”[②]因此，道家老庄思想在张籍身上的影响极为薄弱。

《全唐诗》载张籍著有《罔象得玄珠》诗[③]，化用《庄子》典故和意蕴。其《罔象得玄珠》诗曰：

赤水今何处，遗珠已渺然。离娄徒肆目，罔象乃通玄。
皎洁因成性，圆明不在泉。暗中看夜色，尘外照晴田。
无胫真难掬，怀疑实易迁。今朝搜择得，应免媚晴川。

据《庄子·天地》篇记载：“黄帝游乎赤水之北，登乎昆仑之丘而南望。还归，遗其玄珠。使‘知’索之而不得，使‘离朱’索之而不得，使‘喫诟’索之而不得也。乃使‘象罔’，‘象罔’得之。黄帝曰：异哉，‘象罔’乃可以得之乎？”

“罔象得玄珠”宣扬的就是“清静无为”的观念，用“玄珠”喻指“道”，虚构出黄帝在赤水得道，后丢失了“道”，再虚构出“知”“离朱”“喫诟”和“象罔”寻找“玄珠”，也就是寻找“道”。最终只有“无智、无视、无闻”的“象罔”寻得了“玄珠”，也就是只有“清静无为”才能得“道”。张籍此诗化用《庄子》典故，流露出其鲜明的道家思想倾向。《赠殷山人》曰：“藤悬读书帐，竹系网鱼船……志气终犹在，逍遥任自然。”这样的诗毕竟少数。

对于道教，张籍的态度前后有所变化。早年他对道教服食、学仙极为排斥。晚年却亦参与其中。其《同韦员外开元观寻时道士》诗云：“昨来官罢无生计，欲就师求断谷方。”“时张籍已因眼疾罢官，生活十分窘迫，常因缺少钱财维持基本生活和买药治病而忧心忡忡，以至于后来萌生向道

① （唐）张籍撰，徐礼节、余恕诚校注，《张籍集系年校注》，北京：中华书局 2011 年版，第 866 页。
② （唐）张籍撰，徐礼节、余恕诚校注，《张籍集系年校注》，北京：中华书局 2011 年版，第 993 页。
③ 一说此诗非张籍所作，见（唐）张籍撰，徐礼节、余恕诚校注，《张籍集系年校注》，北京：中华书局 2011 年版，第 1019 页。

士学习辟谷之方的念头。”[①]有人认为，张籍晚年思想较消沉，“在对待佛老的态度上，由早年的力排佛老到后来的‘年长道情多’，‘别从仙客求方法，时到僧家问苦空’，发生了显著的变化”[②]。其友姚合《寄主客张郎中》诗也说他“年长方慕道，金丹事参差”[③]。

张籍以儒为主，以佛道为辅，于道家哲学则较为薄弱，这在唐代安徽学人中是具有代表性的。李绅亦有“我亦玄元千世孙”（《赠毛仙翁》）[④]的诗句，表现他对道教的尊崇。杜荀鹤亦是“以儒学为根本，兼收佛道思想”，“始终坚持儒家的积极入世精神，但同时又能用参禅悟道的方式感悟人生”。[⑤]可以说，唐代安徽道家（不包含道教）学术较为荒凉，而庄学尤甚。

第三节　与安徽关系密切的外籍学者的庄学接受

流寓或游宦于安徽的外籍作家李白、韦应物在安徽留下大量吟咏，表现出对《庄子》的喜爱、继承与研究。

一、李白与《庄子》

李白（701—762），字太白，号青莲居士，又号“谪仙人”，绵州人，唐代伟大的浪漫主义诗人，被后人誉为“诗仙”，有《李太白集》传世。“李白一生与安徽结下不解之缘：诗人从天宝玄宗元年（742）初到当涂，到代宗宝应元年（762）年病逝这二十年里，相当长的时间是在安徽度过的。在安徽先后写下200多首诗篇和10多篇文赋，包括临终绝笔的《临路歌》。诗人的足迹几乎遍布江淮大地，先后到过亳县、砀山、泾县、秋浦、铜陵、南陵、庐江、历阳、霍山、太湖、宿松、潜山等地，而且六游当涂、宣城，三至泾县，两下南陵，登过安徽的名山黄山、九华山、天柱山，不仅留下著名的诗篇，连九华山名也是李白所取。李白不仅游安徽、咏安徽，也爱

① 焦体检，《张籍研究》，开封：河南大学出版社2010年版，第43页。
② 焦体检，《张籍的方外之交及佛道思想研究》，《郑州航空管理学院学报》2008年第1期，第40-43页。
③（唐）姚合著，吴河清校注，《姚合诗集校注》，上海：上海古籍出版社2012年版，第122页。
④（唐）李绅著，卢燕平校注，《李绅集校注》，北京：中华书局2009年版，第248页。
⑤ 周桃红，《试论杜荀鹤的哲理诗》，《和田师范专科学校学报》2008年第3期，第57-58页。

安徽，愿意终老是乡。”[①]李白既与安徽有如此密切的联系，安徽庄学接受史也就有理由保留他的位置。

关于李白诗文与《庄子》的关系，前人研究颇多。清人方东树曾说：“大约太白诗与庄文同妙，意接词不接，发想无端，如天上白云，卷舒灭现，无有定型。”[②]这是从艺术特色上论李白诗与庄子散文的关系。不仅如此，论者认为“庄子与李白的作品有着五个方面的共同特色：丰富、奇幻的想象，大胆、任意的夸张，直率、质朴但却豪放、纵恣的语言，超凡脱俗的意境，深刻的思想或讽刺、辛辣的笔触”[③]。众所周知，李白的文学思想、文学创作及文学风格都深受《庄子》的影响，这是李白喜爱《庄子》并自觉继承的结果。有人统计，“李白诗歌中引用庄子典故的诗达70多首。《庄子》现存33篇，李白诗中涉及《庄子》的有24篇之多”[③]。刘熙载明确指出，“太白诗以《庄》、《骚》为大源”[④]，道出了李白诗与《庄子》密切关系的原因。徐小洁《李白〈大鹏赋〉的道家渊源初论》亦对此有专门论述。[⑤]

李白《大鹏赋》最能代表他对庄子及其散文的自觉继承。开头一段曰：“南华老仙，发天机于漆园。吐峥嵘之高论，开浩荡之奇言。徵至怪于齐谐，谈北溟之有鱼。吾不知其几千里，其名曰鲲。化成大鹏。”[⑥]然后运用赋笔铺排的手法对大鹏进行了多方颂赞。最后阐发“不旷荡而纵适，何拘挛而守常？未若兹鹏之逍遥，无厥类乎比方”的人生感喟。赋中李白对庄子给予了崇高的评价，称其人“南华老仙”，洞识“天机”。论其文“吐峥嵘之高论，开浩荡之奇言”，充分肯定了庄子散文哲理深邃、风格纵恣的艺术魅力，这是文学史上对《庄子》散文最简洁、精当的评价。除“大鹏”的形象外，篇中化用《庄子》典故还有“天机”“鸿蒙”“六合”“图南”“倏忽”“混沌”“造化”“斥鴳”“恍惚”“虚无”等。《庄子》寓言为李白诗歌提供了丰富的艺术形象和素材，如“‘东施效颦’‘匠石运斤’‘庖丁解牛’‘诗礼发冢’‘濠上知鱼’‘庄周说剑’‘许由洗耳’‘望洋

---

① 唐先田、陈友冰主编，《安徽文学史》，合肥：安徽文艺出版社2013年版，第124页。

② 方东树，《昭昧詹言》（卷12），北京：人民文学出版社1978年版。

③ 王虹，《李白与庄子》，《湖北第二师范学院学报》2010年第7期，第4-7页。

④ 刘熙载，《艺概·诗概》（卷1），上海：上海古籍出版社1978年版。

⑤ 徐小洁，《李白〈大鹏赋〉的道家渊源初论》，《河北学刊》2011年第3期，第247-249页。

⑥ 阎奇、安旗等，《李白全集编年注释》（上），成都：巴蜀书社1990年版，第1842页。

兴叹’‘罔象寻珠’‘任公钓鱼’‘抱瓮灌蔬’等，这些寓言典故在李白诗中出现有几十处之多[1]。李白的诗与庄子的文不仅仅是形似，更是神似，后人将二者并举即基于此。杨慎说：“庄周、李白，神于文者也，非工于文者所及也，文非至工，则不可为神，然神非工之所可至也。”[2]李白与庄子神似的根本原因，就在于共同的信仰，同具超凡出尘之想。有人说：“太白之飘逸，正如金翅擘海，香象渡河……其天才豪逸，多率然而成，学者于每篇中，要识其安身立命处，始见其妙。所谓天仙之辞，信不虚也。”（《李太白全集·赵序》）[3]“风骨神仙品，文章浩宕人”（《题李太白像》）[4]，此为后人对李白的评价，与李白对庄子的评价完全同调。

然而李白在继承《庄子》的同时亦有明显的变异。首先，庄子却聘，李白求宦。庄子宁可“生而曳尾涂中”，不愿就楚王相位之聘；他以鹓鶵自喻，视相位为腐鼠（《秋水》）。李白则不同，为了做官，多方拜谒，其许多诗就是干谒之作，如《上安州李长史书》《与韩荆州书》《上安州裴长史书》等。终其一生，李白或为怀才不遇而痛苦，或为暂得机会而欣喜。既有乐观的自信——“但用东山谢安石，为君谈笑静胡沙”；亦有无奈的叹息——“天夺壮士心，长吁别吴京”。因此，对于李白来说，英雄无用武之地，是难以忍受的。其次，“大鹏不是庄子的理想人格而为李白的理想人格”[5]，李白在接受《逍遥游》时并没有真正领悟庄子所阐发的哲理，在精研《庄子》、深刻理解《庄子》思想精髓方面，李白还做得很不够。在《逍遥游》中，“大鹏”仅是庄子说理的工具而已，目的是引出“蜩”与“学鸠”等的嘲笑，得出“小大之辨”的结论。继而在“小大之辨”的基础上引出人生的最高境界（得“道”）。大鹏的确超出蜩与学鸠等之上，但大鹏仅凭高举并非得到庄子肯定。庄子塑造大鹏形象的目的不在大鹏本身，乃在蜩与学鸠，借其自我满足来论述人的骄傲乃得“道”的最大障碍。李白取《逍遥游》之大鹏为己所用，多次以大鹏自比，以大鹏之不同凡俗

① 葛景春，《李白诗歌与庄子美学》，《中州学刊》1984年第6期，第83-88页。
② 杨慎，《升庵全集》，上海：商务印书馆1937年版，第834页。
③（唐）李白，《李太白全集》，北京：北京图书馆出版社1998年版。
④（明）沈周，《石田诗选》卷八，《钦定四库全书荟要》本，长春：吉林出版集团有限责任公司2005年版。
⑤ 张瑞君，《超越有限的图腾——论李白〈大鹏赋〉与庄子〈逍遥游〉的继承关系》，《太原师范学院学报》2005年第4期，第69-71页。

喻己之壮志和才能，以大鹏之高飞远举喻己之仕途通达。李白《上李邕》诗即为明证，其诗曰："大鹏一日同风起，扶摇直上九万里。假令风歇时下来，犹能簸却沧溟水。时人见我恒殊调，见余大言皆冷笑。宣父犹能畏后生，丈夫未可轻年少。"[①]

李白与庄子虽然有很多相似之处，但其在出处选择上完全不同，李白积极有为，庄子顺其自然，这是李白与庄子最大的分歧，也是李白对《庄子》接受上诸多偏离的根本原因。李白"思想中有一根巨大的红线贯串始终。这就是封建盛世激发起来的雄心壮志：要实现伟大的抱负，要建立不朽的功业。一念之贞，终身不渝，欲罢不能，至死方休。在这一点上，他同屈原一样，同杜甫一样"（《论李白（代前言）》）[②]。不可否认，李白也时有出世思想，但这只不过是他在遭受失败和打击之后，一种无可奈何的排遣。唐代服食炼丹之风盛行，李白亦有所染，即"我来逢真人，常跪问宝诀。粲然启玉齿，授以炼药说""吾将营丹砂，永世与人别"（《古风》其五）[③]。虽然李白与安徽有密切的联系，其接受《庄子》、欣赏庄子，却源自道教的立场。李白家四川绵州，那里本是道教的发源地，加之唐朝统治阶级的提倡，绵州崇道风气很盛。李白自言"家本紫云山，道风未沦落"（《题嵩山逸人元丹丘山居并序》）[④]。李白屡到安徽，也多出于求仙访道的目的，李白在皖南的敬亭山、秋浦、清溪、大楼山都曾留下炼丹的诗句。其《忆秋浦桃花旧游时窜夜郎》说："不知旧行径，初发几枝蕨？三载夜郎还，于此炼金骨。"[⑤]《古风》其四《凤飞九千仞》曰："吾营紫河车，千载落风尘。药物秘海岳，采铅清溪滨。时登大楼山，举手望仙真。羽驾灭去影，飙车绝回轮。尚恐丹液迟，志愿未及申。徒霜镜中发，羞彼鹤上人。"[⑥]"大楼山在池州府（今安徽贵池县）城南七十里。青溪即清溪，流经池州府门外。"[⑦]学道求仙亦是对道家庄子哲学的严重偏离，可以说，李白对于《庄子》，既有继承，又有偏离，体现出鲜明的时代特色。

① 阎奇、安旗等，《李白全集编年注释》（上），成都：巴蜀书社 1990 年版，第 14 页。
② 阎奇、安旗等，《李白全集编年注释》（上），成都：巴蜀书社 1990 年版，第 7 页。
③ 阎奇、安旗等，《李白全集编年注释》（上），成都：巴蜀书社 1990 年版，第 658 页。
④ 阎奇、安旗等，《李白全集编年注释》（上），成都：巴蜀书社 1990 年版，第 943 页。
⑤ 阎奇、安旗等，《李白全集编年注释》（上），成都：巴蜀书社 1990 年版，第 1458 页。
⑥ 阎奇、安旗等，《李白全集编年注释》（上），成都：巴蜀书社 1990 年版，第 1192 页。
⑦ 王友胜，《李白道教活动述评》，《中国道教》2000 年第 4 期，第 26-32 页。

二、韦应物与庄子

曾在安徽做官的韦应物其诗作与《庄子》亦有密切的联系。韦应物（737—792），长安（今陕西西安）人，世称韦江州、韦左司或韦苏州。据考证，韦应物的父亲韦銮官曾为“宣州司法参军”，唐时宣州属江南西道所辖，即今安徽省宣城、泾县一带，韦应物很可能在宣州生活过。韦应物自己也曾在安徽任职，“韦应物于建中三年（782 年）由尚书省比部员外郎外放为滁州刺史。兴元元年（784 年）冬罢任，闲居在滁州西涧，此后任江州刺史离开滁州，前后在滁州三年左右。韦应物虽只在滁州生活了三年，但留下 120 多首诗作，占他全部 500 多首诗作的近四分之一……特别值得重视的是，对韦应物诗歌思想和艺术风貌产生深刻影响的‘吏隐’思想是在滁州正式形成的。”[1]其赴滁诗作《自巩洛舟行入黄河即事寄府县僚佐》中有“为报洛桥游宦侣，扁舟不系与心同”[2]。“扁舟不系”即源自《庄子》。庄子在《列御寇》中主张无欲无求，所谓“巧者劳而智者忧，无欲者无所求。饱食而遨游，泛若不系之舟”。韦应物化用庄子典故，表明自己要学“不系之舟”，无欲无求，顺其自然，以安慰友人对自己遭受排挤被贬的感伤和不平。韦应物在滁州离任赋闲期间，写过一首有名的《滁州西涧》，诗中“野渡无人舟自横”[3]之不系之舟可与前诗对应，标明韦应物对庄子处世态度的认同。

韦应物诗风恬淡高远，以善于写景和描写隐逸生活著称。这种恬淡高远风格的背后，是诗人对道家超脱、自然、达观的处世态度的认同。韦应物受《庄子》散文影响很深，多次化用《庄子》典故，流露出其道家思想倾向。《郡斋雨中与诸文士燕集》诗中有“理会是非遣，性达形迹忘”[4]，其中“遣是非”“忘形迹”“达性”都源自《庄子》。《庄子·齐物论》有“不谴是非，以与世俗处”。“达”是《庄子》所崇尚的一种理想境界。《人间世》曰：“彼且为无町畦，亦与之为无町畦；彼且为无崖，亦与之为无崖。达之，入于无疵。”《达生》篇有所谓的“达生之情者”“达命之

① 唐先田、陈友冰主编，《安徽文学史》，合肥：安徽文艺出版社 2013 年版，第 195 页。
② 孙望编著，《韦应物诗集系年校笺》，北京：中华书局 2002 年版，第 41 页。
③ 孙望编著，《韦应物诗集系年校笺》，北京：中华书局 2002 年版，第 304 页。
④ 孙望编著，《韦应物诗集系年校笺》，北京：中华书局 2002 年版，第 424 页。

情者”，达故能忘，“德有所长而形有所忘”（《德充符》），“忘足，屦之适也；忘要，带之适也；知忘是非，心之适也”（《达生》）。韦应物“理会是非遣，性达形迹忘”，表明其对《庄子》哲理融会贯通的理解。韦应物《宝观主白鸲鹆歌》中“三山处子下人间，绰约不妆冰雪颜”[①]一句亦明显化用《庄子·逍遥游》“肌肤若冰雪，绰约若处子”的成句。

第四节　小　　结

隋唐时期儒释道三教都得到了充分的发展，虽然三教在不同的时期有所侧重，但整体而言，儒教最强盛，其次是佛教，再次是道教，最后才是道家哲学。很多研究也支持以上的观点。李晓慧在《唐代妇女的佛道信仰》一文中，称在她“统计到的569位信仰佛道的妇女中，有502人信奉佛教，53人信奉道教，除此之外，还有14人佛道兼信”，认为“比较而言，佛教比道教有着更大的吸引力，所以即使是在极力崇道的唐朝，信仰佛教的人数也远远地超过信仰道教的人数”[②]。隋唐时期道家老庄哲学处于劣势，影响之弱仅次于元代。安徽庄学亦极为薄弱，唐代可谓庄子学的潜行期。这一时期，庄学接受发生了最严重的偏颇，那就是因道教的兴盛而带来的道教化的理解。

① 孙望编著，《韦应物诗集系年校笺》，北京：中华书局2002年版，第529页。

② 李晓慧，《唐代妇女的佛道信仰》，曲阜师范大学2011年硕士学位论文。

第五章　宋元安徽庄学

第一节　三教并重与庄学的沉潜

宋代是中国历史上经济、文化教育、科学技术高度繁荣的时代，史学家陈寅恪曾说："华夏民族之文化，历数千载之演进，造极于赵宋之世。"[①]宋代道家学术亦有所复兴。庄学亦在前代基础上有了长足的发展。宋代庄学主要集中在浙江、湖南和福建三省，安徽庄学著述主要见于方回、杨杰、吕本中、程大昌之文中。此外，陈抟作为道教徒，虽对《庄子》有所研究，但无庄学著述传世。苏轼和朱熹则属于外籍中与安徽关系密切者，虽不是安徽本土庄学家，但他们都在安徽做过州郡长官，他们的创作与安徽关系密切。加上外籍的两人，安徽宋代庄学仍然屈指可数。在庄学繁荣的宋代，安徽庄学并不景气。这是宋代安徽庄学"沉潜"的一个典型表现。究其原因，一是宋代"安徽的文人进入权利中心的增多，如吕夷简、吕公著、吕好问、王珪、吴潜、程元凤等人，都位至宰辅，他们既是政治家，又是文学家"，仕途顺利，缺乏接受道家哲学的契机；二是"宋室南渡，宋金以淮河为界，安徽两淮地区处于战争前沿，历史上著名的战役如顺昌之战、柘皋之战、采石之战等都发生在这里，安徽人民饱受战争的苦难"[②]，这也是学术文化不发达的一个重要原因。

所谓庄学的"沉潜"还是指庄学失去自己的独立地位，成为儒士、道士、佛徒的思想资源，且其庄学研究也不是为弘扬庄学之目的。当然这是就总体趋势说的。东汉末年，中国本土宗教——道教产生了。道教对道家哲学的利用是建立在割裂、改造的基础上，因此，道教徒对《庄子》的研

① 陈寅恪著，《陈寅恪集·金明馆丛稿二编》，北京：生活·读书·新知三联书店 2015 年版，第 277 页。
② 唐先田、陈友冰主编，《安徽文学史》，合肥：安徽文艺出版社 2013 年版，第 239 页。

究与吸收都丧失了庄学的原本立场。在不同历史时期，道教徒对《庄子》的研究都持“为我所用”之目的。佛教徒对《庄子》的研究也与此相似。东汉末年，佛教传入，其时西域的佛教学者相继来到中国，如安世高、安世玄从安息来，支娄迦谶、支曜从月氏来，竺佛朔从天竺来，康孟详从康居来。由此译事渐盛，法事也渐兴。随着谈玄风气的兴盛，佛教徒发现庄子的思想与般若空学有很多的共同之处，于是便以人们所熟悉的老庄学说疏解般若空学，此即所谓的“格义”。可以说，魏晋南北朝道教学者、佛教学者对庄子的认可，不外就是对《庄子》的思想资料进行必要的利用和有目的的阐发，以便为弘扬道教、佛教教义服务。从隋朝开始，统治阶级莫不采取儒释道三教并重的策略，以儒教笼络知识分子，以道教或佛教神化自己的统治。由于统治阶级对儒、佛、道的扶持，庄子学遂失去了其独立的地位，隐而不显。“庄子思想的传播与演进，实际上是通过另一渠道进行的，这就是其由玄学入禅宗、进理学的过程。”[①]这种情形在宋代尤其明显。

第二节　陈抟与《庄子》

陈抟（871—989），字图南，自号扶摇子，亳州真源人，唐末宋初隐士，是中国道教史上继老子、张陵以后的又一道教至尊，被称为“陈抟老祖”。陈抟的资料主要见于元脱脱等著《宋史・陈抟传》、元赵道一《历世真仙体道通鉴・陈抟传》（《道藏》）、《玉诠》（《道藏辑要》）、《宋元学案》卷10、卷12、《道书辑校十种》（《蒙文通文集》卷6）、《道藏源流考》（陈国符著）等。据以上史料记载，陈抟学识渊博，著作等身，著有《指玄篇》、《三峰寓言》、《高阳集》、《钓潭集》、《观空篇》、《龟鉴》、《易龙图》、诗六百余首等，可惜大多散佚。关于陈抟研究很多，涉及陈抟生平、里籍、老庄学、易学、内丹学、在道教史上的地位与影响等多个方面。其老庄思想方面的研究主要有，李远国的《试论陈抟的生平及其学术渊源》（《中国道教》1987年第2期，第50-56页）、孔又专的《陈抟道教思想研究》（四川大学2008年博士学位论文）、李远国的《试

① 宋效永，《庄子与中国文学》，南京：江苏教育出版社1995年版，第325页。

论陈抟的宇宙生成论》（《世界宗教研究》1985年第2期）等。陈抟与《庄子》关系的专门研究还未见到，陈抟深受庄子影响，约略说来，主要有三个方面。

一、名、字、号皆来源于《庄子》

陈抟名、字、号均取自《庄子·逍遥游》：“有鸟焉，其名为鹏，背若太山，翼若垂天之云，抟扶摇而上者九万里，绝云气，负青天，然后图南，且适南冥也。”古人的字或号一般晚起，且与名往往联系密切，最能彰显个人性情和志趣。根据古代的礼仪，取字在成人以后。《礼记·檀弓上》记载：“幼名，冠字。”周代的习俗为：婴儿出生三个月后由父亲先取名，男子20岁成年举行冠礼（结发加冠）时取字。后世基本沿袭了这种习惯。但像陈抟名、字、号一样，出自一篇文章中的一段话的，实属罕见。这说明，陈抟的名、字若不是自己后来起的，便也是道家或道教人物给起的。陈抟自号“扶摇子”，此号肯定是他自己拟的。如此看来，单从名、字、号上来看，陈抟之道家倾向肯定不是外在的，而是成为实在、内化的了。根据《东都事略》记载，陈抟的号“扶摇子”就是在其隐居武当山时自己取的，也算一个旁证。

二、从其诗文看庄子思想的影响

1. 全性葆真思想

“葆真”有保全天然人性之意。《庄子·田子方》有“其为人也真，人貌而天虚，缘而葆真，清而容物”。庄子非常注重天然人性的保存，多次提到“真”，如“全真”（《盗跖》）、“劳心苦形而危其真”“谨修而身，慎守其真”（《渔父》）、“古之真人”（《田子方》）等。“彼正正者，不失其性命之情……且夫待钩绳规矩而正者，是削其性。”（《骈拇》）庄子反对“伤性以身为殉”“以仁义易其性”（《骈拇》）的做法。“全性葆真”可谓是对庄子思想的恰当概括，这一思想普遍被道教学者所接受。道教认为，得道之人，不是权势、地位显赫之人，而是“赤子”“婴儿”类的真人。他们无知、无为，真正处于纯真、朴实、自然的状态，却不被外物所伤害。陈抟在辞别宋太宗征召时，即以祈求皇帝成全他“全性”

的愿望，归隐山林。他说：“世态从来薄，诗情自得真。乞全麋鹿性，何处不称臣？”（《辞上归进诗》）《渑水燕谈录》认为此诗为陈抟“太平兴国初，诏赴阙，久久辞归作”[①]。

2. 人生如梦，梦中不觉

所谓“人生如梦”，一般是指人生的无意义、虚空。但庄子所说的人生如梦，却是指人的不觉醒的认识状态。“庄生化碟”是庄子为阐发此一哲理而虚构的一个梦境：“昔者庄周梦为胡蝶，栩栩然胡蝶也，不知周也。俄然觉，则蘧蘧然周也。不知周之梦为胡蝶与，胡蝶之梦为周与？周与胡蝶，则必有分矣。”“周”与“胡蝶”有天然的界限，然在梦中，却不辨虚实。人生也是如此，如一场大梦，“方其梦也，不知其梦也。梦之中又占其梦焉，觉而后知其梦也。且有大觉而后知此其大梦也，而愚者自以为觉，窃窃然知之。君乎、牧乎，固哉！丘也与女，皆梦也；予谓女梦，亦梦也”（《齐物论》）。对于错误的观点却执著地认为正确，不能觉醒。此则寓言目的就是破除自我中心主义。对于庄子“庄生梦蝶”寓言的真意，陈抟化用在了他的诗中：“堪笑尘世中，不知梦是梦。”（《睡答金励》）[②]

三、从其出处看庄子思想的影响

作为隐士，陈抟显然接受了道家老子、庄子的处世观念。庄子虽然“宏才命世”，却终身不仕。《庄子·秋水》记载：“庄子钓于濮水，楚王使大夫二人往先焉，曰：‘愿以境内累矣！’庄子持竿不顾，曰：‘吾闻楚有神龟，死已三千岁矣，王巾笥而藏之庙堂之上。此龟者，宁其死为留骨而贵乎？宁其生而曳尾于涂中乎？’二大夫曰：‘宁生而曳尾涂中。’庄子曰：‘往矣！吾将曳尾于涂中。’”

《列御寇》记载：“或聘于庄子，庄子应其使曰：‘子见夫牺牛乎？衣以文绣，食以刍菽；及其牵而入于太庙，虽欲为孤犊，其可得乎？’”以上二事，明显表现了庄子与当时之统治者不合作的决绝态度。庄子认为做一国之相，不过如“鸱得腐鼠”一样。（《秋水》）与庄子相似，陈抟也选择了归隐的生活，且多次推却了帝王的征召。

---

①（宋）王辟之，《渑水燕谈录》（卷4），北京：中华书局1981年版，第44页。

②（宋）蔡正孙撰，常振国，降云点校，《诗林广记》，北京：中华书局1982年版。

陈抟隐居武当，是在后唐清泰年间（934 年—936 年），此后即便出山，也无心出仕。宋陆游《老学庵笔记》卷六记载，陈抟有诗云：“我谓浮荣真是幻，醉来舍辔谒高公。因聆玄论冥冥理，转觉尘寰一梦中。”[①]陈抟与庄子一样，视功名利禄如敝屣。后周世宗显德三年（956 年）召见于朝，其真实的目的即为考察陈抟。《五代史补》说：“世宗之在位也，以四方未服，思欲牢宠英杰，且以抟曾践场屋不得志而隐，必有奇才远略，于是召到阙下，拜左拾遗。抟不就，坚乞归山。”[②]周世宗死后，赵匡胤登基，陈抟认为“‘天下于是定矣’！遂入华山为道士，葺唐云台观居之。艺祖召，不至。”（《邵氏闻见录》）[③]元张辂《太华希夷志》（卷上）谓一年之内，太宗三次派使诏宣陈抟，太平兴国初（977 年），陈抟应诏入阙。此后，陈抟也曾再次入阙。最终，陈抟得以离开朝廷，陈抟赋《辞朝诗》以表其志：“十年踪迹踏红尘，为忆青山入梦频。紫陌纵荣争及睡，朱门虽贵不如贫。愁闻剑戟扶危主，闷听笙歌聒醉人，携取旧书归旧隐，野花啼鸟一般春。”（元张辂《太华希夷志》）[④]端拱二年（989 年）七月二十二日，陈抟逝世于华山张超谷石室中，寿一百一十八岁。

四、从典籍记载看其受庄子思想的影响

道家庄子，司马迁称“其学无所不窥”（《史记·老子伯夷列传》），陈抟也是一个以“博大的胸怀，过人的学识以及高深的修为”[⑤]而闻名的人。陈抟早年熟读经史百家之言。《青琐高议前集》卷八说他“年十五，诗、礼、书、数之书，莫不通究考校。方药之书，特余事耳”[⑥]。他在易学、内丹学和老学方面皆取得了极高的成就，然其学仍然以老学为主轴，宋陆九渊说：“希夷之学老氏之学也。”（《黄宗羲全集》）[⑦]清胡渭更明确地说：“希夷，老氏之徒也。”（胡渭《易图明辨》卷十）[⑧]有人认为：“陈抟总

① （宋）陆游《老学庵笔记》卷 6，北京：中华书局 1979 年版，第 78 页。
② （宋）陶岳著，万芳珍点校，万萍审定，《五代史补》，南昌：江西教育出版社 2000 年版。
③ （宋）邵伯温，《邵氏闻见录》（卷七），北京：中华书局 1983 年版，第 70 页。
④ 李一氓主编，《道藏》（第 5 册），北京：文物出版社、上海：上海书店、天津：天津古籍出版社 1992 年版。
⑤ 徐兆仁，《〈宋史·陈抟传〉旁考》，《史学月刊》1999 年第 1 期，第 81-84 页。
⑥ （宋）刘斧撰辑，王友怀、王晓勇注，《青锁高议》，西安：三秦出版社 2004 年版。
⑦ （清）黄宗羲撰，沈善洪主编，《黄宗羲全集》，杭州：浙江古籍出版社 2012 年版，第 608 页。
⑧ （清）胡渭，《易图明辨》卷十，《文渊阁四库全书》经部易类 38，上海：上海古籍出版社 1987 年版。

结隋唐五代道教学者的研究成果，其学术思想以丹解《老》，从而使《易》《老》相通，佛道互融。”“在老庄学方面，虽然没有专门的著作即历史文献资料留传，但陈抟道教思想取《老》《庄》精髓，是不争的事实。”[①]陈抟是麻衣道者的弟子，自谓“《南华》《道德》频看”（《太华希夷志》卷上），所以南宋张栻评论其师徒二人说：“二公高视尘外，皆有长往不来之愿，抑列御寇、庄周之徒欤？”宋太宗赵光义诏请陈抟书说：“知卿抱道山中，洗心物外，养太素浩然之气，应上界少微之星，节配巢由，道尊黄老。”[②]陈抟师承老庄，为宋家王朝所公认。

元人张辂的《太华希夷志》对陈抟的记载最为详尽，从张辂的评价中，可以领略陈抟的为人及高风亮节。《太华希夷志序》曰：“愚除晋宁河中府之幕职，密迩华山，稔闻希夷先生遗事。公务之暇，采古书所录，或谚语之谈。其高风峻节，信乎前宋一代之异人也，故作《太华希夷志》以纪之。先生明《易》，深造玄妙之理。视人之祸福，物之休咎，其应有如蓍龟。当五代之时，有拨乱济世之志，所学得皇王帝伯之道。闻宋太祖登极，知天下已定，遂入华山为道士，征召不至。及太宗即位，三宣至阙下，待以宾礼，赐坐与语，所论事之凶吉，靡不征验。欲拜官，坚辞弗受，不久放还山。迹虽方外之士，吻合中庸之道。其脱落尘世，泥滓轩冕，傲倪公侯，视万圣若僚友，恬退高隐，不尚势力，足抑奔竞之流，可追配巢由、严陵之节。其崇名教，厚风俗，以助万一云。回顾吮痈舐痔，奴颜婢膝，昏暮叩人之门，骄人于白日者，犹酱瓿之醯鸡，奚足论哉？”[③]可见，在中国道教史和哲学史上，陈抟都占有极为显要的地位，享有崇高威望，他被列入“高道”，成为继老庄之后的道教至尊。

然而，陈抟受庄子思想的影响毕竟只是一个方面。除庄学之外，儒教、道教、佛教的影响也是很大的。可以说，陈抟是五代宋初三教融合的典型。早期的陈抟本以儒学为主。在社会伦理方面，陈抟显现出儒家的面目。《心相篇》是他的不朽之作，本书以“心者貌之根，审心而善恶自见；行者心

① 孔又专，《陈抟道教思想研究》，成都：四川出版集团、成都：巴蜀书社 2009 年版。

② 李一氓主编，《道藏》第 5 册，北京：文物出版社、上海：上海书店、天津：天津古籍出版社 1992 年版，第 735 页。

③ 张辂，《太华希夷志序》，《全元文》第 35 册卷 1119，南京：凤凰出版社 2004 年版，第 199 页。

之发，观行而祸福可知”为纲，阐明“心相”的理论与实践，列举吉凶祸福之征兆，寿夭贵贱之标志；均处世待人之格言，实千古不易之定论；末后劝人“知其善而守之，锦上添花；知其恶而弗为，祸转为福”[①]。他对伦理道德的重视与儒家一脉相承。他企图沿着科举的路径，进身于封建王朝的仕林。后唐长兴年间（930 年—933 年），陈抟应考进士。即使在归入道门之后，这位自称“道门弟子”的陈抟，并没有忘记他济世治国的理想。他在周流四方、寻仙觅真的同时，又“多游京国间”，了解社会，观察各阶层的动静，寻求拨乱反正、治理天下的方策。

陈抟本有济世志，其名、字、号即泄露了此消息。在《逍遥游》中，庄子塑造了这样一个大鹏形象：“鹏之徙于南冥也，水击三千里，抟扶摇而上者九万里……背负青天而莫之夭阏者，而后乃今将图南。”显然，陈抟在庄子所塑造的大鹏身上寄托了自己的理想。胸怀图南之志，待有良机，就鲲鹏展翅，扶摇直上九万里，飞越南方的大海，去干一番惊天动地的伟业，实现天下大治的宏愿。“图南”在封建社会是有特定含义的，隐含着想当皇帝的意思。因为古代以坐北朝南为尊位，故天子、诸侯见群臣，皆面南而坐。帝位面朝南，故南面代称帝位。《周易·说卦》就有“圣人南面而听天下”的说法。《庄子·盗跖》中也有“凡人有此一德者，足以南面称孤矣”。陈抟有鲲鹏展翅、扶摇九万里的凌云壮志。对于陈抟的抱负，前人多有论述。元代张辂称赞他说：“先生之道窈乎！其深而不可穷，恍乎其变而不可测，故将乘云气，骑日月，以游乎四海之外，岂与眩奇怪，尚诡谲，以欺世取誉者同年而语哉！”（《太华希夷志》卷六）《东轩笔录》称他“有经世之才”（魏泰《东轩笔录》卷 1）[②]。陈抟的《隐武当山诗》曰：“他年南面去，记得此山名。”他曾“揽镜自照，曰：‘非仙而即帝。’其自任如此”[③]。《邵氏闻见录》说陈抟有大志：“本朝张邓公改‘南面’为‘南岳’，题其后云：‘薜壁题诗志何大，可怜今老华图南。’盖唐末时诗也。”陈抟仙去后，“明逸（种放）立碑叙希夷之学曰‘明皇

① 刘联群编，《陈抟传奇》，成都：四川人民出版社 2003 年版，第 273 页。
②（宋）魏泰撰，李裕民点校，《东轩笔录》卷一，北京：中华书局 1983 年版，第 2 页。
③ 李一氓主编，《道藏》第 5 册，北京：文物出版社、上海：上海书店、天津：天津古籍出版社 1992 年版，第 735 页。

帝王伯之道’云。”[①]意思是说，陈抟的学问是通晓做皇帝的道理的。据载，陈抟深明大理，韬光晦迹，不自伐其才。“帝恳求济世安民之术，先生不免，索纸笔书之四字：‘远近轻重。’帝不谕其意。先生解之曰：‘远者，远招贤士；近者，近去佞臣；轻者，轻赋万民；重者，重赏三军。’帝听罢，大悦。”[②]陈抟的进言正中时弊，深切致世，故甚得太宗敬重。于此，亦可见陈抟确有经邦济国之才。他之所以未走儒生入仕之路，与道家老庄思想的影响密不可分。

对陈抟影响深远的还有佛徒。在他遁迹山林后所从游的师友之中，既有何昌一、谭峭、吕洞宾这样的逸人，又有麻衣道者这样的高僧。正是在与他们的交往中，陈抟贯通儒、释、道，而启宋代三教合一的思想潮流。

第三节　苏轼与《庄子》

苏轼（1037—1101），字子瞻，号东坡居士，眉州眉山（今四川眉山）人。然其著名的《庄子祠堂记》作于安徽蒙城。故此，将苏轼置于安徽庄学家中。除了《庄子祠堂记》外，苏轼的《广成子解》是对《庄子·在宥》篇中黄帝问道于广成子的对话做的注解，并予以具体的评论和阐述。有人认为：“《广成子解》却是集中反映苏轼道家、道教观的文章，其学术价值并不在《庄子祠堂记》之下。”[③]除了上述两篇学术研究著作之外，苏轼的庄学思想还表现在其诗文创作和立身处世中。在苏轼六十四年的生涯中，苏轼对《庄子》的态度也是有变化的，大致经历了青年时排斥、中年时兼容、晚年时服膺三个阶段。这是因为“苏轼对庄子的体悟也有一个循序渐进的过程，并非一蹴而就”[④]。

一、青年时的排斥

苏轼一生儒、释、道兼收并蓄，但在他不同的时期，三家的影响是不同的。青少年时期的苏轼虽然对佛教、道家有所接触，但儒家立身处世的

① （宋）邵伯温《邵氏闻见录》（卷七），北京：中华书局1983年版，第69、70页。
② 李一氓主编，《道藏》（第5册），北京：文物出版社、上海：上海书店、天津：天津古籍出版社1992年版，第735页。
③ 冉冬梅，《论〈庄子〉对苏轼人生境界的影响》，重庆师范大学2013年硕士学位论文，第20页。
④ 余中樑，《论苏轼及其门人的庄学思想》，华中师范大学2010年硕士学位论文，第29页。

原则对他影响更大。这个时期苏轼的诗文多表现出以儒家为核心排斥道家的倾向，这可从其刚入仕时的谈史议政文中见出。例如，《子思论》中，苏轼站在儒家正统的地位上批评其他各家，包括老子、庄子，他说：“夫子之道，不幸而有老聃、庄周、杨朱、墨翟、田骈、慎到、申不害、韩非之徒，各持其私说以攻乎其外，天下方将惑之，而未知其所适从。奈何其弟子门人，又内自相攻而不决。千载之后，学者愈众，而夫子之道益晦而不明者，由此之故欤？”[①]在《韩非论》中，苏轼的言论更为偏激。

苏轼的《韩非论》虽名曰论“韩非”，实则批庄子、老子，其中心论点：“后世之学者，知申、韩之罪，而不知老聃、庄周之使然。”（苏轼《韩非论》）文中苏轼视“老聃、庄周、列御寇之徒”为异端、为儒家的大敌。苏轼列举老庄学说的弊端说：“老聃、庄周、列御寇之徒。”“为虚无淡泊之言，而治其猖狂浮游之说，纷纭颠倒。”苏轼认为，老聃、庄周、列御寇之徒“虚无淡泊”之言“虽非圣人之道，而其用意，固亦无恶于天下”，但其影响是极为恶劣的，他说：“自老聃之死百余年，有商鞅、韩非著书，言治天下无若刑名之贤，及秦用之，终于胜、广之乱，教化不足，而法有余，秦以不祀，而天下被其毒。”苏轼将法家之危害归因于道家学说的影响。苏轼的这种观点来源于司马迁，司马迁曾说：“申子卑卑，施于名实。韩子引绳墨，切事情，明是非，其极惨覈少恩，皆原于道德之意。”这种理解是片面的。韩非虽然有受道家影响的存在，但韩非受儒家的影响更大，法家之“法”直接继承儒家之“礼”，“礼”“法”的本质是一样的。

苏轼将申韩之罪归于道家的根源在于，苏轼认为道家的自然说取消了仁义礼乐的作用，致使后人“敢为残忍而无疑”。他说：“何者？仁义之道，起于夫妇、父子、兄弟相爱之间；而礼法刑政之原，出于君臣上下相忌之际。相爱则有所不忍，相忌则有所不敢。夫不敢与不忍之心合，而后圣人之道得存乎其中。今老聃、庄周论君臣、父子之间，泛泛乎若萍浮于江湖而适相值也。夫是以父不足爱，而君不足忌。不忌其君，不爱其父，则仁不足以怀，义不足以劝，礼乐不足以化。此四者皆不足用，而欲置天

① 张志烈、马德富、周裕锴主编，《苏轼全集校注》，石家庄：河北人民出版社 2010 年版。本章所引苏轼诗文皆据此书。

下于无有。夫无有，岂诚足以治天下哉！商鞅、韩非求为其说而不得，得其所以轻天下而齐万物之术，是以敢为残忍而无疑。”苏轼对道家老庄之学说缺乏深入的理解。道家老庄论君臣夫子之间之仁爱是自然的，这是对“仁爱”的最充分肯定，甚至超过儒家之“孝”。既是自然的，就不必过于强调。道家反对儒家倡导仁爱在于将世人的眼光引向更本原之“道”，认识“道”才能“爱”，否则，单单强调“爱”是无用的。这就是所谓的“仁”不足以治民的原因。庄子承认事物不足为，但仍然要为。庄子说：“贱而不可不任者，物也；卑而不可不因者，民也；匿而不可不为者，事也；粗而不可不陈者，法也；远而不可不居者，义也；亲而不可不广者，仁也；节而不可不积者，礼也；中而不可不高者，德也；一而不可不易者，道也；神而不可不为者，天也。故圣人，观于天而不助，成于德而不累，出于道而不谋，会于仁而不恃，薄于义而不积，应于礼而不讳，接于事而不辞，齐于法而不乱，恃于民而不轻，因于物而不去。物者莫足为也，而不可不为。”（《在宥》）

对于《庄子》，苏轼的理解是有问题的，没有真正理解《庄子》学说中“自然”的含义。苏轼虽然能看到儒道之间的对立，却没有看到互补的需要，相反，仅仅站在维护儒家政治的角度，批评道家学说的不良影响。苏轼虽然认为老庄之学“固亦无恶于天下”，但认为老庄之学为残毁儒家仁义之道的祸首。在《议学校贡举状》中，苏轼说：“使天下之士，能如庄周齐死生，一毁誉，轻富贵，安贫贱，则人主之名器爵禄，所以砺世摩钝者，废矣！”苏轼对老庄的批评不是基于老庄本身而是从后世的影响方面立论，从方法论上说，这是有缺陷的，是没有说服力的。

二、中年时的兼容：从《庄子祠堂记》看苏轼的庄学思想

随着涉世经历日深，苏轼思想深处对《庄子》的好感逐渐增强，熙宁七年（1074）苏轼知密州时所作《超然台记》已有浓厚的庄子学色彩，明代茅坤称其为“子瞻本色，与《凌虚台记》并本之庄生”[1]。但苏轼心中儒家的地位仍然没有根本动摇。这一点可从其《庄子祠堂记》见出。

① 茅坤，《唐宋八大家文钞》卷首，文渊阁《四库全书》本，上海：上海古籍出版社 1987 年版。

宋代儒、释、道三教并重，在儒、佛二教已盛之际，朝廷有意强化道教，故此科举试题多取自《庄子》。据宋魏泰《东轩笔录》卷一记载：“太宗皇帝自出试题《卮言日出赋》，顾谓侍臣曰：‘比来举子浮薄，不求义理，务以敏捷相尚，今此题渊奥，故使研穷意义，庶浇薄之风可渐革也。’”[①]宋真宗（998—1022）崇道，全国大兴建道教活动场所之风。宋神宗元丰八年（1078 年），神宗过世，神宗的母亲高太后因其孙哲宗年幼而垂帘听政。高太后是蒙城小涧人，聪明的县令王竞，此时建庄子祠，既是历史发展的需要，也符合当时的社会风尚，更有向高太后表示效忠和庆贺的含义。此时，苏轼因其弟苏辙正随南京留守张方平任签书应天府判官，故前往蒙城拜谒张方平。苏轼在苏辙蒙城的家里待了半个月。蒙城县令王竞邀请大文豪苏轼作碑记，于是苏轼写了《庄子祠堂记》一文。

《庄子祠堂记》开头简介作记的缘由：“庄子，蒙人也。尝为蒙漆园吏。没千余岁，而蒙未有祀之者。县令秘书丞王竞始作祠堂，求文以为记。”接下来，苏轼在批评司马迁观点的基础上，提出了自己的儒道关系论：“谨按《史记》，庄子与梁惠王，齐宣王同时，其学无所不窥，然要本归于老子之言。故其著书十余万言，大抵率寓言也。作《渔父》《盗跖》《胠箧》，以诋訾孔子之徒，以明老子之术。此知庄子之粗者。余以为庄子盖助孔子者，要不可以为法耳。”这是对王安石“庄子之用心亦二圣人之徒”的继承，反映了宋代儒道合流的趋势。苏轼论证说：“故庄子之言，皆实予，而文不予，阳挤而阴助之，其正言盖无几。至于诋訾孔子，未尝不微见其意。其论天下道术，自墨翟，禽滑厘，彭蒙，慎到，田骈，关尹，老聃之徒，以至于其身，皆以为一家，而孔子不与，其尊之也至矣。”苏轼此说对后世影响很大，可惜苏轼囿于自己的儒家立场，没有看到《天下篇》对孔子的评价。在《天下篇》中，孔子的确没有被置于墨翟之后，却列于开篇的“天人”“神人”“至人”“圣人”“君子”之末。如果看到这点，怎能认为孔子“尊之至”呢？在此碑记中，苏轼还开了《庄子》篇目辨伪的先河。当然，若论辨伪，首当郭象，郭象将五十二篇《庄子》删定为三十三篇，就是辨伪的结果。但最早对郭象注三十三篇本《庄子》篇目进行

① （宋）魏泰撰，李裕民点校，《东轩笔录》（卷一），北京：中华书局 1983 年版，第 6 页。

辨伪的就是苏轼。他说："然余尝疑《盗跖》《渔父》，则若真诋孔子者。至于《让王》《说剑》，皆浅陋不入于道。"他认为这四篇是"昧者剿之以入""不可以不辨"。此后，注《庄子》者多忽略此四篇，即是受苏轼的影响。

苏轼《庄子祠堂记》观点新则新矣，但极不严谨。明代王世贞《读庄子二》中曾予以辩驳："余谓太史公非识庄子之粗者，轼乃识庄子之粗，而巧为之蔽者也。当老子之时，见天下之俗日趋于薄，以至诈力相轿，思太古之朴一见焉而不可得，谓仁义之名实启之，则不得不恶其名，而归咎于文武。夫既归咎于文武，而追其自，则谓尧舜之不能造极于无为，而以有为启之，则不得不致歉于尧舜。夫尧舜而至流于周之末，若有如老子所云者，不知圣人不能为俗，能因俗而裁成之而已……庄子又后百年而生者也，彼见夫仁义之日伪，而诈力之日深，且其身儳焉，而苦礼乐之拘系我，谓孔子实言之，而其门人实广之，且天下皆以为圣人，彼又惧夫老子之教日不胜，故于圣人之外，立所谓至人以尊老子……大意在尊老子而抑孔子，既抑之而又收之，使为老子徒。彼夫语道术而不列孔子，所谓邹鲁之儒，非耶？且何以见尊？至轼所欲去《让王》《说剑》《渔父》《盗跖》四篇，而以列御寇之齐，续于阳子西游而为一章则甚当，虽然，无救于所谓诋訾孔子也。"又《读庄子三》曰："苏轼之欲去《让王》《说剑》《盗跖》《渔父》四章，而以《列子》前后续之也，无所据，特以盗跖、渔父之排孔子甚，而欲去之。夫内、外、杂篇，何尝不排孔子也？"[①]王世贞的批评皆是针对苏轼《庄子祠堂记》议论而发的，可谓切中肯綮。虽然苏轼的观点有宋代庄学不良风气影响的原因，但更深层的原因则是苏轼对《庄子》及道家哲学还缺乏深刻认识。

三、晚年时的服膺：从《广成子解》看苏轼的庄学研究

《庄子·在宥》篇中"黄帝立为天子"至"人其尽死，而我独存乎"一段记载了黄帝问道于广成子时的问答。这一段是比较难懂的。苏轼对此节予以专门注解，且能以庄解庄，足见其庄学专精。苏轼撰《广成子解》的

① 曾涛等编，《苏文汇评》，台北：文史哲出版社 1998 年版，第 201 页。

具体时间虽然不得而知，但可以推测是其年老时所作[①]，其中思想与其中年时已有很大的不同。苏轼在《庄子祠堂记》中曾主张“庄子盖助孔子者”，但在《广成子解》中却认识到《庄子》之“道”大用在“长生”，绪余在“养民人、遂群生”，“道”与“儒”的关系不再是辅助，乃是远远地超越了。“苏轼将韩愈以来文学之表现的‘道’，由儒家仁义道德之‘道’还原成了庄子的自然之‘道’。何谓‘道’？苏轼比喻说‘南方多没人，日与水居也，七岁而能涉，十岁而能浮，十五而能没矣。夫没者岂苟然哉，必将有得于水之道者。日与水居，则十五而得其道。’（《日喻》）”[②]这体现了苏轼对《庄子》“自然”理论的认同。

苏轼对《庄子》有深刻的理解，对道家“无己”“无为”的精意心领神会。他解释“吾与日月参光，吾与天地为常，当我缗乎，远我昏乎，人其尽死而我独存乎！”一句：“南荣趎挟三人以见老子，老子诃之，则矍然自失，人我皆丧。夫挟人以往固非也，人我皆丧亦非也。故学道能尽死其人独存其我者寡矣。可见、可言、可取、可去者，皆人也，非我也。不可见、不可言、不可取、不可去者，是真我也。近是则智，远是则愚，得是则得道矣。故人其尽死而我独存者，此之谓也。古今语异，吾不知缗之所谓也。以文意求之，其犹曰明也欤？”“人其尽死而我独存”一句中的“人”“我”很多人不能理解，误以为自己和他人的对比，其实不然，是指人本身的两个方面——“私欲之我”和“真我”。苏轼用《庚桑楚》篇“南荣趎挟三人以见老子”的例子很好地解释了《在宥》篇“人我”的对立。南荣趎独自一人来见老子，老子却感叹说：“子何与人偕来之众也？”苏轼引用此段话来解释《在宥》篇“人”“我”之别，正可谓以《庄子》解《庄子》，非常恰当。由此可见，苏轼晚年对《庄子》是下了工夫的，也除去了儒家的偏见，达到了真心的服膺。苏辙《亡兄子瞻端明墓志铭》：“初好贾谊、陆贽书，论古今治乱，不为空言。继而读《庄子》，喟然叹息曰：‘吾昔有见于中，口未能言，今见《庄子》，得吾心矣。’”[③]

① 韩国学者姜声调推测苏轼作《广成子解》在其黄州任上，见姜声调，《苏轼的庄子学》，台北：文津出版社1999年版，第43页。人们多认为黄州时期是苏轼人生的转折点，也是其思想的转折点。

② 赵稀方，《庄子与中国启蒙文学源流》，《南京大学学报》1997年第3期，第144-152页。

③（宋）苏轼著，李之亮笺注，《苏轼文集编年笺注·诗词附12》，成都：巴蜀书社2011年版，第588页。

四、从苏轼诗文看其对《庄子》哲理的服膺

除《广成子解》外，苏轼的大量诗文都反映出苏轼对《庄子》哲理的真心服膺，虽然这些诗文未必都是他晚年所作。苏轼诗文飘逸洒脱的风格，处乱不惊、宠辱偕忘的淡泊心态皆与其对《庄子》的接受有密切关系，这方面前人多有论述。明方孝孺曾说：“庄周殁殆两千年，得其意以为文者，宋之苏子而已。”（《苏太史文集序》）①清人刘熙载《诗概》里说：“诗以出于《骚》者为正，以出于《庄》者为变。少陵纯乎《骚》，太白在《庄》《骚》间，东坡则出于《庄》者十之八九。”②有人认为：“苏轼的文艺创作与庄子密不可分，这并不仅仅体现在他的创作论上，更表现在其通过诗文对庄子思想进行传达与评价。”③

（一）苏轼的处世态度与《庄子》

苏轼诗文中引用或化用庄子典故处，多流露出对《庄子》处世态度的认同和欣赏。苏轼在《仆去杭五年》一诗中说：“何时杖策相随去，任性逍遥不学禅。”“任性逍遥”是庄子的处世原则，顺物之性、顺人之性，不汲汲于功名，忘怀得失，与世俯仰。苏轼对此深有体会，也身体力行。苏轼在《送文与可出守陵州》诗中亦以“逍遥齐物追庄周”称赞文与可。在徐州任上，苏轼曾到属下安徽定远涂山凭吊禹迹；于蒙城逍遥台、观鱼台凭吊庄子，写下《濠州七绝》，其中《逍遥台》曰：“常怪刘伶死便埋，岂伊忘死未忘骸。乌鸢夺得与蝼蚁，谁信先生无此怀。”“乌鸢夺得与蝼蚁”典出《庄子》，《列御寇》篇记载：“庄子将死，弟子欲厚葬之。庄子曰：‘吾以天地为棺椁，以日月为连璧，星辰为珠玑，万物为赍送。吾葬具岂不备邪？何以加此？’弟子曰：‘吾恐乌鸢之食夫子也！’庄子曰：‘在上为乌鸢食，在下为蝼蚁食，夺彼与此，何其偏也？’”刘伶看似达观，其实仍“未忘形骸”，正是庄子所批评的“夺彼与此”。苏轼在对刘伶的批评中寄寓了自己对庄子的认同。苏轼在《醉白堂记》中称赞醉白堂的主人“齐得丧，忘祸福，混贵贱，等贤愚，同乎万物，而与造物者游”，此

① （明）方孝孺，《逊志斋集》（卷十二），文渊阁《四库全书》本，上海：上海古籍出版社 2012 年版。
② （清）刘熙载著，薛正兴点校，《刘熙载文集》，南京：江苏古籍出版社 2000 年版，第 107 页。
③ 余中樑，《论苏轼及其门人的庄子学思想》，华中师范大学 2010 年硕士学位论文。

评价的标准就是《庄子》中的理想人格。

（二）苏轼的创作观与《庄子》

苏轼对庄子思想的理解与化用还集中体现在他的艺术理论中，项楚《论〈庄子〉对苏轼艺术思想的影响》一文有详尽的分析。今择取几例加以说明。《书晁补之所藏与可画竹之一》曰：“与可画竹时，见竹不见人。岂独不见人，嗒然遗其身。其身与竹化，无穷出清新。庄周世无有，谁知此凝神。”此诗描绘文与可画竹的专心投入，连续运用了《庄子》中“南郭子綦隐机而坐”（《齐物论》）、“痀偻者承蜩”（《达生》）两个典故。在《齐物论》中记载：“南郭子綦隐几而坐，仰天而嘘，荅焉似丧其耦。颜成子游立侍乎前，曰：‘何居乎？形固可使如槁木，而心固可使如死灰乎？’”这是一种忘我的精神状态。在道家学者看来，忘我是体道的预备，此所谓“坐忘”。在艺术创作领域，“忘我”是排除一切干扰，达至对事物本性的体悟的一种心境。文与可正因为忘我投入，才有“其身与竹化”的境界。《达生》篇记载：“仲尼适楚，出于林中，见痀偻者承蜩，犹掇之也。仲尼曰：‘子巧乎！有道邪？’曰：‘我有道也。五六月，累丸二而不坠，则失者锱铢；累三而不坠，则失者十一；累五而不坠，犹掇之也。吾处身也，若厥株拘；吾执臂也，若槁木之枝；虽天地之大，万物之多，而唯蜩翼之知。吾不反不侧，不以万物易蜩之翼，何为而不得？’孔子顾谓弟子曰：‘用志不分，乃凝于神，其痀偻丈人之谓乎！’”痀偻者承蜩成功的经验就是“吾处身也，若厥株拘；吾执臂也，若槁木之枝；虽天地之大，万物之多，而唯蜩翼之知”。苏轼用以上《庄子》中的两个典故，皆在形容文与可画竹时之专注与投入。《书吴道子画后》中苏轼评价吴道子的绘画曰：“得自然之数，不差毫末，出新意于法度之中，寄妙理于豪放之外，所谓游刃余地，运斤成风，盖古今一人而已。”苏轼用《庄子》中庖丁解牛“游刃有余”和匠石“运斤成风”来比喻吴道子高超的绘画技艺。

（三）苏轼其他哲理诗文与《庄子》

苏轼的诗多阐发人生哲理，《庄子》思想的启迪是一个重要的原因。《观鱼台》诗曰：“欲将同异较锱铢，肝胆犹能楚越如。若信万殊归一理，子今知我我知鱼。”[①]这首诗虽然仅有四句，却体现了诗人对《庄子》《齐物论》《德充符》《秋水》等篇融会贯通的理解。《德充符》曰：“自其异者视之，肝胆楚越也。自其同者视之，万物皆一也。”《齐物论》侧重“齐”而“不辨”；《秋水》篇则在“差别”的基础上讲“一致”，“以物观之”，物有差别；“以道观之”，万物一致。因此，“鱼”“我”虽异，“我”知“鱼”。《灵璧张氏园亭记》：“写园亭本身着墨不多，重点是把修治园亭与‘养生治性，行义求志’联系起来。他认为一个人‘不必仕，不必不仕’，只想着做官，则有悖‘养生治性’；拒绝做官，则有悖于‘行义求志’。仕与不仕。‘譬之饮食，适于饥饱而已’。这也是苏轼立身处世的原则。”[②]苏轼“不必仕，不必不仕”的无可无不可的态度，就是庄子所谓的顺其自然，“缘督以为经”（《养生主》），“与时俱化，而无肯专为”（《山木》）。《和饮酒之十二》中说：“坠车终无伤，庄叟不吾欺。呼儿具纸笔，醉语辄录之。”这是苏轼真切体验了庄子“全于酒”理论后的诗作。《达生》篇中：“夫醉者之坠车，虽疾不死。骨节与人同而犯害与人异，其神全也。乘亦不知也，坠亦不知也，死生惊惧不入乎其胸中，是故逆物而不慑。”以上诗文无不显示了苏轼对《庄子》散文深厚的涵养和自觉接受。

此外，苏轼词亦多化用《庄子》典故及意象，陶慧《梦里栩然蝴蝶，一身轻——试析苏轼词中的〈庄子〉典故及意象》一文论述详尽。[③]苏轼赋中亦有很多《庄子》的印痕，阮忠《苏轼赋的庄子印痕及其人生境界》有较为精辟的论述，如《赤壁赋》《老饕赋》《服胡麻赋》《飓风赋》《酒隐赋》等，兹不一一列举。[④]

第四节　吕本中对《庄子》的接受

吕本中（1084—1145），字居仁，号紫微，学者称其东莱先生。其郡

① 唐先田、陈友冰主编，《安徽文学史》（第一卷），合肥：安徽文艺出版社 2013 年版，《安徽文学史》第一卷，第 488 页。

② 唐先田、陈友冰主编，《安徽文学史》（第一卷），合肥：安徽文艺出版社 2013 年版，第 490 页。

③ 陶慧，《梦里栩然蝴蝶，一身轻——试析苏轼词中的〈庄子〉典故及意象》，《文教资料》2012 年第 27 期，第 11-14 页。

④ 阮忠，《苏轼赋的庄子印痕及其人生境界》，《江汉论坛》2010 年第 11 期，第 112-116 页。

望东莱（今山东掖县），自先祖吕龟祥在北宋初年知寿州（今安徽寿县），子孙遂为寿州人。吕本中是江西诗派代表人物之一，博览群书，学识渊博，著述颇丰，其创作主要有《东莱先生诗集》二十卷、《春秋集解》三十卷、《紫微词》一卷、《童蒙训》等[①]。吕本中出身吕氏望族，仁宗朝宰相吕夷简玄孙，元祐宰相公著之曾孙、荥阳先生吕希哲孙，南宋东莱郡侯吕好问之子，家学渊茂，加之宋代开放、宽松的教育环境，自小受到很好的教育，儒、释、道兼收并蓄。其先祖吕夷简有《南华洞》诗："乱崖深峭水淙幽，六夏来游俨似秋。安得蘧蘧一觉梦，倚岩栩栩访庄周。"[②]就表现出对庄子处世态度的深情向往。吕本中在《童蒙训》中说："即自作得主张，则诸子百家之长处，皆为吾用。"[③]《童蒙诗训》中："读《庄子》令人意宽思大敢作；读《左传》便使人入法度，不敢容易，此二书不可偏废也。""《列子》气平文缓，亦非《庄子》步骤所能到。"（《童蒙诗训》卷一）[④]可见吕本中对《庄子》的重视。

关于吕本中的道家思想前人研究极少，仅见李玲《吕本中诗歌与儒释道思想》一文。据李玲研究，"南渡诗人吕本中用他的诗歌创作真实写照了宋代儒释道三教思想高度融合的文化盛世。在诗歌创作中，诗人把儒释道三教与不同的社会环境有机融合，演绎着特殊历史时期里不一样的人生篇章。他遵循儒士'学而优则仕'的理想信念来济世，尽管现实不如意，依旧保持自身忠孝的儒士节操。用禅学思想抚平动荡年代的心灵创伤，再以庄子逍遥自由的道学思想作为外儒内佛的调和剂。三教人生哲学有机融合，共同完成人生与文学共荣的生命历程"。"吕本中现存1000多首诗歌中就有不少向往老庄逍遥思想的痕迹。据统计，诗中约引用《庄子》94次"，"诗人诗歌中如冰雪，鷦鷯，逍遥游，斤斧、御风而行，洴澼，云鹏，鲲鹏等这些物象均出自《庄子·逍遥游》"[⑤]。例如，《元日赠沈宗师四首》：

① 据江西师范大学2011年硕士学位论文《吕本中原本〈童蒙训〉研究》，《童蒙训》内容丰富，包含修身治学、论说诗文、为官处事等多方面的内容。《童蒙训》在流传的过程中，其中论为官处事的内容被剥离出来，编成《官箴》；论说诗文的内容被删削，大多散逸在各种诗话文献中，今人郭绍虞将其收集，编成《童蒙诗训》；论修身治学的内容被保留下来，成了今本《童蒙训》的内容。

② 王充闾著，《逍遥游庄子传·诗人咏庄》，北京：作家出版社2014年版，第393页。

③ 吕本中，《童蒙训》，文渊阁《四库全书》本，上海：上海古籍出版社1987年版。

④ 郭绍虞辑佚，《宋诗话辑佚》，北京：中华书局1980年版。

⑤ 李玲，《吕本中诗歌与儒释道思想》，《语文学刊》2014年第1期，第42-43页。

"君无绮纨气，我有冰雪容。""冰雪容"出自《逍遥游》："藐姑射之山，有神人居焉，肌肤若冰雪，绰约若处子。"《逍遥游》中"鹪鹩巢于深林，不过一枝；偃鼠饮河，不过满腹"之"鹪鹩"典故多次为诗人化用。例如，《呈愚上人》："一枝才足赋鹪鹩。"《两鹤行》："未忍学鹪鹩，裁求一枝换。"《和刑子坚韵》："鹪鹩所愿一枝足，鼯鼠从来五技穷。"又如，《再用前韵奉和》："自昔支离畏作官。""支离"语出《庄子·人间世》："夫支离其形者，犹足以养其身，终其天年，又况支离其德者乎？"以上所举皆说明吕本中对《庄子》一书极为熟悉和喜爱。吕本中确如前人所论，是一个将儒、释、道三教融会贯通的典型代表。

第五节　王之道对《庄子》思想的继承与偏离

王之道（1093—1169），字彦猷，号香山居士，安徽无为人，著有《相山集》三十卷，包括八百多首诗、一百多篇文章、一百八十五首词，可以说王之道是南宋时期一个多产作家。关于王之道的研究，主要集中在其诗词创作方面，其佛教思想次之，其道家思想研究则最为薄弱。就笔者所知，仅有两篇论文略有提及：一是《宋南渡士人的隐逸特征——以王之道为例》，文中对其"崇尚吏隐"有所论述[1]；二是硕士学位论文《王之道及其词研究》，文中对王之道崇尚"无为"的思想略有论述。[2]这两篇论文论述虽然极为简略，却为我们提供了理解王之道道家思想极为宝贵的材料。前者主要以《沈汤辅隐轩诗》为例进行了分析，后者则以《无为军淮西道院记》为例进行了分析。这两篇诗文比较典型地体现了王之道的道家思想倾向，体现了王之道对《庄子》思想的继承与偏离。本书对王之道与《庄子》的关系略加申述。

一、王之道对《庄子》隐逸思想的继承

虽然隐居并非从庄子开始，但庄子却聘的行为及其关于隐逸的理论产生了深远的影响。传统的隐逸观念就是隐而不仕，隐逸之士因其高洁的情

① 曹秀兰，《宋南渡士人的隐逸特征——以王之道为例》，《绥化学院学报》2013 年第 2 期，第 60-64 页。
② 池晓洁，《王之道及其词研究》，暨南大学 2013 年硕士学位论文。

操而被尊重，旧说孔子“高饿显而下禄隐”就是典型的代表。虽然后世不乏效法庄子却聘而绝意不仕之人，但庄子对后世隐逸观念的重要影响却是入仕。譬如，从《庄子》“古之所谓隐士者，非伏其身而弗见也，非闭其言而不出也，非藏其知而不发也”（《缮性》）一句，后世引申出了“朝隐”“中隐”“廷隐”“禄隐”等类似的主张。“朝隐”是汉代东方朔最早提出来的，所谓“宫殿中可以避世全身，何必深山之中，蒿庐之下”。“中隐”之说是白居易提出来的，他说：“大隐住朝市，小隐入丘樊。丘樊太冷落，朝市太嚣喧，不如作中隐，隐在留司官。”此后虽然不乏山林枯槁之士，但“隐”与“仕”的关系在很多追求善全之道的士大夫身上得到了协调，“隐于仕”的理论也日趋完善。王安石则提倡“禄隐”，并撰《禄隐》一文，阐发其积极用世之意。宋代无为学者王之道的隐逸理论亦颇具代表性。

王之道在《沈汤辅隐轩诗》中说：“小隐山林大朝市，夫子命轩良有意。仕途捷径固无取，泉石膏肓亦犹次。不知朝隐谁得之，我恐曼倩为近似。公卿百执各有职，岂容妄隐但弃位。古人禄仕所不免，意在全身近于智。庄周梅福此其流，吏隐之名可无愧。沈君有弟今休文，咳唾成章数千字。耻从举子事进取，逸韵高情寓吟醉。乃兄宦达方强仕，翠竹停鸾想风致。君侯才业伯仲间，退以求名名亦遂。方今尧舜理四海，岩穴弹冠求自试。朝廷既治群吏肃，保处堪为隐者地。不如市隐最得策，大胜山林自憔悴。花源缭绕转红绿，竹洞深沉入幽邃。我闻此风颇健羡，图成未可日月冀。他时傥作江西游，兄曰能来访予季。”（《相山集》）[①]诗中王之道提出了自己对于隐逸的主张——“市隐”。他既反对徒有虚名之隐，所谓“终南捷径固无取”，又反对弃官而隐居山林，弃官则荒废政务，居山林泉石间则太清苦。古人虽不免为禄而仕，但做官之时注意保全自己则是智慧。先秦的庄周、汉代的梅福皆为“隐”于“仕”者，可无愧于“吏隐”之名。现在圣人治国、政治清明，自然消弭了“仕”与“隐”的矛盾，因此他认为“隐于市最得策”。

王之道的隐逸理论既肯定了庄子隐逸以“全身”的动机，也肯定了庄

① （宋）王之道著，沈怀玉、凌波点校，《相山集》，北京：北京图书馆出版社 2006 年版。

子“吏隐”的做法。后人往往忽视庄子曾做过漆园吏的事实，而仅仅强调其“却聘”的做法，似乎反对做官是庄子毕生的追求。其实不然，庄子并没有将“仕”与“隐”绝对对立，庄子既不反对“仕”，也不反对“隐”，如何选择要视形势而定。此即所谓“当时命而大行乎天下，则反一无迹；不当时命而大穷乎天下，则深根宁极而待”（《缮性》）。王之道对庄子“吏隐”的肯定，显示了他对庄子处世原则的深刻理解。其“市隐”的理论无疑是对庄子“吏隐”做法的继承。

二、王之道对庄子“无为”思想的推崇与安徽民俗的描绘

王之道主要以一个佛教徒的身份为后人所知，故此学术界对王之道的道家思想关注较少，仅见池晓洁的硕士论文《王之道及其词研究》，此文依据《无为军淮西道院记》分析了王之道对“无为”思想的肯定和推崇。[①] 王之道对“无为”思想的论述主要见于其《无为军淮西道院记》一文中。“无为军”之命名取自黄老清静无为之义，淮西道院便坐落其中，王之道曾为其作记。《相山集·无为军淮西道院记》曰：

> 两淮之俗，从昔号淳厚，故其民重犯法而少斗讼。为长吏者诚能因其俗，以布政施教而不扰焉，家家可使和协辑睦，人人可使敦庞纯固，而乖争凌犯之诉不至于庭。得以暇日啸咏梅湖山之胜，从容宾僚之乐，把酒赋诗、围棋鼓琴以度朝夕，而民惟恐其去。不然，敝精神、竭智力以从事于簿书、刑狱，非特身不得须臾宁，而民亦困以病且贫，恨其去之不速。无为在淮右，地最僻左。盖大江注乎东南，巢湖渚其西北，群山环之，川流纬之。自太平兴国三年创建军垒以来，部使者以职事按临属部，虽过境上，亦往往惮其纡而罕至。民既淳朴畏事，二税之外间有催科，初不烦鞭朴，率先期告办，故前后郡太守苟不自为异，而与斯民安于清静者，类皆谈笑治之，因目之曰“淮西道院”。绍兴二十年春二月，赵侯若虚以帝室之英被命出镇，天性岂弟济以明敏，故其吏事一切务简肃以便民，而向之烦苛凡近于扰人者率皆革去，不

① 池晓洁，《王之道及其词研究》，暨南大学2013年硕士学位论文。

数月而民乐其政、服其教，囹圄为之空虚，日以无事。于是喟然叹曰：“无为之旧称道院，以今观之，名不虚得矣！而道院未建，殆阙典乎？”乃度厥材，乃鸠厥工，乃即郡治之西秋香亭壮其基址，宏其规模，为堂五间于其后，而前翼以修庑。三旬而成，不陋不侈，上下远近不知其有是役也。本路运使华原郑公政尚清净，嘉侯之能因其俗而不扰也，为书其额，榜以“淮西道院”。落成之日，民之来观者莫不欢欣踊跃，称赞于其下曰：“使君之意，是殆无事而使吾富乎，无欲而使吾朴乎，将昭示于无穷，而使后来者所遵乎？俾尔昌而大，俾尔耆而艾。斯言非矫诬也，所以报使君爱我之赐也。”予获寓是邦，窃闻其言，喜而书之。[①]

文中王之道介绍了自己作记的原因，描述了“无为军”民风朴实、吏治简肃的优良传统，流露出对道家无为思想的推崇之情。此文不仅表现了王之道的道家思想倾向，亦对安徽地域文化特色有描述之功。

三、王之道对儒、释、道关系的认识

王之道晚年对儒、释、道三家思想有过比较达观的分析，《庐州天庆观物产记》中开篇言：“世以儒、释、道为三教，名虽不同，其实无二。”（《相山集》卷 23）王之道对儒、释、道三教关系的论述，既是对前人调和儒道的继承，又有所突破，代表了宋代儒、释、道三教融合的最终完成，儒、释、道三教融合的产物就是后来的宋明理学。

第六节 程大昌的庄学研究

程大昌（1123—1195），字泰之，徽州休宁（今安徽黄山）人。南宋绍兴二十一年（1151 年）进士，博学多才，精于考证。程大昌与吴儆、程若庸、陈栎、倪士毅、朱升、赵汸、范准、汪循被誉为“休宁理学九贤”[②]，其中，程大昌名望最高。其著作主要有《禹贡论》《易原》《雍录》《易老通言》《考古编：庄子一》《演繁露》《北边备对》行于世。《演繁露》

① （宋）王之道著，沈怀玉、凌波点校，《〈相山集〉点校》，北京：北京图书馆出版社 2006 年版。
② 参考叶如强主编，《徽州文化知识读本》，合肥：黄山书社 2002 年版。

为其学术笔记。程大昌的庄学著作主要有《庄子后论》，收在《考古编》中，其庄学思想还见于其解老著作《易老通言》中。

一、程大昌对《庄子》的评价

程大昌对庄子思想的阐释有鲜明的儒学化倾向，体现了其儒道互补的思想特色。他通过阐释《逍遥游》的主旨表达了他对《庄子》内篇的理解。他认为《逍遥游》的“游”不是行为方面的，而是精神层面的，所谓“精神之运、心术之动，念虑所及”。所以，他认为《逍遥游》的主旨就是“化有入无”，“游而至于‘逍遥’，则意欲向而神已达”，即儒家所说的“从心不逾矩，而猖狂蹈大方”。他解释鸠鷃之与大鹏之区别在于二虫“不从‘格物’以求‘致知’”，而大鹏“躐‘善’‘信’而致‘美’‘大’”，优劣自现。然大鹏“曾不若列子谢弃形迹”“更为无著矣”。基于以上的理解，程大昌对《庄子》学说给予了崇高评价。他说：“得此说而通之，凡其寓言所向，虽精密荒唐，意绪不一，而要其归宿，瓦砾尘垢，无适而非至理也。”[①]他反对儒道对立的做法，认为“古今多罪周之诋訾尧、舜、孔子，则相与引绳排根，一切斥为异端，此为世立教者所当然也。然而‘虞仲夷逸，隐居放言，身中清，废中权’，尚且称于夫子。则周之所以自处者，清净无欲，而其所非弃者，又皆推见礼法败坏之自，而归诸‘见素抱朴’之域。其折衷轻重，别有深意，虽甚放其言，亦隐退疾邪者之常，不足多责也”。程大昌调和儒道，自以为得庄子哲学精髓。然而，如此理解虽自觉无碍，却与《逍遥游》本旨相乖。庄子“剽剥”儒家的高论不仅仅是其愤世嫉俗的产物，而是深刻领悟儒家学说先天不足的洞见。因此，程大昌对《庄子》的充分肯定还属于调和儒道的性质，不出苏轼、王安石等的窠臼。

程大昌对《庄子》散文的艺术也给予了崇高的评价，他说：“若夫语道之极，深见蕴奥，或时假设古人事为以发其欲言之心；肖写世间物象以达其难言之妙。凡鲁论周易微见其端者，至周而播敷展畅，焕乎其若有状可观，而有序可循，何可少也！”他认为《庄子》与“鲁论周易”没有实

---

① （宋）程大昌撰，刘尚荣校证，《考古编：续考古编》（卷六），北京：中华书局 2008 年版，第 92 页。

质区别，这又是其儒家思想的局限。

二、程大昌的庄学思想

1. 关于孟子和庄子互不道及的原因

“程大昌注意到了一个这样的事实：杨朱和墨子之学与儒家的仁义不相符合，便遭到了孟子猛烈的批判，而孔孟与老庄出生年代前后相继，老庄那些无所忌惮的言论，孔孟一定先后知道，但为什么不见与之辩驳的言辞呢？其原因可能是‘知其异者，无害于同也’（《易老通言》卷上），这是很有见地的看法。”[①]

2. 儒道关系论

程大昌曰：“大道之弧，是为德仁义礼，而德仁义礼皆函大道也。”“使其有合与道，则道无二致，安得而不相袭也？既不嫌于承袭，则亦何间于彼我也？”（《易老通言》卷上）程大昌不是完全抹杀儒道之别，而是取长补短，达到儒道互补的目的。他对儒道之差异认识深刻，且论述精辟，他说：“若乃老氏之高致，则有在矣。知道之奥而谈无，曲尽其妙，运器以道，而在有不局于有，凡六经主于纪迹而不暇究言者，此书实皆竭告也。”“六经明礼法，故其所书皆器也，而于道则略。”（《易老通言》卷上）因此，儒道正好互相补充。他说：“老氏言道于此特为详委，是以枝叶虽甚戾儒，而儒者不能不资其妙也。”“故天地所始，造化所起，道德所底，皆穷根极以畅达之，立等级以次比之，故儒之探妙资详者，非是则无即也。课其功用，岂独不戾于儒哉，是直儒伦之大助矣。”（《易老通言》卷上）儒学、道学、佛学糅合，最终宋代理学就产生了。

3.“无为”思想

程大昌的政治观，以“无为”思想为核心。程大昌的“无为”思想直接继承了《庄子》。在《庄子》中，“无为”与“自然”相通，与“人为”相对。程大昌在《考古编》卷五《舜论》中说：“惟察知事物情状，而循理以行，不自作为，斯以为‘无为’欤！”程大昌对“无为”的解释即特别强调“循理”，而反对“人为”。

① 刘固盛，《论宋元老学中的儒道合流思想》，《华中师范大学学报》2000 年第 1 期，第 101-107 页。

4.“隐逸”思想

除了“无为”思想外，程大昌的隐逸思想亦直接继承了《庄子》的隐逸理论。人们多据庄子却聘而认为庄子消极遁世，其实不然。庄子说：“当时命而大行乎天下，则反一无迹；不当时命而大穷乎天下，则深根宁极而待；此存身之道也。”（《缮性》）庄子处世的态度是两可的，即“当时命而大行乎天下”或“不当时命而大穷乎天下”，不是一味地拒绝出仕。程大昌继承庄子的处世态度，亦有类似的言论：“方其理不当作，则忘世自适，非独不异于野人，亦将不异于木石，无为之至矣。举世言行，苟有一善，则果于有行，如江河沛然，莫之御遏。则其作为，孰勇于是！”（《舜论》）程大昌论圣人的作为亦强调观察时机：若时机成熟，则“果于有行”；若“江河沛然，莫之御遏”，时机不成熟，则“忘世自适”“非独不异于野人，亦将不异于木石”，这就是所谓的“无为之至”。

综上所述，程大昌作为宋代理学家之一，其庄学研究具有融合儒、释、道三教的特色，其对庄子思想的理解虽有所偏离，却不排斥。这是理学家解庄的共同特色。

第七节　朱熹与《庄子》

朱熹（1130—1200），字元晦，号晦庵，徽州婺源人，是南宋著名的思想家，宋代理学之集大成者，主要著述有《四书章句集注》《周易本义》《楚辞集注》《诗集传》《晦庵词》等。后人编有《晦庵先生朱文公文集》《朱子语类》等。关于朱熹道家思想的研究主要有黄广琴的《朱熹的理学与道家、道教的关系》（《湘潭大学学报》1988 年第 3 期）、孙以楷的《朱熹与道家》（《文史哲》1992 年第 1 期）、崔大华的《庄学研究》（北京：人民出版社，1992 年版）有“庄子与宋明理学”一节、熊铁基的《从“存天理，灭人欲”看朱熹的道家思想》（《史学月刊》1999 年第 5 期）、孔令宏的《试论朱熹理一分殊思想的道家道教渊源》（《朱子学刊》2000 年第 1 期）、丁原明的《朱熹理学对道家、道教的援用》（《孔子研究》2002 年第 2 期）、孔令宏的《朱熹的科学思想与道家、道教》（《自然辩证法通讯》2002 年第 2 期）、张艳清的《从‘元晦’到‘不远复’——朱熹早期教育环境的道家影响》（《新疆师范大学学报》2003 年第 1 期）、熊铁基、刘固盛、刘韶军的《中国庄学史》（2003 年）有一节论“朱熹的庄学思想”、刘固盛的《朱熹论庄思想述析》（《孔子研究》2007 年第 2 期）、方勇的《庄子学史》（2008 年）有一节论“朱熹对庄子及历代庄子学的论说”、赵静的《朱熹生命观中的道家思想》（《绥化学院学报》2011 年第 5 期）等。

孙以楷的《朱熹与道家》认为：“道家哲学在朱熹理学的形成过程中具有重要作用。朱熹吸收并修订了被周敦颐儒化了的道教先天太极图和陈抟的无极图，在更高的程度上回复到‘无极而太极’，奠定其哲学的基石——有无统一的太极观。‘无极而太极’意即无形与有理的统一，这正是源自老子的无形而有物、有无相生的思想。在以气为化生万物的本原材料方面、在变化观方面，朱熹则明显受到庄子的影响。‘存天理、灭人欲’是朱熹理学的核心命题，这一命题的形成也得力于道家归根曰静的思想。”[①]可以说，朱熹对《庄子》的接受不受门户所限，对庄子有精深的研究，在很多方面都有独到的见解，兹从“朱熹理学对《庄子》的吸收”和“朱熹的庄学思想”两个方面进行论述。

一、朱熹理学对《庄子》的吸收

作为宋代理学的集大成者，朱熹对道家思想的吸收是服务于其理学的建构的。就其对《庄子》的吸收而言，主要有以下四个方面。

（一）“理”与“道”之关系

朱熹继承周敦颐、二程，兼采释、道各家思想，形成了一个庞大的哲学体系。这一体系的核心范畴是“理”，或称“道”“太极”。“道”是道家哲学的最高范畴，也是宇宙万物的本原。朱熹同样认为“道”是宇宙万物的本原，常存不灭。朱熹的主要贡献就是将道家的“道”与“理”相结合，确立了以“理”为本体的宇宙观。“太极只是一个理”（《朱子语类》卷一）[②]，“理也者，形而上之道也”（《朱熹集》卷 58《答

① 孙以楷，《朱熹与道家》，《文史哲》1992 年第 1 期，第 32-37 页。

②（宋）朱熹，《朱子语类》，北京：中华书局 1994 年版。本节所引《朱子语类》皆据此本。

黄道夫》）[①]。又说："道理也是一个有条理的物事，不是囫囵一物，如老庄所谓恍惚者。至于道，只是存心于所当为之理，而求至于所当为之地，非是欲将此心系在一物之上也。"（《朱子语类》卷34）朱熹反对把"道"或"理"当作一个具体的事物看待，与庄子对"道""无形无象"的理解是一致的。把"道"与"理"并提，最早见于《庄子》一书。《秋水》说："知道者必达于理。"《缮性》又说："道，理也。"朱熹以此为基础，打通了"道"与"理"，他说："道即理也。""道，即理也，以人所共由而言，则谓之道；以其各有条理而言，则谓之理。"[②]朱熹所谓的"理"有几方面互相联系的含义：①理是先于自然现象和社会现象的形而上者；②理是事物的规律；③理是伦理道德的基本准则。朱熹又称"理"为太极，是天地万物之理的总体，即总万理的那个理一。朱熹把"理"与"道"并用，在确立以"理"为核心的宇宙观体系的过程中，使"理"具有了同"道"一样的特质。朱熹"理一分殊"的观念虽明显取材于禅宗，但也受庄子"道无所不在"（《知北游》）、"道通为一"的影响。

（二）"理"与"欲"之关系

朱熹在庄子"天""人"之分的基础上提出了"理"与"欲"的对立。庄子有所谓的"天""人"之区分。庄子认为，人生一切的不幸都源于人的任意妄为。在《庄子》中，不合乎"道"的任意妄为就被称为"人"，反之则谓之"天"。庄子形象地说："牛马四足，是谓天；落马首，穿牛鼻，是谓人。"（《秋水》）意思是说，顺从事物本性的行为，就是"天"；违反事物本性的行为，就是"人"。因为万物的本性都来自"道"，都是善的，违反事物本性的行为就是对"道"的背叛，是应该否定的。因此，庄子主张"无以人灭天"（《秋水》）。庄子认为"天"与"人"虽然对立，然亦有相合的一面。最高的境界就是"天与人不相胜"（《大宗师》），也就是"工乎天而俍乎人"（《庚桑楚》）。朱熹既将"理"与"道"同，认为"理"是绝对的"善"，并将"天理"与"人欲"相对，强调"革尽人欲，复尽天理"。朱熹片面强调"理"与"欲"的对立，而忽视了庄子

① （宋）朱熹，《朱熹集》，成都：四川教育出版社1996年版。本节所引《朱熹集》皆据此本。

② （宋）朱熹，《朱熹集》，成都：四川教育出版社1996年版，第49页。

"天""人"相合的一面，在后世起了很不好的影响。更甚者，朱熹将儒家之"三纲""五常"上升为"理"，他说："宇宙之间，一理而已……其张之为三纲，其继之为五常，盖此理之流行，无所适而不在。"（《朱熹集·读大纪》）儒学一变而为儒教，即从此开始。

（三）"人"与"物"之关系

在老子的宇宙视野中，人虽重要却处于从属的地位。老子说："域中有四大，而人居其一焉。人法地，地法天，天法道，道法自然。"（《老子》25 章）庄子继承老子，也强调人对外物的态度不是"宰制"而是敬重和顺从。庄子强调"顺物自然"（《应帝王》）、"莫之为而常自然"（《缮性》）。在生死问题上，庄子认为，生死是人力所无法干预的客观规律，《至乐》篇说："察其始而本无生，非徒无生也，而本无形，非徒无形也，而本无气。杂乎芒芴之间，变而有气，气变而有形，形变而有生，今又变而之死，是相与为春秋冬夏四时行也。"（《至乐》）"人之生，气之聚也；聚则为生，散则为死"，"生也死之徒，死也生之始"，"若死生为徒，吾又何患？"（《知北游》）"何暇至于悦生而恶死？"（《人间世》）这都反映了庄子"生死齐一"的达观态度。朱熹对生死问题的态度深受上述思想影响。他在解释周敦颐的"原始反终，故知死生说"时说："能原其始而知所以生，则反其终，而后知所以死矣。"他又进一步说："有聚必有散，有生必有死，能原其始而知其聚而生，则必知其后散而死，能知其生也，得于气化之自然，初无精神寄寓于太虚之中，则知其死也，无气而俱寂，无复更有形尚留于冥漠之中，曰死，便是都散了。"[1]在他看来，人的"生"与"死"是气的"聚"与"散"而已。以气之聚散解释人的生死问题，与庄子的说法是一致的。深受道家影响的张载认为："存，吾顺事。没，吾宁也。"[2]朱熹也同样如此，他在解释孔子的"朝闻道，夕死可矣"时说："道者，事物当然之理，苟得闻之，则生顺死安，无复遗恨矣。"（《四书集注》）[3]"生顺死安"简直就是庄子的口吻。

---

① （宋）周敦颐，《周子全书》，石家庄：学苑出版社 1990 年版，第 1 页。
② （宋）张载，《张载集》，北京：中华书局 1979 年版。
③ （宋）朱熹，《四书集注》，北京：中华书局 1985 年版。

（四）虚静的功夫

道家在境界的提升上用“主静”的方法，老子说“清静可以为天下正”（《老子》45 章），提出“致虚极，守静笃”（《老子》16 章）的提升方法。庄子继承老子也认为虚静是体“道”的良方。庄子说：“夫虚静、恬淡、寂漠、无为者，天地之平而道德之至，故帝王、圣人休焉。”（《天道》）并进一步指出“静”的关键在内心，提出“心斋”“坐忘”的体道方法。受道家思想影响的周敦颐也主张虚静，说“圣，诚而已矣”“静无而动有”“无欲故静”，这些基本上都是道家的语言。张载也说“静为善之本，虚者静之本”。与周敦颐和张载一样，朱熹同样把“静坐”视为境界提升的方法。他说：“静，便养得根本深固，自可致远。”又说：“始学功夫须是静坐。静坐则本原定。虽不免逐物，及收归来也有个安顿处。”[1]朱熹同庄子一样把静视为成圣的一条便捷之道，并曾教弟子“半日静坐，半日读书”，其目的是通过“静坐”体认天理，最终达到超越身心、与理同一的生命境界。

二、朱熹的庄学思想

除了对庄子的借鉴和吸收，朱熹还有不少涉及《庄子》的言论，零星地收录在《朱子语类》中。关于朱熹的庄学思想，熊铁基等的《中国庄学史》从“与庄子相关的两个问题”“对《庄子》的理解和评价”“庄子与释道”“朱熹哲学与庄子”四个方面进行了总结。方勇先生的《庄子学史》有“朱熹对庄子及历代庄子学的论说”一节，包括“论庄子、孟子未曾互相‘道及’的原因”“论庄子与老子学说之差异”“论庄子与曾点气象之异同”“论庄子为佛教之所自出”“论《庄子》之思想内容与艺术特征”“论历代庄子学之得失”六个部分。此外，许多庄学著作和儒道比较的论著也有所涉及。综合前人的研究，本书从以下四个方面进行总结。

（一）对庄子的国籍的认定

关于庄子的故里，最早的记载是司马迁的《史记·老子伯夷列传》：

① （宋）朱熹，《朱子语类》，北京：中华书局 1994 年版，第 136、12 页。

“庄子者，蒙人也，名周。周尝为蒙漆园吏，与梁惠王、齐宣王同时。”[①]由于司马迁没有指明庄周故里蒙地所属的国籍，以致后来产生了种种不同的说法。西汉刘向说庄周是“宋之蒙人”（《别录》）[②]。班固亦持此观点，《汉书·艺文志》在著录《庄子》时标注庄子“名周，宋人”。[③]六朝时陈释智匠在其《古今乐录》中说：“庄周者，齐人也。”（《太平御览》卷571）[④]隋时则又有庄子为梁人说。《隋书·经籍志》注《庄子》为“梁漆园吏庄周撰”。[⑤]唐代陆德明在《经典释文·庄子序录》中也说庄周是“梁国蒙县人”。[⑥]宋代《太平寰宇记》云：“六国时，楚有蒙县，俗为小蒙城，即庄周之本邑。”（《太平寰宇记卷》12）[⑦]朱熹亦说：“庄子自是楚人。”（《朱子语类》卷125）

（二）对《庄子》的理解和评价

朱熹作为大儒，不受门户所限，对于庄子、庄学经常不自觉地流露出景仰之情，并毫不讳言其中有可取之处。其弟子囿于正统的偏见，不敢读《庄子》，但看到其前辈“二程”（程颢和程颐）赞扬庄子，不免有所困惑，遂就教于朱熹。朱熹曰：“‘君子不以人废言’，言有可取，安得而不取之？”（《朱子语类》卷97）朱熹对庄子的天道观、人性论等多持肯定态度。例如：

> 先生曰：“‘天其运乎，地其处乎，日月其争于所乎？孰主张是？孰维纲是？孰居无事而推行是？意者其有机缄而不得已邪？意者其运转而不能自止邪？云者为雨乎？雨者为云乎？孰隆施是？孰居无事淫乐而劝是？’先生这数语甚好，是他见得，方说到此，其才高。如《庄子·天下》篇言‘《诗》以道志，《书》以道事，《礼》以道行，《乐》以道和，《易》以道阴阳，《春

---

① （汉）司马迁撰，（南朝宋）裴骃集解，（唐）司马贞索隐，（唐）张守节正义，《史记》，上海：上海世纪出版股份有限公司、上海古籍出版社2011年版，第1653页。

② （汉）司马迁撰，（南朝宋）裴骃集解，（唐）司马贞索隐，（唐）张守节正义，《史记》，上海：上海古籍出版社2011年版，第1654页。

③ （汉）班固撰，（唐）颜师古注，《汉书艺文志》，北京：商务印书馆1955年版，第26页。

④ （宋）李昉等撰，《太平御览》，北京：中华书局1960年版，第2583页。

⑤ （唐）长孙无忌等撰，《隋书经籍志》，北京：中华书局1985年版，第67页。

⑥ （清）郭庆藩撰，王孝鱼点校，《庄子集释》，北京：中华书局1961年版。

⑦ （宋）乐史撰，《宋本太平寰宇记》，北京：中华书局1999年版影印本，第61页。

秋》以道名分'，若见不分晓，焉敢如此道！”（《朱子语类》卷125）

朱熹对他的弟子讲论《庄子·养生主》，论至庖丁解牛“恢恢乎其于游刃必有余地”时说：“理之得名以此。”（《朱子语类》卷125）朱熹对《庄子》“嗜欲深者，天机浅”评曰：“此语甚的当，不可尽以为虚无之论而妄訾之也。”（《朱子语类》卷97）庄子有“有机械者，必有机事；有机事者，必有机心。机心存于胸中，则纯白不备；纯白不备，则神生不定；神生不定者，道之所不载也”（《天地》）。朱熹引用来评论世事，他说：“看此等书，机关熟了，少间都坏了心术。庄子有云，‘有机械者必有机事，有机事必有机心，则纯白不备。纯白不备者，道之所不载也’。今浙中此二书极其推尊，是理会不得。”（《朱子语类》卷123）

出于门户之见，朱熹对庄子的人生哲学则多否定。例如，朱熹认为庄子所向往或形容的超世的生活情态，“若曰旁日月、挟宇宙、挥斥八极、神气不变者，是乃庄生之荒唐”（《朱子语类》卷125）；指斥庄子“为善无近名，为恶无近刑”为“不论义理，专计利害”的“乡愿”，“贼德之尤者”（《朱熹集》卷67《养生主说》）；抨击庄子否认和逃避君臣之义的固有责任和义务是“为我无君，禽兽食人之邪说”（《朱熹集》卷82《跋宋君忠嘉集》，卷71《极林黄中辨易西铭》）；认为庄子的“无为”为“什么都不做了”，他说：“老子犹要做事在，庄子都不要做了。”（《朱子语类》卷125）

（三）关于庄子的比较研究

1. 庄子与孟子、杨墨

庄子与孟子大致同时，二人又为道家、儒家重要的代表人物，且二人对诸子的批驳都不遗余力，为什么他们之间没有互相提及呢？朱熹对此问题的回答是“庄子当时也无人宗之，他只在僻处自说，然亦只是杨朱之学。但杨氏说的大了，故孟子力排之。孟子不辟老庄而辟杨墨，杨墨即老庄也。……杨朱即老子弟子，人言孟子不辟老氏，不知但辟杨墨，则老庄在其中矣”（《朱子语类》卷125）。朱熹认为孟子与庄子“互不道及”的另一个原因是活动地域的不同。他说：“孟子平生足迹只齐、鲁、滕、宋、大梁之间，不曾过大梁之南。庄子自是楚人，想见声闻不相接。”“庄子去孟子不远，其说不及孟子者，亦是不相闻……庄子生于蒙，在淮西间。孟子只往来齐、宋、邹、鲁，以至于梁而止，不至于南。”（《朱子语类》卷 125）朱熹对庄子与孟子“互不道及”的疑案的回答虽不圆满，却间接反映了朱熹对庄子与杨墨学术性质相近、孟子、庄子活跃的地域不同之认识。庄子与孟子“互不道及”的问题至今仍未圆满解决。

2. 庄子与老子

自汉初《淮南子·要略》作者以老、庄并称以来，人们每将庄子与老子相提并论，认为庄子的学说就是对老子学说的直接传承与发展。虽然朱熹也承认庄子对老子的继承性（《朱子语类》卷 125），如说老子开“厌一世之纷拏，畏一身之祸害，耽空寂以求全身于乱世”之端，而“列御寇、庄周、杨朱之徒和之”（《朱子语类》卷 125）。但他又认为，庄子和老子毕竟有很多的差异，例如：

> 老子之学，大抵以虚静无为、冲退自守为事……若曰“旁日月，挟宇宙，挥斥八极，神气不变”者，是乃庄生之荒唐……非老子之意也。（《朱子语类》卷 125）

> 老子则自守个规模子去做，到得庄子出来，将他那窠窟尽底掀翻了，故他自以为一家。老子极劳攘，庄子较平易。（《朱子语类》卷 63）

> 老子犹要做事在。庄子都不要做了，又却说道他会做，只是不肯做……老子极劳攘，庄子得些，只地乖。庄子跌荡。老子收敛，齐脚敛手；庄子却将许多道理掀翻说，不拘绳墨。（《朱子语类》卷 125）

> 庄子说得较开阔，较高远，然却较虚，走了老子意思。若在老子当时看来，也不甚喜他如此说。（《朱子语类》卷 125）

在朱熹看来，庄子和老子存在很多不同。对此不同，朱熹并没有展开论述，只是点到为止，还属于较感性的认识。当然，他的理解未必恰当。对于庄子学说的源头，朱熹甚至还有“得孔门之徒”的猜测。他说：

> 庄子，不知他何所传授，却自见得道体……度亦须承接得孔门之徒，源流有自。（《朱子语类》卷 16）

早在唐代，韩愈也提出过类似的说法。韩愈在《送王秀才序》中曾破天荒地提出了所谓“盖子夏之学，其后有田子方，子方之后流而为庄周”[①]的说法，认为庄周之学当出于儒家。可见，韩愈调和儒道的做法为朱熹所继承。

3. 庄子与曾点

朱熹对庄子与曾点也有约略的比较。他说：“曾点意思，与庄周相似，只不至如此跌荡。”（《朱子语类》卷 40）相似在何处呢？朱熹认为，曾点“咏而归”之叹有洒脱无为的意思，但不及庄子“跌荡”。庄子的“跌荡”表现出出世主义的思想倾向，而曾点则“看见日用之间，莫非天理，在在处处，莫非可乐，他自见得那‘春服既成，冠者五六人，童子六七人，浴乎沂，风乎舞雩，泳而归’处，此是可乐天理”（《朱子语类》卷 40）。曾点也有庄子“妻死，鼓盆而歌”的类似行为，他说：“观季武子死，曾点倚其门而歌。他虽未是好人，然人死而歌，是甚道理！此便有些庄老意思。”（《朱子语类》卷 40）在比较中，朱熹对此二人做出了道德评价，他说：“曾皙被他见得高，下面许多事皆所不屑为，到他说时，便都恁地洒脱。……曾皙末流便会成庄老。”（《朱子语类》卷 28）朱熹的这些说法，都表现了他作为儒家的鲜明立场。

4. 庄学与道教

道家与道教历来纠结在一起，有时用道家兼称道教或者用道教包含道家。总之，除非有专门研究，在一般人眼里，道家与道教很难说得清。朱熹不仅严格区分了道家和道教，而且“准确地指出，从道家到道教，经历了一个复杂的异化过程”[②]。对于道家老庄，朱熹虽有批评，但对其肯定是经常的。但对于道教，朱熹则给予全面批评。他说：“今极卑陋是道士，许多说话全乱道。”（《朱子语类》卷 125）朱熹不仅对道教展开了猛烈攻击，而且还分析了道教虚妄不实的原因。他说：

> 老氏初只是清净无为。清净无为，却带出长生不死。后来却只说得长生不死一项。如今恰成个巫祝，专只理会厌禳祈祷。这自经两节便了。（《朱子语类》卷 125）

---

① （唐）韩愈著，钱仲联、马茂元校点，《韩愈全集》，上海：上海古籍出版社 1997 年版，第 212 页。

② 熊铁基、刘固盛等著，《中国庄学史》，长沙：湖南人民出版社 2003 年版，第 397 页。

道家的本意是讲清静无为，但其中所夹杂的“长生久视之道”被道教片面吸收，乃至道教专讲神仙方术了。这就是道教错谬之处，也是道教与道家的分水岭。朱熹的论述，对于今天正确理解道家与道教的关系仍然大有裨益。

5. 庄学与佛教

佛教作为外来宗教，能够融入中国文化中，且居儒、释、道三教之一，实在与魏晋南北朝时庄子学的鼓荡有关，与佛教吸取庄子学成果关系甚大。对此，朱熹有颇多精到的论述。他说：

> 后汉明帝时，佛始入中国。当时楚王英最好之，然都不晓其说。直至晋宋间，其教渐盛，然当时文字亦只是将庄老之说来铺张，如远师诸论，皆成片净是老庄意思。
>
> 至于佛徒，其初亦只是以老庄之言驾说尔。如远法师文字与肇论之类，皆成片用老庄之意。
>
> 后来是达摩过来，初见梁武，武帝不晓其说，只从事于因果，遂去面壁九年。只说人心至善，即此便是，不要辛苦修行；又有人取庄老之说从而附益之，所以其说益精妙。（《朱子语类》卷 126）
>
> 释氏有一种低底，如梁武帝是得其低底。彼初入中国，也未在。后来到中国，却窃取老庄之徒许多说话，见得尽高。（《朱子语类》卷 125）
>
> 道之在天下，一人说取一般。禅家最说得高妙去，盖自老庄来，说得道自是一般物事，阒阒在天地间。（《朱子语类》卷 126）

朱熹关于庄子与佛教关系的论述，是很有见地的。

佛教与庄学到底有哪些相通或不同呢？对此，朱熹在与弟子交谈时常有论及。例如：

> 大率异端皆是遁世高尚底人，素隐行怪之人，其流为佛老……子桑子死，琴张吊其丧而歌，是不以生死芥蒂，便如释氏。（《朱子语类》卷 29）

这是论佛与庄老之同——“遁世高尚”“不以生死芥蒂”。

对于佛教与庄老的不同之处，朱熹论道：

> 庄老绝灭义理，未尽至。佛则人伦灭尽，至禅则义理灭尽。

（《朱子语类》卷 126）

禅学最害道。庄老于义理绝灭犹未尽。佛则人伦已坏。至禅，则又从头将许多义理扫灭无余。以此言之，禅最为害之深者……要其实则一耳。害未有不由浅而深者。（《朱子语类》卷 126）

朱熹认为，庄老与佛教在灭绝义理方面本质相同，只是程度不同而已。因此，其危害也有程度上的不同，禅宗危害最大。在朱熹眼里，“佛老之学，不待深辨而明，只是废三纲五常，这一事已是极大罪名”（《朱子语类》卷 126）。

（四）论《庄子》之艺术特征

除以上所论朱熹对《庄子》思想内容的理解、评价之外，朱熹还对《庄子》行文给予简洁扼要的评论，开宋代《庄子》散文评点之先河，比林希逸的《庄子鬳斋口义》早约 60 年，“这对后来的理学家林希逸著《庄子口义》当是有一定积极影响的”[①]。朱熹对《庄子》散文的评点是零散的，散见于其日常谈话之中，主要收录于《朱子语类》中。朱熹的《庄子》评点主要有以下几方面的内容。

1. 关于语体风格

《庄子》文章“有韵处多”。（《朱子语类》卷 87）

2. 关于寓言体裁

庄子说颜子“坐忘”，是他乱说。（《朱子语类》卷 45）

《庄子》载子桑户、孟子反、子琴张事……是寓言，未足凭。（《朱子语类》卷 40）

3. 关于现实主义创作方法

庄周、荀况之言，屈平之赋……犹皆先有其实，而后托之于言。（《朱熹集·读唐志》）

4. 关于《庄子》散文的语言特色

庄子文章只信口流出，煞高……庄子全写《列子》，又变得峻奇……庄周是个大秀才……将许多道理掀翻说，不拘绳墨。（《朱

① 方勇，《庄子学史》，北京：人民出版社 2008 年版，第 292 页。

子语类》卷 125）

由今观之，《庄子》此数篇亦甚鄙俚。（《朱子语类》卷 139）

（五）论历代庄子学之得失

1. 有对历代庄子学的总评

《庄》《老》二书解注者甚多，竟无一人说得他本义出，只据他臆说。（《朱子语类》卷 125）

2. 有对魏晋南北朝庄子学特点及原因的分析

自晋以来，解经者却改变得不同，如王弼、郭象辈是也。汉儒解经，依经演绎，晋人则不然，舍经而自作文。（《朱子语类》卷 67）

看郭象解《庄子》，有不可晓处。后得吕吉甫解看，却有说得文义的当者。（《朱子语类》卷 78）

问："晋宋时人多说庄、老，然恐其未足以尽庄、老之实说。"曰："当时诸公只是借他言语来，盖覆那灭弃礼法之行尔。据其心下污浊纷扰如此，如何理会得庄老底意思！"（《朱子语类》卷 137）

3. 对于隋唐学者的庄子观，朱熹也每每予以评说

庄子之意……乃贼德之尤者。所以清谈盛而晋俗衰，盖其势有所必至。而王通犹以为非老、庄之罪，则吾不能识其何说也。（《朱熹集·养生主说》）

4. 朱熹对宋代庄子学多有论说

朱熹对宋代的庄子学更为熟悉，他在批评郭象《庄子注》的同时，曾以赞赏的口气说："得吕吉甫解看，却有说得文义的当者。"（《朱子语类》卷 78）这说明吕惠卿《庄子义》以儒解庄的做法颇合朱熹的口味，体现了宋代庄子学儒学化的基本思想倾向。同时，朱熹又相当高地评价了以苏轼为代表的许多宋代学者在《庄子》篇章真伪考辨方面的结论，认为其"论《庄子》三四篇讥议夫子处，以为绝非庄子之书，乃是后人截断《庄子》本文搀入，此其考据甚精密"（《朱子语类》卷 139）。

朱熹对理学先辈的庄子学颇多论述，如论邵雍说：

问："程子谓康节'空中楼阁'。"曰："是四通八达。庄子必康节亦仿佛相似。"（《朱子语类》卷100）

今之道家，只是驰骛于外，安识所谓"载魄守一，能勿离乎"！康节云"老子得《易》之体，孟子得《易》之用。"康节之学，意思微似庄、老。（《朱子语类》卷87）

《太玄》之说，只是老、庄。康节深取之者，以其书亦挨旁阴阳消长来说道理。（《朱子语类》卷67）

论程门高第谢良佐说：

"子在齐闻《韶》，学之三月，不知肉味。"上蔡只要说得泊然处，便有些庄、老。（《朱子语类》卷34）

朱熹认为谢良佐对儒学的阐释有严重的道家化倾向，扬时（世称龟山先生）亦如此。朱熹说："龟山先生未见伊川时，先去看庄、列等文字。后来虽见伊川，然而此念熟了，不觉时发出来。"（《朱子语类》卷110）

综上所述，朱熹对庄子的接受也是有选择的，是基于其儒家的立场和需要，他对庄子的理解是以儒解庄的典型。正如他回答弟子时所说："自有所主，则读之何害？要在识其意所以异于圣人者如何尔。"（《朱子语类》卷97）正是因为朱熹以他独特的理学思想来评价历代庄学，才得出了"《庄》《老》二书解注者甚多，竟无一人说得他本义出，只据他臆说"的结论。

第八节　方回的《庄子无极辨》

方回（1227—1307），宋末元初徽州歙县（今属安徽）人，字万里，一字团甫，号虚谷，一号阳山人。著有《桐江集》4卷、《桐江续集》36卷、《续古今考》37卷、《瀛奎律髓》49卷、《虚谷闲抄》1卷、《读易释疑》等。方回的庄学研究主要见于《桐江集》中《庄子无极辨》一文，今李修生主编《全元文》收录。

方回《庄子无极辨》主要辨析了道家老子、庄子之"无极"的含义与周敦颐"无极"说之异同，方回站在儒家的立场上，为周敦颐的理学进行辩护，对道家老子、庄子给予批评。具体来说，方回的庄学观主要有以下几个方面内容。

一、方回对《庄子》“无极”含义的理解

方回认为《庄子》中的“无极”就是“无所终穷”的意思，并举《庄子》文中三例加以说明，即“天之苍苍，其正色耶，其远而无所至极邪”；“大而无当，往而不返，吾鷩怖其言，犹河汉而无极也”；“孰能登天游雾，扰挑无极”。除方回所举之例外，《庄子》中还有几处这样的用法，足以说明方回的解释是符合《庄子》本义的。例如，“广成子曰：‘来！余语女。彼其物无穷，而人皆以为有终；彼其物无测，而人皆以为有极。……入无穷之门，以游无极之野。’”（《在宥》）汤问棘曰：“上下四方有极乎？”棘曰：“无极之外，复无极也。”（《逍遥游》）以上所举，都说明《庄子》中的“无极”是无限之意，即方回所说“无所终穷”的意思。

二、老、庄关系论

（一）庄子与老子关于“无极”的含义之比较

方回认为《庄子》中的“无极”就是“无所终穷”的意思，“此语此意，迥与老子不同”。[①]“‘无极’二字，见于老子者一”，《老子》第28章曰：“知其雄，守其雌，为天下溪。为天下溪，恒德不离，复归于婴儿。知其白，守其黑，为天下式。为天下式，恒德不忒，复归于无极。知其荣，守其辱，为天下谷。为天下谷，恒德乃足，复归于朴。朴散则为器；圣人用之，则为官长，故大制不割。”对老子之“无极”方回解释说：“老子之所谓无极，前曰‘婴儿’，而后曰‘朴’，举三者而并言，吾尝析其说：以为婴儿者人之初，虽生矣，犹混沌也，未智也。无极者天之初，虽形矣，犹混沌也，未散也。朴者地之初，虽块然矣，犹混沌也，未雕也。老子欲夫人谦冲退托以下人，复返于未智、未散、未雕之初，三言一意。”方回对《老子》“无极”含义的理解是对的。《庄子》之“无极”与《老子》之“无极”确实含义不同。方回的理解是恰当的。

① 李修生主编，《全元文》（卷219），南京：江苏古籍出版社2000年版。

（二）《庄子》对《老子》的继承与发展

方回认为，《庄子》对《老子》既有继承又有发展，他说："至于庄子得老子之意而肆为怪诞，其论道曰神鬼神帝、生天生地，在太极之先而不为高，在六极之下而不为深，先天地生而不为久，长于上古而不为老。将以广乎老子有物混成之言，而迂阔支离如此。"他认为《庄子》在思想内容方面是继承《老子》的，所谓"庄子得老子之意"；但风格有所不同，即所谓"肆为怪诞""迂阔支离"。可见，方回对庄子散文的艺术评价不高。

三、道家老庄之学与周敦颐理学之异同

方回认为，老庄"无极"的含义与周子（周敦颐）"无极"的含义不同。他说："吾周子所谓无极者，乃无形而有理，有理而无形，与庄子、老子之旨，迥乎其不相侔。而崛强虚骄之晚生，诬我周子为希夷氏之人，故不得已也而辨之云。"方回辨析老、庄"无极"含义与周子之异同目的在于将周子之学与老子、庄子之学区别开来。所谓"希夷氏"，是指北宋著名的道家学者陈抟，陈抟赐号"希夷先生"。周敦颐作为理学之祖，其学术思想兼容并包，于道家学说吸收颇多。因而周敦颐被认为是道家之人，即方回所说的"希夷氏之人"。方回的辩驳有一定道理，周敦颐所说"太极"的确不同于老子、庄子笔下的"太极"。但这并不能证明周敦颐没有取资于老庄之学。周敦颐的"太极"其实就是老子、庄子之"道"，"太极"与"道"异名同实，都是指万物的本原，虽无形，却真实存在。此一概念范畴就是周敦颐受道家影响的明证。不仅如此，"太极"的名称亦从《庄子》中"道"的绝对超越性而来。庄子说："夫道，有情有信，无为无形；可传而不可受，可得而不可见；自本自根，未有天地，自古以固存；神鬼神帝，生天生地；在太极之上而不为高，在六极之下而不为深；先天地生而不为久；长于上古而不为老。"（《大宗师》）方回仅看到周子之学与老庄表面上的差异，却没有看到周子之学与老庄之学实质上的相通。

第九节　元代庄学衰落的原因

元朝（1271—1368）是由蒙古族建立的王朝，定都大都（今北京）。

对于元朝的起讫，学术界有不同的观点。《全元文·前言》说："元，是中国古代蒙古族建立的王朝。一般史书以元世祖至元十三年（1276 年）灭宋，或以至元十六年统一全国，迄元顺帝出亡、明朝建元（1368 年），称元朝。韩儒林先生主编《元朝史》，则以成吉思汗建蒙古国，迄元顺帝出亡（1206—1368），称元朝。"[①]1271 年，忽必烈取《周易》"大哉乾元"之意改国号为"大元"。笔者取这一年为元朝的开始。1368 年，朱元璋建立明朝，元朝结束。

元代庄学研究最为贫乏，在笔者统计的 577 位庄学家中，元代仅有 8 人。元代庄学给我们的印象确如前人所言："元代似乎就是一个文化的蛮荒时代，元人没有文化，学术衰微。元代是中国文化发展史上的低谷。"[②]整个元代学术不彰已是学术界的共识，对其原因，前人已有多种推测。《全元文·前言》说，元代文化"总体评价方面就存在歧义，或认为元代步南宋后尘，进一步推行理学，阻碍乃至窒息了中国文化的发展；或认为蒙古人入主中原以前尚无文字，文化极其落后，入主中原以后，又实行民族压迫，压抑了汉文化的进一步发展；或认为元代历史短，皇室之争很激烈，各种矛盾此长彼消，经济发展始终未出现高峰，文化也不能有很高发展；但也有人认为元代的文学、史学、哲学、艺术、科技都很发达，文化成就居世界领先地位；还有人认为元代是中国封建文化发展史上的第三次高潮。众说纷纭，莫衷一是"[③]。有人断言："统治者尚武轻文，文化落后，知识贫乏，整个民族的文化素质越来越低劣。元代是中国文化史上学术思想沦入最沉闷最黑暗的时期。"[④]查洪德不同意这种看法，认为元代文化贫乏由文化偏见所致，认为："早在 20 世纪初，著名史学家陈垣就明确指出，明人有意贬低元代文化，他为此而大为不平。""要客观认识元代，必须清除这些偏见。"并分析说，元代文学的第一个特点就是"文倡于下"，"倡于下，缺乏看得见的辉煌，但学术文化不一定衰微，文人不会停止他们的思考，反倒因为没有官方意志的强力干预，自由思考更能得出可贵的结论。

① 李修生主编，《全元文》，南京：江苏古籍出版社 1998 年版。
② 查洪德，《元代学术环境与元代诗学的学术品格》，《北方论丛》2014 年第 6 期，第 38-49 页。
③ 李修生主编，《全元文·前言》，南京：江苏古籍出版社 1998 年版，第 5 页。
④ 蔡镇楚，《中国诗话史》，长沙：湖南文艺出版社 1988 年版。

'倡于上'的时代，如宋代，其著述彰显于世，其学者声名著称于世，其成就易于为当时和后世认识；倡于下，少有标志性著述，学者也少有显赫声名，故其成就不易为人认识，这就需要后人去发掘"。同时，查洪德也承认，元人"乐于读书而懒于著述"。[①]还有人将原因归于研究的方法上，如在著作朝代归属上，认为学术界对元代异族统治的抵触，多有将宋与元、元与明之间的成果归于宋代或明代的做法。查洪德在《元代文学研究的困境和出路》中说："我们的前辈学者在对元代文学的认识上，确实存在一些偏失。仅从文献角度说，起码存在两方面的问题，一是将元代文学文献划归其他朝代，二是在未作深入发掘整理的情况下作出论断。"[②]还有人说："至于《书目》中的元朝书目较少问题，则显然与元朝存在时间较短及统治者对汉文化的压制有关。"[③]

对于元代庄学贫乏的原因，仅见以下两种解释。一是认为学术文化的兴盛与统治阶级的态度有关，而元代道家道教不受重视，这是道家学术荒凉的主要原因。《元史》中说："释、老之教，行乎中国也，千数百年，而其盛衰，每系乎时君之好恶。是故，佛于晋、宋、梁、陈，黄、老于汉、魏、唐、宋，而其效可睹矣。元兴，崇尚释氏，而帝师之盛，尤不可与古昔同语。维道家方士之流，假祷祠之说，乘时以起，曾不及其十一焉。"（《元史·释老传》）[④]与对道家的态度相反，元代统治者对儒家却尊信有加。"著名作家、理学家虞集说：'群经、四书之说，自朱子折衷定论，学者传之，我国家尊信共学，而讲诵接受，必以是为则，而天下之学皆朱子之书。'（《道园学古录·考亭书院重建文公祠堂记》）又说：'而朱氏诸书，定为国是，学者尊信，无敢疑二。'（《道园学古录·跋济宁李璋所刻九经四书》）。这就使程朱理学成为元代官方学术，'而曲学异说，悉罢黜之'（苏天爵《滋溪文稿·伊洛渊源录序》），确立了理学的思想统治地位，一直延续到清代。在某种意义上说，元代定程朱理学为一尊，相似于汉武帝罢黜百家，独尊儒学，影响十分深远。""元王朝统治者从

① 查洪德，《元代学术环境与元代诗学的学术品格》，《北方论丛》2014 年第 6 期，第 38-49 页。
② 查洪德，《元代文学研究的困境和出路》，《民族文学研究》2006 年第 3 期，第 38-44 页。
③ 杨晓艳，《从〈安徽文献书目〉看皖人著述》，《淮北煤师院学报》2002 年第 23 卷第 2 期，第 140-141 页。
④（明）宋濂等撰，《元史》，北京：中华书局 1976 年版，第 4517 页。

接受儒学到独尊理学，从根本上说是为了统治的需要，忽必烈未即帝位之前，就承认三纲五常是‘人道之端，孰大于此。失此则无以立于世矣’（《元史·窦默传》）。仁宗爱育黎拔力八达曾举起拳头对臣下说：‘所重乎儒者，为其握持纲常，如此其固也。’”（《元史·李孟传》）[①]这可备一说。

鉴于以上猜测的种种原因，笔者尽量搜集元代安徽的庄学研究资料，结果仅得一处，陈栎的《庄子节注》。

第十节　陈栎的《庄子节注》

陈栎（1252—1334），字寿翁，休宁（今属安徽）人，元代新安理学最重要的代表人物之一，自号东阜老人，学者称“定宇先生”。据《元史·儒学传》记载，陈栎之学，以朱熹为宗，著有《四书发明》《书集传纂疏》《礼记集义》等书，“凡诸儒之说有违于朱熹者，则刊去之；其微辞隐义则引伸之；其所未备者，则补充之。于是朱熹之说大明于世”[②]。《四库全书总目提要》还提到陈栎的《尔雅翼》并其节本，《四库全书总目提要·尔雅翼》中称：“后陈栎删削其书，别为节本，谓其‘好处可以广人之识见处偲多，可恨处牵引失其精当者不少。内引三百篇之《诗》处多不是’云云。……今愿书流传不朽，而栎之节本片字无存。”[③]其实，陈栎不仅曾著有《尔雅翼》节本，陈栎还有《春秋三传节注》《老子节注》《庄子节注》等。据四库馆臣所说“栎之节本片字无存”，陈栎之《庄子节本》想必也已亡佚，其庄学思想也就无由探究。从其师事朱熹来看，陈栎想必也是以儒解庄者之一。

虽然陈栎独主一家，但其学术视野极为广博，揭傒斯志其墓谓陈栎“贯穿古今，罗络上下，以有功于圣人”。汪古逸在其《行状略》中亦称，先生“于书无所不读，然则一一反复研究，必领其要而后已”。[④]陈栎既有《老子节注》《庄子节注》等著作传世，想必对老庄著作亦有精深的研究。其

① 邓绍基，《元代文学史》，北京：人民文学出版社 1991 年版，第 16、17 页。
②（明）宋濂等撰，《元史》，北京：中华书局 1976 年版，第 96 页。
③（清）永瑢等编著，《四库全书总目》，北京：中华书局 1965 年版。
④（元）陈栎，《定宇集》卷 17，台北：台湾商务印书馆 1986 年版。

《勤有堂随录》中说："夷坚志乃容斋洪景庐（迈，又号野处，谥文敏公）借以演史笔虚诞荒幻，明明如此。今谓庄列为虚诞荒幻而废之可乎？"①他对《庄子》的肯定可见一斑。对道家《庄子》，陈栎积极吸取其思想，其论"人物死生始终之理"时说："天地间万形，皆自无而变为有，自有而变为无。物之稚者，自无变有而来；物之老者，自有变无而去。来，生也，至而伸也；去，死也，返而归也。此八字括尽人物死生始终之理。"①关于"无"及其与"有"的辩证关系，本是道家哲学的专用术语和研究内容。用"有""无"来解释生死的过程，更是《庄子》书中多次论述的内容。《庄子·至乐》"庄子妻死"段末曰："察其始而本无生，非徒无生也而本无形，非徒无形也而本无气。杂乎芒芴之间，变而有气，气变而有形，形变而有生，今又变而之死，是相与为春秋冬夏四时行也。人且偃然寝于巨室，而我噭噭然随而哭之，自以为不通乎命，故止之。"庄子认为人的一生就是从"无形"到"有形"再到"无形"的过程。不仅人生如此，一切生物亦皆如此，"夫昭昭生于冥冥，有伦生于无形，精神生于道，形本生于精，而万物以形相生"（《知北游》），"有乎生，有乎死，有乎出，有乎入，入出而无见其形，是谓天门。——天门者，无有也"（《庚桑楚》）。儒家重实际，轻玄虚，关注"有"而罕言"无"。陈栎上面一段话，则明显受道家《庄子》一书的影响而加以融会贯通。

第十一节　其他安徽庄学接受简介

一、欧阳修与《庄子》

欧阳修（1007—1072），字永叔，号醉翁，六一居士，吉州永丰（今江西吉安）人。北宋著名政治家、文学家。庆历五年（1045 年），革新派相继被贬，欧阳修上书分辩，被贬为滁州（今安徽滁州）太守，后又改知扬州、颍州（今安徽阜阳）、应天府。治平四年到熙宁元年（1067—1068）还曾出职亳州。神宗熙宁四年（1073 年），以太子少师的身份辞职，居颍州（今安徽阜阳），次年在家中逝世，享年 66 岁。欧阳修虽非安徽籍学者，

① （元）陈栎著，王云伍主编，《勤有堂随录》，上海：商务印书馆 1935 年版，第 4 页。

但其一生与安徽联系密切，且终老安徽，他亦自视为安徽人。在其《再至汝阴三绝》中说：“十载荣华贪国宠，一生忧患损天真。颍人莫怪归来晚，新向君前乞得身。黄栗留鸣桑葚美，紫樱桃熟麦风凉。朱轮昔愧无遗爱，白首重来似故乡。”[1]其突出成就多出自安徽任职时期。在滁州，欧阳修写下了不朽名篇《醉翁亭记》。《六一诗话》是六一居士“退居汝阴，而集以资闲谈也”（《六一诗话》序）。汝阴，今安徽合肥市。《六一诗话》是中国最早的诗话，开后代诗歌理论著作新体裁之先河。

欧阳修早年以维护儒家思想、力斥佛道二教而著称，但晚年其人生观、宗教观发生了很大变化，渐渐远佛亲道，终至出儒入道。究其原因，既有仕途失意的打击，亦有地域文化的影响。有人研究认为：“欧阳修庆历后期问道，已经有一些以道济儒倾向，到了治平、熙宁年间他出知亳州时，亳州的‘仙乡’文化遗产，无疑加速了他脱儒入道的进程……欧阳修在亳州感受到他与道教的缘分，他不仅邀见许昌龄畅谈道术，而且一再思考道教的各种问题。亳州的地域文化触动了他一贯远亲佛道的情绪，个人精神倾向在恰当的时空机缘中得到了启示，成为欧阳修思想大方向转变的契机。”[2]《宋朝事实类苑》卷四十四“许昌龄”条说：“治平中，许昌龄者，安世诸父，早得神仙术，杖策来居，天下倾焉。后游太清宫，时欧阳文忠公守亳社。公生平不肯信老、佛，闻之，邀至州舍，与语，豁然有悟。”[3]《避暑录话》载：“欧阳文忠公……晚罢政事，守亳，将老矣，更罹忧患，遂有超然物外之志。”[4]对于道教，欧阳修经过了深思熟虑和深入研究，逐渐摒弃神仙无稽之谈，而接受了道家纯任自然的思想。在《删正黄庭坚序》中，他将信奉道教的人分为三等：“故上智任之自然，其次养内以却疾，最下妄意而贪生。”在道教发展极盛之唐代，能够放弃自己儒家的立场，并摒弃佛教、道教的不良影响，欧阳修不愧是一个伟大的思想家。这一切皆与其所做官的地域文化有密切的关系。其《答子履学士见寄》诗曰：“颍亳相望乐未央，吾州仍得治仙乡。梦回枕上黄粱熟，身在壶中白日长。”

①（宋）欧阳修，《欧阳修全集》，北京：中国书店1986年版。本书所引欧阳修诗文皆据此本。
② 吕肖奂，《欧阳修远佛亲道倾向与晚年出儒入道论》，《井冈山大学学报》2013年第1期，第76-82页。
③（宋）江少虞撰，《宋朝事实类苑》（下），上海：上海古籍出版社1981年版，第580页。
④（宋）叶梦得撰，《避暑录话》卷上，上海：商务印书馆1939年版，第6页。

在《戏书示黎教授》中说："若无颍水肥鱼蟹，终老仙乡作醉乡。"[①]可见欧阳修对安徽地域文化的热爱。

欧阳修诗文中多处流露出其受《庄子》思想影响的痕迹，从"道"的角度审视万物，这是道家庄子的独特视角。《庄子·秋水》曰："万物一齐，孰短孰长？" 欧阳修"达士所齐，万物一类"（《鸣蝉赋》）就是对《庄子》"齐物"思想的继承。《庄子·列御寇》篇有"庄子将死，弟子欲厚葬之……庄子曰：'在上为乌鸢食，在下为蝼蚁食，夺彼与此，何其偏也？'"（《列御寇》）欧阳修"人之死，骨肉臭腐，蝼蚁之食尔"（《杂说三首》其二）则是对《列御寇》篇中"蝼蚁"典故的化用。欧阳修在《赠李士宁》中说："吾闻有道之士，游心太虚，逍遥出入，常与道俱。故能入火不热，入水不濡。尝闻其语，而未见其人也，岂斯人之徒欤？"其中，"入火不热，入水不濡"源自《庄子》。《庄子·大宗师》篇曰："若然者，登高不栗，入水不濡，入火不热。是知之能登假于道者也若此。"（《大宗师》）如果说，此时的欧阳修对道家的学说还半信半疑，那么，他的晚年则完全接受了。他在《郡斋书事寄子履》诗中有："寄语瀛州未归客，醉翁今已作仙翁。"

二、杨杰的隐逸理论对《庄子》的继承

杨杰（约 1031—1100），字次公，号无为子，无为军（今安徽）人。崇佛居士，醉心佛、道，喜谈佛理与老庄之学，著有《无为集》十五卷，《别集》十卷。杨杰与佛教的关系，前人研究较多，其与道家学说的关系，还未见有论述。《留题张尉隐斋》诗："小隐隐林薮，大隐隐朝市。市朝心隐不隐身，山林未必忘名利。夜来月明竹声细，隐斋主人留客醉。四更客未醒，主人促车骑。客笑主人劳，不顾隐之意。君不见梅福曾作尉氏官，庄周亦为漆园吏。"[②]另外，《酒隐园》诗曰："小隐隐山林，大隐隐城郭。城郭多纷嚣，山林苦淡漠。不如隐于酒，适意自斟酌。屈原不能隐，独醒较清浊……当知隐君子，志不在糟粕。"杨杰之隐逸思想明显受到庄子影

① （宋）欧阳修，《欧阳修全集》，北京：中国书店 1986 年版。本节所引欧阳修诗文皆据此本。

② （宋）杨杰，《无为集》（卷四），北京：中华书局 1991 年版影印《古逸丛书》本。本节所引杨杰诗文皆据此本。

响。具体来说，主要表现在两个方面：①以庄子曾为漆园吏为例，阐明自己的隐逸观："小隐隐林薮，大隐隐朝市。"②从道家庄子的立场批评屈原，是因为屈原"独醒较清浊"。《庄子·齐物论》反对自是非人的自我中心主义，主张"不谴是非，以与世俗处"的处世态度。可见，杨杰是站在道家庄子的立场上评价屈原、阐明自己隐逸思想的。

三、华岳的《钓鳌行》对《庄子》意象的化用

华岳（约 1180—？），字子西，号翠微，南宋贵池（今属安徽）人。关于其生平，曹庭栋《宋百家诗存》华岳诗集《翠微南征录》前小序有简要叙述："华岳字子西，池州人。初为武学生，开禧元年上书，忤韩侂胄系狱。侂胄伏诛，放逐。祷梅山得曾许英雄第一谶之句，嘉定十年果擢廷试第一人，授殿前司官属，郁不得志，谋去丞相史弥远，事觉坐议大臣罪，竟以杖死，岳生平尚气侠，轻施与，善画，工诗，尝渡鄱阳湖，方中流，风涛大作，篙师束手，岳恬然哦一诗而止。又狱中纪事诗云：'煮饭只烧沽酒灌，读书权借守囚灯'，可谓癖于吟者矣。翠微南征录十卷脱口豪纵，多破胆险句，锤炼处又极冶衍遒丽，卓然诗人之杰而以气节特闻，尤足重也。"[①]华岳文武双全，文集有《翠微北征录》，疾恶如仇，遭权奸陷害，年仅四十五岁左右。毕其一生，华岳是积极进取、忠心耿耿、对敌人坚决斗争的一员儒将。但道家的影响亦很明显，其《钓鳌行》曰："我之钓兮非世比，新月为钩索霞绮。先拗虹霓为钓竿，却把鲲鹏作香饵。"[②]这几句描写"垂钓"的文字明显模仿《庄子·外物》中"任公子之钓"的寓言故事："任公子为大钩巨缁，五十犗以为饵，蹲乎会稽，投竿东海。"旨在强调"垂钓"的气魄和声威。因其志高才雄，又受《庄子》恣肆文风的影响，其诗文以豪放见称。王士祯称其诗"粗豪使气"（《翠微南征录》题词），吴非说他"肮脏不平，略无忌讳"（《翠微南征录》序），曹庭栋《宋百家诗存》称其诗"脱口豪纵，多破胆险句，锤炼处又极冶衍遒丽"。[①]《翠微南征录》除《上宁宗皇帝谏北伐书》外，皆为诗作，多抒写遭受迫害后的不

① （清）曹庭栋，《宋百家诗存》，上海：上海古籍出版社 1993 年版，第 662 页。

② （宋）华岳撰，马君骅点校，《翠微南征录北征录合集》，合肥：黄山书社 1993 年版。本节所引《翠微南征录》皆据此本。

平和愤慨，风格豪放。这与其受《庄子》影响有一定的关系。文集有《翠微北征录》。华岳受道家《庄子》的影响主要表现在诗文风格方面，为人处世方面自然洒脱，不惧风浪，这方面显然亦有庄子的影响。

第十二节　小　结

宋代学术的一个显著特点就是儒、释、道三教交融贯通。体现在老庄学上，就是学术界普遍以儒学、佛教解读《老子》《庄子》。虽然混同儒道的言论早在晋代就出现了。[①]但将儒道贯通是宋代的风气。王安石在重新阐释《老子》的过程中将儒家的“仁义”同道家“无为”原则贯通了起来。他说：“虽仁义之高厚，王者之至尊，咸法于道。”“道有本有末。本者，万物之所以生也。末者，万物之所以成也。本者出之自然，故不假乎人之力而万物以生也。末者涉乎形器，故待人力而后万物以成也。夫其不假人之力而万物以生，则是圣人可以无言也，无为也。至于有待于人力而万物以成，则是圣人之所以不能无言也，无为也。故昔圣人之在上，而以万物为己任者，必制四术焉。四术者，礼、乐、刑、政是也，所以成万物者也。”[②]王安石用“道”之“有本有末”既将道家之“道”和儒家之“道”区别开来，同时也将道家之“道”和儒家之“道”联系起来，道家之“道”为根本的原则，儒家之“道”为现实的日用。以“道”辅“儒”是王安石一贯的作风，是其实行变法的理论依据。

宋代儒道合流的思想背景，一个重要的原因就是鉴于晋代玄学流弊和唐代道教丹道迷信的危害，宋代“解《老》学者试图把神仙方术从老学中加以剔除的时候，他们便把目光投向现实，在当时儒学占据正统地位这一时代背景的影响下，援儒入道，或援道入儒，努力消除儒道之间的壁垒，成为了许多人的共同选择”[③]。安徽学人的老庄学亦染此风。例如，宋末当涂（今安徽马鞍山）道士杜道坚，多折中儒道之说。当时就有人指出：“杜君之为学也，不以道家学说训老氏书，独援儒以明之……引类比义，悉举

① 高似孙，《子略》记载“阮宣子有令闻，太尉王夷甫见而问曰：老庄与圣教同异？对曰：将无同”。
② 容肇祖，《王安石老子注辑本》，北京：中华书局 1979 年版，第 29、19 页。
③ 刘固盛，《论宋元老学中的儒道合流思想》，《华中师范大学学报》2000 年第 1 期，第 101-107 页。

五帝三王、孔孟之道传诸其说。”（杜道坚《道德玄经原旨》）[①]程大昌在深入辨析儒道之异的基础上提倡儒道互补。也有很多人无视儒道差异，而主张混同为一，不加辨别，认为儒、释、道三教本质是一样的。王之道称儒、释、道三教“名虽不同，其实无二”，就是极为典型的代表。

① 李一氓主编，《道藏》，北京：文物出版社、上海：上海书店、天津：天津古籍出版社 1992 年版。

第六章　明代安徽庄学

第一节　明代程朱理学的加强与安徽庄学

明代崇尚理学，据《明史·选举志》记载，明代科举考试科目以朱熹、"二程"经学著述为主。尤其以朱熹的著述为主，可以说朱熹的理学思想在进入明代后占据了统治地位。关于理学的性质，胡适的论述颇有代表性，他说："理学挂着儒家的招牌。其实是禅宗道家道教儒教的混合产品。其中有先天太极等等，是道教的分子；又谈心说性，是佛教留下的问题；也信灾异感应，是汉朝儒教的遗迹。但其中的主要观念却是古来道家的自然哲学里的天道观念，又叫做'天理'观念，故名为道学，又名为理学。"（《几个反理学的思想家》）[①]理学虽然吸收佛道二家的思想，其目的却是借助其他思想资源而强化儒学，将儒家的伦理纲常神圣化。因此，明代道家老庄学较为昌盛，不仅有道家、佛徒的研究，有儒家学者的钻味，更具有反叛传统的启蒙学者的青睐。明代庄学呈现繁荣的局面，有庄学著述的学者人数占历代庄学家总人数的三分之一。安徽庄学的成就亦较为突出。涌现出一批全国知名庄学家，如憨山德清、方虚名、徐以宁、方以智、钱澄之等，此外还有一些学者的庄学成果值得整理和研究。

第二节　汪镗的《新建庄子祠记》

汪镗（1512—1588），字振宗，号远峰，明朝浙江鄞县人。在安徽蒙城为官时作《新建庄子祠记》，署名宗伯汪镗，全文共有1455字。此文开头即介绍作记的背景："庄子祠始宋秘书丞王竞为蒙令时，实元丰元年也。

① 欧阳哲主编，《胡适文集》4，北京：北京大学出版社2013年版，第57页。

庄子为蒙人，距元丰且一千余年。自元丰之前无有祠者祀之，自竞始祀。后迄明天顺时而祀始废，至是且百余年。岁庚辰，东兖张公来守中都，过蒙访旧祠所在，始命蒙尹括苍吴君重构祠而祀之，且为文记诸石。”①

此文虽为新修庄子祠②而作，但关于庄子祠本身的言论不多，主要是阐述作者关于“建祠之意”的理解。此记对庄子学所做的辩护，亦是基于儒学的立场，属于调和儒道的一种尝试。作者不满于诸儒诋毁庄子学为异端的传统，首先论证了庄子学于儒学“不悖”，继而阐发了自己“庄子盖真尊孔子者”的观点。虽然其观点并不新，但其论据有独到之处。下面分别加以论述。

一、为庄子被视为异端而鸣不平

汪镗认为，自宋元丰以前，世无有祀庄子者，究其原因，庄子自汉唐以来即遭受了不公正的待遇，被“诋毁为异端而禁绝之”。汪镗认为：“庄子之书为世大禁，则以世之君子不能深求其心，而徒据其影响以随人上下之，遂使古人立言之旨不尽白于后世也。”意思是说，庄子所遭遇的不公正待遇不在于庄子本身，而是由于世人对庄子的误解所致，是由于没有深入理解《庄子》之义理所致。汪镗认为，“庄子之学出于老子，老子为苦人，而蒙去苦仅及百里。庄子之生去老子时未久，当时盖亦有亲见其徒而闻之者，故其澹泊虚无之说，皆自老子得之，而间或有出于吾圣人六经之旨，不至于悖吾圣人而猖狂自恣，时其愤激太甚而任于一偏，世儒不深求之也。”接下来，汪镗对庄子之言与“圣人之道”不相悖进行了有理有据的论证。

二、论庄子之言与“圣人之道”不相悖

汪镗列举《庄子·天下》篇中“以仁为恩，以义为体，以礼为行，以乐为和”一段文字和《天道》篇“君先而臣从，父先而子从，兄先而弟从”

① 原载《蒙城县志书·艺文志》，今据卢干主编，《漆园古今特辑：庄子学刊》，合肥：黄山书社1996年版，第62页。

② 据苏轼《庄子祠堂记》记载，宋元丰元年（1078年），时任蒙城知县的王竞，为纪念乡贤庄子，于涡河北岸县衙东侧庄子做漆园吏之漆园故址上首建庄子祠堂。但年久失修，故此于宋代旧址上重建庄子祠堂。此次修建是由张公授意、蒙城知县吴一鸾主持的。张公，即张登云（1553—1639），字攀龙，明万历年间，曾任中都（治所在今凤阳）太守，当时蒙城是其所辖地。

一段文字后，诘问说：“为此言也，其于吾圣人之道悖耶？”《庄子》中这两处文字的确说明庄子并不反对仁义礼乐教化和儒家的伦理道德，这是很有见地的。文章还从辨析事物“源”“流”的角度，指出要将庄子学本身与庄学末流区分开来：“凡道太甚者，其弊必有其末之流，而末流之趋，使后之人不可禁，后之人不可禁其末，则必反咎其本。”因此，汪镗得出的结论就是：“夫诘盗是矣，而以是罪弓人则过矣。庄子之书犹是也。然天下之诘盗者果不忠耶？甚矣，世儒之不察也！”既然庄子之道与圣人之学不相悖，那么，儒者就不应该视庄子学为异端而摒弃之。庄子学本身于圣道不但无害而有益。汪镗认为：“彼庄子之非孔子也，亦巢由夷齐之意也，所谓忿世嫉俗而过焉者也。其《渔父》《胠箧》《盗跖》诸篇，犹‘采薇’之歌乎？”

此次修建的庄子祠堂就在宋代王竞修建的旧址之上，此《新建庄子祠记》亦对苏轼的《庄子祠堂记》有所继承和超越。苏轼从影响的角度否定老庄，汪镗则相反，从影响的角度肯定庄子。他说：“凡道太甚者，其弊必有其末之流，而末流之趋，使后之人不可禁，后之人不可禁其末，则必反咎其本。”苏轼认为庄子之自然观有悖于儒学之仁义观，汪镗则论证庄子之言与“圣人之道”不相悖。

视庄子为“忿世嫉俗而过焉者”，这是作者囿于儒家立场不明白《庄子》本质与儒家对立的缘故。作者之所以引用《庄子》中强调仁义礼乐和儒家伦理道德的内容来进行辩驳，乃是承认庄子之学与儒学之大异不在于这两个方面，此虽对前人误解儒道关系有所修正，但对儒道之本质区别还是不能明白。庄子非反对儒家的仁义礼乐和伦理道德，乃是反对儒家仁义道德至上主义的立场，这是道家超越儒家之根本所在。

三、论庄子“盖真尊孔子者”

汪镗不仅认为庄子之道与圣人之道不相悖，而且还提出庄子“盖真尊孔子者”的论题。《新建庄子祠记》作者继承苏轼等的观点，亦认为庄子是尊重孔子的。其依据是“《田子方》一篇有庄子见鲁哀公事，曰：鲁国之儒者一人”，作者认为庄子所谓儒者就是指孔子。事实上，《庄子·田子方》中根本没有这样的意思，其原文是：

> 庄子见鲁哀公。哀公曰：“鲁多儒士，少为先生方者。”庄子曰：“鲁少儒。”哀公曰：“举鲁国而儒服，何谓少乎？”庄子曰：“周闻之：儒者冠圜冠者，知天时；履句屦者，知地势；缓佩玦者，事至而断。君子有其道者，未必为其服也；为其服者，未必知其道也。公固以为不然，何不号于国中曰，‘无此道而为此服者，其罪死’？”于是哀公号之，五日，而鲁国无敢儒服者，独有一丈夫儒服而立乎公门。公即召而问以国事，千转万变而不穷。庄子曰：“以鲁国而儒者一人耳，可谓多乎？”

庄子尊孔子的说法实在是站不住脚的，《田子方》一篇有庄子见鲁哀公事，曰：鲁国之儒者一人，此人并未说明是孔子，何来尊孔一说呢？相反的例证触目可见，那么为什么仍然有人执意此说呢？就是受儒家观念的局限，所谓“一叶障目，不见森林”。

第三节　李时芳的《新修庄子祠记》

李时芳，明代进士，江西万安人，明崇祯五年（1632 年）任蒙城知县，在蒙任职三年，颇有政德，尤其重视文化建设。到任不久，见东关庄子祠堂失修，便召集乡绅捐资重修，重修“逍遥堂”，增建“五笑亭”，辟池为“庄子濠上观鱼园”，并新撰《新修庄子祠记》，刻碑立于祠内，门前立丈余高的石碑，镌刻“庄周故里”四个大字。在《新修庄子祠记》里，他严词驳斥了陆应阳“庄子为非今蒙人”的观点，表现了作为“守土之吏”的责任心。

李时芳《新修庄子祠记》开头叙述了庄周托梦的事，他说：“余弱冠，好黄老之言。每有羽客，即倒屣恐后。读书西山，别构丹室。一夕，梦张道人谒，以为吾乡大真人也。比见其貌，与怒发者不相肖，心窃疑之。临别，遂有‘我非是张’之语，率不解其所谓。及承乏蒙邑，展礼先生祠下，宛然当年梦中形象，乃悟：非张也，庄也！”[①]因为作者信仰道教，所以梦遇道教真人。初以为张真人，后来蒙城做官，方悟是庄子托梦。

---

① 原载《蒙城县志书·艺文志》，今据卢干主编，《漆园古今特辑：庄子学刊》，合肥：黄山书社 1996 年版，第 63 页。

接下来，作者对庄子故里之蒙城的位置进行了考证。他反驳明嘉靖人陆应阳的观点，反对庄子故里河南商丘说、河南濮阳说、山东菏泽说，采纳王安石、苏轼等的说法，肯定庄子故里之蒙就是安徽的蒙城。他追述庄子祠修建的历史，以及新修庄子祠址选择的缘由，说明安徽蒙城漆园就是庄子故里所在地。

然后，作者分析庄周故里之争的原因。作者认为，世人惑于异说，而不明真相的原因有三：一是“世之人好为奇怪，信所传不能信所见”，“是致令漆园著书之地，竟为浅儒所淹没，非得当世之名人为之表章，守土之吏为之辩白，又何能取徵于后世哉！畴昔之梦，先生得无有意乎？”二是“人情皆喜议先生，又乐窃先生。议先生者，欲索先生之瘢；窃先生者，欲借先生之荣。议者固不足辩，而窃者既多”。三是信今而疑古，“唯世不信东坡、介甫于元丰之际，乃信陆应阳于今日癫狂谬妄、曲学媚世之口”。

最后，作者强调作文之意，“余于祠成，复述余之梦与张公之遇，揭于楹间，使世知归德、曹、濮之漆园皆非其真，而蒙之漆园庶不致为鼓箧者所窃哉”。虽然只是维护王安石、苏轼等见解而已，但是继承传统本身就是最好的证据。作者借庄子祠重修之事考证庄子故里，还是很有说服力的。

第四节　汪道昆的庄学思想

汪道昆（1525—1593），字伯玉，号高阳生，别署南溟、南明、太函氏、泰茅氏、天游子、方外司马等，江南歙县（今安徽歙县）人，嘉靖二十六年（1547 年）进士，《明史・文苑传》有传。著有《太函集》（120 卷）、《太函副墨》（5 卷）、《大雅堂杂剧》、《庄子评》等。后人关于汪道昆的研究主要集中在其诗文、杂剧创作、生平交游等方面；对于其精神世界的研究较少。刘彭冰《汪道昆文学研究》（复旦大学 2008 年博士学位论文）有一节论其禅学思想，于其道家思想略有涉及。集中体现汪道昆庄学思想的著作应该首推其《庄子评》，惜未能亲见，前人研究也未见论及。仅见收于《太函集》中的《人间世颂》《养生主颂》《大宗师颂》《逍遥游颂》四篇。除此之外，汪道昆的很多诗文也渗透了其庄学思想，今一并考察。

一、汪道昆的“三教一道”论

在《大宗师颂》中，汪道昆自称：“吾宗孔氏为百世师，吾宗老氏为圣者师，吾宗佛氏为天人师。时而时中，孔氏是师；时而玄同，老氏是师；时而圆通，孔氏是师。吾无常师，吾有余师。吾自得师，吾自丧师。”（《太函集》卷79）[①]由此可见，汪道昆亦属“三教合一”论者。在他的内心深处，三教圆融无碍。汪道昆用什么贯通儒释道三教的呢？它们之间有何联系？《释疑》篇曰：“夫三教一道也。自在而三，则同者未尝不异；自三而一，则异者未尝不同。《易》有之，寂然不动，感而遂通，非天下之至神，其孰能与此？是道也，儒者得之为中和，佛氏得之为正觉，老氏得之为玄同，其归同矣。”（《太函集》卷85）汪道昆的儒、释、道三教贯通于“道”。“道”本是道家哲学的最高范畴，也就是说，汪道昆接受的儒、释、道三教其实地位并不相同，道统领儒佛，也可以说，汪道昆的思想更倾向于道家。但汪道昆自己主张三教“参和不偏”，在《屠纬真》篇，他说：“藉令探之无始，则佛统其宗；镇之无名，则老返其朴；施之无方，则儒适其用。源泉时出，参和不偏，三极大中之矩在是矣。夫是之谓至教，慎勿以言语文字求之。”（《太函集》卷103）在其心目中，“佛统其宗”“老返其朴”“儒适其用”，儒、释、道三教互补而无分轩轾。

二、“无为”论

对老子、庄子的“无为”思想，汪道昆的理解非常准确，如其《太函子》曰：“至道无为，有为则术也。夫道，自然而已矣，故无为。此焉混成，此焉具足。任术则道裂，殆将为扞格，为支离。故道隐于小成，皆是物也。以道用术，无为而无不为。卒复归于无为，始终一自然也。任术则术为政，要以鞅掌终焉。役役者师耳目，憧憧者师心，故左道而右术。”（《太函副墨》）老子、庄子认为，“道”性“自然”，“自然”就是“无为”。汪道昆“夫道，自然而已矣，故无为”，表现了他对老庄“道”“自然”“无为”关系的正确理解和继承。从“无为”的原则出发，庄子反对

① （明）汪道昆撰，胡益民、余国庆点校，《太函集》（卷79），合肥：黄山书社2004年版，第1635页。

“随其成心而师之”（《齐物论》），认为“道隐于小成”。庄子主张“无为名尸，无为谋府；无为事任，无为知主”（《应帝王》），就是倡导“无为”。汪道昆所说的“术”就是“谋”，就是师心的一个表现，就是“有为”，但以“道”用“术”，则“无为而无不为”。这些思想从根本上来说源自老子、庄子。

三、“自适”观

汪道昆《太函集》中常见“自适”的说法，如《游洞庭山记》：“鹏徙南溟，莺鸠自适，各从其志而已。”《封右通政京兆李公七十序》：“此自适其适，而非适亲之适也……古之论孝者，敬爱易，忘亲难。忘亲易，使亲忘我难。借曰勿忘，一何适也。”“自适”说最早见于《庄子》中，共有三处：一处是《庄子·骈拇》篇：“夫不自见而见彼、不自得而得彼者，是得人之得、而不自得其得者也，适人之适、而不自适其适者也。夫适人之适、而不自适其适，虽盗跖与伯夷，是同为淫僻也。”（《骈拇》）一处是《庄子·大宗师》篇：“若狐不偕、务光、伯夷、叔齐、箕子、胥余、纪他、申徒狄，是役人之役，适人之适，而不自适其适者也。”（《大宗师》）一处是《庄子·秋水》篇：“且夫知不知论极妙之言，而自适一时之利者，是非坎井之蛙与？”（《秋水》）可见其“自适”观直接源自《庄子》。

四、出世观

汪道昆的处世观既有对庄子的继承，亦有佛教掺杂其中。汪道昆中年不仅接受道家思想，亦佞佛甚深。汪道昆曾自言：“余少而好古，长受民事，莅戎行，用志既分，卒鲜专一之效；壮而游方之内，乃始有闻；强而为方外游，乃始有觉。”（《太函集自序》）此处“方外游”当不仅仅指道家，亦有佛教在内。例如，《人间世颂》曰：“与其媚世，吾宁遗世。与其遗世，吾宁玩世。毋曰世丧道，毋曰道丧世，吾将以是出世。”（《太函集》卷79）“遗世”“玩世”“出世”都不是《庄子》的处世态度。道家庄子的处世态度是“乘道德而浮游”（《山木》），儒家所宣扬的善行，道家庄子更从根本上去践行，可以说，庄子是比儒家更为入世，更为求真，更要有为。汪道昆所谓“遗世”“玩世”“出世”的思想，可能源于佛教的影响。汪道昆《养生主颂》曰：“胡然而生生？胡然而长生？胡然而无生？予曰有好生，予曰有达生，予曰有吾住生。”（《太函集》卷 79）也没有表现出对《庄子·养生主》主旨的理解和认同，其向往的最高境界是“吾住生”，这也与《庄子》不同。同样其《逍遥游颂》亦表现出与庄子相反的思想倾向：“五陵侠游，吾故倦游。五岳仙游，吾将卧游。采真神游，畴采畴游。造物天游，畴造畴游。世悉悉为三游，吾仙仙为四游。吾其为方外游，吾其为物初游，吾其为汗漫游，吾其为逍遥游。吾适吾适，游无所游。”[①]《庄子·逍遥游》所标举的“逍遥游”最高的境界是“乘天地之正”“御六气之辩”，就是“乘道德而浮游”之意，而汪道昆却向往“游无所游”，这是根本的不同。可见，汪道昆对《庄子》的处世态度并不赞同。

五、理想人格观

汪道昆论理想人格有所谓“哲人”“天人”“真人”“至人”等，尤其是“天人”“真人”“至人”明显源自《庄子》。但是他对“真人”“至人”的理解与《庄子》还有明显差异。他在《沧州三会记》中说：“会之三也，吾将为采真之游，声若谷，气若莩，吾其以应求往耳。投之大壑，煦沫两忘。吾以其有涯，彼以其无涯；吾以其有定，彼以其无定；吾以其有象，彼以其无象；吾以其有方，彼以其无方……元敬又言：‘司寇天而人貌，宜何如人？’予曰：‘元美，人也。日进无疆，仙仙乎天人也，何也？心游千古，是谓哲人。游方之外，是谓真人。游物之初，是谓至人。与哲人也者游，良以作我哲；与真人也者游，良以葆吾真。与至人也者游，良以要吾至。哲则文明，真则充实，至则精微，纯白备矣。’”（《太函集》卷 76）他所理解的“真人”是“游方之外”，“至人”是“游物之初”。《庄子》说“不以心捐道，不以人助天，是之谓真人”（《大宗师》）。“至人”“无己”（《逍遥游》），“用心若镜，不将不迎，应而不藏”（《应帝王》）等。两相比较，笔者发现，虽然汪道昆对道家的理想人格有所向往，但他并没有真正理解道家理想的精髓，这是他操行中为人诟病的一个

① （明）汪道昆撰，胡益民、余国庆点校，《太函集》卷 79，合肥：黄山书社 2004 年版，第 1635 页。

原因。汪道昆为张居正父亲七十寿辰所写的《封柱国少师张公七十寿序》一文就是典型例证，该文“纯用庄子语言，但缺乏真情实感”[①]，高度评价了寿主张文明的高贵品质，极尽吹捧之能事，语多阿谀：“先生泠然而风行，昂昂然而玉立，皭然而蝉蜕尘埃之表，皞然而游物之初，栩栩然而自适。其肌肤若姑射，其讬宿若庚桑，其视治天下若土苴，视生民若刍狗。凝其神，充其气，其殆糠秕尧舜而役夷光，吾将以为天游，吾将以为龙德，然而未既也。”甚至很肉麻地写道：“故殆杖国之年，犹有婴儿之色。”文中堆砌庄子语言，华而不实，实为败笔。

虽然汪道昆对《庄子》的理解存在一些问题，但是他对《庄子》散文的喜爱却是显然的，他的文中引用《庄子》语言、化用《庄子》典故触目皆是，如《先师邵次公墓志铭》写其师：“谈经也，若庖人入屠牛之垣，无肯綮，无髋髀，游刃恢恢，莫不中舞……吾师乎，吾师乎。”又如，《北山方长公六十寿序》：“夫达生之旨，则余有味乎庄生。盖自其同者异之，彭之于殇，异也；自其异者同之，委形之于委蜕，同也。仙翁师道虽仙才，安敢望彭祖？彼其倏然而往，不亦殇乎？”（《太函集》卷 11）《寿吴氏叔五十序》：“医家累千万言，大较为养生设也。解牛薄技，闻者乃喻养生。一技之精，进于道矣。”（《太函集》卷 11）尤其是“庖丁解牛”“郢人灭垩”“丈人承蜩”等典故更是屡屡化用。

汪道昆的庄学接受典型地反映了儒、释、道三教合一视野下庄学的衰变。在儒、释、道三教鼎足而立之时，在很多人的内心里却进行了融通的理解，这势必抹杀儒、释、道三教的本质差别，以丧失其本然为代价。所以，明代庄学表面看来极为繁荣，但实际上，对《庄子》的接受却出现了极为严重的问题。

第五节　憨山德清的庄学思想

憨山德清（1546—1623），俗姓蔡，字澄印，号憨山，全椒（今属安徽省）人，明代四大高僧之一。他幼师孔子，少师老庄，最后皈依佛教。

① 乔根，《汪道昆诗文研究》，苏州大学 2008 年硕士学位论文。

德清一生著述甚丰，除佛学著作外，还有道家著作《道德经解》（一名《老子解》）二卷、《观老庄影响论》一卷、《庄子内篇注》四卷等。德清寂後，由门人福善、通炯、刘起相编辑刊行的有《憨山老人梦游集》四十卷（现流通本五十五卷）。这些著作都被收入明方册本《续藏》中。

《庄子内篇注》四卷，《西谛书目》著录。有明天启姑苏刊本（北京图书馆藏）、清光绪十四年（1888 年）金陵刻经处刊本。《观老庄影响论》（一卷），四库全书总目道家存目（3067 卷），又名《三教源流异同论》，明颜广刊本（北京图书馆藏），清金陵刻经处刊本，上海熙光书局石印本，快书本。今有台北新文丰出版社 1982 年版《庄子内篇憨山注》本。《庄子内篇注》收入严灵峰编《庄子集成续编》。

憨山德清不拘守一宗一派，而是倡导“三教合一”，其特点是以佛学来融摄儒家与道家学说。《庄子内篇注》即是他以佛解《庄子》、摄道归佛的实际论著，用以证明佛道融合的可能性。关于儒、释、道三教的融合，他在《道德经解》卷头《观老庄影响论》中，极力主张调和儒、释、道三教的做法。他说：“为学有三要：所谓不知《春秋》，不能涉世；不精老庄，不能忘世；不参禅，不能出世。”（《梦游集》卷三十九《学要》条）《四库全书总目提要》云：

> 《观老庄影响论》·一卷（浙江巡抚采进本）
>
> 明释德清撰。德清字澄印，全椒人。即当时所称憨山大师者也。其书多引佛经以证老、庄，大都欲援道入释，多惝恍恣肆之言。以其借老、庄为名，故姑附之道家。其曰影响论者，取空谷传声，众响斯应之义也。

“援道入释”可谓对德清学术倾向最早、最准确的概括。后人论其《庄子内篇注》多以此为主旨。例如，李曦《释德清〈庄子内篇注〉研究》认为憨山德清“实事求是地用佛庄相通之点解释庄子”[①]，郭建云《憨山德清〈庄子内篇注〉之研究》主要阐述“德清以佛解庄的思想”[②]，蔡金昌《憨山德清三教会通思想研究》也认为憨山德清“义解儒道其实并非发扬儒道之本

① 李曦，《释德清〈庄子内篇注〉研究》，《五台山研究》1994 年第 3 期，第 16-28 页。
② 郭建云，《憨山德清〈庄子内篇注〉之研究》，江苏大学 2011 年硕士学位论文。

意，目的还是在以不同形式来介绍佛理”[①]。李懿纯《憨山德清注庄之研究》（台湾淡江大学 2002 年硕士学位论文）也属此类。方勇先生在其《庄子学史》中也从“《观老庄影响论》倡‘三教一致’说”和“《庄子内篇注》以佛理解释庄子”两个方面对德清的庄子学进行了分析。此外，李大华先生《论憨山德清的庄子学》则从“‘孔、老、庄与佛’和‘庄佛之深契’”两个方面总结了憨山德清的庄学思想，认为德清解《庄子》，有其独到之处：“他以世间法和出世间法理解儒释道三教关系，以一种三教本当如此的理解诠释了三教圆融关系。他认为庄子论道之广大自在，究天人之际，千古无人能及，独佛经可以‘证响之’；庄子诋訾孔子，只是‘诋訾其迹’，实乃破执；庄子的‘逍遥’，为佛经的‘无碍解脱’，唯圣人可实现；庄子的方内与方外，不可偏枯，‘德充于内，必能游于形骸之外’。在真知与真人的问题上，他不同意庄子有真人而后有真知的观点，认为有真知而后有真人。”[②]此外，还有李霞的《憨山德清的三教融合论》（《安徽史学》2001 年第 1 期）、夏清瑕的《憨山德清的三教一源论》（《佛学研究》2002 年）、林顺夫的《推门落臼：试论憨山大师的〈庄子内篇注〉》（《清华学报》2004 年第 2 期）、韩焕忠的《高僧能解南华意——憨山德清的〈庄子内篇注〉》（《五台山研究》2010 年第 2 期）、孙宇南的《憨山德清：圆融化一的佛道观》（《中国道教》2012 年第 9 期）等。可以说，憨山德清作为佛教高僧的庄学研究已经得到了学术界的高度重视。

一、从《观老庄影响论》看德清的庄学思想

《观老庄影响论》，原本附在《道德经解》之前。根据德清的解释，所谓“老庄影响论”，实际就是老庄与佛教的异同比较，故此又名《三教源流异同论》。他以“叙意”“论教源”“论心法”“论去取”“论学问”“论教乘”“论功夫”“论行本”“论宗趣”为题，对老庄与佛教进行了宏观比较。在《叙意》篇，作者讲述了自己注释、研究老庄的缘由：“至于酷嗜老庄为文章渊薮、及其论指归、莫不望洋而叹也。迨观诸家注释、各徇所见、难以折衷。及见口义副墨、深引佛经、每一言有当、且谓一大藏

① 蔡金昌，《憨山德清三教会通思想研究》，台湾逢甲大学 2004 年硕士学位论文。
② 李大华，《论憨山德清的庄子学》，《学术研究》2014 年第 4 期，第 13-18 页。

经皆从此出。而惑者以为必当、深有慨焉……是故余以唯心识观而印决之。如摩尼圆照、五色相鲜、空谷传声、众响斯应。苟唯心识而观诸法、则彼自不出影响间也。故以名论。”[①]作者看到佛教徒被老庄吸引，且视佛经源自道家经典，大为忧虑。而据自己的感悟，道家哲学不出佛教唯心识观解释的范围，以佛教唯心识观来关照道家哲学，正是非常吻合。这段话清楚地阐明了作者创作宗旨，那就是以佛解道，捍卫佛教，宣扬佛教。佛教与老庄哲学的相通自魏晋南北朝就已达成共识，德清对前贤的超越在于，他是第一个对佛道进行系统比较，且借注解老庄来弘扬佛法的佛教徒。

《论教源》专论学说的源头。德清认为，一切学说的源头，就是个人的体悟。他说：“盖古之圣人无他、特悟心之妙者、一切言教、皆从妙悟心中流出、应机而示浅深者也。”只有借助于体悟，才能与圣人相通。他说：“是故吾人不悟自心不知圣人之心。不知圣人之心、而拟圣人之言者、譬夫场人之欣戚、虽乐不乐、虽哀不哀、哀乐原不出于己有也。哀乐不出于己、而以己为有者、吾于释圣人之言者见之。”佛教徒承认其知识的源头是个人的体悟，这是与基督教截然相反的观点，基督徒之所以珍惜《圣经》，因为它是“神所默示的”，是神的话，出于神，不出于人。德清所谓“一切言教、皆从妙悟心中流出”，自然包括他花费心血研读的道家老庄著作。诚然，道家的知识来源也是个人的体悟，道家所谓“得道”就是“悟”“道”。在佛道的教义来源方面，德清的见解深刻、犀利。这就是为什么人们总是把“宗教”与“唯心主义”并称的根本原因。正是在这个意义上，基督徒否认基督教为宗教。

在《论去取》篇，德清给予《老子》《庄子》极高的称赞，他说：“盖中国圣人之言、除五经束于世教、此外载道之言者、唯老一书而已。然老言古简、深隐难明。发挥老氏之道者、唯庄一人而已。笔乘有言。老之有庄、犹孔之有孟。斯言信之。然孔称老氏犹龙。假孟而见庄岂不北面耶。间尝私谓中国去圣人、即上下千古负超世之见者、去老唯庄一人而已。载道之言广大自在、除佛经、即诸子百氏究天人之学者、唯庄一书而已。藉令中国无此人、万世之下不知有真人。中国无此书、万世之下不知有妙论。”

① （明）释德清，《道德经解》，上海：华东师范大学出版社 2009 年版。

他对儒家经典的批评是“五经束于世教”。对道家经典的评价是“载道之言，唯老一书而已”，“发挥老氏之道者，唯庄一人而已”，“老之有庄，犹孔之有孟”。对于老子和庄子，德清给予了最高的评价，他说：“间尝私谓中国圣人，即上下千古负超世之见者，去老唯庄一人而已。”在诸子百家中，庄子的天人之学成就最高。当然，德清作为佛教徒，所谓“即诸子百氏究天人之学者，唯庄一书而已”是“除佛经”之外的。关于“天人之学”，先秦道家、墨家，汉代儒家，都有研究，历史学家司马迁也宣称“意欲究天人之际”（《报任少卿书》），但为什么仅仅称道庄子呢？原因就是《庄子》与佛教义理相通最多。这仍然是因为德清的佛教信仰。

在《论学问》篇，作者批评了两种常见的学习态度，他说：“向余每见学者披阅经疏、忽撞引及子史之言者、如拦路虎、必惊怖不前。及教之亲习。则曰彼外家言耳。掉头弗顾。抑尝见士君子为庄子语者、必引佛语为证。或一言有当。且曰佛一大藏尽出于此。”他认为佛教徒对中国传统文化或者完全否定，弃之不顾；或者甘拜下风，自叹弗如。特别是对于“庄子语”，“必引佛语为证。或一言有当，且曰佛一大藏尽出于此”。德清认为：“解庄而谓尽佛经。不但不知佛意。而亦不知庄意。”并引用《庄子》成语：“故曰自大视细者不尽。自细视大者不明。”可见，德清不但对《庄子》有精深的研究，而且对《庄子》的特质有独到的理解；德清自信自己对《庄子》和佛经既已融会贯通，又能明了其特色与差异。

在《论教乘》篇，德清对儒道佛三家境界高低作出了评判，他说：“孔子、人乘之圣也。故奉天以治人。老子、天乘之圣也。故清净无欲、离人而入天……佛则超圣凡之圣也。”作为一个佛教徒，视佛教为高，自是其偏。以他者眼光评判儒道则相当公允。对儒道之优劣德清作了详尽分析，他说：“三教之学皆防学者之心。缘浅以及深、由近以至远、是以孔子欲人不为虎狼禽兽之行也。故以仁义礼智授之。姑使舍恶以从善、由物而入人。修先王之教、明赏罚之权。作春秋以明治乱之迹。正人心、定上下、以立君臣父子之分。以定人伦之节。其法严、其教切、近人情而易行。但当人欲横流之际、故在彼汲汲犹难之。吾意中国非孔氏、而人不为禽兽者几希矣。”这是对儒家礼乐教化客观、公正的评价。

作者对儒家的局限也有细致的分析，他说：“虽然、孔氏之迹固然耳。

其心岂尽然耶。况彼明言之曰、毋意毋必毋固毋我。观其济世之心岂非据菩萨乘、而说治世之法者耶。经称儒童、良有以也。而学者不见圣人之心将谓其道如此而已矣。故执先王之迹以挂功名、坚固我执。肆贪欲而为生累。至操仁义而为盗贼之资、启攻斗之祸者有之矣。”其“操仁义而为盗贼之资、启攻斗之祸者”明显受庄子对儒家的批评“为之仁义以矫之，则并与仁义而窃之”（《胠箧》）、“不忍一世之伤，而骜万世之患”（《外物》）之影响。针对儒家的弊端，德清对道家老庄的非儒深表同情和理解。他说：“故老氏愍之曰、斯尊圣用智之过也。若绝圣弃智、则民利百倍。剖斗折衡、则民不争矣。甚矣、贪欲之害也。故曰不见可欲使心不乱。故其为教也、离欲清净。以静定持心、不事于物。澹泊无为、此天之行也。使人学此、离人而入于天。由其言深沉、学者难明。故得庄子起而大发扬之。因人之固执也深、故其言之也切。至于诽尧舜、薄汤武、非大言也。绝圣弃智之谓也。治推上古、道越羲皇、非漫谈也。甚言有为之害也。诋訾孔子、非诋孔子、诋学孔子之迹者也。且非实言、乃破执之言也。故曰寓言十九、重言十七、诃教劝离、隳形泯智。意使离人入天、去贪欲之累故耳。”作者认为，道家针对儒家“用智”“有为”之害，提出“绝圣弃智”，虽然看似偏激，但实在因为“人之固执也深，故其言也切”。憨山德清仅从“破我执”的角度理解庄子的“绝圣弃智”，固然有一定道理，然而还有未至之处。道家老庄学说的精髓，是作为佛教徒的德清所不能理解的奥秘。因为佛教中没有超越的“道”或真理，而只有“无我”的功夫操练。而道家老庄之所以言“绝圣弃智”，正是基于“道”的超越性而言的。

接下来，作者对庄子哲学给予了高度评价，认为“至若精研世故、曲尽人情、破我执之牢关、去生人之大累。寓言曼衍、比事类辞、精切著明、微妙玄通、深不可识”，“秕糠尘世、幻化死生、解脱物累、逍遥自在、其超世之量何如哉……况当群雄吞噬之剧。举世颠瞑、亡生于物欲、火驰而不返者众矣。若非此老崛起、攘臂其间。后世纵有高洁之士、将亦不知轩冕为桎梏矣。均之济世之功、又何如耶”。德清认为，《庄子》难读的原因在于“以一曲之见而窥其人、以浊乱之心而读其书”，因而“茫然不知所归趣”。作者深信：“苟不见其心而观其言、宜乎惊怖而不入也。且彼亦曰、万世之后、而一遇大圣知其解者、是旦暮遇之也。然彼所求之大圣、非佛而又其谁耶。”作者认为，只有佛教才是庄子期待的“万世一遇”的知音。

在《论功夫》篇，德清比较了道家老庄与佛教的进修功夫。作者认为佛教的进修功夫在于“止观”。道家老庄的功夫在于“静定”。他说：“老子曰、常无欲以观其妙、常有欲以观其微。又曰、万物并作、吾以观其复。庄子亦曰、莫若以明。又曰圣人不由而照之于天。又曰、人莫鉴于流水、而鉴于止水。惟止、能止众止也。又曰、大定持之。至若百骸九窍、赅而存焉。吾谁与为亲。又曰、咸其自取。怒者其谁耶。至若黄帝之退居、颜子之心斋、文人承蜩之喻、仲尼梦觉之论。此其静定工夫。”“静定”与“止观”含义相同。这是关于佛道相通的又一准确把握。

二、《道德经解》的庄学思想

因老庄之间的密切关系，德清注《老子》，必多有言及《庄子》处，故专门探讨德清《道德经解》所反映的庄学思想。德清《道德经解》共有《注道德经序》《老子传》《发明宗旨》《发明趣向》《发明功夫》《发明体用》《发明归趣》《老子道德经解上篇》《老子道德经解下篇》九部分。

在《注道德经序》中，作者认为老子学说的核心是“无为”。“无为”不是无用于世，乃是“以无用为大用”，“苟以之经世，则理化治平，了如指掌……所谓真以治身，绪余以为天下国家，信非诬矣”。作者引用《庄子》的话来解释老子“无为”的宗旨。“无用之用”见于《庄子·人间世》，庄子借“栎社树”“支离疏”等寓言阐明“无用乃大用”“不祥乃大祥”的道理。“真以治身，其绪余以为国家”出自《庄子·让王》篇，庄子认为“道之真以治身，其绪余以为国家，其土苴以治天下。由此观之，帝王之功，圣人之余事也，非所以完身养生也”。宋代学者如王雱、吕惠卿等多以庄解老，释德清也继承了此一传统。

在《发明趣向》篇，德清指出历代庄学研究的一个误区就是没有真正领会《老子》《庄子》的真谛。他说：“而世之谈二子者、全不在自己工夫体会。只以语言文字之乎者也而拟之、故大不相及。要且学疏狂之态者有之、而未见有以静定工夫而入者。此其所谓知我者希矣。冀亲二子者当作如是观。”

《老子道德经解》逐章分析阐释。德清在以佛释老之余，常以庄释老。例如，在《绝圣弃智》一章，他说：“若知老子此中道理，只以庄子马蹄胠箧作注解，自是超足。”《重为轻根》章，德清曰：“庄子养生让王，盖释此篇之意。”《善行无辙迹》一章，他说：“庄子庖丁游刃解牛，因其固然，动刀甚微，划然已解。意出于此。”《善建者不拔》章，他说：“是故学道之人，修之于身，故其德乃真。庄子曰，道之真以治身，其绪余以为国家，其土苴以为天下。故曰修之家，其德乃余。修之乡，其德乃长。修之国，其德乃丰。修之天下，其德乃普。”《治人、事天莫若啬》章，他说：“老子所言人天，庄子解之甚明。如曰，不以人害天，不以物伤性。”《民之饥》章，有“当熟读庄子养生主，马蹄胠箧诸篇，便是注解”。

对于孟子和庄子互不言及的问题，德清也给出了自己的解释。他在阐释《民不畏死》章时说：“孟子曰，不嗜杀人者能一之，此语深得老子之余意。故轲力排杨墨，而不及老庄，良有以焉。至哉仁人之言也。”他认为，“孟子力排杨墨，而不及老庄”的原因是孟子与老庄观点相似。这是异于前贤的一种崭新解释。

三、《庄子内篇注》的庄学思想

憨山德清的《庄子内篇注》除了借解庄以阐发佛理之外，还有其独特的学术贡献，就是“对庄子思想精髓的把握十分详尽”[①]。

（一）憨山德清对《庄子》的整体理解

德清的《庄子内篇注》开头有这样一段话：

> 庄子一书，乃老子之注疏。予尝谓老子之有庄，如孔之有孟。若悟彻老子之道，后观此书，全从彼中变化出来。以其人宏才博辩，其言汪洋自恣，故观者如捕风捉影耳。直是见彻他立言主意，便不被他瞒矣。一部全书，三十三篇，只内七篇，已尽其意；其外篇皆敷衍之说耳。学者但精透内篇，得无穷快活，便非世上俗

① 孙宇男，《憨山德清圆融化一的佛道观》，《中国宗教》2012年第9期，第50-51页。

人矣。[1]

这段话论及《庄子》与《老子》关系、《庄子》内、外篇之间的关系以及读《庄子》的关键。"《庄子》一书，乃《老子》之注疏"，这是对《庄子》与《老子》关系最简洁、最准确的表述。此观点，不自德清始，明代嘉靖时人陆西星在《南华真经副墨自叙》中一开头就说："《南华》者，《道德经》之注疏也。"[2]并以这一基本观点贯穿于《南华真经副墨》全书的著述之中。德清继承此说，并对此作了进一步解释："载道之言，唯老一书而已，然老言古简，深隐难明，发挥老氏之道者，唯庄一书而已。""一部全书，三十三篇，只内七篇，已尽其意；其外篇皆敷衍之说耳。"德清认为，《庄子》思想尽在内篇，其外篇皆是对内篇敷衍。读《庄子》的关键就是要"但精透内篇"。据此，他只对内篇七篇进行了注解。

对《庄子》分内篇、外篇的原因，德清认为："庄子著书，自谓言有宗、事有君，盖言有所主，非漫谈也。其篇分内外者，以其所学，乃内圣外王之道。谓得此大道于心，则内为圣人；迫不得已而应世，则外为帝为王。乃有体有用之学，非空言也。"

德清认为《庄子》内七篇"乃相因之次第"，并分析其次第、关系说："其逍遥游，乃明全体之圣人，所谓大而化之之谓圣，乃一书之宗本，立言之主意也。次齐物论，盖言举世古今之人，未明大道之原，各以己见为是，故互相是非。首以儒墨相排，皆未悟大道，特以所师一偏之曲学，以为必是，固执而不化，皆迷其真宰，而妄执我见为是。故古今举世，未有大觉之人，卒莫能正之。此悲世之迷而不解，皆执我见之过也。次养生主，谓世人迷却真宰，妄执血肉之躯为我；人人只知为一己之谋，所求功名利禄，以养其形，戕贼其真宰而不悟。此举世古今之迷，皆不知所养耳。若能养其生之主，则超然脱其物欲之害，乃可不虚生矣。果能知养生之生，则天真可复，道体可全，此得圣人之体也。次人间世，乃涉世之学问。谓世事不可以有心要为，不是轻易可涉；若有心要名干誉、恃才妄作，未有不伤生戕性者。若颜子、叶公，皆不安命、不自知而强行者也。必若圣人，忘

①（明）释德清，《庄子内篇注》，上海：华东师范大学出版社 2009 年版。
②（明）陆西星撰，蒋门马点校，《南华真经副墨》，北京：中华书局 2010 年版。

己虚心以游世，迫不得已而应，乃免患耳。其涉世之难，委曲毕见。能涉世无患，乃圣人之大用也。次德充符，以明圣人忘形释智、体用两全，无心于世而与道游，乃德充之符也。其大宗师，总上六义，道全德备，浑然大化，忘己、忘功、忘名。其所以称至人、神人、圣人者，必若此，乃可为万世之所宗而师之者，故称之曰大宗师。是为全体之大圣，意谓内圣之学，必至此为极，则所谓得其体也；若迫不得已而应世，则可为圣帝明王矣。故次以应帝王，以终内篇之意。至若外篇，皆蔓衍发挥内篇之意耳。”德清对《庄子》各篇之间关系进行了分析阐述，这是前无古人的。

（二）憨山德清对《庄子》内篇思想主旨的把握

“释德清不仅对《庄子》内篇之间的大逻辑、大结构进行分析，更是对具体篇章内部段落层次给予了细致的描述，如此他也就由对各篇之间逻辑联系的分解转为对单篇段落层次的剖析，由整体的结构逻辑分析转到对具体章节的层次分解，进一步加深了读者对庄子文章脉络的把握和理解。”[①]下面逐篇加以分析：

1. 《逍遥游》

德清认为《逍遥游》为“一书之首篇”，便是“立言之宗本”。其宗旨就是“至人无已、圣人无功、神人无名”。这是德清以佛解庄的突出表现之一。他说：“逍遥者，广大自在之意，即如佛经无碍解脱。佛以断尽烦恼为解脱，庄子以超脱形骸、泯绝知巧、不以生人一身功名为累为解脱。”这种理解直接将庄子视为佛徒了。庄子作为道家的集大成者，其作为全书宗旨的《逍遥游》必定不能作此断章取义。庄子哲学的目的，不是为求单纯的解脱，而是引导人们认识“有情有信，无为无形；可传而不可受，可得而不可见；自本自根，未有天地，自古以固存；神鬼神帝，生天生地；在太极之上而不为高，在六极之下而不为深；先天地生而不为久；长于上古而不为老”的“道”。这才是庄子立言的主旨。

2. 《齐物论》

德清解此题为“齐‘物论’”，将“物论”连读。他说：“物论者，

① 周群华，《〈庄子〉散文评点研究》，华东师范大学 2006 年博士学位论文，第 71 页。

乃古今人物众口之辩论也。”这就有失偏颇。庄子之“齐物论”还有“齐物”之意。庄子明说“物无非彼，物无非是”“天地与我并生，而万物与我为一”等。清人王先谦说得好：“天下之物之言，皆可齐一视之，不必致辨，守道而已。”（《庄子集解》）基于其佛教的立场，德清的阐释时时歪曲庄子的本意，将客观的“真宰”，内化为“自己本有之真宰”。误解庄子《齐物论》之“以道观物”的主旨为“篇中立言以忘我为第一”。因此，他的解庄总是在大旨方面出现偏差。

3. 《养生主》

对此题，一般有两种理解：一是“养生”连读；二是“生主”连读。此两种理解中又以前一种理解为最普遍，因《养生主》篇中即有“吾闻庖丁之言，得养生焉”，“养生”连读，而不见“生主”字样。德清的解题明显属后者。他说：“刀喻本性，即生之主，率性而行，如以刀解牛也。”所以，他认为《养生主》的主旨是“此言性得所养，而天真自全”。这种理解与《庄子》本意不合，“庖丁解牛”成功的关键是“依乎天理”“因其固然”。《养生主》借“庖丁解牛”寓言旨在说明“顺其自然”的重要性，这就是庄子所谓“养生”的关键。

4. 《人间世》

德清论此篇主旨曰：“此篇盖言圣人处世之道也。然养生主，乃不以世务伤生者，而其所以养生之功夫，又从经涉世故，以体验之。谓果能自有所养，即处世自无伐才、求名、无事强行之过；其于辅君、奉命，自无夸功、溢美之嫌。而其功夫，又从心斋、坐忘，虚己涉世，可无患矣。极言世故、人情之难处，苟非虚而待物，少有才情、求名之心，则不免于患矣。”此解比较中肯。

5. 《德充符》

德清论此篇主旨曰：“此篇立意，谓德充实于内者，必能游于形骸之外，而不寝处躯壳之间。盖以知身为大患之本，故不事于物欲，而心与天游。”“此篇以忘情、绝欲，以全天德，故其德乃充。”《德充符》篇所谈“外形骸”并非仅止于“不事于物欲”，而德清归之于“欲”，且有本末颠倒之嫌疑。在《德充符》篇，“德充”是前提；德清则将“绝欲”视为前提，“德充”反而被视为结果。这种解释，再次显示了他以佛解庄的倾向，而偏离《庄子》主旨。

6. 《大宗师》

德清既说：“此明大宗师者，所宗者，大道也。以大道乃天地、万物、神人之主。”又说：“此大宗师，即逍遥游所称神人、圣人、至人。”这是作者以佛解庄所导致的矛盾。这说明德清对《大宗师》主旨的理解存在致命的缺陷。

7. 《应帝王》

德清论《应帝王》主旨曰：“庄子之学，以内圣外王为体用……有体必有用，故此应帝王，以显大道之用。若圣人时运将出，迫不得已而应命，则为圣帝明王；推其绪余，则无为而化，绝无有意而作为也。此显无为之大用。”

由于以佛解庄的局限，德清对内篇理路的理解多属臆说，错误多端。譬如对《大宗师》篇之“大宗师”的理解，庄子视“道”为人类的“大宗师”。而德清却将“至人、神人、圣人”等视为“大宗师”。这是明显的不足。

四、《庄子内篇注》体例、特点及其得失

德清《庄子内篇注》有统一的体例：开头总论篇旨，其次随文释义，最后节段分析。在“总论篇旨”部分，作者不仅要解题、总结篇旨，还要分析此篇在全书中的地位。德清以佛解庄的倾向于此部分最为明显，如《逍遥游》解题曰：“逍遥者，广大自在之意，即如佛经无碍解脱。佛以断尽烦恼为解脱，庄子以超脱形骸、泯绝知巧、不以生人一身功名为累为解脱。”《大宗师》篇首，作者论及各篇之间关系时，说：“次养生主，谓世人迷却真宰，妄执血肉之躯为我；人人只知为一己之谋，所求功名利禄，以养其形，戕贼其真宰而不悟。此举世古今之迷，皆不知所养耳。若能养其生之主，则超然脱其物欲之害，乃可不虚生矣。果能知养生之生，则天真可复，道体可全，此得圣人之体也。”这段话，可以说并不切合《养生主》实际。完全是作者佛学思想的体现。为什么会出现离题的现象？正是由于作者采取的注庄方法所致。德清不是在字词疏解、节段分析的基础上得出结论，而是将篇旨的概括与字词疏解、节段分析分开。作者的先入之见自然容易

渗入作品的理解之中。

所谓“随文释义”，就是随文解释疑难此句。此部分虽然也多有以佛解庄之处，然亦不乏真知灼见。例如，《大宗师》篇“泉涸，鱼相与处于陆，相煦以湿，相濡以沫，不如相忘于江湖”一句，作者解释说，老子云：“‘失道而后德，失德而后仁，失仁而后义。’此取鱼失水，如失道德而后仁义。且以仁义相尚，正似相濡以湿沫，不若相忘于江湖。以喻必忘仁义，而可游于大道之乡也。”这里援引《老子》来解释《庄子》，非常贴切。

在每一小节之后，都有对上一段集中的点评及分析和对下段的提示。例如，“庖丁解牛”一段之后，作者说：

> 此养生主一篇立义，只一庖丁解牛之事，则尽养生主之妙，以此乃一大譬喻耳。若一一合之，乃见其妙。庖丁喻圣人，牛喻世间之事。大而天下、国家，小而日用常行，皆目前之事也。解牛之技，乃治天下、国家，用世之术智也……善体会其意，妙超言外。此等譬喻，唯佛经有之，世典绝无而仅有者，最宜详玩，有深旨哉。
>
> 下文言其不善养生之人。

“节段分析”既有文章理路的剖析，又有艺术特色的点评，而点评往往寥寥数语，点到为止。在文章末尾，还要对全文进行总结，对下文予以提示，以示各篇次第井然，浑然一体。例如，《养生主注》篇末一段曰：“此言性得所养，而天真自全，则去来生死，了无拘碍。故至人游世，形虽同人，而性超物外，不为生死变迁者，实由得其所养耳。能养性复真，所以为真人。故后人间世，即言真人无心而游世，以实庖丁解牛之譬，以见养生主之效也。篇虽各别，而意实贯之。”既有对《养生主》的总结，还要指出本篇与《人间世》的联系，以此为过渡。

虽然德清对《庄子》的理解有其偏颇，不尽合乎《庄子》本义，但就其本人而言，《庄子》一书毫无难处，他说：“庄子全书，皆以忠孝为要名誉、丧失天真之不可尚者，独人间世一篇，则极尽其忠孝之实，一字不可易者，谁言其人不达世故，而恣肆其志耶？且借重孔子之言者，曷尝侮圣人哉？盖学，有方内、方外之分。在方外，必以放旷为高，特要归大道也；若方内，则于君臣、父子之分，一毫不敢假借者，以世之大经、大法，不可犯也。此所谓世、出世间之道，无不包罗，无不尽理，岂可以一概目之哉。”（《庄子内篇注》）这体现出德清对庄子哲学的高度认同。

第六节　方虚名的《南华真经旁注》

《南华真经旁注》，方虚名辑注，孙平仲音校。对于方虚名，笔者所知甚少，据《安徽文献书目》著录：“方虚名，明代歙县人，著《南华真经旁注》（五卷）。”《南华真经旁注》有明万历甲午年（1594 年）刊本，《续修四库全书》收录。据《南华真经旁注》序中所说出版时间及其创作的体例，笔者估计方虚名大概生活于明代中后期，陆西星、憨山德清之后。对于方虚名的《南华真经旁注》，至今还未见专门研究。

一、《南华真经旁注》的内容和体例

《南华真经旁注》前有《南华真经旁注序》两篇和《南华真经旁注凡例》一篇。第一篇序为方时化所撰。方时化，字伯雨，号少初，罗田（今安徽歙县）人，明代著名的易学家、史学家、文学家、政治家、雕刻家。是方虚名的同族，可能辈分略高于方虚名。因其序称方虚名是“吾家浮惰”。方虚名自称“浮惰氏”（序二），那么，“浮惰”可能是方虚名的字，也可能方虚名号“浮惰氏”。[①]第二篇序是作者自序。此序介绍了创作《南华真经旁注》的始末缘由，以及与孙平仲交往的一段经历。

《南华真经旁注凡例》（八条），标志着凡例体制的成熟。著作的体例，亦称例言、发凡，源出晋杜预《春秋经传集解序》：“其发凡以言例。皆经国之常制，周公之垂法。史书之旧章。仲尼从而修之，以成一经之通体。”[②]另据唐刘知己《史通·序例》称，干宝“重立凡例，勒成《晋纪》。邓、孙以下，遂蹑其踪”[③]。晋朝干宝的《晋纪》、邓粲的《元明纪》、孙盛的《晋阳秋》，这几部著作都立有凡例。这些是早期著作中的凡例。后世把说明著作内容和编纂体例的文字叫凡例，多放在书的正文之前。“至

① 方时化，万历年间，考中举人，其后被任命为叙州府同知。天启年间，出任巨野县令。著作：易学——《易引》《易颂》《易疑》《易学述谈》《周易指要》《阴符经质剂》等。

②（晋）杜预集解，《春秋经传集解》，上海：上海古籍出版社 1988 年版。

③（唐）刘知几著、张固也注释，《史通》，郑州：中州古籍出版社 2012 年版。

于批点古文，古已有之。而用符号来标明，不知始于何时。据宋王震辑《新刻诸儒批点古文集成》、宋谢枋得辑《叠山先生批点文章规范》看来，批点文章，也就是用符号来评论文章，至晚在宋代也已经出现了。据岳珂说：'监蜀诸本皆无句读。惟建本始仿馆阁校书式，从旁加圈点，开卷了然，于学者为便；然亦但句读读经文而已。惟蜀中字本、兴国本并点注文，益为周尽。'（岳珂《相台书塾刊正九经三传沿革例》）可知宋版书，有些已经使用了句读符号。到元、明、清时期，刻书不仅用句读，使用的符号也有增加。"（《关于古籍整理的几个问题》）[①]方虚名《南华真经旁注凡例》已是比较典范的凡例之作。特别是其符号的创制，如段落、层次间的标志、勾乙的符号，于文章评点极有助益。于此也可窥见评点体例、标点符号的发展轨迹。

伴随着评点之风的流行，以文解庄也渐次深入人心。以文解庄即通过评点的形式探究《庄子》文章的字法、句法、章法、结构、文脉，并揭明主旨、立意。此类注释非常兴盛，在明朝中晚期达到了一个高峰，如归有光《庄子释意》、茅坤《庄子评》、唐顺之《庄子释略》、陆西星《南华真经副墨》、王世贞《南华经评点》、陈深《庄子品节》、释性通《南华发覆》、黄凤翔《庄子名文珠玑》、陆可教等《庄子玄言评苑》、黄洪宪《庄子南华文髓》、孙鑛《庄子南华经评》、陈荣选《庄子南华全经句解》、杨起元《南华经品节》、陈继儒《庄子隽》、叶秉敬《庄子膏肓》、汤宾尹《庄子品粹》、钟惺《庄子嫏嬛》、陈仁锡《庄子奇赏》、谭元春《庄子南华真经评》、韩敬《庄子狐白》、郭良翰《南华经荟解》、徐晓《丈荷斋南华日抄》、沈长卿《庄子弋说》、刘士琏《南华春点》等，都是此类著作，虽水平参差不一，但也极大地助推了《庄子》的文学研究。其中，以陆西星《南华真经副墨》成就最为突出。而安徽学人中，则以方虚名的《南华真经旁注》为代表。

《南华真经旁注》共分五卷，内篇一卷，外篇两卷，杂篇两卷。此书注庄有两大特点：一是从内容上看，既有字、词、句的阐释疏通，也有文章字法、句法、章法的点拨和分析；二是从形式上看，此书注庄的一大特点

① 张德信，《关于古籍整理的几个问题》，《中国地方志》2005年第10期，第34-44页。

就是“旁注”，即与传统注疏使用的夹注（又称随文注疏）不同，所有点拨阐释的文字都置于正文之旁侧，或天头，或行间。而字体也根据内容的差异而分为楷体和行书两种。天头注多阐发文章主旨、立意、文法、章法，行间注多为字、词、句意的疏通。楷体多属作者的见解，而行书多辑引前贤之点评。此即作者自谓“裒集百氏之故以故南华也”（《序》）。作者之所以采取此“旁注”的形式，也是渊源有自。作者自称：“癸酉十一月望日读起，十二月二十四日读完。钱湘灵先生有庄子阅本从甸扬处借得之，校阅一过。钱本旁行批注多采前人旧说，今余所批注用其说十之五六，间亦博采他说或附以己意云。”（见“目录”旁注）此外，作者还有圈点、竖线等形式区分段落层次，标示其起、承、转、合之落脚点。总之，《旁注》的内容主要有以下几个方面：第一，释字词；第二，疏句义；第三，揭篇旨；第四，论文法。下面以《逍遥游》部分注释为例说明。

在《逍遥游》篇题右边，作者解释了题目“逍遥游”的含义：“穷神极化之言，汗漫自适，心与天游。”并引郭象注曰：“大小虽殊而放于自得之场，则物任其性，事称其能，各当其分，逍遥一也。”在《逍遥游》篇题之下，注曰：“一部书以一乐字为首，却并一乐字亦不说出，如七层塔上又一层也。”这种解释明显受了宋代林希逸的影响。在天头之处，作者总论本篇章法曰：“此篇直述体大小二字乃其眼目文字，一头、二证、一结，奇崛不伦。”又引前贤之语证之：“顾仲恭先生曰：大小二字是一篇眼目。逍遥者见大则心泰也，至于无己、无功、无名，则大之至矣，逍遥之极矣。下许由藐姑射、大瓠、诸章亦只说得一大字。”以上从解题始，总论篇章立意与章法。

对于开头的鲲鹏寓言，作者首论其地位和作用：“钱曰：鲲鹏为逍遥样子是论头。”再论其艺术特色：“内则卵酱读作鲲，《国语》亦云鱼禁鲲鲕，皆以鲲为鱼子，庄子乃以至小为至大，便是滑稽之开端。”在此部分，作者着意“点出大字”。在“鲲鹏之背”右边注“背之大”“鲲鹏为大”。对其中字词的解释也是突出此“大”字。例如，释“北冥”为“北海”；释“怒”曰：“怒是为气所使不得不然，非有愤激不平意。”释“垂天之云”曰：“其翼若天云之布于四埵者。”

释“蜩与学鸠”寓言的寓意说：“行有远近故食有多寡，亦如见有大小故志趣有远近。又为鹏与蜩鸠之喻。”“控：投。”“适：往。”“蟪蛄：寒蝉，夏生秋死。”“餐：饭。”“果然：饱貌。”“莽苍：近郊之色，一望可见。”“冥灵”：“木名，循本解作冥海灵龟。”以上解释皆简洁精到。在“果然”的右边，提示“字法”。读者可以想象“腹犹果然”的形象。“适莽苍者三餐而反，适百里者宿舂粮。”在第二个“适”字右边，作者注曰：“岂知。”点出对比、转折的含义。在“适千里者”右边，注曰：“总应积之厚。”在“之二虫又何知”下，画一竖折线，标示此层结束。并解释“蜩与学鸠”寓言说：“二虫决起榆枋，适莽苍者耳，岂知鹏厚积而远到哉？”此属疏通句义。

对“小知不及大知”“小年不及大年”的关系，作者在其右边注曰：“亦犹。”用今天的话说，就是类比。在“小知不及大知”右边，注曰“从上文何知挂下”“收上”。可见，此句为承上启下之过渡句。在“小年不及大年”右边，注曰：“生下。”在“众人匹之不亦悲乎？”下用短线提示结束此层。“匹：慕学之。”“悲：悲其见之弊。”“羊角：风屈曲势。”“汤之问棘也是已。”旁注：“又引证。”天头处注曰：“寓言之意讬之齐谐不足又讬之汤。”“自此以下至列子，历举年知之大小，各信其一方，未足以相倾者。然统以无待之人。”对于重提鲲鹏，作者评曰：“意同而语有变，是他文字妙处。”在“此小大之辩也”旁注：“结上意生下意。”

从以上所举注释可见，《南华真经旁注》侧重于通过对文法、章法、句法、字法的评析来达到注释《庄子》的目的。

二、《南华真经旁注》的思想倾向

1. 以儒解庄

“自唐之后，中国古代文化儒释道合流的趋势愈加明显。在庄学领域，北宋王安石写《庄周论》、苏轼写《庄子祠堂记》，极大地推动了《庄子》儒学化的倾向，林希逸《庄子口义》可谓是宋代以儒解庄的经典之作。”[①]

① 张洪兴，《论明代中后期庄子学的勃兴及其表现特征》，《兰州学刊》2012 年第 1 期，第 160-178 页。

唐、宋两代以儒解庄的风气对此后的庄子学产生了至为深远的影响。《南华真经旁注》首先呈现出以儒解庄的特征。《庚桑楚》篇“是其于辩也，将妄凿垣墙而殖蓬蒿也”句，《旁注》曰：“此下理不经而语甚奇。”《让王》篇“于是夫负妻戴携子以入于海，终身不反”句旁注曰：“孟子谓不争地以害人，此则断其为尊生之故，故不以身外之物而争驰于利害之场，议论却甚正。”这说明作者是站在儒家的立场上而观庄子。因此，《旁注》对于庄子诋訾儒家之处，时有调和的论调。例如，《列御寇》篇，“鲁哀公问于颜渊曰吾以仲尼为贞干”一句，旁注引前贤语曰：“庄老诚侮圣人，只在教人习于威仪、文辞，故流弊至此。想其去圣人百余载，一时学为儒者，大都离实学伪，庄子愤世嫉俗，亟遏乱原，未免归咎夫子。如云好个仆被东坡教坏也，知此意许读庄子。”宋代新儒学的影响也很明显。《养生主》篇“已而为知者，殆而已矣”句旁注曰：“犹自以为知，驰骋不休，终迷不悟，亦终于危而已矣。须玩程子定性书乃知圣贤养生妙诀。庄子亦依稀见破。盖心不能不应物，特不为物所伤。”又如，在《逍遥游》篇首，作者总论前三章的关系曰：“逍遥游尽性也，齐物论穷理也。养生主修身也。”“穷理”“尽性”“修身”正是宋代儒学的三大基本命题。可见，方虚名注庄的基本立场是儒家的。方虚名站在儒家的立场理解《庄子》，得出了与前人不同的结论。他说：“古今皆称庄子发明老子，予独以为未尽。庄子盖发明孔子。”（《序一》）

2. 以道教解庄

庄子是老子之后道家学派的集大成者，一般认为庄子继承的是老子的衣钵，如刘安《淮南子要略》篇中首开老、庄并举之先河，司马迁《史记·老子伯夷列传》称庄子“其要本归于老子之言”。《汉书·艺文志》最早以道家称之：“道家者流，盖出于史官，历记成败存亡祸福古今之道，然后知秉要执本，清虚以自守，卑弱以自持，此君人南面之术也。合于尧之克让，《易》之谦谦，一谦而四益，此其所长也。及放者为之，则欲绝去礼学，兼弃仁义，曰独任清虚可以为治。”道家思想后来被张鲁的五斗米道等宗教吸收，并演变成中国的重要宗教之一——道教。魏晋风流在清谈玄学时更着重炼丹。因此，道家与道教常被人混淆。然而，如果将道家理解为由老子、庄子开创，并在魏晋被重新发明的哲学思想流派，将道教理解为于两汉逐渐形成，后又有若干发展分化的宗教，那么，虽然道教在理论上汲取了道家思想的大量因素，甚至奉老子为教主，但是二者还是不能混为一谈，也不能说道教理论就是道家思想。

正因为道家与道教有如此密切的关系，“道家”与“道教”二词，常被不加区别地使用。在注释道家著作时常有道教化的倾向。特别是一些道教徒，也包括一些儒家学者。方虚名的《南华真经旁注》亦呈现出以道教解庄的倾向。例如，《养生主》解题即曰：“养其主此生者，如道家所谓丹基也。”这里的“道家”其实是指道教。又如，总论《庚桑楚》篇时说：“此篇问答体而自分两截，滔滔中时出奇句。畏垒即禹贡之羽山，见《洞灵经》。”《洞灵经》是道教的作品。这种解释颠倒了道家和道教的源流关系。

3. 以佛解庄

“佛教传入中土后，就与道家结下了不解之缘。佛、道思想的暗合、相通为以佛解庄提供了契机。以佛解庄的学者，既有佛教高僧，如晋时支遁的《逍遥论》，也有道教或儒家学者，如唐时成玄英的《庄子疏》、宋时林希逸《庄子口义》。明代中晚期后，以佛解庄的阐释方法得以传承。”[①] 方虚名的《南华真经旁注》于此亦有体现。《逍遥游》“列子御风”旁注曰：“刘须溪曰列子御风而行可谓至矣，犹未得为逍遥，如佛说空空与未是且至，都无所待而后谓之游，是前之语培风者，然未得为逍遥也。”《秋水》篇题目旁注曰：“局于小见不知大道，此篇问答一节深一节。庄子一部，惟此篇深言之。禅书万卷曾不出此，其平生命脉，细究便见。”在“庄子曰鯈鱼出游从容”句旁注曰：“钱牧翁曰孔自孔，老庄自老庄，禅自禅，乘流示现，面目迥别。宋儒林鬳斋影拣禅宗注庄子。河伯海若谓与《传灯录》忠国师‘无情说法，无心成佛’同看，却又不敢不依傍程朱，移头换面。三家门庭从此无风起浪，葛藤不断。庄生云凿混沌之窍，七日而混沌死，其鬳斋之谓与？”又解《庚桑楚》篇“能儿子乎？儿子动不知所为，行不知所之，身若槁木”一句曰：“此段学问即佛乘中所谓二乘做死心工夫者，尚有捉摸，亦趚之身分所易及者。”

① 张洪兴，《论明代中后期庄子学的勃兴及其表现特征》，《兰州学刊》2012年第1期，第160-178页。

三、《南华真经旁注》注《庄》之特点与得失

1. 以文法点拨为主，疏通章义

《南华真经旁注》受宋代以文注庄的影响，特别注意从分析《庄子》散文的文法、章法、句法、段落层次入手，阐释庄子“妙义”。其注释理路是由整体到局部，由大到小，抓住关键点，分析精到。从全书着眼的注释如《目录》旁注：

> “灯下酒杯卷，祛愁当酒杯”，此贯岛句也。仆本恨人每百忧攻中。亟以南华一二篇读之则嗒然倏然矣。
>
> 庄子五十三篇载汉书艺文志严君平作《老子指归》，所引用者多书中不载。意今三十三篇为郭子玄所删定。而苏子瞻又以《说剑》《让王》《渔父》《盗跖》四篇浅陋不入于道删去之，止存二十九篇矣。
>
> 苏子由曰：“家兄，字瞻，文自读庄子后，余逐步步赶不上。”钱湘曰：“子瞻之文，行乎所不得不行，止乎所不得不止。固得庄子之笔力意趣矣。至庄子练格、练句出奇无穷，子瞻未之到也。子瞻直而畅，庄子曲而奇。”
>
> 钱牧斋《遍归大仆集序》曰：“少年应举，笔放墨饱，一洗熟烂，人纛其颉颃，眉山不知其汪洋跌宕得庄周者为多。”
>
> 癸酉十一月望日读起，十二月二十四日读完。钱湘灵先生有庄子阅本，从旬扬处借得之，校阅一过。钱本旁行批注多采前人旧说，今余所批注用其说十之五六，间亦博采他说或附以己意云。

《目录》旁方虚名论及《庄子》散文的作用、版本、影响，以及作注的大概。由此可以了解作者对《庄子》的整体理解。《庄子》散文能给人排忧遣愁的作用。《庄子》散文的特色“曲而奇”，苏轼散文深得其趣。这都是作者对于《庄子》一书的整体观照。

在每篇开头，方虚名都有对章法的简要分析。例如，《逍遥游》篇首，作者旁注：“此篇直述体大小二字，乃其眼目文字，一头、二证、一结，奇崛不伦。”《齐物论》篇首旁注：“本篇本以齐物论为主却借风起，后

始入题，四大柱，入结中，多颠倒迂散之语。”《养生主》篇曰：“首节为正讲，二三四节为喻言，末节正收首节也。”《刻意》篇首旁注：“此篇言圣人之德以养神守神作主，首尾却是一篇文字，中间连用六个故曰，末引野语结之，看它文字波澜，庄文中最近时好者，熟读详味妙义自见。历举五等有方之士而归重于无方之圣人。”再结合段落层次的划分和点拨，庄子文章的脉络就清晰了。将“谬悠之说，荒唐之言，无端崖之辞”的《庄子》散文理出头绪，这是文章评点的关键。方虚名《南华真经旁注》对文章结构脉络的分析，明显受到宋代以来科举时文的影响。前引“庄文中最近时好者”之“时好”即指明代举业之文。“八股”滥觞于宋，行于元，到明成化年间（1465—1487 年），八股文体式才得到完全确定和完善。顾炎武《日知录》卷十六“试文格式”曰：

> 经义之文，流俗谓之八股，盖始于成化以后。股者，对偶之名也。天顺以前，经义之文不過敷衍传注，或对或散，初无定式，其单句题亦甚少。成化二十三年会试《乐天者保天下》文。起讲先提三句，即讲乐天。四股中间，过接四句，复请保天下四股，复收四句，再作大结。弘治九年，会试《责难于君谓之恭》文，起讲先提三句，即讲责难于君，四股中间过接二句，复讲谓之恭四股，复收二句，再作大结。每四股之中，一正一反，一虚一实，一浅一深，亦有联属，二句四句为对，排比十数对成篇，而不止于八股者。其两扇立格谓题本两对，文亦两大对，则每扇之中，各有四股，其次第之法，亦复如之。故今人相传谓之八股，若长题则不拘此。嘉靖以后，文体日变，而问之儒生，皆不知八股之何谓矣。（《日知录集释》卷一六）①

从顾炎武的话中可以大略看到“八股文”的格式特点，即对文章的“起”“承”“转”“合”之法都有特别的规定。顾炎武称：“嘉靖以后，文体日变，而问之儒生，皆不知八股之何谓矣。”但从明清文章评点来看，八股文考试虽然退出了历史舞台，但对文人影响颇深，深化了人们对文章结构的认识。生活于万历年间的方虚名依然受八股文的影响是可能的。

---

① 黄汝成，《日知录集释》，上海：世界书局 1936 年版，第 389 页。

2. 旁注简洁、精要，然亦染虚浮之风

《南华真经旁注》仅对少数关键字、难解字予以解释，对段落、章法予以点拨和评论，对章义、段义予以总结，因此注释简洁、精要，然亦染虚浮之风气。一般认为，明代中晚期学术有空疏、虚浮之风，在这一方面庄子学也未能幸免。具体而言，《南华真经旁注》在评点文章写法之时多用“奇”“味”“妙”等称赞，缺少具体分析。例如，《盗跖》篇“疾走料虎头编虎须几不免虎口”句旁注曰：“叠三句结束文亦奇。”“汝行如桀纣则有怍色有不服之心者小人所”句旁注曰：“设此二喻亦甚有味。”《至乐》篇“天下有至乐无有哉”句旁注曰：“此篇自天下有至乐至无为哉，只是一片文字，起伏抑扬，最好玩味。”皆此类文字。此外，《旁注》采钱湘灵本“十之五六，间亦博采他说或附以己意”（“目录”旁注）。可以说，太多因袭，缺乏新意。因此《续修四库全书》收录、明万历甲午年刊本，《南华真经旁注》“卷之一”下标“歙浦方虚名浮惰辑注、海阳孙平仲公次音校”。作为“辑注”而言，又仅限数家，所以从体例上说，虽有创新，但仍嫌单薄，不够厚重。且他人观点和自己的阐释浑然无间，有鱼目混珠之嫌疑。

3. 不乏精见卓识

《南华真经旁注》虽有诸多不足之处，如以儒解庄、以佛解庄、以道教解庄等偏离庄子实意之处，然精见卓识，见解精辟之处亦不少。例如，《逍遥游》中“尧让许由”一节，《旁注》曰：“鸟鼠喻其自足，见性各有极；庖厨喻其不相代，见各有所司。”最后一节，“惠子问于庄子曰”旁注曰：“斄牛不可用之执鼠，大树不当责之绳墨。”这些都极中肯。例如，评《盗跖》篇“孔子与柳下季为友”一节的风格说：“此章词雄气逸，如洪源疾注，不可壅遏。”特别是对《养生主》篇首章的解释，虽多因袭陆西星《南华真经副墨》、林希逸的《庄子口义》，但择善而从，亦可见出卓识。例如，“吾生也有涯，而知也无涯，以有涯随无涯”一句，陆西星注曰“以有尽之身随无尽之智”，林希逸解曰“以有尽之身随无尽之思”来解释。方虚名采纳了林希逸的解释。众所周知，古汉语中，“知”“智”通用。陆西星的解释还是差强人意。解“知”为“思”，就具体准确了。庄子不是反对求知，而是反对被自己私虑所蒙蔽。“犹自以为知，驰骋不休，终迷不悟。”他认为，人无力分辨善恶，“见之所及，为善为恶俱在内”，所以，若一味随从己意就危险了。又如，“为善无近名，为恶无近刑”，历来是解庄之难点。朱熹的解释说：“老庄之学，不论义理之当否，而但欲依阿于其间，以为全身避患之计，正程子所谓闪奸打讹者，故其意以为为善而近名者为善之过也，为恶而近刑者亦为恶之过也，唯能不大为善，不大为恶，而但循中以为常，则可以全身而尽年矣。”[①]朱熹将“为善无近名，为恶无近刑”理解为“倚阿于”近名之善与近刑之恶之间的中庸之道，进而得出庄子“不论义理，专计利害”的结论。林希逸曰：“为善无近名者，谓若以为善，又无近名之事可称；为恶无近刑者，谓若以为恶，又无近刑之事可指。此即《骈拇》篇所谓‘上不敢为仁义之操，下不敢为淫僻之行也’。”（《庄子鬳斋口义校注》）[②]陆西星则以佛教的“一念不起”来解释，都不符合庄子本义。方虚名没有蹈袭前人覆辙，他解释说：“未尝为善而无近于名，未尝为恶而无近于刑。”他认为世间普遍地存在着为了名而为善、为了刑而为恶的现象。而庄子的意思则相反，不要为了名而为善，不要为了刑（刑罚他人）而为恶。即不要顺遂己意而从事。那么，何谓从事的原则呢？就是“缘督以为经”。由此可见，方虚名的旁注虽多因袭前贤，然亦有自己独到的见解。

第七节　程以宁的《南华真经注疏》

程以宁（约 1583—约 1658），明代道士，道号复圭子，新安人。科场失意，遂潜心道术。曾为《道德经》和《庄子》作注。《南华真经注疏》成于明崇祯十年，清嘉庆间蒋光庭道藏辑要本收录。另见《藏外道书》第二册、《中华续道藏初辑》第十四册。书前有儒生邹忠允的《南华真经注疏序》《南华真经注疏自序》和道友汪伯修的《南华真经注疏题词》，书末有《南华真经注疏传神集后序》。

---

①（宋）朱熹，《朱子全书》第四册，上海：上海古籍出版社 1926 年版，第 3284 页。

②（宋）林希逸著，周启成校注，《庄子鬳斋口义校注》，北京：中华书局 1997 年版，第 49 页。

一、程注体例及研究概述

程以宁的《南华真经注疏》采用传统的注疏方法，对《庄子》三十三篇进行了注释疏通。每篇皆有解题、随文双行夹注、文末有对全篇内容的“疏通”。他说：“然于精神筋骨脉络，尚未融贯，不得不作疏于各章之后。疏者通也，彼其精神有隐藏处，吾为通而露之，其筋骨有屈曲处，吾为通而直之。其脉络有间断处，吾为通而联之。”（《南华真经注疏传神集后序》）[①]程以宁对其《南华真经注疏》颇为自负，他说：“其先哲所已注而可存者人事也，十之一二；其发前人所未发者性命也，十之八九。”（《南华真经注疏传神集后序》）指出在继承前人注疏的基础上又有很大的超越。晋陵人邹忠允在《南华真经注疏序》中对之评价甚高，谓程以宁的《南华真经注疏》为“千古之玄解”，其解《庄子》之最大成功就是顿悟《庄子》为“丹经之祖”，他说：“鲲鱼即丹经之水虎，鹏鸟即丹经之火龙，二语参破，一部南华莫不迎刃而解矣。”此可谓对程以宁的《南华真经注疏》的最早评论。除几位友人之外，程以宁的《南华真经注疏》影响甚微，鲜有人进行研究。

方勇的《庄子学史》有一节论“程以宁的《南华真经注疏》”，简论其著书经历及以道教丹术思想阐释《庄子》的特点。李雄燕的《从生命走向生态美——〈南华真经〉四家注中的美学思想研究》主要梳理了唐代成玄英、宋代陈景元、明代陆西星及程以宁对《南华真经》的注疏，从中概括出了四人的生命美学思想、生态美学思想。此书对程以宁祖籍、生平有所考证，认为程以宁是“今安徽黄山休宁人”，“可能活动在万历后期到崇祯年间”，其“生活经历与陆西星有相似之处，他也是由儒入道的”，其《南华真经注疏》所体现出来的思想，“主要有三教合一思想和内丹思想”。[②]

二、程注的特点及得失

道士注疏《庄子》，古已有之，如唐代的成玄英的《南华真经注疏》、

① （明）程以宁，《南华真经注疏》，《道藏辑要》本，成都：巴蜀书社 1995 年版。

② 李雄燕，《从生命走向生态美——〈南华真经〉四家注中的美学思想研究》，成都：西南交通大学出版社 2011 年版。

宋代陈景元的《南华真经章句音义》、明代陆西星的《南华真经副墨》等。而直接对程以宁产生影响的就是陆西星。程以宁的经历与陆西星相似，都是由儒入道，既精通道家丹法，又精通佛教，因而其《庄子》注疏有相同的思想特色。陆西星（1520—1606），字长庚，道号潜虚，又号天放翁、三剑道人、蕴空居士，又自称方壶外史，明代扬州府兴化县人（今江苏省兴化市）人，为道家内丹学东派创始人，著有《方壶外史》《南华真经副墨》等。其《南华真经副墨》为以道教、佛教解庄的典型代表。他认为《庄子》是《老子》的注疏，并用丹书印证《庄子》。在以佛解《庄子》方面，他将《庄子》视为中国的佛典，用佛典与《庄子》相互参看。洪硕峰评论说：“陆翁以鸿儒入道，又得至人指授，精修道家内外丹法，造诣高超，又深通佛家内典，而融汇三家要旨，述为《副墨》，故其书宛若风扫落叶，一清世俗偏见，诚超世仙才之美文，人间少有之杰作。”（洪硕峰《南华真经副墨序》）①程以宁的《南华真经注疏》亦呈现出与陆西星相同的特色，以道教解《庄子》为主，以佛教解《庄子》为辅。程一宁的《南华真经注疏》主要有以下特点。

1. 以道教解《庄子》

（1）注《庄子》的宗教目的。道士注《庄子》与道教学者还有不同，他们往往出于宗教的目的。程以宁自称其《南华真经注疏》的目的时说：“予观世儒止知为利禄以养臭腐，不思化臭腐为神奇，坐待无常之至，甘就木而不悔者，天下皆是也。予甚悯之，故作南华之注……俾后之读南华者，一展卷咸识上升之有路，登彼岸之有筏。”（《南华真经注疏传神集后序》）

（2）仙化庄子。庄子早在南朝时就被目为仙人，程以宁继承此一看法，也认为庄子是仙人，“漆园先生之作南华，盖身在天地之先也”（《南华真经注疏自序》）。《大宗师》解题曰：“大宗师，即人之元神也。人人有之，而人人不知宗师之，故仙翁多方为人指点之耳。”称“庄子”为“仙翁”。并进一步认为庄子就是太上老君的化身，他说：“太上悯人不悟，性命之学无传，不得不化身作南华以泄其秘。”（《南华真经注疏自序》）“千古以来知道德者未有不透南华，南华者所以筌蹄道德也。晚近文人不惟

① （明）陆西星撰，蒋门马点校，《南华真经副墨》，北京：中华书局2010年版。

不究道德即南华真经四字，鲜有知其说者，先哲云：湛为道德，浮为英华也。南华，即道德之英华也。”（《南华真经注疏传神集后序》）程以宁认为，老子、庄子实为一人，老子即道教之太上老君，庄子是其化身，《道德经》与《南华真经》其实一也，所谓“南华，即道德之英华”。这对传统的老子、庄子关系理解无疑是石破天惊的结论。所以他注《庄子》的方法与传统不同，“昔人谓南华为道德之注疏，予今本道德而注疏南华”（《南华真经注疏自序》）。

（3）以丹经解《庄子》。例如，《逍遥游》“南冥者，天池也”一句，程以宁注曰：“丹经云，人肾中之水有真火，心中之火有真水。南冥者，人人心神水所自出之处，故曰天池，又云炼丹无别法，但引神水入华池。此之谓也。”“南冥”之处为“天池”，一点也不复杂，程以宁却将之与《丹经》联系起来，给予牵强附会的解释。类似的注疏很多，特别是《逍遥游》篇，最具有代表性。

2. 以佛教解《庄子》

程以宁既是道士，又精通佛教，他主张儒、释、道三教同源，他说：“《道德经》为三教之祖。”（《南华真经注疏自序》）因此，其《南华真经注疏》还常用佛教义理进行阐释。例如，《逍遥游》篇“不夭斤斧，物无害者，无所可用，安所困苦哉”一句，程以宁注曰：“释氏谓身为菩提树，则大树非草木也。六祖谓菩提本无树，则樗木为寓言也。云大本拥肿而不中绳墨者……彷徨乎无为其侧，逍遥乎寝卧其下，释氏之所谓大自在也。”又如，《齐物论》篇“莫若以明”下注曰：“吕祖云：有人问我长生诀，遥指天边月一轮。达摩祖师云：有人问我西来意，水在长江月在天。即以明之指也。”

程以宁的《南华真经注疏》主要特色就是以道教解《庄子》，《逍遥游》尤其明显。其余各篇比较忠实于《庄子》原文。例如，《齐物论》总论曰：“人为物中之最灵，种种变态之不齐者，真君不存也。人苟得乎真君之情，则不师心而自是。”不师心自处，方能齐物，这是问题的关键。“汝闻人籁而未闻地籁，汝闻地籁而未闻天籁夫”一句的解释，颇有启发性。他说：“陆西星曰：籁，萧管也。比竹而成，管有长短，声有高下，吹万不同，正以暗喻物论之不齐者，乃人所为故曰人籁。地籁则木之众窍感噫气而成声者。天籁则无声而能声天下之声者，故归之曰天。”《养生主》篇“吾生也有涯，而知也无涯”一句注曰：“人生不满百，常怀千岁忧。”即将“知”解为“思虑”。“为善无近名，为恶无近刑”注曰：“上不为仁义之操以近名，下不为淫僻之行以近刑。”即“既不敢为善，也不敢为恶”之意，都切合庄子本义。《秋水》总论：“通篇以道字为主，能闻道者可以穷极大而定至细，包精粗忘贵贱，化有无，达理明权，知天洞人，全真照物，一以贯之矣。”《天运》篇“商太宰荡问仁于庄子”一段，程疏曰：“言虎狼父子相亲则世有父不慈而子不孝者愧矣。言至人无亲则如周公之诛管蔡，石蜡之诛石厚是也。后人之处兄弟父子有周公石公之不幸而不能行管蔡石厚之诛者，亦愧矣。一说至仁，视万物犹一体，合亲疏而皆爱之，故曰无亲。”以上所举都极为中肯。

第八节　方以智的《药地炮庄》

方以智（1611—1671），明代著名哲学家、科学家，安徽桐城人。字密之，号愚者。其名、字、号皆其祖父方大镇所起，取其“蓍圆而神，卦方以智，藏密同患，变易不易”（《物理小识·总论》夹注）[①]。方以智一生经历坎坷，先后有多种名、号传世，别称“宓山氏”“浮山愚者”。蒋国保《方以智哲学思想研究》对其一生名号梳理如下：三十岁中进士以后，“以身历忧虞，有躬耕之志，乃自号曼公”；明亡流离岭南，曾“变姓名为吴石公”；四十岁遁入佛门后，“故无常名，初在天界为无可，既入匡庐为五老，一居寿昌为药地，或为墨历，人讹呼之又名之曰木立”；又“合浮山、匡庐而号曰浮庐”；晚年于青原号极丸老人，死后，“学者欣慕，称为文忠先生”。[②]方以智出身士大夫家庭，曾祖父方学渐，精通医学、理学，并且能学习诸子百家，融会贯通，自成体系，除记录赴东林讲学的《东游记》外，著有《易蠡》《性善绎》《桐夷》《迩训》《桐川语》等。祖父方大镇在万历年间，曾任大理寺左少卿，著有《易意》《诗意》《礼说》《永思录》《幽忠录》等数百卷。外祖父吴应宾，精通释儒，著有《学易全

① 转引自蒋国保，《方以智哲学思想研究》，合肥：安徽人民出版社 1987 年版。
② 蒋国保，《方以智哲学思想研究》，合肥：安徽人民出版社 1987 年版，第 33 页。

集》《学庸释论》《宗一圣论》《三一斋稿》等。父亲方孔炤，万历四十四年（1616 年）进士，崇祯朝官至湖广巡抚，通医学、地理、军事，并且较早地接触西学，主张研习经世致用的知识，著有《周易时论》《全边略记》《尚书世论》等著作，《明史》有传。方以智自幼秉承家学，接受儒家传统教育。

除了家学，他所授业的老师亦都是当时的著名学者。少年时代的方以智受到了浓厚学术氛围的熏陶。成年后，方以智载书泛游江淮吴越间，遍访藏书大家，博览群书，四处交游，结识学友。在他的学友中有西洋传教士毕方济与汤若望，并阅西洋之书，从他们那里，方以智了解了西方近代自然科学，从而更加开阔了视野，丰富了学识。曾与张溥、陈子龙、吴伟业、陈贞慧、吴应箕、侯方域等主盟复社，裁量人物，讽议朝局，以文章誉望动天下。崇祯十三年（1640 年）中进士，后任翰林院检讨。李自成攻入北京时被执，后逃出，流遁百越。清顺治三年（1646 年），曾充永历朝经筵讲官，后遭排挤，遂称疾屡诏不起。顺治七年（1650 年）被清兵擒之于广西昭平仙回山，清将为其折服，允其为僧。顺治九年（1652 年）北归省亲，次年于南京高座寺皈依天界觉浪道盛禅师，嗣法曹洞宗。顺治十二年（1655 年）父丧，破关奔丧桐城，以僧身庐墓三年。后定居江西青原山净居寺，大畅禅风。改名弘智，字无可，别号大智、药地、愚者大师等。晚年定居江西庐陵青原山，自称极丸老人。康熙十年（1671 年）因“粤案”被清廷逮捕，在解往广东途中，死于江西万安惶恐滩头。1972 年当代美国华裔学者余英时在《方以智晚节考》中认为方以智行至惶恐滩头，想起前朝文天祥事迹，自沉于江殉国。

方以智虽颠沛流离，但笔耕不辍，著述等身。《清史稿·方以智本传》言：“以智生有异禀，年十五，群经、子，史，略能背诵。博涉多通，自天文、舆地、礼乐、律数、声音、文字、书画、医药、技勇之属，皆能考其源流，析其旨趣。著书数十万言，惟《通雅》《物理小识》二书盛行于世。”[①]除《通雅》和《物理小识》外，还有《药地炮庄》《东西均》《浮山文集》《博依集》《易余》《一贯问答》《切韵源流》《流寓草》《周

① 赵尔巽等撰，《清史稿》，北京：中华书局 1998 年版。

易图象几表》《性故》《学易纲宗》《诸子燔痏》《四韵定本》《内经经络》《医学会通》等，现存共二十余种。

一、方以智庄学研究概述

方以智生前即得享大名，其身后却湮没无闻。有清一代，学者仅称许其《通雅》，以其为考据学的先驱。近代以来，西方科学传入中国，因方以智与古代科技关系密切，又因桐城方家与耶稣会士颇有来往，方以智遂成为科技史的先驱。方以智哲学成为学界热点讨论话题是在20世纪中叶以后。1957年，侯外庐先生以“方以智——中国的百科全书派大哲学家”为题，分上、下两篇在《历史研究》第6期和7期中用马克思主义哲学观点对方以智的思想作了比较全面、系统的研究。在稍后出版的《中国思想通史》的第四卷下册中，侯外庐又单独为方以智开辟一章，其观点基本沿用前说。在以上研究中，侯外庐先生将《通雅》和《药地炮庄》分别作为方以智早期和晚期的代表作，对方以智一生的哲学思想进行了探讨。随着《药地炮庄》的两个影印本分别于1972和1975年在台湾相继出版，1978年迎来了第一个专门研究《药地炮庄》的硕士论文，台湾大学中文研究所李素娓的《方以智（药地炮庄）中的儒道思想研究》。1991年，黄钊主编的《道家思想史纲》出版，在该书的第三十章《明末至清末启蒙思想家与道家》中的第三节，题为“方以智《炮庄》的思想内容”，这也许是国内研究《药地炮庄》最早的文章。1992年，罗炽发表《方以智的道家观》。1998年，台湾中兴大学的李宛玲题为“方以智《药地炮庄》思想研究”的硕士论文出版，该论文以《东西均》中的哲学思想为指导来研究《药地炮庄》的“三教合一”和“三教归实”思想，文中还有专章讨论《炮庄》之体例与成书因缘。2001年，罗炽的《方以智评传》有“禅学与道学”一章研究了《药地炮庄》。2003年，熊铁基、刘固盛、刘韶军合著《中国庄学史》出版，其第六章《明清时期的庄学》第六节，题为“方以智《药地炮庄》”。2004年，杨儒宾的《儒门别传——明末清初〈庄〉〈易〉同流的思想史意义》、廖肇亨的《药地生死观论析——以〈东西均〉与〈药地炮庄〉为讨论中心》均对《药地炮庄》有所研究。2005年，邱敏捷的《方以智〈药地炮庄〉之“以禅解庄”》（《南大学报》2005年第1期第39卷）对《药地炮庄》进行了专门研究。2008 年，方勇出版了其三巨册《庄子学史》，第十五章题为“方以智的《药地炮庄》”。2008 年，北京大学周锋利的博士论文《方以智三教会通思想研究》发表，论文分别从“三教会通”的方法模式（分析《东西均》）、经典诠释（分析《药地炮庄》）、价值立场（指三教归儒）、终极关怀（生死观）展开。2009 年，山东大学彭战果的博士论文《方以智儒、佛、道三教会通思想研究》发表，该论文从“学术渊源：三教会通之外缘”、“形上之思：三教会通之根源”、“允中一贯：会通儒家之依据”、“圆融无碍：会通佛家之依据”、“逍遥之境：会通道家之依据”（以儒、易、禅释庄）、“评议与定位：三教会通之反思”六个方面展开。2010 年，中山大学刑益海的博士论文《方以智的庄学研究——〈药地炮庄〉初探》发表，该论文由“《药地炮庄》版本及刊行时间考”“方以智生平及其庄学思想史略”“‘三教一致’的新庄学”“‘托孤’传说之公开的秘密”“从体例及撰述看《炮庄》与‘托孤’之关系”五章构成。2011 年，张永义、邢益海校点的《药地炮庄》由华夏出版社出版，是继《通雅》和《东西均》后，方以智重要著作的第三个现代整理本。梅向东、李波编著《桐城派学术文化》有一节简论“方以智的庄子学”[①]。2014 年，《方以智与道家经典〈庄子〉》（《孔子研究》2014 年第 3 期，第 113-121 页）发表。

综上所述，在方以智庄学研究方面，虽然涌现出了大量的研究论文，但“敢于硬碰《炮庄》的人并不多”（刑益海《方以智的庄学研究——〈药地炮庄〉初探》）[②]，多属《药地炮庄》的外围研究。究其原因，“一是可见、流通中的《炮庄》均非善本，或内容残缺不全，或字迹漫漶不清。其文本本身的体例和称引习惯也令人头疼至极。《炮庄》除辑录前人和同时代人的注庄成果外，还有字体极小难认的大量眉批，所引人物又多用别号，著作则多用简称”。“二是方以智作品固有的难度。方氏知识渊博，思想渊源多元难辨，讲清哪些思想是传承的，哪些思想是其独有的并不容易，而《炮庄》会通‘三教’，博大精深的思想内涵更令人望而生畏，今人要同时具备易学、庄学和禅学三方面的学养，已颇为不易，更遑论兼通诗学、

① 梅向东、李波编著，《桐城派学术文化》，合肥：合肥工业大学出版社 2011 年版。

② 邢益海，《方以智的庄学研究——〈药地炮庄〉初探》，中山大学 2010 年博士学位论文，第 2 页。

经史考据学、音韵学、博物学、医学等。”[①]

二、《药地炮庄》成书及其背景

1650 年，清兵陷桂林，方以智为避战乱，出家为僧。1652 年年底，他回到桐城家中。但是第二年春，清廷一再逼迫方以智出仕。于是他到南京，师事觉浪道盛禅师，终于皈依佛门，直至去世。方氏历代服膺儒学，更以易学传家。方以智被迫出家，这对他的思想冲击是可想而知的。甚至在闭关高座寺时，他的父亲依然叮嘱他：“当明明善，勿泥枯壁。”（《象环寤记》）[②]即不妨把出家仅仅看作一种形式，还要持守儒学儒道。方以智曾经因此深感愧疚，他说：“三世家学而偷息祇支，罪无逃矣。”（《周易时论·方中德跋》）[③]方以智确实没有放弃儒学的信念，1655 年方孔熠病逝于桐城，方以智于关中哀痛难持，破关奔丧，并依儒仪庐墓三年，以僧身而行儒事。对一个深受儒学浸染、以忠孝为自己安身立命的学者来说，出家为僧只是迫不得已的选择，是他的权宜之计。他说：“不肖少读明善先生之训，子孙不得事苾刍，然中丞公白发在堂，訾为之枯。十年转侧苗峒，不敢一日般行，正以此故。知必不免，以祇支为避路，即为归路。苟得所归，正所以奉明善先生之训也。”（《象环寤记》）出家作为一个避路，同时亦是自己的归路，回到明遗民的身份上，这就是方以智的理想。所以方以智身在佛门，心在儒行。佛徒生活非但没有泯没他的志向，更激励他著书立说，克尽子职。余飏的《报亲庵序》记载方以智的话说：“愚者复蹶然而起曰：‘吾将聚千圣之薪，烧三世之鼎，炮之以阳符，咀之以神药，弥缝之以象数，妙叶之以中和，裁成之以公因反因，范围之以贞一用二，时当午运，秩序大集，使天下万世晓然于环中之旨，三一之宗，谓方氏之学，继濂洛关闽而兴、集昙聃归途之成，克尽子职，所以报也。’”（《浮山志》卷四）[④]这段话说明，方以智最终找到了自己心灵的归宿，那就是潜心学术，传承家学。

在经历一番痛苦的思索后，方以智终于为自己尴尬的处境找到一条出

---

① 邢益海，《方以智的庄学研究——〈药地炮庄〉初探》，中山大学 2010 年博士学位论文，第 2 页。

②（明）方以智著，张昭炜整理，《方以智著作选》，北京：九州出版社 2015 年版。本节所引此书皆据此本。

③（明）方孔照撰，《周易时论合编》，上海：上海古籍出版社 1996 年版。

④（清）陈焯修订，疏获点校，《浮山志》，合肥：黄山书社 2007 年版。

路。他的内心深处终于将儒、释贯通了，此媒介就是《周易》和《庄子》。他明确地说："佛生西，孔生东，老生东而西游，而三姓为一人。"（《象环寤记》）试图探讨"三教为一"之理，以调和其矛盾的人生遭际，安顿自己的身心。在 1652 年，方以智于庐山五老峰作《东西均》，在阐释自己哲学体系的基础上倡"三教为一"之理，这说明儒、释、道三教贯通在方以智内心已经实现。

1653 年，方以智于高座寺闭关之时受觉浪道盛的影响和鼓励开始撰写《药地炮庄》。张永义认为，《药地炮庄》的创作不仅与觉浪道盛有密切的联系，甚至有合作的可能。《天界觉浪盛禅师全录》卷十三陈大中《庄子提正跋语》："杖人癸巳又全标《庄子》以付竹关，奄忽十年，无可大师乃成《药地炮庄》解拘救荡。"[1]除两三篇之外，其他序跋发凡都提到了两人的关系。无论是下宫之譬，还是父子之说；无论是先炮后炮，还是一凿再凿，强调的都是《炮庄》对师门的继承。弘庸说得最直捷："药地炮庄，集古今之评，以显杖人之正。"大别说得最详细："（杖人）在天界时，又取《庄子》全评之，以付竹关。公宫之托，厥在斯欤！"[1]据《冬灰录》记载，康熙四年（1665 年），方以智曾焚《炮庄》稿于道盛影前，显然是想以此回应恩师的嘱托。从这个角度看，说《药地炮庄》是师徒二人的作品也不为过。明乎此，《炮庄》正文每卷卷前皆题"天界觉杖人评，极丸学人弘智集"，自是再正常不过的事了。这说明，方以智在闭关高座寺后，开始正式撰述《药地炮庄》，以《庄子》为文本"会通三教"，十年后完成。

三、《药地炮庄》的体例

据刑益海《方以智的庄学研究——〈药地炮庄〉初探》研究，安徽博物馆藏大集堂本《药地炮庄》（四册）是原刻本、善本。扉页正中为楷体书名"药地炮庄"，右上方分双行题署"天界觉大师评，吴观我先生正"，左下方题曰"潭阳大集堂梓行"牌记。全书共有六部分，依次是目录、序、发凡（七则）、总论（上、中、下）、正文、跋。下面依据张永义、刑益

① 转引自张永义著，《〈药地炮庄序跋发凡〉注释》，《现代哲学》2010 年第 4 期，第 114-123 页。

海校点的《药地炮庄》分别介绍如下：①目录。目录中有“序文”“发凡”“总论”“卷一”至“卷九”之名。②序跋、发凡。序文紧接在目录之后，依次为萧伯升的“刻炮庄缘起”，陈丹衷、何三省、余飏、弘庸的四篇序，方以智的“补堂《炮庄》序”，戒显的“《炮庄》序”，蕃具的“《炮庄》咏二十四韵”，栖霞竺庵道人大成的“读《炮庄》题辞”，方以智的“《炮庄》小引”，枹山行者别记、药地学人传笑谨录的“《炮庄》发凡”，共11 篇。全书末尾另有兴秉録、兴翱识的两篇“《炮庄》末后语”，慈炳、彭举的两篇“《炮庄》后跋”，张自烈“阅《炮庄》与滕公剡语”等 5 篇跋语。明人著书，喜欢广求他人之序。方以智的《药地炮庄》就典型地体现了这一特点。③总论。总论分《总论上》《总论中》《总论下》三部分。《总论上》有一篇——《集汉唐宋至今诸家论说》；《总论中》有四篇——《憨山影响论》《鼓山寱言一则》《天界提正托孤论》《黄林合录》；《总论下》有四篇——《向子与郭子书》《惠子与庄子书》《药地总炮七论》和《嘘室一解》（有目无文）。④正文。总论之后是正文（九卷）。《炮庄》正文共由四部分构成——《庄子》本文、训词、诸家议论、别路拈提（页眉）四部分。“训词，注之于下；诸家议论，汇之于后；别路拈提，列之于上。”（《炮庄发凡》）“训词，即下栏双行夹注，为文字音义训诂”；“诸家议论，引诸家解说以释《庄子》”；“上栏别路拈提，多作禅语。‘诸家议论’和‘别路拈提’包含易学、儒学以及佛学等方面的内容。”[①]

方以智《药地炮庄》的体例独具一格，迥异前贤。其特点有二。

1. 评而非注

在方以智之前，注释《庄子》的书已经种类繁多，或曰注，或曰疏，或曰解，或曰口义，或曰副墨、或曰旁注，名虽不同，其实一也，即都是对《庄子》文本的注释。而《药地炮庄》则不同，其目的不在注释，乃是评议。不是为切合庄旨，乃为自抒胸臆。正如弘庸序所说：“杖人评《庄》，正欲别路醒之。药地炮《庄》，合古今之评，以显杖人之正，妙在听天下人，各各平心，兹吞吐之。果平心乎各当其分，各竭其才，物论本自齐也。”

① 彭占国，《方以智儒、佛、道三教会通思想研究》，山东大学 2009 年博士学位论文，第 148 页。

（《药地炮庄·弘庸序》）[1]方以智说过：“庄子者，可参而不可诂者也。”（《药地炮庄》）“世之不善读《庄子》者，皆诂庄子者之过也。”（《药地炮庄》）诂，即注释；参，即证悟。《药地炮庄》没有采取注《庄子》的传统路径，不注重字、词、句的诠释，而是整体阐释发挥，不落言筌。《四库全书总目提要》称其“大旨诠以佛理，借滉洋恣肆之谈，以自摅（抒）其意。盖有托而言，非庄子当如是解，亦非以智所见真谓庄子当如是解也”（《钦定四库全书总目》卷147）。从其书名亦可见作者用意，“药地”者，以智僧号也。“炮”即炮制，“炮庄”是指以庄子之说为药，借用中医“炮制”之喻，比喻作者对《庄子》的超越性理解。中医所谓“炮制”，是指药物在应用前或制成各种剂型以前必要的加工处理过程，包括对原药材进行一般修治整理和部分药材的特殊处理，处理时常加以辅料，处理的目的是使其既发挥疗效又避免或减轻不良反应。“炮庄”自然对庄子本旨有所改变，就方氏的思想背景而言，其“辅料”无疑是指儒学、禅学等其他思想。此即所谓“会诸家于一鼎也”（《药地炮庄校点说明》）。可以说，方以智“炮庄”的目的并非通过对庄子原文之评而达到对庄子本旨的阐释。张永义、刑益海也说：“此书并非普通意义上的《庄子》注疏，而是对《庄子》义理的一种引申和再解释。”（《药地炮庄》“校点说明”）

2. 集评而非独著

方以智“《药地炮庄》小引”说自己“炮庄”的原则是：“浮山药地，因大集古今之削漆者，芩桂硫磺，同置药笼。彼且羸粮揭竿，与之洒濯。彼且踉位闻趯，与之謦欬。彼且屠龙削锯，与之作目。彼且犒饵爨冰，与之伏火。彼且甘寝秉羽，与之消闲。随人自尝而吞吐之，愚者不复一喙。”《药地炮庄》一书从经史子集中征引了大量庄学相关资料，同时，在与同时代人和身边的朋友、弟子相与论学中也把他们的庄学思想吸收进《炮庄》。“医家炮药，还须根据药材的性质添加辅料，一起烘焙。或酒、或醋、或糖、或盐，有反制，有从制，皆可起到降低毒性、强化药效之功。《炮庄》亦然。古来好《庄》者有之，骂《庄》者有之。好之者常表其是，骂之者恒斥其非。把表者、斥者共置一鼎，《庄》书之是非得失得到放大而无所遁

[1] 张永义、邢益海点校，《药地炮庄》，北京：华夏出版社2011年版。本节所引《药地炮庄》皆据此本。

形。”（《药地炮庄》封底页）

四、《药地炮庄》的思想倾向

《药地炮庄》最显著的特色就是会通三教（儒、释、道），这已是学界的共识。这方面前人研究颇多。彭占国的《方以智儒、佛、道三教会通思想研究》即认为：“在此书（《药地炮庄》）中，方以智把《庄子》与禅宗、易学、儒家等相会通，使其成为一部典型的会通文本。”[①]余英时先生曾以“有宗主而无门户”评价方以智学术会通之特色（余英时《方以智晚节考》）。[②]那么，何为方以智思想中统摄其他的“宗主”呢，于此学术界众说纷纭。有人认为方以智三教归儒，有人认为方以智三教归《周易》，还有人认为方以智三教归《庄子》。还有人认为，方以智在三教间并无固定的价值预设，而是以超越的“道”对它们进行会通。

那么，方以智会通三教的落脚点是什么呢？施闰章《浮山吟送药公入青原》：“浮山一片云，飞落苍梧野，忽值南风吹，于归庐岩下……老禅不演三乘义，却注南华穷象、系，推到（倒）辅嗣冢中骨，笑看蒙叟人间世。”（《吉安府志》卷51）[③]由此诗可知，《药地炮庄》是方以智初入佛门之作，在他朋友的眼里，他“老禅不演三乘义，却注南华穷象系”，显然他并没有将佛教作为其思想的归宿，而是以《庄子》解《周易》。对此，方以智自己也有说明。他说：“佛生西，孔生东，老生东而游西，而三姓为一人……溯其源同，则归于《易》耳。”（《象环寤记》）[④]这说明，方以智虽然选择了注释《庄子》来会通三教，然而他将儒、释、道三教会通的思想基础却是来自《周易》。

“以易炮庄”是方以智《药地炮庄》的第一大特色。桐城方氏以易学传家，方以智学习、研读《周易》自然有其家学渊源，同时，坎坷的人生际遇亦促使其对《周易》的悟入，他在天界寺闭关时对其子方中德说：“患难之中，乃以少所受之河洛深研精入。”（《周易时论》方中德跋）在《易余·三子记》中也说：“长博学治文辞，已好考究，已好物理，已乃读《易》，

① 彭占国，《方以智儒、佛、道三教会通思想研究》，山东大学2009年博士学位论文，第147、148页。
② 余英时，《方以智晚节考》，北京：生活·读书·新知三联书店2004年版。
③ 汪泰荣点校整理，《光绪〈吉安府志〉》，北京：中华书局2016年版。
④（明）方以智，《东西均》，北京：中华书局1962年版，第162页。

九闳八埏，无不极也。非知易也。中觏大难，濒死十九，忽以嗒然，遂傥然矣。”[①]方以智“少好诗书”，晚归佛门，然而最终易学成为其安身立命的精神支柱。

对于《庄子》和《周易》之间的会通，方以智有独到的理解。方以智引何宗彦之言曰：“人皆知错综变化环应无穷者为《易》，而不知《易》之系表象先，有一定不可转移之消息；人皆谓虚玄幻窈河汉无极者为《庄》，而不知摭实崇有，三界之内横出竖出者皆是也。故曰《庄》达于治经而急于明道者也。何不举《庄》以明《易》，而学《易》以解《庄》。”（《药地炮庄·总论上》）这是说，《庄子》《周易》在根本主旨上相通，在方法上两者可以互释。所以方以智说：“学《易》解《庄》，亦直寄焉。”（《药地炮庄·总论上》）方以智认为，《庄子》《周易》相通主要表现在象数上，他说：“《易》《庄》原通，象数取证。”（《东西均·神迹》）《药地炮庄》即以《周易》象数来解释《庄子》一书的结构。他说：“内篇凡七而统于游。愚者曰：游即息也，息即无息也。太极游于六十四，乾游于六龙，庄子之御六气，正抄此耳。”（《药地炮庄》卷一）方以智认为，《庄子·逍遥游》篇在全书中地位与《周易》之“太极游于六十四”相同，在于以“一”统“多”；《逍遥游》在内篇中的地位与“乾游于六龙”相同，在于以“一”统“六”。

“以禅炮庄”是方以智《药地炮庄》的第二大特色。方以智之所以遁入佛门，虽然迫于时势，并非诚心服膺、甘心乐意，然亦别无选择，只得安之若命。更兼恩师嘱托，师命难违，佛学浸渍，遂至融会贯通。施闰章云：“无可大师，儒者也……去而学佛，始自粤西。遭乱弃官，白刃交颈，有托而逃者也。后归事天界浪公，闭关高座数年，剖心溜骨，涣然冰释于性命之旨，叹曰：‘吾不罹九死，几负一生!’古之闻道者，或由恶疾，或以患难，类如此矣!”（《施愚山集·无可大师六十序》）[②]在他的佛教生涯中，对他影响最大的就是其师觉浪道盛。觉浪道盛（1592—1659），名道盛，号觉浪，别号杖人，是明末清初著名的禅宗大师。正是在皈依道盛、闭关

① （明）方以智著，张昭炜整理，《方以智著作选》，北京：九州出版社 2015 年版。
② （清）施闰章撰，何庆善、杨应芹校点，《施愚山集》（全四册），合肥：黄山书社 2013 年版。

高座寺期间，方以智著述了《药地炮庄》这部会通儒、释、道三教之作。觉浪道盛的“托孤说”直接影响了方以智《药地炮庄》的写作。对此，《药地炮庄》序多有言及。《弘庸序》曰：“杖人评《庄》，正欲别路醒之。药地炮《庄》，合古今之评，以显杖人之正。”（《药地炮庄·弘庸序》）《补堂炮庄序》曰：“《庄》之药，师之炮，同一发毒作用耳。浪杖人灯热一书，十方始知是火，师即传以为炮岐黄，不在父子间乎？”（《药地炮庄·补堂炮庄序》）《炮庄序》曰：“自天界老人发托孤之论，药地又举而炮之，而庄生乃为尧舜周孔之嫡子矣……今无端被浪老人一凿，又被药地再凿，槌钳锻灶，不多乎哉？”（《药地炮庄·炮庄序》）《读炮庄题辞》曰：“药地主人不知何时窥见神农皇帝咬百草的消息，集诸杂毒，到处试人。窃见杖人以庄子为尼山托孤，人多不信，辄以其毒攻之，谓之《炮庄》，不嫌五百里寄栖霞一读。”（《药地炮庄·读炮庄题辞》）以上言论都显明了方以智《药地炮庄》的创作与觉浪道盛的直接关系。

方以智会通庄禅，还与他的外祖父吴观我有关。《药地炮庄》中多处引用吴观我论庄的言论，可见方以智对外祖父观点的服膺。吴观我，即吴应宾（1565—1634）。据《（光绪）重修安徽通志》卷二百十八及《江南通志》，吴应宾为万历丙戌（1586 年）进士，官翰林院编修，以目眚（眼睛生翳长膜）告归，家居四十载，以博雅名世。闭户著述，阐发性命之旨，多入禅宗。方以智在其为僧后所著的《药地炮庄·总论中》引憨山德清的话说：“吾意老、庄之言，非佛法不足以证向之。”（《药地炮庄·总论中》）方以智《药地炮庄》亦多作禅语，这是众所公认的。钱澄之（1611—1693）说：“今道人（方以智）既出世矣！然犹不肯废书。独其所著书多禅语，而会通以《庄》《易》之旨，学者骤读之多不可解。”（《通雅序》）[①]同样，栖霞竺庵道人《读炮庄题辞》指出：“或云庄子之言，多出杜撰，杖人、药地大惊小怪，引许多宗门中语发明他。”（《药地炮庄·读炮庄题辞》）《四库提要》称此书“大旨诠以佛理，借滉洋恣肆之谈，以自摅（抒）其意”（《钦定四库全书总目》卷 147）。对此，邱敏捷的《方以智〈药地炮庄〉之‘以禅解庄’》（《南大学报》2005 年第 1 期）有专门论述。

①（清）钱澄之撰，彭君华校点，《田间文集》，合肥：黄山书社 1998 年版，第 228 页。

“以儒炮庄”是方以智《药地炮庄》的又一特色。方以智虽然中年之后即出家为僧，但当时及后世仍有不少学者认为其属于儒家。例如，施闰章在《吴舫翁集序》中说：“夫药公非僧也，卒以僧老，其于儒言儒行，无须臾忘也。”[①]方以智曾祖父方学渐（明善先生）定有家规，即“子孙不可事苾刍”“善世、尽心、知命”的家训。方以智是至孝之人，不得已出家为僧而触犯家规曾经使他深感愧疚。他在庐墓时所作《灵前告哀文》曾说：“家有数千年正决子学，而复不能侃侃木舌，且行异类，托之冥权。”（《浮山文集后编》卷一）[②]《慕述》中再说：“痛哉！穷子终天绝地，深伤实学不能阐继，下宫郁血，行于异类。”[③]方以智虽然后来得以会通无碍，但初入佛时的遗憾无疑是痛切的。这都体现了他身为儒者的基本情怀与立场。余英时先生据此认为：“密之以僧老而卒不能以僧死，此则正与其别有所托，不甘真耽空寂有关。”[④]

除了家学渊源外，方以智还受觉浪道胜的“托孤说”的影响，对此学界多有论述。《药地炮庄·总论中》即引梦笔杖人（觉浪道盛）的“托孤说”以阐发其会通庄儒的主张。觉浪道盛以《庄子》为“儒宗别传”，“庄子为尧孔真孤，而以嗣所托之老聃”（《药地炮庄·总论中》），认为庄子借道家语言表达儒家义理。此“托孤说”看似奇崛，其实未脱以儒释庄的窠臼。例如，梦笔杖人曰：“内七篇已豁然矣，究不外于慎独、致中和，而与人、物冥声臭，归大宗师于孔、颜，归应帝王于尧、舜也。世人不知，以为诋毁圣人，孰知称赞尧舜孔颜，无有尚于庄生者乎？”（《药地炮庄·总论中》）这种论调与苏轼的“庄子似诋孔而实助孔”说是一致的。方以智的《药地炮庄》直接继承了觉浪道盛的“托孤说”。余飏在《炮庄序》中说：“天界老人发托孤之论，药地又举而炮之，而庄生乃为尧舜之嫡子矣。其与孟子同功而不与孟子同报者，孟子以正，庄生以反，孟子以严，庄生以诞。严与正者其心易见，而反与诞者其旨难知也。”（《药地炮庄序》）方以智自己也说：“庄子痛战国之时，名法捭阖以争功利，因于五伯之仁

---

① （清）施闰章撰，何庆善、杨应芹校点，《施愚山集》（全四册），合肥：黄山书社 2013 年版。
② 中国社会科学院历史研究所清史研究室编，《清史资料》第六辑，北京：中华书局 1985 年版，第 27 页。
③ 转引自苏克勤，《天下文章出桐城 桐城方氏家族文化评传》，郑州：郑州大学出版社 2015 年版。
④ 余英时，《方以智晚节考》，北京：生活·读书·新知三联书店 2004 年版，第 54 页。

义，故支离连猝以抒其愤。而暗指孔颜为‘大宗师’，尧为‘应帝王’，以定无为无不为之体用。”（《象环寤记》）在方以智的眼中，庄子非但不是诋訾孔子，反而极为尊崇。他说，《人间世》有“子之爱亲”和“臣之事君”的义命大戒，方以智引杖人之言曰：“此篇逗出忠孝至性，以事心不逾矩而处世，又何义命之能夺?此真《人间世》之张本，推重孔子至矣。”（《药地炮庄·人间世》）又引《见圣编》的话说：“《庄子·天下》篇不列孔子于百家者，明乎甚尊孔子。列老聃于关尹之下，明乎夷于诸子百家。未尝独崇老聃，又自剖别其道术。而世谓庄周以老聃为宗，甚无谓也。”（《药地炮庄·总论上》）《药地炮庄》于儒家的忠孝、仁义等观念多有阐发，如《药地炮庄·总论上》引李衷一的话说：“《人间世》大戒，发挥忠孝至矣。”（《药地炮庄·总论上》）

综上所述，方以智是以儒、释、道三教圆融的视界来解读《庄子》的。在他的眼里，《庄子》与《周易》、与儒、与禅大旨相通。《药地炮庄》对《庄子》的理解呈现出三教贯通的趋向。例如，《总论中》曰：“或问：《易》与庄、禅分合，可得闻乎？……《庄子》曰：万物皆种也，以不同形相禅，始卒若环……《易》无体，故变变不穷。六十四卦变为四千九十六，始卒若环，重重无尽，而一卦有一卦之义，一爻有一爻之义，不杂不乱，各循其方，与《华严》法界符合至矣哉。”（《总论中·黄林合录》）方以智以《庄子》“万物皆种也，以不同形相禅，始卒若环”一句为例，解释了《庄子》与《华严经》《周易》的相通。虽然《药地炮庄》以会通儒、释、道为首务，但方以智也并没有忽视三教之间的区别，只不过是于冲突处多所回护而已。可见，方以智对《庄子》的理解是基于儒而归于儒的。他对《庄子》主旨的理解是有偏颇的，没有认识到《庄子》与儒、与《周易》、与禅宗根本的区别所在。事实上，儒之所谓“道”，所谓“理”，所谓“礼”，仅是道家老庄之“道”的皮毛，庄子哲学所探究的“道”正是儒家哲学所丧失的源头。庄子是从根本上批驳儒家的。与儒家相比，佛教更如浮萍，缺乏根底真理的支撑，它“空”掉了一切，与庄子之“无”仅形似而已。方以智作为“博涉多通”的哲学家，兼精易、儒、禅三家之学，他对《庄子》的解读说明在中国传统文化的氛围里理解《庄子》是何其不易的。也说明，在中国传统文化氛围里理解儒、释、道三教的本质与不足也是相当困难的。当然，方以智对三教差异的某些理解还是值得充分肯定的，如他引虚舟子的话说：“柱、漆无所不包，而意偏重于忘世。昙宗无所不摄，而言偏重于出世。圣道统天御天，百物不废，而语不离于经世。”（《总论中》）这对三教的差异并没有全然抹杀。

第九节　钱澄之的《庄子内七诂》

钱澄之（1612—1693），初名秉镫，字饮光，一字幼光，安徽省桐城县（今枞阳县）人。其父钱志立明万历间诸生，聚徒讲学为业。澄之幼从父读书，博览群籍，应举不中，与陈子龙、夏允彝、钱木秉诸名士结交，与阉党余孽进行了不屈不挠的斗争，继而参加抗清斗争。改名澄之以逃避清廷的搜捕，并曾祝发为僧，号西顽。其后四十年，钱澄之多半时间隐居家里，躬耕读书。他曾筑庐于田野中以居住，因以“田间”为号。钱澄之对经学很有研究，对《周易》与《诗经》功力尤深，晚年曾著《田间易学》《田间诗学》。两书成后，他又著《庄屈合诂》一书，合《庄子》《楚辞》二书为之训释。钱澄之在当时更以诗文著称，著有《藏山阁文存》六卷，《藏山阁诗存》十四卷，《田间文集》三十卷，《田间诗集》二十八卷，还有《田间尺牍》《所知录》等，数量众多，为时人称誉。

《庄屈合诂》分为《庄子内七诂》和《楚辞屈诂》两部分。除《庄子内七诂》以外，钱澄之的庄学思想还散见于其诗歌、散文、题跋和书信之中。钱澄之庄学思想研究除见于同时代人的序跋之外，现存最早的学术简论即《四库全书总目提要》了。对于《庄屈合诂》，《提要》虽寥寥数语，然其体例、思想特点已有恰切的论述。虽然钱澄之当时即负盛名，然其遗民的身份，其诗文多遭禁毁，影响不大。对钱澄之的重视和研究始于 20 世纪 80 年代，多集中于其易学、诗学方面，庄学的研究较为薄弱。

关于钱澄之的庄学研究仅见于少数几篇论文和著作中。论文有如张永义的《以庄继易：钱澄之的庄学观》（《中山大学学报》2006 年第 5 期）、刘海涛、谢谦的《明代〈庄子〉接受论》（《西南民族大学学报》2009 年第 11 期）、李波的《明代桐城庄子研究》（《安庆师范学院学报》2010 年第 5 期）、黄巧红的《钱澄之〈庄屈合诂〉研究》（闽南师范大学硕士学位论文，2013 年）韩焕忠的《钱澄之对庄子的佛学解读》（《徐州工程学院学报》2014 年第 5 期）等。论著有如方勇的《庄子学史》（北京：人民出版社，2008 年版）“明遗民的庄子学”一章有一节介绍“钱澄之的《庄子诂》”；熊铁基主编的《中国庄学史》的附录一《历代庄学文献提要》中有对钱澄之《庄子诂》的介绍；梅向东、李波编著的《桐城派学术文化》有一节简论“钱澄之的庄子学”①；卫颖涛的《清代注〈庄〉序跋中的思想研究》有一节专论“钱澄之《庄屈合诂》”②。以上论著主要从宏观的角度探讨了钱澄之《庄子诂》的创作背景、体例、思想倾向和特点，尤其是其“以儒解庄”“会通《庄子》《周易》”的做法更为学界津津乐道。今从以下三个方面略作补充。

一、《庄子内七诂》的体例

钱澄之《庄屈合诂》“合《庄子》、《楚辞》二书为之训释，《庄子》止诂内七篇”（《四库全书总目》卷一六）③。因此，其《庄子诂》自称“《内七诂》”。因为“七篇以外，若《外篇》《杂篇》皆以畅衍七篇之说，所谓‘因之以曼衍’也。精力向衰，未能遍及，故所诂止于七也”（《内七诂引》）。谓之“诂”者，作者自称“于《庄》，不欲高谈玄远以更增其谬悠……惟是依文释义，使学者章句分明，以进窥其大旨之所在”（《庄屈合诂自序》）。《内七诂》章句“悉依《庄翼》，依《翼》者，以《翼》之分章所载郭注皆有首尾也，而亦多采《翼》说载之于前”（《内七诂引》），而《庄子翼》“郭注之外，杂采宋元以来诸家之说，而附以己论”（《内七诂引》），《内七诂》亦于郭注之外，次及诸家，诸如“支遁、王旦、王安石、吕惠卿、王雱、陈景元、林自、刘概、林希逸、褚伯秀、刘辰翁、罗勉道、朱得之、杨慎、陆西星、张四维、归有光、唐顺之、焦竑、袁宏道、陶望龄、谭元春、觉浪道盛、李腾芳、方以智等家之说，皆在采摘之列”（《庄子学史》）④。于每篇题名、每段之后，皆先列郭象注。作者对

① 梅向东、李波编著，《桐城派学术文化》，合肥：合肥工业大学出版社 2011 年版。

② 卫颖涛，《清代注〈庄〉序跋中的思想研究》，广西师范大学 2013 年硕士学位论文。

③（清）纪昀总纂，《四库全书》，长春：吉林大学出版社 2011 年版，第 131 页。

④ 方勇，《庄子学史》，北京：人民出版社 2008 年版，第 766 页。

郭象的注释并非完全赞同，但于每篇每段之后，必先列郭象之说，原因有二，首先，钱氏认为“子玄之注，虽未深了《庄》旨，然已窥其大意所在，其书依文作解，逐句释义，不无支离之词，要不离乎大意”（《内七诂引》）；其次，“以郭为注《庄》之始，不忘其始也”（《内七诂引》）。钱氏自己的疏通，以“[诂]”“[又]”为标志。“[诂]”“[又]”都是钱氏的注释，只是前者偏于疏通段意，后者偏于注释词语，提示文脉线索。篇末还有“[总诂]”，用来总结全篇大意，分析文章结构。

二、《庄子内七诂》的内容与得失

1.《逍遥游诂》的内容与得失

在《逍遥游》题下，钱氏引用郭象、支遁、刘须溪的话后，提出自己的见解。郭注强调适性为逍遥，支遁说“逍遥者明至人之心也”，刘须溪引老子的话说明庄子“所以游”的对象是“道”。钱氏对这些解说法都不满意，他说：“游者出世之事也。惟能出世，斯能入世。即使入世，仍是出世。古德云：‘我本无心于事，自然无事于心。’斯妙得游之旨乎？”[①]篇末[总诂]说：“游则视人我皆假相，死生犹梦觉，视一切是非利害，犹局外旁观者耳。”他用佛教的出世观念理解庄子之“游”，鲜明地体现了其佛教倾向，而偏离了《逍遥游》的本旨。

钱氏对《逍遥游》的理解虽然大旨失当，但有些理解还是很有见地的，如释大鹏寓言的用意，说：“庄子心眼空旷，胸中另有境界，非凡可喻。忽然警天动地，诌出此大鱼、大鸟，以破世间方隅之见。”庄子虚构大鹏的目的，即在于引出小大之辨，以显明蜩与学鸠见识之狭隘。最末“大树一段”，钱氏[诂]曰：“善能用大一段，本非庄子所自命，此不过就话答话耳。然观其处置大瓠、大树，已见善用一斑……固知庄子能用而不用者也……庄子盖藏身于无用者也。”这些都是很有见地的。“无用”于世，并非庄子的处世原则，只不过权宜之计。这在《山木》篇中表述无遗。庄子弟子问他说：“昨日山中之木，以不材得终其天年；今主人之雁，以不材死。先生将何处？”庄子笑曰：“周将处乎材与不材之间。材与不材之

① （清）钱澄之撰，殷呈祥点校，《庄屈合诂》，合肥：黄山书社 1998 年版。

间，似之而非也，故未免乎累。若夫乘道德而浮游则不然。无誉无訾，一龙一蛇，与时俱化，而无肯专为。”

2.《齐物论诂》的内容与得失

《齐物论》题下[诂]曰：“通篇论本无是非，是非皆我见所作。故欲齐是非，必先丧我。丧我则生死皆齐，又何物论之不齐乎。”庄子认为，“物无非彼，物无非是”，“道隐于小成，言隐于荣华，故有儒墨之是非，以是其所非，而非其所是”。意思是说，本无是非，所谓是非皆为师心自用所致。因此，欲齐物论，齐是非，必先丧我。钱氏认为“‘吾丧我’三字，是一篇宗要”。可见，钱氏对《齐物论》的主旨理解恰切。

《齐物论》首段“天籁”一节下[诂]曰：“一风也，万窍因之以怒号。声各不同，因窍之不同以为声也。风过窍虚，众声寂然，是万窍不自为声也。不自为声，斯为天籁。故下文云：‘言非吹也，言者有言。’明其有异于天籁矣。”[又]曰：“天籁即在地籁中，‘自己’谓各自成声，‘自取’谓各因其窍。惟窍本虚，一听风之怒使之然；问以‘怒者其谁耶’？窍不知其然也，是之谓天籁……人心惟有我见，故不能虚。是己非人，物论之不齐由此，故拈出天籁，以反形之耳。”此节历来为解释的难点，钱氏解释简洁精到。只是对《齐物论》开头“天籁”和结尾“化蝶”的寓言的作用，钱氏的理解存在问题。他说：“首以人世之是非，譬之如风，明物论之无端也。末以人世之生死，等之一梦，明物化之无常也。一起一结，指点分明。”事实上，开头“天籁”一节，只是引出背后的“怒者”，以引起关于“是”“非”的发动者的议论。末后“化蝶”的寓言，也不是论生死，而是以人世之是非，等之一梦，以破我见之迷妄。

钱氏诂《齐物论》亦多未尽符《庄子》旨处，如解“成心”时说：“成心，即大《易》所谓成性也。本来现成，不假拟议，一涉拟议，便非本心，即为未成乎心。古德云‘但莫瞒心，心自神圣’。《大学》云‘毋自欺也’，此即随而师之之说也。”钱氏以儒解庄、以释解庄反觉滞碍难通。又如，释“因是因非，因非因是”一段时说：“是非之生，皆由于是。只见所是，不见所非；又只见己是，不见人是，故以‘彼’‘是’二字，括尽是非。圣人妙于因是，而因非即在因是中矣，因其所是而是之，其非者不置喙而非自见，斯即因非也。夫人未有全是全非者也，有是必有非，犹有生必有死。但语生，即死可知，不必语于死也；但称可，即不可者以见，不必谓其不可也。不生是非，亦不淆是非，此是非所以各得而息也。大《易》有四象：分阴分阳，而阴中有阳焉，阳中有阴焉，是谓阴阳老少。禅家本之为四料，拣《庄子》于是中见非，非中见是，亦此四法。惟其能因，故曰本无是非。”此段用《周易》的阴阳观念、佛教的术语来解释庄子所谓是非，不尽切合庄子本义，更显迷离难懂。

3.《养生主诂》的内容与得失

《养生主》题下[诂]曰：“释氏曰‘无生’，则生‘本不待养’‘贪生’‘利生’所以害之也。儒者曰‘立命’，‘顺受其正’，‘故不欣长生，不悲夭折’‘修身以俟，顺生之自然’耳。”这是钱氏对《养生主》主旨的理解。作者引用儒家、佛教的理论来解释庄子养生的关键，还不甚准确。庄子养生的关键是顺“道”之自然。“缘督以为经”的“督”就是“道”。对“为善无近名，为恶无近刑”一句，钱氏亦采取了儒家中庸的理解，认为“《中庸》之中，《论语》谓之‘复礼’，《诗》《书》谓之‘天则’。过此则为近名之善；不及此则谓近刑之恶。”[总诂]中说：“凡近乎名者，善不可为也。”“所恶于恶，恶其近于刑也。”这种理解显然偏离了庄子的本意。在先秦诸子中，儒家重“名”，视“立名”为行为的极致。“立名者，行之极也。”（《报任少卿书》）[①]“为善”“近名”是指为了为善而为善；法家重“刑”，“刑”即刑罚，刑罚是施于恶人的。“为恶”“近刑”是指为了惩恶而为恶。“名”和“刑”因人意而被否定，是所谓“绝圣弃智”。二者都不能作为指导人们行事的原则，道家的行为原则就是“道”。

“庖丁为文惠君解牛”一段，[诂]曰：“‘因其固然’，‘以无厚入有间’，孟子所谓若禹之行水，行其所无事也。‘见其难为’而‘怵然为戒’，虽事理洞悉，必小心以行之，所谓临事而惧也。‘踌躇满志，善刀而藏之’，藏器于身，待时而动，而不轻试其锋也。所以用世，即所以养生。[又]曰：庄子养生，即在人情世法中。凡事不可为，而劳神苦形以为之，皆害生之道也。留侯蹴秦灭项以成汉业，皆因利乘便，顺其自然，未尝预有定计、勉强图成者。得其间也。功成之后，遂称病不起，可谓‘善刀而藏’者矣。

① （汉）班固撰，（唐）颜师古注，《汉书》，北京：中华书局1962年版。

若武侯先有三分成局在其胸中，而志卒不遂，至于食少事烦，劳瘁而死。始既不得间，终亦遂不能藏，其去留侯所为养生者远矣。策士之中，刚成君得应侯之间而取相位，数月即谢病以去；陆大夫得曲逆之间，使交欢绛侯，卒以安刘，而翱翔公卿间，名位不盛，皆可谓善刀之藏也。”庄子用“庖丁解牛”的寓言比喻养生，其关键在“依乎天理”“因其固然”。钱氏的解释却注重挖掘“善刀而藏之”的寓意。这是钱氏遗民眼光的投射，正如《四库全书总目提要》所说：“盖澄之丁明末造，发愤著书，以《离骚》寓其幽忧，而以《庄子》寓其解脱，不欲明言，托于翼经焉耳。”①

“公文轩见右师而惊”“泽雉十步一啄”的寓言也是谈顺其自然的道理，钱氏则以形神对立，强调养神的重要性。他说：“足已独也，右师不知其独。其知见皆超于形骸之外，所养者，正养此耳。”“彼囿于形骸者，犹泽雉之畜诸樊笼，‘神虽王’而‘不善’，形骸累之也。忘其形骸，乃所以养生也。”这同样偏离了庄子的本意。

自“老聃死”至“指穷于为薪”一节，钱氏予以贯通解释。钱氏认为“安常而处顺，哀乐不能入”为“《养生主》之要旨”，并以老子之死解释薪火之喻。钱氏[诂]曰：“火附薪以传，薪尽而火不知，薪自尽而火自传也。”钱氏用“薪”比喻“形体”，用“火”比喻“知”。他说：“生之主，其所以生者也，生之有知也，犹薪之有火也。”“公文轩所见之右师、秦失所吊之老聃，皆右师、老聃之薪耳。昔庾太尉束带以礼翟道渊，道渊曰：‘使君直敬其枯木朽株耳！’即是此义。”“老子死，必有其不死者也。”这种解释明显受其佛教思想影响。他引前人的话说：

> 刘概云：“薪火之论，以譬神舍于形而屡移者也。古之至人，所以载营魄而视形骸为逆旅者以此，况肯伆形而丧其尊形者乎？”《笔乘》云：“佛典言‘火传于薪，犹神传于形；火之传异薪，犹神之传异形’。人见形朽，便谓神丧，‘犹睹火穷于一木，便谓终期都尽，可乎？’”

钱氏认为，庄子所谓养生，非指养形，乃为养神，故此他力辟道教之长生

① （清）纪昀总纂，《四库全书》，长春：吉林大学出版社 2011 年版，第 131 页。

信仰。他说：“世之言长生者，皆祖述老子。今述老子之死，秦失三号，则长生之谬不言而自见矣。此庄子为老子洗冤，所以尊老子也。”按《庄子·养生主》篇散文的体例，钱氏的解释有过度阐释之嫌疑。因为本篇解释一节言一理，“老聃死”一节，目的是说明“安时而处顺，哀乐不能入”的道理，不必与下文牵合。

[总诂]中，钱氏将《养生主》开头与结尾一段进行了贯通解释，他说：“庄子齐生死者也。此篇力辟长生之说，而言养生主，养其生之主也。生之主，其所以生者也。生之有知也，犹薪之有火也。薪有尽而火无穷，生有涯而知无涯。今欲以有涯之生，随无涯之知，而求其长生不死。痴妄贪著，无所不至，徒足以戕其生，殆已。”这种解释也是大有问题的。庄子“吾生也有涯，而知也无涯。以有涯随无涯”，其所批评的不仅仅是求长生，更包括人的一切任意妄为。这里的“知”实际是指人的一切思虑和私欲。

4.《人间世诂》的内容与得失

对于《人间世诂》的宗旨，钱氏在[总诂]中分析得很透辟，他说：“此篇借颜回、子高、颜阖，以明臣子之分义、守身、效职之难，其以处人间世之道备矣。而继以栎社、商丘之木及支离疏三种无用之用，终以接舆之歌。见人间世处处畏途，虽能用，不如无用之为妙也。”又说：“吾尝谓庄子深于《易》，《易》有潜有亢，惟其时也，当潜不宜有亢之事，犹当亢不宜存潜之心，而世以潜时明哲保身之道，用之于亢时，为全躯保妻子之计，皆庄子之罪人也，若庄子适当其潜者也，观其述仲尼、伯玉教臣子之至论，使为用世，吾知其必有致命遂志之忠，为其于君亲义命之际所见极明耳。”以上理解皆极中肯。庄子并非世人所说避世主义者，庄子曾借孔子之口说：“天下有大戒二：其一，命也；其一，义也。子之爱亲，命也，不可解于心；臣之事君，义也，无适而非君也，无所逃于天地之间……知其不可奈何而安之若命，德之至也。”（《人间世》）此为庄子非避世主义的明证。

5.《德充符诂》的内容与得失

对于《德充符》的主旨，[总诂]曰：“‘德充符’，充者，畅满之义；符者，见于外者也。德既畅满，则见于外者亦无不畅满，不在于形之全不全也。”何谓德？在道家哲学中，得道就是“德”。那么，什么是“道”

呢？钱氏在“人而无情”一节[又]曰：“‘道与之貌，天与之形。’道即天也。《易》曰：‘一阴一阳之谓道。’阴阳，气也。道与天所以为气者之号名也。”钱氏将庄子形而上的“道”解释为形而下之“气”，再一次偏离了庄子的本意。究其原因，皆囿于作者儒家和佛教视野之故。钱氏以儒者自命，也以儒学理念解释庄子，自然不能切合道家之旨。例如，“审乎无假而不与物迁”一句，[诂]曰：“‘无假’即下文之所谓‘保始’，吾儒之所谓诚也。”

[总诂]在总结篇旨的基础上，继而分析文章的结构线索：“此篇意凡三进：王駘、申徒嘉、无趾三段，言德全而形可不全也；哀駘它‘才全而德不形’，此言德全之人，不必见德而人自见也；末后一段，则言德之所以全者，因其自然而不益生，不以日益能全，而以日损能全也。”于总论中分析篇章结构，这是钱氏《庄子内七诂》一贯的原则，是其注庄体例上的创新。

6.《大宗师诂》的内容与得失

在《大宗师》题名下，钱氏首引郭注：“虽天地之大，万物之富，其所宗而师者，无心也。”王介甫曰：“一篇总是外生死而安命。”继而[诂]曰：“郭氏所谓‘无心’者，道也，道即天也。篇首分天人二种，犹《中庸》之谓‘诚者，天之道’，‘诚之者，人之道也’。及其至道，一而已矣。篇中又分天与命，天所以统物，命则赋于物者也。知天者超于命先，故不言命。人则穷理尽性以至于命，而后为知天也。故终之以子桑之语曰‘命矣夫’！以视真人，固为第二流耳。”钱氏不满意于郭象和王安石对《大宗师》宗旨的概括，而指出“其所宗而师者”乃“道”，这是确切的。又释“天”“命”曰：“天所以统物，命则赋于物者也。”进而区分“天”“命”，认为“天者超于命先”，而得出“真人”境界“第二流”的结论。实际上，“天”与“命”都是指“道”，无分先后。“真人”为《庄子》中第一流的理想人格。

钱氏将《庄子》中第一流的理想人格归之“圣人”，并且认为此圣人就是孔子。《总诂》即说：“意中所谓圣人者，仲尼也，仲尼之徒，首推颜子，故于篇中再会之，尊颜子所以尊仲尼也，李里一谓‘大宗师者，盖宗仲尼以为万世师’，亶其然乎！”此去庄子本意远矣。

7.《应帝王诂》的内容与得失

在《应帝王》题下[诂]曰：“应帝王者，本无心于帝王，时至则起而应之耳。”[总诂]曰：“既有得于《大宗师》，则生可也，死可也；富可也，贫可也；匹夫可也，帝王可也。时至则起而应耳。《庄子》所谓缘于不得已也。其应帝王，亦不异于所以为匹夫者，内圣外王无二道也……庄子以自然为宗，亦欲保其浑沌而已，故以终此篇，即以终七篇也。”这是钱氏在解题的基础上对《应帝王》主旨的总体把握。他对“应”的解释与前人解释不同，意为“接受”。他说：“本无心于帝王，时至则起而应之耳。”而《应帝王》并无此方面内容，而主要阐述的是“顺物自然而无容私”。可见，这种理解不合《庄子》题义。郭象注曰：“无心而任乎自化者，应为帝王也。”此处“应”为形容词，意为“应该”“理想的状态”。也就是说《应帝王》探讨的是帝王应如何治理天下的问题。这是一种理解。将“应”解释为动词“应对”“对付”也可以。即如何对待“帝王”这个职位。因为该文所谈的是一个特殊群体，用《应帝王》的话说，就是“君人者”，是关于“治天下”的问题，并非普遍意义上的为人处世。

综上所述，钱氏的《庄子内七诂》语言平实、流畅，其阐释虽多有精到之处，然其自身儒者的身份及佛教的信仰对《庄子》的阐释带来严重的影响。例如，《齐物论》篇：“罔两待影，影有待，影所待又有待。层累而穷之，以知物我皆假相也。”“‘终身役役’，《维摩经》所云‘是身如野马，渴爱疲劳，不可自解’也。”这纯粹是以佛解庄。又如，《庄子》中的孔子形象，本来是庄子批判的对象，在钱氏的眼里，反被推崇为“大宗师”，这些都反映了作者解《庄子》的局限。

三、钱澄之的庄学思想

1. 论《庄子》的主旨

钱澄之对《庄子》主旨的理解与其师觉浪道盛一脉相承。对于庄儒关系，觉浪道盛有著名的“托孤说”，即认为庄子虽托诸老子，实乃助孔子的。对此钱氏深表赞同。他说：“孔子于子夏‘礼后’一语而深赏之，特不欲尽言之耳。庄子之源流实自子夏。子夏知其后而笃信谨守，不敢略其后焉，盖以非是后者无以治世也，此儒者之学也。庄子欲尽捐之，盖知当世之必不可以仁义礼乐治也；世不可治，而习其说者，徒以繁文长伪，而圣人之道不复见矣，固不如托诸老子，为天下无所可用之人，而徒存其大言，使万世而下庶几犹见圣人之道。杖人以为托孤于老子，岂不然乎？”（《与俍亭禅师论庄子书》）[①]

既然庄子实助孔子，那么如何理解庄子对仁义道德的抨击呢？在钱澄之看来，这不难理解。他说：“夫庄子言道德而訾仁义，毁礼乐，其言必称老子，庄子之为老子嗣久矣。然其意中所尊服者，则惟一孔子。其言之涉于侮慢者，此诃佛骂祖之智也。尝以己说托为孔子而称之者，以为孔子必当有是说也；而又假托老子教孔子之说，以为孔老相见时，应作如是说也。一正一反，抑之扬之，以逼出孔子设教之所以然，若认作实语，便是痴人前说梦矣。”他认为，庄子之诋訾孔子，只不过一种智慧，如同佛教的“诃佛骂祖”，不是实意。不仅如此，出于维护孔子，钱澄之对孔子的形象也作出了一定程度的修改。他说：“《大传》曰：‘形而上者谓之道，形而下者谓之器。’《论语》曰：‘中人以上可以语上也，中人以下不可以语上也。’是故仁义礼乐，皆道之可见者，所谓器也。孔子之言不遗器以为道，不离下以为上；然听者不察，或得其下而昧其上。庄子以为不尽扫其下，则上不可得而见也，盖以救夫受教者趋而愈下之弊，所以为孔子救也。其称孔子之语老聃，惟是治《诗》《书》《礼》《乐》《易》《春秋》六经，而老子曰：‘夫六经，先王之陈迹也，岂其所以迹哉？今子之所言犹迹也。夫迹，履之所出，而迹岂履哉？’庄子于仁义礼乐诗书之术，极力排击，其大旨要不出此数语，亦岂有甚戾于孔子之教哉？”钱氏认为：“孔子之言不遗器以为道，不离下以为上；然听者不察，或得其下而昧其上。”意思是说，孔子并非不尊崇“道”，只是借“器”言“道”，而“听者不察”罢了。这样，孔子与庄子的距离就大大缩小了。钱澄之如此理解，实乃牺牲了儒道各自的本质，从互相补足的角度予以贯通性的理解。（《与俍亭禅师论庄子书》）

2. 论庄子的处世态度

除了《庄子内七诂》外，钱澄之在《与俍亭禅师论庄子书》一书中，

① （清）钱澄之撰，彭君华校点，《田间文集》，合肥：黄山书社 1998 年版，第 71 页。

也专门分析了庄子的处世态度。他说：“弟以释自释，儒自儒，庄子指无不通，而师以为独通宗门，谓之为释家教外别传，固不如杖人谓之为儒家教外别传为较近耳。何则？释氏所言，皆出世法也。若庄子，固有用世之志，有用世之学，惟世不可用，而始托为无用之言以藏其身者也。观其内七篇，语语精于涉世，亦妙能用世者。至于外篇，有曰：‘物者莫足为也，而不可不为。’又曰：‘上必无为而用天下，下必有为为天下用。’诸如此说，庄子其不能用世者乎？庄子之用，以自然为宗，感而后应，迫而后动，不得已而后起，其学一本诸《易》。司马谈曰：‘不为物先，不为物后，因时为业，因物与合。’因，固《易》之道也。故吾著《易学》之后，继之以《庄诂》，诚以《庄子》深有得于吾易之学，与师以为宗门之一枝固有间矣。”（《与俍亭禅师论庄子书》）详细地论述了庄子哲学积极用世的宗旨。

3. 论前人注《庄子》之得失

钱澄之对前人的注《庄子》成果很不满意，他说：“世之所谓能为《庄子》之解者皆妄也。”其表现在“禅家以其得宗门之旨趣，道家指为有丹经之秘言”，或者简单比附，“于《庄子》实未解也”。他说：“则又有谓三圣人之学本同，其解《庄》也，取三家语句之相似者，影响印合，又不深畅其旨，但略一拈提，使人自悟，是不过借《庄子》发抒己见，以自成其一家之言，于《庄子》实未解也。”（《内七诂引》）[①]又或者语言晦涩难懂，如他评论好友方以智的《药地炮庄》时说：“今道人既出世矣，然犹不肯废书，独其所著书多禅语，而会通以庄易之旨，学者骤读之多不可解。”（《通雅序》）[②]独对郭象《庄子注》和焦竑《庄子翼》称赞有加。他说：“读《庄子》者，于其悠谬之词、诡谲之句，茫然不知所谓，而能通其奥义哉？然后思子玄之注，虽未深了《庄》旨，然已窥其大意所在，其书依文作解，逐句释义，不无支离之词，要不离乎大意，焦漪园作《庄翼》一宗之，郭注之外，杂采宋元以来诸家之说，而附以己论，虽所引颇多二氏之言，皆取以证明《庄》旨，要是释《庄》，非自立说也。”（《内七诂引》）他虽对郭象《庄子注》有所肯定，但对郭象《庄子注》的弊端

① （清）钱澄之撰，彭君华校点，《田间文集》，合肥：黄山书社 1998 年版，第 310 页。
② （清）钱澄之撰，彭君华校点，《田间文集》，合肥：黄山书社 1998 年版，第 228 页。

也有所论述。他说：“彼世之注者，或多玄解，夫莫玄于《庄子》矣。而又玄焉，是以水益水耳，何解之为？其皆郭象为之嚆矢乎？”（《重刻昌谷集注序》）①他认为，郭象注开了以玄解《庄子》的不良风气。《庄子》文本已玄深，不能更加玄解，否则就达不到解《庄子》的目的。因此，他自己的《庄子内七诂》就力避玄虚，而是“惟是依文释义，使学者章句分明，以进窥其大旨之所在”（《庄屈合诂自序》）②。

4. 论《庄子》《周易》关系

《周易》作为六经之首，一般被视为儒家经典，很少将之与道家经典贯通阐释。但明代学人却独辟蹊径，会通庄易，发掘出了道家的《周易》学渊源。方以智和钱澄之就是此类学者的代表。方以智由于家世易学和自身坎坷的经历，对《周易》和《庄子》都有精深的造诣。其《药地炮庄》的一大特色就是“以易炮庄”。他认为儒释道皆源于《周易》，他说：“佛生西，孔生东，老生东而游西，而三姓为一人……溯其源同，则归于《易》耳。”（《象环寤记》）③作为方以智的好友，钱澄之对方以智注庄的方式有委婉的批评。前所举“则又有谓三圣人之学本同，其解《庄》也，取三家语句之相似者，影响印合，又不深畅其旨，但略一拈提，使人自悟，是不过借《庄子》发抒己见，以自成其一家之言，于《庄子》实未解也”。实际上就是指方以智。其批评不在以《周易》解《庄子》，只在形式方面。观钱澄之《庄子内七诂》，其对《庄子》《周易》会通也是肯定的。《人间世》篇论“吾尝谓庄子深于《易》，《易》有潜有亢，惟其时也，当潜不宜有亢之事，犹当亢不宜存潜之心”一节即明证。在《庄屈合诂自序》中，亦说：“然吾观其书，其言内圣外王之道，则一本于《易》。夫《易》之道惟其时而已，庄子以自然为宗，而诋仁义斥礼乐，訾毁先王之法者，此矫枉过正之言也。彼盖以尊其迹者未能得其意，泥于古者不能适于今，名为治之，适以乱之。因其自然，惟变所适，而《易》之道在是矣。”（《庄屈合诂自序》）此旨钱氏多有发挥，在《与俍亭禅师论庄子书》中也说：“庄子之用，以自然为宗，感而后应，迫而后动，不得已而后起，其学一本

①（清）钱澄之撰，彭君华校点，《田间文集》，合肥：黄山书社1998年版，第229页。
②（清）钱澄之撰，彭君华校点，《田间文集》，合肥：黄山书社1998年版，第232页。
③（明）方以智，《东西均》，北京：中华书局1962年版，第162页。

诸《易》。司马谈曰：‘不为物先，不为物后，因时为业，因物与合。’因，固《易》之道也。故吾著《易学》之后，继之以《庄诂》，诚以《庄子》深有得于吾易之学。”（《与佷亭禅师论庄子书》）钱氏关于《庄子》《周易》相通的论述，虽然不多，然颇富启迪之功，对于深入探究道家哲学的渊源很有裨益。

5. 论庄屈关系

庄子与屈原，本来属于不同道之人，一属道，一属儒；一无为，一有为；一个却聘（《秋水》），一个求聘；一个甘于“曳尾涂中”，一个投水自尽……实在难以相提并论。然有明一代，将庄屈并提，却成为风气。较早会通庄屈的是觉浪道盛禅师，在其《三子会宗论》一文中，他认为“庄子之《南华》，屈子之《离骚》，其貌虽异，究其所得，皆能不失死生之正，以自尊其性命之常，曾无二致” （觉浪道盛《三子会宗论》）[①]。陈子龙（1608—1647）亦将庄子与屈原相提并论，他说：“战国时，楚有庄子、屈子，皆贤人也，而迹其所为绝相反。庄子游天地之表，却诸侯之聘，自托于不鸣之禽、不材之木，此无意当世者也。而屈子则自以宗臣受知遇，伤王之不明而国之削弱，悲伤郁陶，沉渊以没，斯甚不能忘情者也。以我观之，则二子固有甚同者。夫庄子勤勤焉，欲返天下于骊连、赫胥之间，岂得为忘情之士？而屈子思谒虞帝而从彭咸，盖于当世之人不数数然也。予尝谓二子皆才高而善怨者，或至于死，或遁于无乎有之乡，随其所遇而成耳。”（《谭子庄骚二学序》）[②]钱澄之受前人影响，也将庄屈合诂，并在《庄屈合诂自序》中阐发自己的庄屈观。他认为庄子有似屈原者，他说：“吾观庄子述仲尼之语子高也，曰：‘子之爱亲，命也，不可解于心；臣之事君，义也，无所逃于天地之间。’又曰：‘为人臣子者，固有所不得已。行事之情而忘其身，何暇至于悦生而恶死？’而终勖之以‘莫若为致命’。夫庄子岂徒言其言者哉？一旦而有臣子之事，其以义命自处也审矣。”屈原以忠君著称，而庄子于君臣之义也极为强调，若果庄子处在屈原的位置，也会以“义命自处”。同时，屈原也有似庄子者。庄子无为超世，屈原亦

① （明）觉浪道盛，《天界觉浪盛禅师全录》，北京：北京图书出版社 2004 年版。
② （明）陈子龙，《陈子龙文集》，上海：华东师范大学出版社 1988 年版。

有类似的言论。他说："屈子徘徊恋国，至死不能自疏，其《远游》之卒章曰：'超无为以至清兮，与太初而为邻。'何其言之似庄子也！抑屈子亦必有所得于此者矣。太史公称其蝉蜕于污秽之中，以浮游尘埃之外，则亦有见于屈子之所得，固不在区区一死也。是故，天下非至性之人不可以悟道，非见道之人不可以死节也。"另外，庄屈会通还于《周易》理中可见。他说："岂惟庄子本于《易》？屈子亦《易》也。《易》之时乘六龙，有潜有亢，庄处其潜而屈当其亢，时为之也。吾以屈子续《诗》，庄子亦诗人也。诗可以群，可以怨，屈子其善于怨，庄子其善于群者乎？吾合诂之，使学者知庄屈无二道，则亦知吾之《易学》、《诗学》无二义也。"（《庄屈合诂自序》）他认为，庄子与屈原之潜与亢之别，只不过是时势不同而已，并无本质不同。

综上所述，此期研究庄学的大家主要是道教徒、理学家和佛教徒，他们对《庄子》的理解明显偏离了道家的本质，其庄学研究价值不高。

第十节　其他安徽庄学著述简介

明代安徽学人的庄学著述还有许多未能亲睹，兹列举如下：

1. 戴铣的《庄子义疏》

戴铣[1]（1464—1507），字宝之，江西婺源人，著有《庄子义疏》。另有《峰文集》。

2. 薛蕙的《解庄》（一卷）

（明）薛蕙（1489—1541），字君采，号西原，晚号大宁居士，亳州人，明代中期正德、嘉靖时期著名的学者、诗人。关于其生平，《明史》有传，王廷撰《行状》，文征明、唐顺之皆有其《墓志铭》，焦竑的《献征录》、王世贞的《艺苑卮言》、顾起纶的《国雅品》、黄宗羲的《明儒学案》、钱谦益的《列朝诗集小传》、朱彝尊的《静志居诗话》、陈田的《明诗纪事》等俱载其事。[2]薛蕙学识渊博，著述颇丰，据《千顷堂书目》等载，其著作主要有《五经杂录》、《大宁斋日录》5卷、《老子集解》2卷、《庄

① 史书多误为"诜"。
② 参考李庆，《薛蕙的文学观》，《文学前沿》2016年第1期，第133-145页。

子注》1 卷、《考功集》10 卷附《补遗》1 卷、《约言》2 卷和《西原遗书》2 卷。清人李锡龄辑有《惜阴轩丛书》《〈惜阴轩丛书〉续编》，薛世熹有抄本《西原全集》12 卷（现存河南省图书馆）。《考功集》10 卷附《补遗》1 卷收入《四库全书》。薛蕙的思想经历了由儒入佛、由儒入道的转变，他曾自称："晚读神仙传，始学却老方。"（《效阮公咏怀三十首》）《考功集》有上海古籍出版社 1987 年《四库全书》影印本。《西原遗书》《约言》有齐鲁书社 1997 年版本。

3. 汤宾尹的《庄子品粹》

汤宾尹，字嘉宾，号睡庵，别号霍林，安徽宣州人。万历二十三年（1595 年）榜眼及第，《庄子品粹》。著有《睡庵文集》《宣城右集》《一左集》《再广历子品粹》（12 卷）等。

4. 吴应宾的《庄子正语》

吴应宾（1565—1634），号观我，字宗一，号"三一斋老人"，枞阳钱桥麻溪人（今安徽桐城）人，有《庄子正语》。

5. 方孔炤的《庄子解》

方孔炤（1591—1655），字潜夫，号仁植，安徽桐城人，方以智之父，著有《庄子解》。

6. 熊应隆的《南华经解》

熊应隆，字道隆，霍山（今安徽）人，著有《南华经解》。

7. 胡尚英《南华经旁训》二卷

胡尚英，字超凡，歙县人，嘉靖进士，著有《南华经旁训》二卷。

8. 汪休日的《南华质》《庄通》

汪休日，明，歙县人，著有《南华质》《庄通》，《安徽艺文考道家》著录。

9. 汪益亨的《南华注》

汪益亨，明，歙县人。查《重修安徽通志·艺文志·子部·道家类》，《南华注》下注"汪益亨著"。[1]《歙县志·人物志·遗佚》中，有《汪益亨传》云："汪益亨，字德裕，从睦坊人。少负才名，与汪扶光、江文石、

① 何治基等撰，《安徽通志》卷 342，台北：台湾华文书局 1968 年版，第 3915 页。

江联季友善。申申后，诸人各成其志。益亨南走闽粤，归老金陵，号锤山通客。手录书径尺。著有《南华注》、诗文多种。”①

10. 释法通的《逍遥游注》

释法通，明，宣城人。《安徽艺文考道家》著录。法通，明高僧。字从石。初受法于愚公，复号摄山止焉。万历二十一年（1593 年）至宣城开堂讲教。万历二十八年（1600 年），僧性梁延其主西乐庵，讲《楞严经》，著有《逍遥游注》。

11. 吴伯与的《庄老因然》六卷

吴伯与，字福生，安徽宣城人，明神宗万历四十一年（1613 年）进士，授户部主事，司饷大同，典试东鲁，历杭严道副使。生平博览群书，手抄目涉，家藏甚富。辑有《宣城事函》《文函》《广记典议》《姑山事录》《宰相守令合奏》《名臣奏疏》《内阁名事略》《庄老因然》等；亦工古文诗词，著有《素雯斋集》行世。其《庄老因然》有明刊本，《中华续道藏初辑》第 13 册收录，严灵峰《庄子集成续编》亦收录。

12. 黄正位的《重校南华真经》八卷

黄正位，字黄叔，新安（今安徽）人，《重校南华真经》八卷。

13. 吴勉学的《庄子南华真经》三卷

吴勉学，字肖愚，号师古，安徽歙县平南乡人。著名刻书家、藏书家，撰《庄子南华真经》三卷，附《庄子内篇难字音义》一卷。

① 石国柱、楼文钊修，许成尧纂，《歙县志》，台北：成文出版社 1971 年版据民国二十六年（1937 年）铅印本影印，第 4 页。

第七章　清代安徽庄学

第一节　清代朴学与安徽庄学

清代学术以朴学著称，它是在与宋明理学的对立和斗争中发展起来的，矫正了宋明理学的空疏，注重于资料的收集和证据的罗列，主张“无信不征”，其治学从语言文字训诂入手，主要从事审订文献、辨伪、校勘、注疏和考证的工作，少有理论的阐述及发挥。朴学的产生还与清代的政治环境密切相关，清代统治者以异族的身份治理中国，由于缺乏自信心，于是采取了严酷的文化政策，加强了对汉族知识分子的思想控制，大兴文字狱，广大汉族知识分子唯有埋头考据，才能远离祸端。加之清代统治者出于对中国传统文化典籍整理的需要，广征图书，下诏编纂《四库全书》。所有这些都促进了清代学术的繁荣和兴盛。因而在传统学术研究的基础上，将诸子学的研究又推进了一步。此外，清代知识分子还有一个超越前人的优势，就是西学东渐开阔了他们的眼界，使他们的治学多了西方学术的视角，使他们在诸子学术的研究中新见迭出，超越前贤。例如，孙诒让的墨学研究，郭嵩焘、严复、林纾等的学术研究都有明显的西学烙印。安徽庄学即在此背景中展开，且成就卓著。桐城派庄子学异军突起，姚鼐、方潜、吴汝纶、马其昶等桐城派大家都有庄学著作传世，且具有引领学术之功，该书有专节介绍。此外，佛教学者的庄学研究也都力避玄虚，扎扎实实地进行了会通的研究，如杨文会的《南华经发隐》。还有些庄学研究者其作品或研究价值不大，或已失传，故此仅略作介绍。

第二节　张潮的《联庄》

张潮（1649—1707？），字山来，号心斋，仲子，安徽歙县人，清代著名文学家、小说家、刻书家。出身于一个崇尚儒学的门第，父亲名习孔，祖父名法孔。可以说张潮是在儒家文化浸润中成长起来的。他自己也是奉行“学而优则仕”的儒家传统，准备走科考的道路。只是“不得志于时”，他十三岁开始学习八股文，屡次应试，皆不中，退而以诗书自娱，亦深寄其救世之志。张潮著作等身，著名的作品包括《幽梦影》《虞初新志》《花影词》《心斋聊复集》《奚囊寸锦》《心齋詩钞》《心齋杂俎》《饮中八仙令》《鹿葱花馆诗钞》等。辑有《虞初新志》《友声集》《昭代丛书》。张潮也是清代刻书家，曾刻印《檀几丛书》《昭代丛书》等。《联庄》（一卷）收在《檀几丛书》中。

关于张潮的研究主要集中在其著述综考、生平交游、编辑思想、对文献学的贡献及其作品《幽梦影》的思想与艺术等方面，对于其庄学思想则很少有人涉笔。张潮的庄学思想主要体现在其《联庄》一卷之中，此外，其诗文中亦对《庄子》甚为称赏，多加引用。例如：

> 愿在木而为樗（不才，终其天年），愿在草而为蓍（前知），愿在鸟而为鸥（忘机），愿在兽而为廌（触邪）。愿在虫而为蝶（花间相栩），愿在鱼而为鲲（逍遥游）。（《幽梦影·愿在木而为樗》）①

这段短文中三次化用《庄子》典故，一是《庄子·逍遥游》中的“樗树”，二是《齐物论》中的“蝴蝶”，三是《逍遥游》中的“鲲”。《庄子》中的“樗树”是“无用之木”的代表，正因其无用，才“不夭斤斧，物无害者”，庄子借用樗树的寓言，阐发了“无用”未尝不是“大用”的人生哲理。张潮“愿作木而为樗”表达了他对庄子善全之道的认同。《庄子·齐物论》末尾是一则著名的寓言：“昔者庄周梦为胡蝶，栩栩然胡蝶也，自喻适志与！不知周也。”张潮“愿在虫而为蝶”大概是取其“栩栩然”，

① （清）涨潮撰，张宝瑞注译，《幽梦影》，郑州：中州古籍出版社2008年版，第44页。

亦即逍遥自在的生活情态。在《庄子·逍遥游》中，鲲是一种大鱼，其大，“不知其几千里”，“化而为鸟，其名为鹏”。张潮“愿在鱼而为鲲”盖取其变化之功，这是张潮待机而动、蓄积待发的思想的反映。这些典故的化用，表现了张潮对《庄子》散文的喜爱和对庄子处世态度的赞赏。

张潮对《庄子》思想及文章的理解最集中地表现在其《联庄》一卷书中。对其《联庄》，前人研究不多，仅见权赫子的《别开生面读〈庄子〉——读张潮的〈联庄〉》一文，文章对《联庄》的内容、体例、艺术特点论述精辟。例如，张潮“曾以清言小品的独特形式，将《庄子》洋洋万言疏理成53联短小隽永而朗朗上口的对句，撰成《联庄》一文。《联庄》不仅对每一篇（尤其是内篇）的基本思想予以概括，还将参差错落地散见于《庄子》各篇中寓意相同而表现方式不同的诸多故事及寓言按其类别加以整理，真正做到了将‘难懂的各篇拆开来，一段一段当作小品文去读’，从而为阅读《庄子》疏理出大致的轮廓和清晰的线索。同时，又因具备独特的艺术性，使《联庄》本身亦成为一部高水平的文学作品，读来妙趣横生，陶涵情性，与《庄子》相得益彰”。“凭借着对《庄子》内容及艺术特征的娴熟驾驭，涨潮在《联庄》中将《庄子》三十三篇内容化为53对美妙警醒的清言短句，不仅每一句包含有一则或多则寓意深刻、形象生动且意境优美的故事和寓言，而且由这些寓言故事连贯起来的对句又重新构成一种完整的意境，表现出作者对《庄子》的独特理解与自身对人生哲理的感慨。”“寓意不同的各类联语，依次按内、外、杂篇之次序连起来，循环往复而井然有序，既做到了拾其精华点化为珠，又做到了串其珍珠而成一体，珠帘璧合，浑然无碍。”[①]现抄录几联如下：

第一联：

九万里而南，九万里而上，笑莺鸠斥鴳，那识榆枋之外，别有天池；

八千岁为春，八千岁为秋，弹朝菌蟪蛄，不知晦朔之全，宁惟上古。

① 权赫子，《别开生面读〈庄子〉——读涨潮的〈联庄〉》，《古典文学知识》2003年第3期，第23-26页。

第七联：

形槁木而死灰，嗒焉丧耦；黜聪明而堕肢体，今也坐忘。

第四十五联：

诗以道志，书以道事，礼以道行，乐以道和，易以道阴阳，春秋以道名分，至若百家之学，譬犹耳目口鼻不能相通；

庖丁之解牛，痀瘘之承蜩，没人之操舟，梓庆之削锯，大马之捶钩，汜渻子之养斗鸡，彼其纯气所存，任夫驚惧 ，死生自然无慴。

第五十三联：

寓言十九，重言十七，况卮言之日出，何妨因曼衍以穷年；

九窍胎生，八窍卵生，叹吾生之有涯，不啻若白驹之过隙。①

从以上几联可见，张潮对《庄子》的理解皆极中肯，却能将《庄子》内、外、杂贯通无碍。就每一联而言，出句与对句之间仅有形式上的相关，意义上不求相通。就全书而言，每联字数可长可短，最长的（第四十五联）有 86 字，最短的（第七联）仅有 20 字。每一联皆为化用庄子典故或成句，真正实现了作者所标举的解庄之法——“以庄读之”。在张潮为林云铭《读庄子法》所作的序中曾说：

往昔有人名曰庄周。周之奇，不知其所以然也。化而为书，名曰《庄子》。书之妙，不知其所以然也。是书也，出于意想之外，而游于溟涬之初。吾乌乎读之？句与为句乎？字与为字乎？庸讵知吾之所谓句即庄之所谓句，吾之所谓字即庄之所谓字耶？文与为文乎？义与为义乎？庸讵知吾之所谓文即庄之所谓文？吾之所谓义即庄之所谓义耶？吾恶乎读之？无已。则仍以庄读之。彼且为鲲鹏，亦与之为鲲鹏，彼且为蝴蝶，亦与之为蝴蝶。而后乃今将读《庄》。伧父笑之曰：彼且奚读也？副墨之子，洛诵之孙，伊吾以取富贵，亦若是则已矣。奚以汪洋自恣之文为？悲夫！伧则何知？夫餐沆瀣者不慕腥膻，御风而行，不爱车马；吾将如庖丁之解牛，不以目视而以神行；如轮扁之斫轮，得之于心而应

①（清）王晫、涨潮编纂，《檀几丛书》，上海：上海古籍出版社 1992 年版。

之于手；如病偻者之承蜩，犹掇之也。浸假而化予之心以为养生主，浸假而化予之言以为齐物论，予之行以为逍遥游，与庄岂有二哉？（《〈读庄子法〉小引》）[①]

在林云铭《读庄子法》前的序中，张潮阐发自己读《庄子》的方法："彼且为鲲鹏，亦与之为鲲鹏，彼且为蝴蝶，亦与之为蝴蝶。而后乃今将读《庄》……浸假而化予之心以为养生主，浸假而化予之言以为齐物论，予之行以为逍遥游，与庄岂有二哉？"此篇文字处处模拟《庄子》散文句式，化用《庄子》典故，可以想见他对《庄子》散文的娴熟程度。

张潮散文极富创新，除了其联句文《联庄联骚》外，还有清言小品《幽梦影》，还有上面所引《〈读庄子法〉小引》，真是令人目不暇接，叹为观止。"清言的一个特点，就是以短小精悍的语言反映出一个人的性格，或者透露出对人生、事物的思索。"[②]张潮的小品文在此基础上更加摇曳多姿，实在不愧"怪杰"[③]之称誉。

第三节　吴世尚的《庄子解》

吴世尚，字六书，号群玉，安徽贵池（今池州）人，生卒不详，大约在1664—1746年。出生在一个书香之家，其父吴文骏，字有声，学通经史，著有《望华楼集》。据《光绪贵池县志·人物志·文苑传》载世尚"少肆力于六经、子、史，手自钞览，至腕脱，以左手作字，名其居曰'易老庄山房'。当路交重其博雅，而刚介不阿。于时食饩郡庠，未贡而卒"[④]。吴世尚同邑章永祚称："吴子聪明过人，嗜学弗倦，尝手录十三经，又聚砚田所得购二十一史，坐而诵之，其学无所不窥，旁及圭臬虫篆之类，靡不通晓，所著书甚多。"[⑤]（《庄子解序》，三卷本的《庄子解》没有此序）从仅有的资料可以得知，吴氏聪明好学，为人刚介不阿，老于诸生，未贡而卒，一生著述颇丰，有《易经注解》《春秋义疏》《老子宗指》《庄子

① （清）张潮辑，《昭代丛书》卷19，上海：上海古籍出版社1990年版。
② 谭戈单，《山人涨潮研究》，湖南师范大学2012年硕士学位论文。
③ 潘承玉，《张潮：从历史尘封中披帷重出的一代诗坛怪杰》，《苏州大学学报》2002年第1期，第53-59页。
④ （清）桂迓衡等纂，（清）陆延龄修，《光绪贵池县志》，南京：江苏古籍出版社1998年版，第394页。
⑤ （清）吴世尚著，刘世珩辑，《贵池先哲遗书》，台北：艺文印书馆1920年版。

解》《楚辞疏》等。

一、《庄子解》版本及研究概述

吴世尚自己曾说："《易》与《老》与《庄》之内篇已栽梨问世，今乃遂以《庄》之外、杂两篇并付雕镌。"（吴世尚《庄子解·序三》）可见，吴世尚在世时此书已经刊刻，且有两个本子。《四库全书总目提要》论《庄子解》说："国朝吴世尚撰，世尚贵池人，是编成于康熙癸巳，所说止庄子内七篇。"①《四库全书总目提要》所说即为三卷本的《庄子解》，清康熙五十四年（1715 年）光裕堂有此刻本（北京大学图书馆藏有清康熙五十四年光裕堂刻），前面吴氏自序，末署"康熙甲午夏六月癸巳，贵池吴世尚序"（十二卷本这个序是序二）。因而三卷本《庄子解》当成于康熙甲午而不是康熙癸巳，这可能是由于馆臣将"康熙甲午夏六月癸巳"错抄所致。1995 年，齐鲁书社曾刊印此三卷本。康熙甲午（1714 年）《庄子解》（内篇）问世，行世十二年后，于雍正丙午（1726 年）吴世尚又增注了外、杂篇，增注本共计十二卷。此即贵池先哲遗书本，有十二卷，含内、外、杂篇，还有吴世尚自序两篇、章永祚序一篇，陈漳跋一篇。今天我们看到的十二卷本是民国九年（1920 年）刘氏唐石簃刊《贵池先哲遗书》本。此本《丛书集成续编》第 38 册收录，另收入严灵峰编《无求备斋庄子集成初编》第二十二册，1972 年由台北艺文印书馆出版。

对吴世尚《庄子解》最早予以评论者，应该是为之作序的同邑章永祚。在《庄子解序》中，他对《庄子解》的思想倾向和成就皆有简要论述。他认为吴世尚《庄子解》最突出的倾向就是推尊孔子和儒学，他说："《庄子解》一书，笺之释之，分之合之，引申而触类之，直令前人一片原本洙泗苦心一旦乎白于天下。""吴子之解蒙庄意"与朱熹同，亦"莫不句栉字比，务求合乎吾儒大中至正之道而后已"，"吾愿读是编者勿仅视为南华之功臣，直以为东鲁之正脉，庶不没吴子之苦心也夫"。汤奠邦的《庄子解跋》亦就庄儒关系立论，对其儒家的立场予以肯定，他说："贵池吴子注有内篇，谓外杂二篇不出内篇之旨，欲合庄与孔而为一，知其解者旦暮遇

① （清）纪昀总纂，《四库全书》，长春：吉林大学出版社 2011 年版，第 257 页。

之矣。”刘世珩的《庄子解跋》则比较全面地评价了《庄子解》的得失。认为此书“牵合宋儒之性理，微失本旨”；至于文章评点，亦有微词，他说：“庄子，故道家者流也，后之读其书者不能探立言之意指，而惟知慕悦乎文辞，岂不慎哉！”“诠品文字，又如诸子奇赏，诸书近于明人习气，《昭明文选序》云老庄之作，管孟之流，以立意为宗，不以能文为本，夫《庄子》岂可以文论哉？”刘世珩对其“庄子之尊孔子”的观点颇为激赏，他说：“虽然，语有之，贤者识其大者，庄子之尊孔子，先生盖深知之矣。吾读《天下篇》曰：《诗》以道志，《书》以道事，《礼》以道行，《乐》以道和，《易》以道阴阳，《春秋》以道名分。庄子非湛精经术，其能言之简要若是乎？且此篇于墨翟而下，辨析源流得失，而于孔子则不一言及之，其意盖谓彼诸家者未能见天地之纯，古人之大体，不免为不该不偏一曲之士，孔子则道无不备，非可与之并列也。其尊圣也至矣。昔者宋之苏子瞻氏王介甫氏皆能阐明其义，乃先生于说解中亦能独窥其大，斯亦善读书者也。”刘世珩对其著述体例亦有肯定，他说：“至若每一篇后，以意融贯，得其会通，则亦异于后儒释经碎义逃难、博而寡要者矣。”刘世珩的跋语既有肯定又有批评，是一篇简短的书评。

四库馆臣的评论说：“是编成於康熙癸巳，所说止《庄子》内七篇。大旨引《庄子》而附之儒家，且发挥其文字之妙。观其目录後附记，称向来解《庄子》者惟林西仲可观，但有不尽洽乎文义者，是不知古有向、郭；又开卷即云《庄子》自名其书曰《南华经》，是并《唐书·艺文志》亦未考也。”（《四库全书总目提要》）[①]“大旨引《庄子》而附之儒家”，同样指出其以儒解庄的倾向性，评价颇低。对吴世尚《庄子解》的专门研究很少，仅见两篇。刑青会的《吴世尚〈庄子解〉评点研究》从“吴世尚《庄子解》概说”“吴世尚对《庄子》结构的理解与辨伪”“吴世尚以时文方式解《庄》”“吴世尚对《庄子》散文特征的评点”四个方面做了较为全面的研究。[②]方勇《庄子学史》中有“吴世尚的《庄子解》”一节，则从“引庄子附之儒家”“以‘大’字作《逍遥游》篇之线索”“对《庄子》文字

①（清）纪昀总纂，《四库全书》，长春：吉林大学出版社 2011 年版，第 257 页。
② 刑青会，《吴世尚〈庄子解〉评点研究》，河南大学 2013 年硕士学位论文。

之妙的阐发”三个方面进行了探讨。

二、《庄子解》的内容和体例

《贵池先哲遗书》本所收的序、跋比较完备。依次是《贵池县志人物志文苑传》，同邑章永祚所作《庄子解序》，吴世尚所撰《庄子解序一》、《庄子解序二》（三卷本的序）、《庄子解序三》、《目录》后总论、《内篇大意》、《庄子本传》、正文，书末收有宛陵汤奠邦、刘世珩所撰《庄子解跋》。

《庄子解序一》《庄子解序二》作于《庄子解》三卷本完成之际。在《庄子解序一》中，吴世尚自述立言主旨，他认为“古今注庄咸失其本”，“古今尊庄咸贵其文”，对此，他深为不满，其《庄子解》即欲“揭出庄生立言本领，使万世而下知漆园蒙叟，诚知道者也，非徒能文已也”。他所谓的“道”，乃是儒家之道、孔子之道。在《庄子解序二》中，吴世尚略论庄学渊源及其著述体例。吴世尚认为庄子之学，“始源自老子，来追其后，所见益精，则亦不全祖其说”，并以此解释《庄子》一书对于“仁义”的不同态度。他认为“《庄子》文义字句亦无难解者”，因而对前人解庄的体例颇为不满，他说：“若以不解解之，其谁不能而顾烦汝之云云为哉？或又都无甚语，止圈浓点密以为赞叹，段落句读一切混过，而亦号之曰注庄评庄，吾不知庄与读庄者其肯受焉否邪？余于庄少而习之，久而不忘，而觉从前诸家，略者过半，间有详者，往往首尾冲决，亦不自知。”他认为前人注庄太粗疏，且前后矛盾，因而，“不揣鄙陋，为之疏笺，务令理明气贯，文从字顺，俾阅之者有脉络可循，有意味可咀嚼而止”。可见，他的《庄子解》不仅阐明义理，还要分析文章结构，这是其注解体例创新之处。

《庄子解序三》成于 12 卷本完成之际，吴世尚再论庄学渊源及庄子思想的特质。他说：“庄之妙得于诗而大旨归于老子，则皆原本于易也。”“孔之太极，老之道化，庄之太初，言之不易，如合符节。”再次强调庄子与儒家的密切关系，指示读者体会其立言之旨。他说：“吾愿人平心读之，然后知余之注庄评庄非仅为庄也。”阐明其解庄宗旨。

《庄子解》“目录”后为《庄子》全书总论，论及《庄子解》篇目取舍、庄儒关系、庄易关系、内外篇之区别、《齐物论》之风格、林云铭《庄子因》之得失等。关于《庄子解》所取篇目，吴世尚说：“《庄子》内七篇今定为三卷。外十五篇今定为六卷。杂十一篇，今依东坡所论，除去《让王》《盗跖》《说剑》《渔父》，而合《列御寇》于《寓言》，定为六篇，为三卷，共二十八篇一十二卷，以为南华定本……若钝若肤谬，从不肯著一笔者，《让王》钝矣，《说剑》肤矣，《渔父》弱矣，《盗跖》则更谬之谬者也。故不惜删去其余外杂篇中西仲所摘，外孙休一章亦非庄作，然仍存于各篇惟稍示其谬戾处，使人知所择云。”对于庄儒关系，吴世尚认为“庄子之学所见极高，其尊信孔子亦在千古诸儒未开口之前”。关于庄易关系，吴世尚具体分析了老庄之“道”与易之“太极”的关系。他说：“羲图乎其一圈之空寂，一浑沦之天也。于横置之下明，其为万有之根；于圆置之，中明，其为万化之主。一画二画以及五画六画，皆在此一圈之内而必挑出之者，正示人以形上形下之别也。孔子谓之太极，故曰易有太极，是生两仪，两仪生四象，四象生八卦。老子谓之道，故曰道生一，一生二，二生三，三生万物。道即太极，一即两仪，二即四象，三即八卦。除去易字悬空而言固已奇矣。庄子好奇，又去推上一层，故曰太初有无无，无无者太极圈中之空白也。伏羲画太极着一圈，若其中空白，并此圈亦未有。故曰无无也。”对于《庄子》内篇与外杂篇的关系，他认为其内篇“道理融洽”，而外杂篇则“多豪气偏锋”，原因在于外篇杂篇先于内篇而作，这是颇有见地的理解。《庄子》之文历来以“离奇变化”著称，吴世尚则认为“平易畅达”亦是其重要的风格。并以《齐物论》为代表进行了分析。吴世尚认为“近世解庄者林西仲《庄子因》颇清楚而有不尽洽乎文义者”，可知林云铭的《庄子因》是吴世尚注庄评庄参考的一个重要版本。

《内篇大意》揭示《庄子》内七篇的思想脉络及创作手法。吴世尚视内七篇为一个有机的整体，他说：“此七篇之文，各有指实，实相承而文各足。善读者分之曰七篇，可融之曰一篇亦可。”“此七篇相承之大意”为：“大道不明，群言殽杂，自家一个身心不知安顿何处，以无主之衷涉乱世之末流，其遇害何可胜道哉！果其德全于己，道契乎天，则以之经纬宇宙，六五帝而四三王何不可之有乎？”然后用简洁的语言对各篇的手法和主旨分别进行了总结。

吴世尚《庄子解》对《庄子》二十八篇（除去《让王》《盗跖》《说剑》《渔父》，而合《列御寇》于《寓言》）作了逐章逐节的阐释。注释体例有题解（仅内篇有）、夹批、尾批（也称篇后总评）的形式，注语字体略小于原文，尾批字体与原文相当而略低。

三、《庄子解》的思想特色

（一）以儒解庄、扬儒抑佛

吴世尚的思想比较纯粹，是典型的儒家学者，对佛教持排斥态度，将道家哲学融摄于儒学之中。由于吴世尚对儒学的崇尚与服膺，他的《庄子解》体现了其鲜明的儒学化倾向。在《庄子》阐释史上，可以列出很多以儒解庄的人，如王雱、吕惠卿、林希逸等，他们多注意庄学与儒学的相通，但在庄学儒学化的程度上，他们都不及吴世尚。吴世尚的《庄子解》径直将庄学纳入于儒学系统，他说："余观《庄子》十余万言，莫不有见乎此，而特不肯作庄语而质言之。盖深合乎大易，尚象之旨，而时出没乎风人比兴之辞。"（《庄子解序一》）他认为庄子学与儒学本质无异，只是形式不同而已。对于《庄子》中借孔子之口阐发的道家言论，吴世尚也一并归于孔子，他说："又其时时称述孔子诸言论，儒者以其不复概见他书，遂疑其皆周所讬者。不知孔颜终日言无所不说，则当日师弟间必不仅于今问仁为邦、用行舍藏诸云云可知矣。则安知周所称述之非我孔子之实言实事乎？"（《庄子解序一》）吴世尚认为，庄子所称引孔子的话皆是事实，不是虚构；不但称引，而且尊信。吴世尚说："庄子之学所见极高，其尊信孔子亦在千古诸儒未开口之前。""圣人、天人、神人、至人，总一人也。此老从不肯以此名许人，独以之称孔子，此是何等见地！今之人止知圣之时，自孟子发之，可谓至圣，自太史公赞之，又宁知此老之识早有卓焉者乎！"（《庄子解·总论》）"人皆谓庄生非毁孔子，此盲人以耳语耳，一无所见者也。"（《齐物论》总论）《德充符》篇末论曰："读此篇，庄之尊孔可谓至矣。盖此老胸中原以为千古之德充符者惟我孔子耳，而嫌于以己说孔子，第属造道之言，不若以孔子说孔子，乃为有德之言，故特地撰出个王骀、哀骀它来，从孔子口中写出许大深微弘至之语，此岂说王骀哀骀它哉？实庄子说我孔子也，而豆眼者流且谓其讪侮孔氏也。彼又恶知文章家有代字诀宾中主法门乎？彼又何曾念到哀公告闽子谓吾闻至人之言乎？”

对于《庄子》书中抨击儒学的明显言论，吴世尚也予以弥合，他说：“试观外杂篇中，时时称述老子而激为过甚之辞，如所云绝圣弃知、仁义非人性、礼者道之华而乱之首等语，至内篇则绝无此样说话矣。不过曰：忘仁义、忘礼乐、强以仁义绳墨之言术暴人之前，人必反菑之而已，此若何平实，若何细谨，而概以为轻仁义、贱礼法置之。嗟乎！冤哉庄也。”（《庄子解序二》）吴世尚将内篇与外杂篇之矛盾归之庄子思想的先后变迁。吴世尚说：“庄子书反覆十余万言，内七篇独有命题，余细玩其文，外篇杂篇时多豪气偏锋，内篇独否，是必其道理融洽，学问透彻之后乃有此等文字，故善读庄者，熟读内篇，亦已尽庄也。”他认为其内篇“道理融洽”，而外杂篇则“多豪气偏锋”的原因在于外篇杂篇先于内篇而作。对于《庄子》内篇与外杂篇的关系，前人一般认为内篇为庄子所作，外杂篇亦阐释发挥内篇之旨，有弟子后学的手笔，故前后多有不太一致的言论。吴世尚的解释独辟蹊径，可备一说。他说，庄子之学，“始源自老子，来追其后，所见益精，则亦不全祖其说”，因此，内篇文字鲜有外杂篇之极端的言论，而显得“平易畅达”。同时，吴世尚也承认，《庄子》确有诋訾孔子之处，只不过为数极少罢了。在《寓言》篇“鲁哀公问于颜阖曰，吾以仲尼为贞干，国其有疗乎？”一段后，吴世尚曰：“一部庄子讥诋孔子唯有此篇，然文则奇矣。”

吴世尚不满意于传统的解庄，他说：“世人止以轻死生，齐物我，虚静恬淡称之。乌知其实有见于道之大原，亲切分明乃若此乎？夫子罕言性与天道，而庄子已得闻之，愤举世沈浊不可与庄语，不得已托之乎悠谬荒唐之辞，是盖变风变雅之流，长言嗟叹之声也。”（《庄子解序三》）自称其《庄子解》“注庄评庄非仅为庄也”（《庄子解序三》）。“非仅为庄”，言外之意，借注庄解庄以阐发儒家的中正之道。因此吴世尚之“以儒解庄”，不单是在解庄时流露出儒学倾向，乃是直接归之于儒学，借注庄评庄阐发其儒学思想。例如，《人间世》解题：“《论语》曰：邦有道则知，邦无道则愚。知可及，愚不可及。千古人间世之道，尽于此矣。庄子此篇便写此一种道理。”《应帝王》篇末论曰：“此一篇许大说话只我孔子为政以德一言足以蔽之，何以知其然邪？……由斯以观，应帝王篇之若多议论果不出我孔子为政以德之一言也。”内篇总论曰：“立言难，言简而意尽则犹难之难。庄子内七篇穷奇极变，千古文人有一无二，其实我孔子只数语了之。逍遥游不过鸢飞戾天一节也。齐物论则巧言乱德四字而已。养生主所谓存心养性以事天，人世间岂有出于无道则愚之一语哉？德充符则知德者之鲜，大宗师正知生知死、朝闻夕可之理也。至于应帝王之为政以德，我于前评评之矣。学者洞胸开眼以四子作权衡，天下之书亦何不可读之有乎？”可见，吴世尚之注庄评庄其落脚点都在弘扬儒学。

吴世尚以儒解庄多牵强附会之说，如“北冥有鱼，其名为鲲”句下，吴世尚曰：“太极在静中，道之体也。”“鲲之大不知其几千里也”句下曰：“此二句便是其静也专光景。以上四句便是天命之谓性的影子。”“化而为鸟，其名为鹏”句下：“此是太极在动中，道之用也。体用一源，在此一化字。”类似的简单比附很多，兹不一一列举。当然，吴世尚的阐释亦不乏比较精辟的见解。例如，《骈拇》篇末论曰：“道德仁义老庄之所说，与吾儒元自不同，彼以道德为天，为内。仁义为人，为外。老子曰：失道而后德，失德而后仁，失仁而后义。蒙叟此篇正是发明此意，若以吾儒之指解之，便文义有所不通矣。”只可惜，囿于其儒学的视角，吴世尚类似公正客观的评论极为少见。对于佛教，吴世尚则持贬抑的态度，这与一些儒家学者圆融儒释道截然不同。例如，《至乐》篇“庄子之楚，见空髑髅”一节中，吴世尚将庄子与佛教关于死后的光景作了比较，他说：“何处有阎君，何处得地狱哉？佛氏纷纷，无中生有，欲以劝人为善，戒人为恶，而不知其反不达于生死之理也。”《寓言》篇“庄子曰：在上为乌鸢食，在下为蝼蚁食，夺彼与此，何其偏也”句下，吴世尚注曰：“乌鸢蝼蚁一切平等，较之佛氏割肉喂鹰，反觉偏而不公也。世人谋风水者请颂此一过。”此两例关于佛道区别之认识极为公正、客观，也体现出其鲜明的倾向性。

（二）以时文解庄

“时文”一般指流行于一个时期、一个时代的文体，有时也指某一时代的礼乐制度、文字，或者指“适时之文德”[①]。本书所谓“以时文解庄”即采用“流行于一个时期、一个时代的文体”之义。而“文体”一词，又包括文章的风格和体裁。就吴世尚《庄子解》而言，笔者认为其“以时文解庄”主要表现在以下三个方面。

1. 以评点法解庄

吴世尚《庄子解》于内篇、外篇、杂篇题目前皆标明：“贵池吴世尚注评。”这说明作者著述的意图非常明确，即既注亦评，评注结合，带有明显的评点意味。其批评涵盖“文法”“文字”“神韵”“妙道”“庄子”五个方面。

文法方面，如《逍遥游》，“空写而远写者”是也，“不言道不言心，借一鲲鹏指点出活泼泼地使人瞥地便见得个道之全体，此庄子第一吃紧为人处也”。“北冥有鱼，其名为鲲”句下评曰：“开口便妙，所谓静中有物也，此二句便是太极在静中，道之体也。文法突然而起，是喻非喻。”《齐物论》，“顺写者是也”，“层层分疏，段段销化，止时承其意而解之，毫不作对面抢白语，而闻者早已不觉心折而诚服。盖最是其平易近情文字焉”。《养生主》一篇“则淡写者矣。通篇只‘缘督以为经’一句是养之之法，其余如游刃有余地、不蕲畜乎樊中、火传不知其尽，皆略略数语，绝不矜张而不可不养之意自悠然于言外，所谓妙道无多，要指不烦者也”。《秋水》篇“故曰无以人灭天，无以故灭命，无以得殉名，谨守而勿失，是谓反其真”句下评曰：“此篇七问七答，文法则层层剥入，义理则曲曲传出，一转一境，愈细愈灵，且处处皆以韵语出之，真是奇绝。”“庄子与惠子游于濠梁”一段“自非我，安知我不知鱼之乐”句下，吴世尚评曰：“句似相驳，意实相生，人止知其为异样之机锋，而不知其为天然之脉络，后世安得有奇文！”类似的评点分析，皆极中肯，由此可窥其文章评点的功力。（《庄子解·内篇大意》）

① 李科，《“时文”考论》，《新国学》第九辑 2012 年。

文字之妙是吴世尚评点的一大亮点。清四库馆臣谓吴世尚《庄子解》“大旨引庄子而附之儒家，且发挥其文字之妙”（《四库全书总目提要·存目》）。吴世尚对《庄子》语言之奇妙确有独到的体会，他曾说：“庄文无问长短，皆必有至情至理，奇气奇句，骤读之无间可入，久读之应接不暇，所以独步千古也。”（《庄子解》目录后绪论）又曰：“庄子之文不惟意远理足，力厚味腴，其句中字眼亦无不高新篤变……不夭斤斧，如此等句字眼最益识取，便知作文炼句、炼字之决矣。”（《逍遥游》篇末议论）吴世尚独具慧眼，发现了很多为注家所忽略的字眼警句。例如，“鷦鷯巢于深林不过一枝，偃鼠饮河不过满腹”一句下，吴世尚评曰：“亦并设两喻，截然对峙。读前两喻，省却人多少劳劳碌碌之心；读后两喻，消却人多少营营逐逐之念。文字有力如是。”（《庄子解·逍遥游》）又如，《寓言》篇“庄子将死，弟子欲厚葬之，庄子曰：吾以天地为棺椁”句下，吴世尚评曰：“生于天，死于天地之中，天地元是大棺材，可谓巨眼，可谓快谈。”《秋水》篇“夔怜蚿”寓言之后，吴世尚评曰：“譬喻不难，难于明切，此庄子千古独擅之长。”

“神韵”方面，吴世尚解《庄》如解诗，注意发挥《庄子》散文的意境。“或聘于庄子，庄子应其使曰……欲为孤犊其可得乎？”句后评曰：“语淡意永。”（《庄子解·寓言》）《逍遥游》篇“故曰至人无己、神人无功、圣人无名”句下评曰：“看他只咏叹作结，不拘拘照应前文，而前文无不收罗在内。神韵高简，韵味悠长。”《人间世》篇“匠石之齐”一段，吴世尚评曰：“大木、众人、工师、小匠一笔写来，色色精绝。”吴世尚不仅注意用简洁的语言阐发《庄》文意境，而且还以兴味十足的诗歌来代替。例如，《至乐》篇“夫贵者夜以继日，思虑善否，其为形也亦疏矣”句下，注评曰：“四鼓冬冬起着衣，五更朝罢亦忧迟；何年得遂田园乐，睡到人间饭熟时。”可见，吴世尚对庄文意境深有体会。

对于《庄子》文之妙道，吴世尚多所阐述，并发出由衷的赞叹。例如，《人间世》篇末论曰：“此篇最是庄子现身说法之文，盖前后诸篇皆是虚言其理，此乃实见之行事也。故其中于人事物态世法事变机巧诈伪离合反覆之故无不曲折尽致，始终毕备，人能于此参得透，勘得破，葛藤中打飞脚，在邦在家有道无道安往而不得自在哉！”《齐物论》篇“时其饥饱，达其怒心”下评曰：“此八字涉世真言也。”《秋水》篇庄惠“濠梁之辩”段下评曰：“千古以来，此一种文心，此一种神理，止有《论语》爱人知人一章，更无他见也。何意于《庄子》得之，令人手舞足蹈。”《庄子》中的“庄子”形象，也是吴世尚评点的一个重要方面。《秋水》篇“言察乎安危，宁于祸福，谨于去就，莫之能害也”句下：“如此然后莫之能害，是多少学问，何等小心，世只以庄生为放旷，真是冤煞！”《养生主》篇后总论曰：“庄子岂谬悠而荒唐者乎？”

吴世尚《庄子解》“以评点法解庄”的做法直接受林云铭《庄子因》的触发。吴世尚对林云铭《庄子因》很推崇，曾说：“向来解庄者，惟林西仲《庄子因》清楚可观。”被四库馆臣批为“是不知古有向郭”。吴氏高度称赞林云铭的《庄子因》，其实是对林氏注《庄》之法的认可。近人钱穆云：“林云铭有《庄子因》。此书亦就文章家眼光解庄，不免俗冗。而颇能辨真伪，上承欧、归，下开惜抱，亦治庄之一途也。”（《庄子纂笺序目》）[①]可见，林云铭的《庄子因》开创了“以文解庄”的先例。林云铭“以文解庄”的做法又受当时评点之风的驱动。明清时期，评点之风盛行。对史籍、散文、诗、词、小说、戏曲等的评点十分普遍，如张竹坡对《金瓶梅》的评点，金圣叹对《水浒传》《西厢记》的评点，脂砚斋对《红楼梦》的评点，等等。金圣叹的评点影响最大。金圣叹，明诸生，入清后绝意仕进，志在批评中国文学经典名著，他评点小说《水浒传》、戏曲《西厢记》及杜甫诸家唐诗，批点绵密细致，深入至一字一句，有如经书注释，开创中国前所未有文学批评的新模式，树立了小说戏曲评点的新体例。林云铭的《庄子因》采取“逐段分析，逐句辨定”（《庄子因·凡例》），品笺相间，评注结合，重于疏通文义而略于诠释训诂，即是将传统戏曲、小说、诗、文评点之法运用在《庄子》解读之中。吴世尚亦有感于此，他说：“若以不解解之，其谁不能而顾烦汝之云云为哉？或又都无甚语，止圈浓点密以为赞叹，段落句读一切混过，而亦号之曰注庄评庄，吾不知庄与读庄者其肯受焉否邪？”（《庄子解序二》）吴世尚的评注亦非常绵密，于注解句义文义中时加评论，句句有解，篇篇有总论，解多评少，将“评”

① 钱穆，《庄子纂笺》，北京：生活·读书·新知三联书店2010年版。

建立在“解”的基础上。因此，其“评”自然妥帖，不故作惊人语。

受评点之风影响，吴世尚的《庄子解》名为“解庄”而不拘于“解庄”，往往议论风发，借题发挥。例如，《养生主》首句“吾生也有涯，而知也无涯，以有涯随无涯殆已。已而为知者，殆而已矣”下，吴世尚注曰：“殆已，指其理而言；殆而已矣，指其人而言。人之生，形不踰丈，年不越百，力不过千钧，视听不能出十里，而思以表异乎四海，永长乎千岁，鞭挞乎兆人，牢笼乎万物，理势两绝，岂不危哉！而愚之夫必欲胜之，必欲成之，如史氏所载共工之触不周，愚公之移王屋，项羽之力征而霸天下，曹操之巨奸而窥神器，或不胜而遂死，或悻成而旋败，皆自速祸耳，谁之咎乎？”此段所举“共工”“愚公”“曹操”“项羽”等皆《庄子》所不书，吴世尚列举以证明《庄子》之理，增加了注者个人的体悟和经验，这与传统之笺疏截然不同。尤其显著者，吴世尚于每篇注评之后的总论，皆不为阐发《庄子》之旨，而只为阐发自己之怀抱，与今日之读书笔记、读后感相似。例如，《知北游》篇末论曰：“通首发为扮妙，与中庸太极图相表里，但字语奇奥，人不能切实平易而体之，反以艰深隐晦佐其幽玄，遂使秃氏诸弟子窃之以为三藏大乘之祕，此亦注庄者之过也。”又如，《大宗师》篇末论曰：“生死二字极千古英雄豪杰文人学士，以及庄老佛祖说来说去，总不能若我孔子‘朝闻道，夕死可矣’‘未知生，焉知死’之二语浑透简奥，颠扑不破也。程子曰：有有德之言，有造道之言，观于此吁彼二氏者，其犹不免于一膜之隔与！”又如，《达生》篇末论曰：“嗟乎！世累无穷，守身为大，不知自爱，天地可如何？纯阳子曰：人生难得，今已得；大道难明，今已明。此生不向今生度，更向何生度此生？”以上这些感慨和议论，皆为有感而发，非仅为阐发庄旨，实乃抒一己之怀抱。

2. 以口语解庄

“以口语解庄”是吴世尚《庄子解》的第二个显著特色。例如，《逍遥游》解题曰：“《逍遥游》即今方言活泼泼三字也。活泼泼者，内外本末巨细精粗全体大用兼该毕贯之谓也。是故鸢飞鱼跃，道之活泼泼也，必有事焉而勿正心之活泼泼也。四时行百物生天地之间无一而不活泼泼也。活泼泼所以为大也，故一篇以大字作线索。”又如：“不言道不言心，借一鲲鹏指点出活泼泼地使人瞥地便见得个道之全体，此庄子第一吃紧为人处也。”（《内篇大意》）又如，《寓言》篇“凡人心险于山川，难于知天。天犹有春秋冬夏旦暮之期，仁者厚貌深情，故有貌愿而益，有长若不肖，有顺懁而达，有坚而缦，有缓而钎”一段，吴世尚解释说：“外谨愨而内骄溢，俗谓假忠厚；名有技而实无能，俗谓纸老虎；顺巽懁急也，达，通也，如通穴鼠之通，性柔急而心百变，俗谓影壁戏；刚强而缠绕，俗谓倒刺；迂缓而刻毒，俗谓软尖刀；五句言人之情貌相反不可测也。”暂不论吴世尚解释得是否准确，单从其语言来看，运用俗语解释一些比较复杂的现象，鲜明地体现了其著述语言的口语化倾向。又如，《寓言》篇首句下，吴世尚曰：“此庄子自明其书有此三样说话也。”又如，《齐物论》篇“今之隐几者非昔之隐几者”句下：“今，今日也；昔，昔日也。今日之先生非昔日之先生。言从未见其如此也。”此皆当时极为通俗易懂的白话。

吴世尚“以口语解庄”的做法既受宋元明清评点风气的影响，又有对宋明理学家以口语论道讲道方法的继承。虽然白话文学源远流长，但大量以口语入书面创作，却是宋代才开始出现的。因为宋代各类文章的用语都向通俗化方向发展，如宋代的话本小说、禅宗语录、理学家的语录等都是非常典型的代表。而吴世尚的儒学受宋明理学的影响极深，其所阐发的义理多印证宋明理学的学说。例如，“北冥有鱼，其名为鲲”下注评曰：“开口便妙，所谓静中有物也，此二句便是太极在静中，道之体也。文法突然而起，是喻非喻，与《中庸》‘天命之谓性’一样笔法，但彼是实写，此是空写耳。”（《逍遥游》）“太极”“天命”“性”等词语皆是宋明理学常用的术语。又如，《养生主》解题曰：“程子曰：‘心如谷种，仁则其生之性也。’庄子所谓生主正指此而言。养谓顺而不害也。心不可放，操之则存；性不可逆，循之为是。身之主，心也。生之主，性也。庄子言性非言心也。故通篇总是个顺而不害之意。”此段引用程子的话来解释《庄子》“养生主”的含义。又说：“缘督即执中之义，艮背之旨，但圣贤从精一来，中纯是义理。彼从无近名刑来，中便有似子莫之执中，所以来吾儒之指摘也。”此说承袭朱熹的观点。朱熹《朱熹集·养生主说》云：“庄子曰：‘为善无近名，为恶无近刑，缘督以为经。’督，旧以为中，盖人身有督脉，循脊之中，贯彻上下，故衣背当中之缝亦谓之督，皆中意也。老庄之学，不论义理之当否，而但欲依阿于其间，以为全身避患之计，正

程子所谓闪奸打讹者，故其意以为为善而近名者为善之过也，为恶而近刑者亦为恶之过也，唯能不大为善，不大为恶，而但循中以为常，则可以全身而尽年矣……庄子之意，则不论义理，专计利害，又非子莫之比矣，盖迹其本心，实无以异世俗乡原之所见，而其揣摩精巧、较计深切，则又非世俗乡原之所及，是乃贼德之尤者！所以清谈盛而晋俗衰，盖其势有所必至。"[①]吴世尚《庄子解》不仅在思想内容方面对宋明理学家有所继承，于语体风格方面，亦明显受其影响。

在语体文解庄方面，最早的应属林希逸的《庄子鬳斋口义》了。林云铭的《庄子因》亦语言浅显，通俗易懂。例如，吴世尚所引林氏的一段即是明证。《寓言》篇"寓言十九，藉外论之"一句，吴世尚曰："林氏曰：言以吾言之，彼则不信。犹父不能为子之媒。盖父之誉其子不若他人之誉其子为可信，故必藉外论之也。然此亦非吾不欲直言，奈人不可与直言何。愚按天下之理，若正言之则一事止作一事用，唯立象尽意、讬物陈辞，则人人有用，处处皆通。此易之卦爻所以能尽天下之无穷也。庄生寓言殆亦得斯意与！"《庄子》原文"亲父不为其子媒"的比喻已经不难懂，林氏用更浅显的话作了解释。吴世尚的语言风格与林氏的完全相同，无甚区别。

作为古代文学评论的一种形式，评点滥觞于南宋，如吕祖谦的《古文关键》就是一本评点文章的著作，宋人刘辰翁评点的《世说新语》则是以后小说评点之滥觞。而自宋代兴起的评点多受白话文学创作的影响，一开始就有口语化的倾向，金圣叹的《水浒传》评点尤其明显。金圣叹提高通俗文学的地位，提出"六才子书"之说，使小说戏曲与传统经传诗歌并驾齐驱，被誉为中国白话文学运动的先驱。其评点语言通俗易懂，"多用浅显的白话，议论风发，见解深刻而饱含感情，具有独特的艺术感染力"[②]。杨玉华、曹顺庆的《中国古代的白话学术与文论》中对此有专门论述，并举两例加以说明：

凡人读一部书，须要把眼光放得长。如《水浒传》七十回，

① （宋）朱熹，《朱子全书》（第四册），上海：上海古籍出版社 1926 年版，第 3284 页。
② 杨玉华、曹顺庆，《中国古代的白话学术与文论》，《湘潭大学学报》1999 年第 2 期，第 38-42 页。

只用一目俱下，便知其二千余纸，只是一篇文字，中间许多事体，便是文字起承转合之法。若是拖长看去，却都不见。（《读第五才子书法》）

《西厢记》断断不是淫书，断断是妙文。今后若有人说是妙文，有人说是淫书，圣叹都不与做理会。文者见之谓之文，淫者见之谓之淫耳。（《读第六才子书法》）

“两则中一则评《水浒》，一则评《西厢》。抛开见解深浅优劣不论，仅以文字语句看，就已非常接近于今天的白话了，况且这样的文字在金氏批语中俯拾即是，我想今天能读一般报刊、杂志的读者，看这样的文字大概不会觉得困难。”[①]金圣叹批评范围广涉小说、诗歌、散文、戏曲诸领域，其评点文学对后世影响深远。吴世尚以口语解庄的做法很可能有意无意间受其影响。

3. 以八股文法解庄

注解、评点之类著述注重文章结构章法的分析、赏鉴，与科举考试制艺有关，特别是八股文。八股文讲求结构严密，文笔精练，毫无赘词，重视作品的起、承、转、合。当时影响很大的林云铭的《庄子因》即有意识地运用八股文的章法分析《庄子》。他自称：“全章八股文字俱要还他混混成成，一篇妙文。”（《庄子因·凡例》）吴世尚对林云铭《庄子因》又极为推崇，亦注意分析《庄子》的文法，提醒读者文章的思路。刑青会的《吴世尚〈庄子解〉评点研究》“吴世尚以时文方式解《庄》”一节，就专门研究了吴世尚对《庄子》文法、文脉的评点，总结细致、全面。吴世尚的文法评点在章法、句法两个层面上都有用力。在章法方面，以“解题”的形式进行点拨。内篇“解题”在概括全篇内容的基础上分析文章思路。例如，《齐物论》“解题”曰：“庄子以为此等议论原无是处，本不足辩，齐而一之。惟去人见，而忘我见，以归于无而已。故首章以天籁为喻，天籁者，无声也。而次章之恶知，三章之无辩，末章之恶识，皆无字意也。前篇明道之大，故以大字为线索。此篇化众论而归于无，故以无字为线索。”

① 杨玉华、曹顺庆，《中国古代的白话学术与文论》，《湘潭大学学报》1999 年第 2 期，第 38-42 页。

在句法层面，吴世尚多用“对”“应”“起下”“收上”“总承”“点题”“答”等术语，揭示文章的逻辑思路。此外，吴世尚对《庄子》散文的笔法亦有独到的体悟，他说：“庄子之文每好于重处见长，须细细观其用笔之法。”（《人间世》“此果不材之木也以至如此其大也”句下）他注意区分《庄子》散文笔法，如“空写”“实写”“顺写”“反写”“远写”“近写”“淡写”“浓写”“半写”“全写”“加倍写”“分帮写”等。这些笔法的总结对于理解《庄子》散文的思路很有帮助。《德充符》篇“卫有恶人焉曰哀骀它，丈夫与之处者，思而不能去也；妇人见之，请于父母曰，与人为妻宁为夫子妾者，十数而未止也”下，吴世尚曰：“丈夫忘其丑难，妇人忘其丑尤难，此皆加倍写法。”又如，“夫子曰：圣人也，丘也直后二未往耳，丘将以为师，而况不若丘者乎？奚假鲁国，丘将引天下而与从之”句下，吴世尚曰：“以上皆所谓加倍写法。”（《内篇大意》）吴世尚所谓“加倍法”就是今天所说的“递进”修辞手法。

吴世尚对于《庄子》真伪亦时有断语，但都没有确凿的证据，只凭模糊的感觉而已。关于《达生》篇，吴世尚曰：“智者不失人，亦不失言，此则两无所处矣。且通篇钞撮斗凑，无一自出语，伪作也。”吴世尚关于《庄子》篇章真伪的理解多与林云铭一致。例如，《寓言》篇“有见宋王者，锡车十乘，以其十乘骄穉庄子”一段，吴世尚曰：“林氏曰文非庄叟手笔。”“宋人有曹商者”一段，吴世尚亦曰：“林氏曰太谑，非庄笔。”吴世尚在《庄子》之文辨伪方面，沿袭为多，创获较少。

吴世尚的《庄子解》在庄学史上的地位：在以文解庄方面，前有林云铭的《庄子因》（成于康熙戊辰年，1688 年），后有胡文英的《庄子独见》（1752 年），刘凤苞（1826—1905）的《南华雪心编》，与宣颖的《南华经解》（1721 年）大致同时。

第四节　方人杰的《庄骚读本》

方人杰（约 1692—约 1772），字星渡，安徽新安人，撰《庄骚读本》一卷。乾隆三十七年（1772 年）钱树本刻印本，现存于中国国家图书馆古籍分馆。《子藏·庄子卷》亦收录此本。“庄骚”并称是文学史上常见的现象，“庄骚”同治则是明末清初一大批遗民学者共同的治学特色。[①]明亡后，一批坚决不愿仕清的遗民，诸如觉浪道胜、方以智、钱澄之、王夫之、屈大均等，大多致力于注解《庄子》和《离骚》，他们取消了庄子之出世与屈原之入世之间的张力，兼容并取，即借屈原以抒发内心的亡国之痛，借此表现他们的民族气节；并从庄子之哲学寻求自我解脱之道，借以安顿他们失意的灵魂。方人杰的《庄骚读本》、钱澄之的《庄屈合诂》就是典型的代表。

对于方人杰的《庄子读本》前人研究不多，仅见两篇论文。高娟的《方人杰〈庄骚读本〉研究》有一章专论“《庄骚读本》的评点体系”。认为方人杰的《庄子读本》“对《庄子》的评点，义理方面主要立足尊儒的立场上阐释。方氏对文章义理探究少，多是对其作为文学作品进行鉴赏，其在为学视角下的解庄表现为三个方面：一，评《庄子》篇目章法；二，赞《庄子》文气之盛；三，味《庄子》意境之美”[②]。姚艾、逯宏的《方人杰的庄学论研究》从“重视各篇首尾，推阐逻辑结构”“探求精思妙理，坐实虚空境界”“吞吐奇秀之气，妙谈为文之理”三个方面对《庄子读本》的评点作了分析，认为“方人杰的《庄子读本》既能从宏观意义上对《庄子》结构进行梳理，又往往于文章细部有微妙发现，而以文气论庄，更有助于读者体悟庄文至精曲微的文学特色，发现其独特的文学价值”[③]。本书在以上两篇论文的基础上再略作补充。

一、方人杰《庄子读本》的思想倾向——以儒解庄

方人杰《庄子读本》注《庄子》文章26篇，没有为《刻意》《庚桑楚》《让王》《盗跖》《说剑》《渔父》《列御寇》作注。沿袭苏轼的判断，他也认为《让王》《盗跖》《说剑》《渔父》四篇是窜入的赝笔。不仅如此，对于《庄子》思想的理解也受宋人苏轼的影响，也认为《庄子》有助于儒家经典，他说“南华不能于六经加微，而能于六经加活”，读庄子的最佳

① 明末清初“庄骚”兼治现象前人研究不多，仅见黄巧红，《埋心不死留春色 径取庄骚慰平生——明清之际学者庄骚兼治现象刍议》，《齐齐哈尔大学学报》2012年第5期，第67-70页。

② 高娟，《方人杰〈庄骚读本〉研究》，陕西师范大学2015年硕士学位论文。

③ 姚艾、逯宏，《方人杰的庄学论研究》，《周口师范学院学报》2015年第1期，第10-13页。

方法就是“以读六经之法读之”。（《庄骚发凡》）在《逍遥游》总评中，方氏也说：“然学者须从圣贤中庸处入手，方为真高。”《田子方》总评中说：“庄子之尊孔子者，至矣。深微隐显，或从其源，或从其表，莫不见其津津无己之神。其中深谈老子，以夫子与老子有一番倾慕，故不惮缕缕言之。其尊老处皆是其尊孔处。”由于囿于儒家的立场，方人杰对《庄子》的理解是歪曲的，置儒道之间的明显差别于不顾，难免落入痴人说梦的窠臼。方人杰的以儒解庄，是将儒家凌驾于《庄子》之上，这是以贬低《庄子》的智慧而实现的。他在《应帝王》评中说：“礼乐刑政，他只见得下一层不好底所在，不曾深求上一层本乎天理合乎人心好底所在。看来虽是自立门户，其实非也。”事实上，对于儒家所高自标举的礼乐刑政，庄子不仅认识到其“不好底所在”，更指出人若没有认识“礼乐刑政”的本原——“道”，无论这些“礼乐刑政”如何“本乎天理合乎人心”，也是行不出来的，只能成为作恶的装饰，为大盗所资。儒家只知“流”而不知“源”，舍本取末，这是庄子之所以大肆攻击儒家“礼乐刑政”和“仁义”说教的根本原因。这一层，儒家学者没有人能理解，因又无法找到《庄子》的漏洞，只好弥合儒道裂缝，调和二家矛盾，这是非常可惜的。

二、方人杰《庄子读本》的主要体例——评点为主

虽然方人杰对《庄子》义理的理解有所不足，但对其散文的艺术极为推崇，领悟深刻。他曾说：“庄子谈理最灵活，运笔最颖隽，涵泳深微，指点亲切。”（《庄骚发凡》）他对《庄子》散文的评点也非常细致，他自己总结其体例说：“篇中立言创意精神贯注、关目警切处用圆圈，至三五句中用细读，余俱点断而已，段落必用勾画。意而转折，虽一气浑灏不能不断情；而合虽两人辞气不可或段。凡是点阅论列总使一文大意，首尾起伏转换关键，呼应明晦掭纵离合，浅深彼我一二次第，本末上下迟速聚散。章法句法字法一展卷间，无不了然，斯读者之心与作者之心当自有况然相遇处。”（《庄骚发凡》）他对《庄子》散文立意、断句、段落、转折、章法、句法、字法皆有点拨，标志者评点体《庄子》注释的成熟。这是方人杰在前人评点《庄子》基础上的新推进。

第五节　姚鼐的《庄子章义》

姚鼐（1731—1815），字姬传，一字梦谷，室名惜抱轩，世称惜抱先生、姚惜抱，安徽桐城人。清代著名散文家，与方苞、刘大櫆并称“桐城三祖”。乾隆二十八年（1763年）进士，任礼部主事、四库全书纂修官等，年四十，辞官讲学。姚鼐一生著述很多，有《惜抱轩诗文集》《九经说》《老子章义》《庄子章义》（5卷）等，选编有《古文辞类纂》《五七言近体诗抄》等。《庄子章义》五卷、附录一卷。光绪五年（1879年），徐宗亮刻《惜抱轩遗书》三种，十二卷，包括《庄子章义》《惜抱轩书录》《惜抱先生尺牍补编》，严灵峰《无求备斋庄子集成续编》收录。据徐宗亮所说，此书早在嘉庆辛未（1811年）由新城陈氏刊于汉上，只是“未盛行”（李鸿章语，见徐宗亮刻《惜抱轩遗书三种·序》）究其原因，徐宗亮认为其“体例糅杂又妄以意为去取，甚失先生本旨”（《庄子章义》目录后徐宗亮记）。今所见《庄子章义》即光绪五年（1979年）徐宗亮刻《惜抱轩遗书》三种本。此本《庄子章义》正文前有《惜抱轩遗书三种序》（李鸿章撰）、《惜抱轩遗书三种目》、《庄子章义序目》（姚鼐自序）、徐宗亮记、《庄子章义附录》（徐宗亮再记）、《庄子翼题语五则》、圈点起讫。

一、姚鼐《庄子章义》的影响及研究概述

由于姚鼐在古文理论与创作方面的突出成就，其《庄子章义》亦影响很大。其简洁精当的注释常被后人征引。马其昶的《庄子故·齐物论》篇“今者吾丧我”一句下引姚鼐语曰：“一除我见，则物无不齐。”对于《庄子》内篇与外、杂篇的关系，姚鼐的见解常被后人引用。姚鼐曰《山木》篇“与《人间世》同旨”、《田子方》“与《德充符》同旨”、《知北游》“与《大宗师》同旨”即被马其昶《庄子故》吸纳。王礼卿《历代文约选详评》（台北：台湾编译馆，1977年）对姚鼐《庄子章义序》有详尽评论。许嘉璐主编的《传统语言学辞典》对姚鼐《庄子章义》的版本、内容、体例有简要说明：“《庄子章义》：注释书。清姚鼐撰。5卷。卷首有李鸿章

序，又有姚氏自序。自序以为昔人评论庄子有偏颇，晋郭象之注于庄周之意十失四、五。庄子之旨，为说者所晦。姚氏遂将《庄子》原文分章，稍加注释，简论章义，撰成此篇。光绪己卯（1879 年）春三月，徐宗亮据通行之世刻，收入《惜抱轩遗书三种》。书中有《庄子章义附录》1 卷，录姚氏对《庄子》全书精彩处圈点起止情况。”①

方勇《庄子学史》（北京：人民出版社，2008 年）有一节专论“姚鼐的《庄子章义》”，包括版本简介、儒学化倾向及考据成果三个方面。左秀慧的《论姚鼐的老庄研究》亦论述了《庄子章义》的成书背景、版本和编撰体例、评点特色、价值和缺陷。认为其价值“主要体现在章句、字义的考证，章节的调整及真伪的考辨两个方面。其不足之处也是很明显的，姚鼐疏解《老子》《庄子》章义时，评点文字过于简略，两书加起来的条目不足二百条，内容较单薄。姚鼐也忽视《庄子》的文学特质，在评点中对《庄子》的艺术特色、篇章结构等都很少涉及，更多是呈现出了儒学化、佛理化的倾向，这就不能不影响到这两部书的学术地位”②。

二、姚鼐《庄子章义》的特色

（一）注释评点极精简

在《庄子》阐释史上，一个普遍的做法是，重因袭，求尽全，一个人的注解往往包含前人的成果，个人的诠释往往淹没在前人的成果之中。姚鼐的《庄子章义》则相反，略前人之详，详前人所略，全书仅一百三十多条注释、评点，展现的是他本人对《庄子》的独到理解。每条字数也很少，例如，《庄子章义·则阳》篇：

> “无德而有知不自许”：闻真切者乎以譬电光石火所照，尚有须臾自通处，况了见本性者乎？
>
> “未始有物，与世偕行而不替，所行之备而不洫其合之也。若之何”：师天而不得，言以意解所至为师天者也，此与殉物者同为殉耳，曷足贵乎？圣人之师天，则未始知有天也是以与天合也。

① 许嘉璐主编，《传统语言学辞典》，石家庄：河北教育出版社 1990 年版，第 617 页。

② 左秀慧，《论姚鼐的老庄研究》，陕西师范大学 2014 年硕士学位论文。

“仲尼之尽虑为之傅之”：此章之意谓知过于师，乃堪传法。

“容成氏曰除日无岁，无内无外”：除日无岁者，积少以为多也。无内无外者，积微以成著也。此古之格言，非寓言重言之类。

“漂疽疥痈，内热溲膏是也”：遁其天四句谓灭裂也，以嗜欲之物养生如葭苇不坚，又始萌者，取以扶形，则足以自丧其生而已，是卤莽也。

“盗窃之行，于谁责而可乎”：诵其言，实自令人悲痛。

《则阳》篇注解仅有六条二百五十字，《逍遥游》篇注解仅有四条二百四十七字，《刻意》篇注解仅三条七十字，《齐物论》篇注解最长，大约八百四十字。此数字远远少于其他注《庄子》之书。

（二）注解体例极丰富

在文章评点盛行之后，《庄子》注释皆包含评点，姚鼐的《庄子章义》也不例外。不但如此，姚鼐的《庄子章义》还增加了断句、分章、校勘和辨伪。其断句多有新意，如《齐物论》篇“吾尝谓汝妄言之，汝以妄听之奚”，奚后断句。一般的做法是到“汝以妄听之”。并引前人做法为证：“王伯厚以奚字绝句，云张文潜铭商瑶曰造物则奚句法本此。”对于难解的长句，更是姚鼐断句的重点。例如，《在宥》篇：“泰初有无无”：“句。”“有无名”：“句。言其始非特有不可言，并无亦不可言，是故云有无无。诸家解者皆失句读。”“与无形无状而皆存者（句）尽无”：“伯父云予以意绝句如此。”类似的断句，的确是很有必要。文字校勘，是姚鼐《庄子章义》的一大成就，例如：

“不入则止，无门无毒”：崔譔本作无门云贪也。鼐按止门已为韵。（《人间世》）

“淫僻于仁义之行而多于聪明之行也”：多下方字从张君房本删。（《骈拇》）

“惟松柏独也正在”：正字从张君房本增。（《德充符》）

“与形灭亡，此谓照旷”：晋人诲昭，皆书作照，右军法帖皆耳，不知者乃因照字作解可笑也。（《天地》）

“礼法度数形名比详”：形字作刑，从张君房本改。（《天道》）

以上校勘，皆极中肯。类似的例子还有很多，不一一列举。

对于篇章，姚鼐常能发现错乱之处，并予以提示。例如，《齐物论》篇“何谓和之以天倪？……亦寓诸无竟”一段之后，姚鼐注曰：“鼐疑此章是杂篇寓言章末错入于此处。”又如，《胠箧》“则是不乃窃齐国并与其圣知之法以守其盗贼之身乎”姚鼐曰：“自田常至王建十世上合桓子无宇釐子乞为十二世田氏自桓子始大故合言十二世，此篇是先秦时文字，大约外篇杂篇多非庄生所为，此人盖有慨于始皇，故言最愤激，骈拇马蹄及此篇皆雄文，而此篇尤奇肆。”《在宥》“从容无为而万物炊累焉，吾又何暇治天下哉”姚鼐曰：“《马蹄》《胠箧》及《在宥》之首二章皆申老子之说，然非庄子之文。”《外物》篇“吾安得夫忘言之人而与之言哉”姚鼐曰：“合寓言十九为一章。”“寓言一章正与筌者节相续，分篇者孰为不审也。”这些观点影响深远。

（三）以儒解庄

姚鼐早年笃信程朱儒学，以儒士自居。姚鼐说：“儒者生程、朱之后，得程、朱而明孔、孟之旨，程、朱犹吾父师也。”谁要“诋毁之，讪笑之”，他认为就是“诋讪父师也”，要遭到“为天之所恶”“率皆身灭嗣绝”的下场（《惜抱轩诗文集》）[①]。囿于儒学立场，姚鼐对《庄子》评价并不高。《庄子章义序》：“庄子之书，言明于本数及知礼意者，固即所谓达礼乐之原，而配神明、醇天地与造化为人，亦志气塞乎天地之旨。韩退之谓庄周之学，出于子夏，殆其然与？周承孔氏之末流，乃有所窥见于道，而不闻中庸之义，不知所以裁之，遂恣其猖狂而无所极，岂非‘知者过之’之为害乎？其末《天下》一篇，为其后序。所云‘其在《诗》《书》《礼》《乐》者，邹鲁之士、缙绅先生，多能明之’，意谓是道之末焉尔！若道之本，则有‘不离于宗，谓之天人’者，周盖以天人自处。故曰‘上与造物者游’，而序之居至人、圣人之上。其辞若是之不逊也，而苏子瞻、王介甫，乃谓其推尊圣人，自居于不该不遍一曲之士。其于庄生，抑何远哉？……余惜庄生之旨，为说者所晦，乃稍论之，为《章义》凡若干卷。”姚鼐对庄子

① 姚鼐，《惜抱轩诗文集》，上海：上海古籍出版社 1992 年版，第 102 页。

的批评有二：一是“恣其猖狂”，不合“中庸之义”；二是“以天人自处”“若是之不逊”。

（四）以佛解庄

姚鼐晚年曾一度笃信佛学，在给朋友和学生的信中，他直言不讳地说：“鼐以衰罢之余，笃信释氏。”（姚鼐《惜抱尺牍》卷7）[①]因之对佛教哲学有所涉猎。他的《庄子章义》也多有“以佛解庄”之迹。例如，《齐物论》“奚必知待而心自取者有之”鼐曰：“万物相代乎前，知逐而生，是知代也。无端念动者，心自取也。二者皆妄耳。知代者佛所谓六识也，心自取者，合藏识也，此皆是妄心起灭无端，而人之言语，率出于此，此与风之吹物何异焉？然则此亦地籁人籁耳，欲闻天籁从何处闻？取楞严说闻所闻尽处是也。”又如，《庚桑楚》篇“徹志之勃，……则无为而无不为也”一段，姚鼐曰：“此段尽戒定慧之义。”

三、姚鼐的庄学思想简论

《庄子章义·天下》篇末有一段对《庄子》全书的总评：“是篇乃庄子后序，其意以为道也者，本末精粗一贯。世之学者得其粗末耳。若得其本原则粗末莫能外也。百家之学多矣。形者法术纵横之类，其为粗末不待言而明，若墨子宋鈃彭蒙之徒退让淡泊远去智谋矜夸之习，稍近于道。故述而论其是非。若夫关尹老聃，其道殆与庄生合矣，而微不同。盖篇首所云圣人君子者，儒者之所奉教是也。不离于真，则关尹老聃古之博大真人是已。然犹未至极。若庄生之独与天地精神往来不敖睨于万物，则独所谓不离于宗，谓之天人者尔。其辞义之不逊如是。而宋贤反谓庄子是篇推尊儒者甚至。则于其文义有未审矣，末又以其书瑰玮諔诡近于辩者，故并及惠施以为彼之舛驳无与于道术，若庄子之充实不可以已，与辩者悬殊，欲世读者毋伟其辞而失其旨也。”此段话阐释了儒、墨、道、法诸子之间的区别与联系，以得“道”为标准，对诸子作出了中肯的评价，即“形者法术纵横之类，其为粗末不待言而明”；“若墨子宋鈃彭蒙之徒”“稍近于道”；“若夫关尹老聃，其道殆与庄生合矣，而微不同”。批驳了宋儒以为《天下》

① 姚鼐，《惜抱轩诗文集》，上海：上海古籍出版社1992年版。

篇推尊儒学的观点，极为精辟。关于儒家的评论略有问题，姚鼐认为：“篇首所云圣人君子者，儒者之所奉教是也。”从《庄子》全书对儒家的批驳来看，儒者还达不到庄子“圣人”的标准，只不过是“君子”而已。

第六节　方潜的《南华经解》

方潜（1805—1868），字鲁生，本名士超，清桐城人。始好释老，既与吴廷栋游，笃信程朱。著有《南华经解》（三卷），清光绪丙申二十二年（1896年）方氏刊本，台湾印书馆影印本收录于《无求备斋庄子集成续编》第36册。《毋不敬斋全书》三十一卷，有清光绪丙申十五年（1910年）方敦吉济南刊本，内有《论庄大旨》一文。清代方敦吉有《桐城方文通先生年谱略》一卷，清光绪二十九年（1903年）刊。方潜的《南华经解》研究较少，仅见于少数著作之中。刘仲华的《清代诸子学研究》仅有提及：“以佛典会通的著作，除了前面提到的杨文会著《南华经发隐》等书以外，还有方潜的《南华经解》。方潜（1809—1868），桐城人。字善生，一字硕存，号士超。他对《庄子》的解释，不仅援引佛教经典，而且还偶尔解之以西方的《圣经》。正如其子方敦吉所言：‘玄奥难解处，间援《圣经》，佛典诠释之；都期便于玩诵也。’”[①]方勇的《庄子学史》（2008年）有一节专论“方潜的《南华经解》”。熊铁基主编的《中国庄学史》（2013年）《附录一·历代庄学文献提要》有简略介绍。卫颖涛的《清代注〈庄〉序跋中的思想研究》（广西师范大学2013年硕士学位论文）有一节专论“方潜的《南华经解》”。

《南华经解》分内、外、杂三篇，不分卷。前有方潜所撰《文通先生书郭象注庄子后》一文和《总评》五则，末附有其三子敦吉所作跋语一篇。每篇皆有题解，随文夹注。卷首《文通先生书郭象注庄子后》一文揭示了方潜《南华经解》的思想主旨，即在批驳郭象注的基础上阐发自己的庄学见解，以纠正郭象注的错误，杜绝其不良影响。方潜在《总评》中说：“予出入二氏二十年矣，始知圣人之道。曾批《庄子》内七篇，又记外、杂篇

① 刘仲华，《清代诸子学研究》，北京：中国人民大学出版社2004年版。

大意。今购得郭象注本，不欲更妄言之。三儿敦吉请批出，以便诵读，因聊分大略。”郭象注虽然很有问题，但在魏晋时期，却得到了高度评价，鲜有人提出辩驳。例如，关于《逍遥游》的主旨，郭象注曰：“夫小大虽殊，而放于自得之场，则物任其性，事称其能，各当其分，逍遥一也，岂容胜负于其间哉！”这与《庄子·逍遥游》强调“小大之辨”的立场截然相反。只有到了南北朝，才有人提出新说。《世说新语·文学类》云：“《庄子·逍遥篇》，旧是难处；诸名贤所可钻味，而不能拔理于向郭之外。支道林在白马寺中，将冯太常共语，因及《逍遥》。支卓然标新理于二家之表，立异议于众贤之外，皆是诸名贤寻味之所不得，后遂用支理。”[①]支道林的《逍遥论》曰:“夫逍遥者，明至人之心也。庄生建言大道，而寄指鹏鷃。鹏以营生之路旷，故失适于体外；鷃以在近而笑远，有矜伐于心内。至人乘天正而高兴，游无穷于放浪，物物而不物于物，则遥然不我得；玄感不为，不疾而速，则逍然靡不适。此所以为逍遥也。若夫有欲，当其所足，足于所足，快然有似天真，犹饥者一饱，渴者一盈，岂忘蒸尝于糗粮，绝觞爵于醪醴哉？苟非至足，岂所以逍遥乎！”（《世说新语·文学篇》刘孝标注引）[①]支道林“至足逍遥”的逍遥观是对郭象“适性逍遥”的超越，是符合《庄子》本意的。此后注庄各家，虽对郭象注不满，然都未剖析其错谬。只有方潜，对郭象注之不足予以辩驳。

方潜对郭象注的批驳主要见于书前之《文通先生书郭象注庄子后》一文中。他说：“世称郭象善解《庄》，郭象恶知《庄》？邵子曰：‘其言大都有所本，本者生人之命脉。’郭象谓‘庄子可谓知本’，似矣。然郭象恶知庄子之本哉！”（《文通先生书郭象注庄子后》）有鉴于历代名贤对庄子的普遍误解，方潜对郭象注予以严辞批驳。方潜认为郭象不知“庄子之本”，理由有三：①关于《逍遥游》的主旨。方潜曰：“《庄子》外、杂篇皆宗老子之旨，发挥内七篇，而内七篇之要括于《逍遥游》一篇。《逍遥游》篇形容大体大用而括于‘至人无己’一句，是非庄子之本与！象曾不解此旨，第以‘小大自适，各一逍遥’耳”。②关于庄子之“道”。方

① （南朝宋）刘义庆著，（南朝梁）刘孝标注，余嘉锡笺疏，周祖谟、余淑宜、周士琦整理，《世说新语笺疏》，北京：中华书局 2007 年版，第 260 页。

潜曰："至《齐物论》之'真君宰'，《养生主》之'主'，《德充符》之'德'，《大宗师》之所谓'大宗师'，明指所谓本者，以示人也，而象皆含糊言之，象岂知庄子之本哉？"③关于庄子之"自然"。方潜曰："盖彼所谓'知本'者，所云'上知造物无物，下知有物之自造'而已。不知已将虚空、品物打作两截，故其注虽抱定'自然'二字以为宗旨，正所谓'豁达空'，释氏斥为自然外道者也。岂老子之'道法自然'者哉！老子之'自然'，即庄子之'自本自根'，以道本自然耳，非别有所谓'自然'，而道又法之也。"以上所论皆极为精辟。尤其是关于《庄子》之"道"和"自然"的理解，确实超越了"孔孟程朱"和佛教义理，很可能受西方《圣经》之上帝观念之启迪。正如方敦吉所言："玄奥难解处，间援《圣经》。"这是方潜解庄精到之原因。后之严复（1854—1921），对于老庄之"自然"的定义，也曾作过精到的辨析，在《〈群己权界论〉译凡例》中，他曾写道："名义已经俗用，久辄失真。如老氏之自然，盖谓世间一切事物，皆有待而然，惟最初众父，无待而然，以其无待，故称自然。此在西文为self-existence。惟造化真宰，无极太极，为能当之，乃今俗义，凡顺成者皆自然也。"（严复译《群己权界论》）[①]严复对老庄"自然"的理解得益于其西方基督教之上帝观念，方潜的理解亦然。

方潜自称"出入二氏二十年""始知圣人之道"（《总评》），可见，方潜虽然"博学无所不窥"（方敦吉《桐城方文通先生年谱略》），然最终以儒学为指归。虽然方潜对《庄子》理解多有精到之处，其《南华经解》一个非常明显的特色就是以儒学解庄。例如，他在诠释《齐物论》篇"六合之外，圣人存而不论"一段文字时说："庄子何尝不尊圣人？此段层层归结圣人，可知其意矣。未可以其放论而议之，以意逆志可也。"方潜囿于自己的儒学立场，忽视庄子学与儒学的对立，而视庄子非但不"剽剥"儒学，反而尊崇之。这是其解庄的一大缺陷。方潜《南华经解》的另一特色就是以佛解庄。由于方潜沉潜佛学达二十年之久，因此他对佛学术语的运用非常自如，诸如"假借四大以为身""实相非相""离相即佛""照见五蕴具空""度一切苦厄"等随时可见。这种解释在方潜本人自然无碍，

① 约翰·穆勒著，严复译，《群己权界论》，北京：人民出版社1979年版。

但对于读者而言，却毫无助益，反增晦涩滞碍。

第七节　杨文会的《南华经发隐》

杨文会（1837—1911），字仁山，池州石埭县（今安徽石台）人。他出生于一个书香仕宦家庭。年轻时因太平天国起义曾随父辗转迁徙，后襄办团练，参与镇压太平军。其父杨朴庵因病接触佛教，受其父亲影响，杨仁山亦皈依佛教。1666 年，杨仁山创办金陵刻经处，从此他开始弘扬振兴佛教事业。杨文会早年学道，后又学佛，是近代佛教复兴的先驱。一生从事刻经事业，兴办佛学研究会，创设佛教学堂，为振兴佛学耗费了大量精力，在近代中国文化界、学术界、思想界都有着广泛深远的影响。除佛教著作外，著有《阴符经发隐》《道德经发隐》《冲虚经发隐》《南华经发隐》等四部道经注本，全部以禅理融通之。四书总名为《四经发隐》。《南华经发隐》成书于光绪甲辰年（1904 年），最早收入《杨仁山先生遗书》本，由金陵刻经处刊行。此本后收入严灵峰编《无求备斋庄子集成初编》第二十三册，1972 年由台北艺文印书馆出版。2000 年，黄山书社出版了周继旨校点的《杨仁山全集》，《四经发隐》皆收入其中。

一、杨文会研究现状概述

杨文会研究主要集中在以下三个方面：杨文会生平、杨文会的佛学思想及其对佛教发展的贡献、杨文会的诠释儒道著述研究。杨文会生平研究，主要有沈曾植的《杨居士塔铭》、张尔田的《杨仁山居士别传》、金天翮的《杨文会传》、欧阳渐的《杨仁山居士事略》、欧阳渐的《杨仁山居士传》、沈彭龄的《杨仁山先生年谱》、周继旨的《杨仁山全集·前言》（以上皆收在《杨仁山全集》中）、纯一的《杨仁山居士二三事》（《法音》1988 年第 3 期，第 21-23 页）、于凌波的《杨仁山居士评传》（台北：台北新文丰出版公司，1995 年版）、武延康的《于凌波〈杨仁山居士评传〉补正》（《佛学研究》2004 年第 6 期，第 312-330 页）、徐平轩的《杨仁山居士传》（《金资》1 册）等。

杨文会的诠释儒道著述研究，主要有龚鹏程的《杨仁山笺释道书考》

（《宗教学研究》2007年第4期，第36-45页）、黄佳骏的《杨文会〈南华经发隐〉的“以佛解庄”思想探析》（《玄奘人文学报》2010年第10期，第25-52页）、刘韶军的《论杨文会从佛学视角展示的老庄理解》（《中国哲学史》2010年第1期，第12-18页）、孔令梅的《论杨文会对老庄思想的佛学解读》（《池州学院学报》2014年第2期，第82-85页）、韩焕忠的《居士善会庄子心——杨文会的〈南华经发隐〉》（《宗教学研究》2012年第3期，第156-160页）、徐敏的《杨文会的“以佛释道”思想探析》（通灵佛教网，发布时间：2009年04月12日），以上皆是对杨文会“以佛解道”的专门论述。此外，卫颖涛的《清代注〈庄〉序跋中的思想研究》（广西师范大学2013年硕士学位论文）有“杨文会《南华经发隐》”一节、周鹏《清人解庄的儒道佛倾向》（2013年华东师范大学硕士学位论文）有一章“以佛解庄——以杨文会《南华经发隐》为个案”专论杨文会《南华经发隐》的思想倾向。此外，李宝红、康庆著的《二十世纪中国庄学》（2006年）有一节专论“杨文会《南华经发隐》”，方勇的《庄子学史》（2008年）也有一节专论“杨文会的《南华经发隐》”，都特别分析了其“以佛解庄”之特点。黄佳骏的《杨文会〈南华经发隐〉的“以佛解庄”思想探析》一文认为：“杨文会系晚清佛学复兴的关键人物，其学术特点在于能经佛学整理儒、道二家的经典，并着重佛理与儒、道思想的贯通，此亦自五代宗镜、明代慈山、方以智以来，三家会通研究的另一延伸。杨氏的《南华经发隐》一书，则大量运用佛理为《庄子》思想作批注，建构‘以佛解庄’的思想课题。由宗教的立场言，杨氏认同老子、庄子、列子皆大乘菩萨。由义理的范畴来看，其以大乘空宗、唯识、华严的观点附会《庄子》‘逍遥’‘心斋’‘空德’‘浑沌’义，重新定义《庄子》‘心’‘气’‘道’‘德’的理路。又以佛学‘破’‘真空’应和《庄子》体道之工夫，其所谓‘与古今著述迥不相同’，故往往有异于古人之见解。杨氏对三家会通的研究也影响了晚清思想的视野，如谭嗣同的《化学》、章太炎的《齐物论释》，莫不受其影响，因此从诸子学、佛学的发展而论，则杨氏之学是具有特殊的研究价值。”[①]这段话足以代表前人对杨仁山的学术研究及其贡献的评价。

① 黄佳骏，《杨文会〈南华经发隐〉的“以佛解庄”思想探析》，《玄奘人文学报》2010年第10期，第25-52页。

二、《南华经发隐》的体例、思想内容和主旨

杨文会出生于官宦之家，较早地受到传统文化的熏习。在《阴符经发隐》一文中，杨文会自称“予幼时喜读奇书，凡道家兵家以及诸子，莫不购置”（《杨仁山全集》）①。后“舍道而专学佛。如是有年，始知佛法之深妙，统摄诸教而无遗也”（《与郑陶斋书》）②。他笃信佛教，在他的思想里，佛教能融摄诸教。因此，他对中国传统典籍的理解无不打上了佛教的烙印。他的《四经发隐》就是以佛解道的范例。

在《南华经发隐叙》中，他对前人解庄很是不满，对自己以佛解庄很是自负。他说：

> 太史公言庄周作《渔父》、《盗跖》、《胠箧》以诋訾孔子之徒，以明老子之术。岂知《渔父》、《盗跖》皆他人依托，大违庄子本意，观其内篇推尊孔子处，便可知矣。司马氏不于内篇窥庄子之学，而据伪撰以判庄子，宜其将老、庄、申、韩合为一传也。至唐初尊之为《南华经》，而作注解者渐多，唯明之陆西星、憨山清二家以佛理释之。今阅二书，犹有发挥未尽之意，因以己意释十二章，与古今著述迥不相同，质之漆园，当亦相视而笑。尝见宗镜判老庄为通明禅，憨山判老庄为天乘止观。及读其书，或论处世，或论出世。出世之言或浅或深，浅者不出天乘，深者直达佛界。以是知《老》、《列》、《庄》三子，皆从萨婆若海逆流而出，和光混俗，说五乘法（人乘、天乘、声闻乘、菩萨乘、佛乘），能令众生随根获益。后之解者，局于一途，终不能尽三大士之蕴奥也。

他不同意司马迁对庄子的评价，认为司马迁所据以立论的《渔父》《盗跖》《胠箧》等篇皆伪作，大违庄子本义。前人解庄，多不入其法眼，唯有陆西星《南华真经副墨》和憨山德清的《庄子内篇注》以佛理释之，值得肯定，但二书仍然“犹有发挥未尽之意”。认为自己的解释“与古今著述迥不相同，质之漆园，当亦相视而笑”。

① （清）杨文会撰，周继旨校点，《杨仁山全集》，合肥：黄山书社 2000 年版，第 218 页。
② （清）杨文会撰，周继旨校点，《杨仁山全集》，合肥：黄山书社 2000 年版，第 446 页。

笔者认为，其所谓与“古今注述迥不相同”之处在于两个方面。

一是著述的主旨。前人的注《庄子》作品，皆以阐发《庄子》本旨为著述的目的。虽然其著述中不免有个人思想倾向的渗透，流露出以佛解庄、以儒解庄、以道教解庄等诸种倾向。但其出发点却是释《庄子》。而杨仁山的《南华真经发隐》却不同，其著述的目的，并不是阐释《庄子》，而是借《庄子》宣扬其佛学。

二是著述的体例。正因为其著述的目的不是阐释《庄子》，因此，其体例也就与众不同。他从《庄子》书中选取了“鲲鹏变化”“子綦丧我”“回问心斋”“兀者王骀”“女偊论道”“谋报混沌”“象罔得珠”“世之所贵”“天门”“大”“得其环中”“得意忘言”十二个题目，对《逍遥游》《齐物论》《人间世》《德充符》《大宗师》《应帝王》《天地》《天道》《庚桑楚》《徐无鬼》《则阳》《外物》等篇中的一些片段进行佛教的解释。对于此种注释体例，韩焕忠论述非常中肯，他说：“杨文会之释《庄子》，既非详解字句，也不是疏释章法，而是运用佛教的义理，对他认为最为重要的‘鲲鹏变化’‘子綦丧我’‘回问心斋’等十二则寓言进行阐发，以开显其间隐含的微妙意旨，裨使读者能阶《庄子》而上达佛之境界。”“《庄子》三十三篇，其精义入神之论所在多有，当然不止于这十二则寓言。但是杨文会抉择出来的这十二则寓言，又确实都是《庄子》思想的精微之所在。杨文会以佛教义理对其进行‘发隐’，可以说是‘他人杯酒，浇自家块垒’，名为释《庄子》，实为说佛法。不过也由此使《庄子》在佛教话语系统中得到理解，使他的佛学观念借着解说《庄子》的形式得到了充分的阐发，佛家之义与庄子之理交相辉映，形成了一种视界融合的奇妙效果。”[①]但这种效果是以丧失《庄子》本旨为代价的。

第八节　马其昶的《庄子故》

马其昶（1855—1930），字通伯，晚号抱润翁，桐城城乡（今城关镇）人，著名作家、学者，是桐城派末期的代表人物。出身翰墨世家，先祖有

① 韩焕忠，《居士善会庄子心——杨文会的〈南华经发隐〉》，《宗教学研究》2012 年第 3 期，第 156-160 页。

明太仆马孟祯、清汉学家马宗琏、考据学家马瑞辰等。少受业于方东树、戴钧衡，师事桐城派作家方宗诚、吴汝纶、张裕钊等。曾主讲庐江潜川书院、任京师大学堂教习、清史馆总纂等。三十一岁辑《桐城古文集略》行于世，著述经类有《周易费氏学》《毛诗学》《尚书谊诂》《礼记节本》《大学中庸孝经合谊》；史类有《清史稿》《左忠毅公年谱定本》《桐城耆旧传》；诸子有《老子故》《庄子故》《屈赋微》《金刚经次诂》；自著文集有《抱润轩文集》《抱润轩文集续集》《存养诗钞》《佩言录》等。

一、《庄子故》的版本、体例

《庄子故》共八卷，此书初稿写成于 1895 年（光绪二十年），由陈光淞于 1901 年年初刊于浙中，世称《遗经楼校本》。书成之后，马其昶于讲授《庄子》之余，时有增损改正，又掇录诸书，辑《庄子》佚文附于后。1906 年（光绪三十二年），由门人李国松刊入《集虚草堂丛书》。后收入《丛书集成续编》第 39 册。1927 年，马其昶患风疾，由北京返里，又取此书，以极大毅力，取北宋本、南宋本之《庄子》，校对一过，并采近人杨文会、章炳麟、马叙伦等十余家之说，融以己见，录于书眉，历两年而后成。经其孙马茂元整理后，于 1989 年，由黄山书社出版，名为《定本〈庄子故〉》。[①]

在《庄子故序目》中，马其昶介绍了自己创作《庄子故》的缘由和宗旨。他说："自象《注》及诸家益各用己意为说，本旨荒矣。余读其书，为裒取群解，略发旨趣，要以通其辞为归。"（《庄子故序目》）[①]他对前人以"己意为说"解释《庄子》深为不满，因此发愤著书，目的是阐发《庄子》的本旨。方法就是"裒取群解，略发旨趣"。《庄子故》有题解、随文注释、段旨概括、辨伪、补遗等构成。除了马其昶的注释之外，此书杂引前人解说，简洁精当，类似王先谦的《庄子集解》，但更注重文章义理的阐释。对其体例，前人多有论述。钱穆说："此书自郭注、陆《音义》、成疏、焦氏《翼》，下及清儒，采撷最广，淘洗亦精；较之郭氏《集释》、王氏《集解》，又见超出。盖马氏得桐城家法，能通文章义趣，又兼顾宋儒义解，不娴娴于训诂考核。然于庄子哲理，则尚嫌涉测未深。"（《庄

① （清）马其昶撰，马茂元整理，《定本〈庄子故〉·出版说明》，合肥：黄山书社 1989 年版。

子纂笺·序目》）[①]许嘉璐主编的《传统语言学辞典》称：“《庄子故》，注释书。清马其昶撰。8卷。卷首自序称古来注《庄子》者达百数十家，‘独郭象注最显’，此后诸注，‘各用己意为说’，是原书本旨荒疏。马氏编此书，‘裒取群解，略发指趣’，以通其词。书中选引晋至清末凡八十余家注，尤以清人注为多。对所引各家注，不加辩评。于历代无解处，马氏则加按语，自作注。书刊于光绪三十一年（1905 年），见《集虚草堂丛书甲集》。”[②]徐涛的《清末三家庄子学研究——以刘鸿典、陈寿昌、马其昶为对象》一文也认为此书“博采众说，断以己意，同时具备客观性与严谨性，但偶有回护儒学之说”[③]。

二、《庄子故》的影响及研究概述

自问世以来，《庄子故》获得了极高评价。其学生胡远濬于1917年所著的《庄子诠故凡例》称，《庄子故》“训诂精详，画章明确，又时于古今通人述《庄》之微言大义附注，尤徵宏识；其博采各注，自具炉捶，意非深于文者莫能也”（《定本〈庄子故〉·出版说明》），认为胡远濬“所著《庄子诠诂》大体依马通伯《庄子故》而略加变通”（《20 世纪庄学研究史稿》）[④]。其学生叶玉麟更以之与王先谦的《庄子集解》相比，认为《庄子故》成就更高。他说：“近世王益吾祭酒，《庄子集解》，号称善本。然先师马通伯《庄子故》，采辑诸家注释，尤为精审。辞洁而旨莹，视前之作者，迥乎过之。”（叶玉麟《白话译解庄子·自序》）[⑤]钱穆认为，马其昶的《庄子故》亦超过郭庆藩的《庄子集释》和王先谦的《庄子集解》。钱穆自称其《庄子纂笺》“乃就马书蓝本。而加增补修订”（《庄子纂笺》）。叶玉麟的《白话译解道德经》、严复的《侯官严氏评点〈庄子故〉》亦皆以《庄子故》为蓝本。

《庄子故》虽然在某些方面超越了之前的王先谦的《庄子集解》，但仍然没有能够取代它，《庄子故》的影响远不及《庄子集解》。1930 年由世

---

① 钱穆撰，《庄子纂笺》，北京：生活·读书·新知三联书店 2010 年版。

② 许嘉璐主编，《传统语言学辞典》，石家庄：河北教育出版社 2010 年版。

③ 徐涛，《清末三家庄子学研究——以刘鸿典、陈寿昌、马其昶为对象》，华东师范大学 2012 年硕士学位论文，第 7 页。

④ 刘洪生，《20 世纪庄学研究史稿》，郑州：中原农民出版社 2007 年版，第 28 页。

⑤ 叶玉麟，《白话译解庄子》，上海：上海科学技术文献出版社 2007 年版。

界书局出版的《诸子集成》收录了王先谦的《庄子集解》和郭庆藩的《庄子集释》，而没有收录马其昶的《庄子故》。有人将此归结为政治原因，认为“新文化运动将矛头直接指向了以桐城派为代表的旧文学、旧文化，钱玄同的‘桐城谬种，选学妖孽’成为五四新文化运动的标志性口号，桐城派也黯然淡出，其作品亦遭批判和唾弃”[1]。还有人认为：“《庄子故》无论就训释规模或注释效度来看，其价值实皆超出同时期著作。《庄子故》逐渐不传的原因，并非在于学术价值不高，而在于分别为严复《庄子评点》、钱穆《庄子纂笺》与胡远浚《庄子诠诂》作为蓝本来参考，以另一种形式隐含于后代书本里而传承至今，再加上王叔岷先生《庄子校诠》集大成之势，马氏《故》式微也就成为必然的趋势。”（林伯宏《马其昶〈庄子故〉研究》）[2]笔者认为，或许与政治原因有关，但最根本的，还是其学术价值。前人多以之为蓝本再注《庄子》本身就说明它有需修订的问题存在。

《庄子故》的影响有限，相关研究也就有限。据笔者所知，专门研究的论文仅有少数几篇：熊隽《论马其昶的以儒解〈庄〉》（《湖北大学学报》2009 年第 2 期，第 43-47 页）、陶家韵《马其昶〈庄子故〉的学术成就及影响》（《安庆师范学院学报》2010 年第 7 期第 6-12 页）、陶家韵《浅析〈庄子故〉对〈庄子〉的结构简析》（《传承》2010 年第 7 期，第 146-147 页）林伯宏《马其昶〈庄子故〉研究》（世新大学 2010 年硕士学位论文）。方勇《庄子学史》第八章“清代庄子学”有一节专论“马其昶的《庄子故》”，对其思想内容和儒学化倾向有简要介绍。卫颖涛《清代注〈庄〉序跋中的思想研究》（广西师范大学 2013 年硕士毕业论文）也有一节专论“马其昶的《庄子故》”。刘固盛、刘韶军、肖海燕的《近代中国老庄学》（福州：福建人民出版社，2014 年）亦有一章专论“马其昶《庄子故》”，从“博采众注，训诂精详”“庄子之道，体用兼妙”“会通庄儒，援佛证《庄》”“悯世救时，治道精实”四个方面展开论述。此外，《中华道学通典》对其版本、体例及成就也有简要的说明，认为“其昶所采录之旧注旧说，亦有

① 陶家韵，《马其昶〈庄子故〉的学术成就及影响》，《安庆师范学院学报》2010 年第 7 期，第 6-12 页。
② 林伯宏，《马其昶〈庄子故〉研究》，世新大学 2010 年硕士学位论文。

不可取者，但对其昶之自注自说，认为颇有可资之处，可自成一家之言，且搜罗较博，虽稍近乎滥，然于初学《庄子》者，读此书可得梗概”（《中华道学通典》）[①]。

三、《庄子故》的成就与不足

马其昶素有桐城派殿军之美誉，其《庄子故》也是清末庄学研究中的集大成之作。首先，《庄子故》最突出的成就之一就是对前人成果的广泛搜集。其搜罗之富，罕有其比，所引自汉代至清末，凡一百三十多家，远远超过郭庆藩《庄子集释》、王先谦《庄子集解》所引诸家数目。据笔者统计有司马迁、许慎、高诱、司马彪、向秀、崔譔、支遁、郭璞、郭象、嵇康、成玄英、柳宗元、陆德明、罗勉道、王安石、王雱、吕惠卿、朱熹、邵雍、苏辙、宋濂、陈景元、刘熙载、王应麟、洪亮吉、洪迈、焦竑、黄庭坚、林希逸、刘辰翁、褚伯秀、苏轼、李哲明、李颐、简文、归有光、陆长庚、陈祥道、杨慎、吴澄、憨山德清、顾炎武、屈大均、方以智、钱澄之、朱得之、宣颖、姚鼐、方潜、姚永朴、王闿运、奚侗、王念孙、王引之、郭嵩焘、姚永概、郝懿行、郭庆藩、吴汝纶、梁玉绳、刘大櫆、邵子、章炳麟、李桢、严复、俞樾、朱亦栋、王敔、高骏烈、洪颐煊、卢文弨、曾国藩、杨时、李光地、陈于廷、徐常吉、方苞、姚范、段玉裁、方东树、李威、司马法、李贽、张琦、孙奕、王叔之、唐顺之、孙诒让、薛瑄、李冶、吴闿生、杨士奇、朱骏声、王怀祖、司马温公、马叙伦、胡思敬、刘攽、文中子、王夫之、邵晋涵、高秋月、陈建、陈治安、司马子微、阎若璩、张居正、方宗诚、梅曾亮、张湛、魏了翁、陈光淞、方扬、马永卿、徐常吉、李调元、陈用光、余正燮、马骕、方昌翰、马端临、万希槐、孙奭、孙志祖等。

其次，《庄子故》对诸家的注解择取较为精当。例如，《齐物论》篇“今者吾丧我”一句下：姚鼐曰：“一除我见，则物无不齐。”马其昶案：“丧我，忘意识也。”这些理解皆极简洁精当。又如，“大块噫气，其名为风”一句中的“大块”，引王敔曰：“大块，地也。”引归有光的话解释

① 吴枫、宋一夫主编，《中华道学通典》，海口：南海出版社1994年版，第1240页。

了“天籁”比喻的用意：“风一也，声随窍异。言出于心，亦然，道一而已。”这些注释的择取，显示了作者对《庄子》的领悟。又如，《养生主》：“吾生也有涯，而知也无涯”句下，引吕惠卿的话说：“生随形而有尽，知逐物而无穷。”“是遁天倍情”一句下，引成玄英曰：“是斥哭者。”《大宗师》篇首，引方潜曰：“大宗师者，道也。”这些都极为中肯。书中择取精当之注释比比皆是，在此不一一列举了。

再次，《庄子故》的成就还表现在对文章理路的阐释，于篇首有篇旨提示，篇中每段之后对段旨有一简要概括，而此概括大多精当。例如，《大宗师》篇“夫道有情有信”一段，其昶案：“以上道为万化之本。”《马蹄》篇第一段，引吴闿生曰：“以上言治法伤性。”第二段，“以上言仁义非至德之世所有”。最后一段：“以上极言仁义之足以启奸。”篇末，其昶案：“此篇申论自然无为之旨。”这些精当的评语对于理解全篇脉络很有帮助。

最后，《庄子故》在前人研究的基础上，对内篇与外篇、杂篇的关系有所揭示。马其昶说：“余谓外、杂二篇，皆以阐内七篇之义。其分篇次第，果出自庄生与否，殆不可考。”又引黄庭坚曰：“内书七篇，法度甚严。二十六篇，解剥斯文耳。”例如，引姚鼐曰《山木》篇“与《人间世》同旨”，《田子方》“与《德充符》同旨”，《知北游》“与《大宗师》同旨”。引王夫之曰：“杂篇多微至之语，学者取其精蕴，诚内篇之归趣也。”引焦竑曰：“内篇命题各有深意，外、杂则但取篇首字名之，而大义亦存焉。”《寓言》篇“与《天下》篇乃全书之序例”（引王夫之语），认为《天下》篇为《庄子》后序，在《天下》篇末，他引姚鼐曰：“是篇乃《庄子后序》。”

不足之处就是很多解说不能切合《庄子》本旨，有以儒解庄的倾向。例如，《养生主》开头一段，“可以养亲，可以尽年”下，其昶概括段旨说：“以上知恬交养，允执厥中。”这是对“缘督以为经”的误解。“缘督”就是“缘道”，而不是儒家所谓的中庸。又如，《外物》篇“庄周家贫”寓言下，其昶案：“以上奢求无益”；“任公子为大钩巨缁”段下，其昶案：“以上苟得无补”；“儒以诗礼发冢”段下，其昶案：“太史公曰：掘冢，奸事也。而田叔以起。盖自战国以来，多有发冢致富者矣，庄子此言，以讥世儒之诵《诗》《书》而躬秽行者。以上卑者逐利”；“老莱子之弟出薪”段，其昶案：“以上高者矜名。”以上解释显然不合《庄子》本意。类似的例子还有很多，所以，马其昶《庄子故》虽然堪与王先谦《庄子集解》媲美，但仍不尽如人意。

四、马其昶的庄学思想

（一）关于儒道关系

继承韩愈、苏轼、方以智等的观点，马其昶也认为道家与儒家没有根本的不同，道家既祖老子，亦祖孔子。他说：“庄子之书，自前世皆列道家，道家祖老子、孔子……至战国，孟子尊孔攘杨、墨至力矣，无一言及老子。吾意老子遁世无闷，隐君子也。其清虚淡泊，不大异孔子道；不然，孟子排异端，必不释老子不置论者。”（《庄子故序目》）认为“庄周之徒”“发愤取老氏之说，务推本言之，以救其失”（《庄子故序目》）。其所谓儒家之失在“伪”，而没有认识到儒家的根本缺陷，就是庄子所谓“离道以善，险德以行”（《缮性》），遮蔽了本原之“道”，舍本趋末。此为儒家遭到庄子不遗余力的攻击的根本原因。儒家这一根本缺陷，囿于其儒家立场，马其昶没有明白。他所认识的道家，同样也不到位，他说：“老、庄氏之教，外形骸、生死，宁静自胜。”（《庄子故序目》）而忽略了他们所追求的目标就是遵“道”，正是因为以“道”为行为的准则，才有“外形骸、生死，宁静自胜”的表现。如果不讲“遵道”的原则，那就与佛教无异。所以《庄子故》虽然有很多精到的阐释，但也还未真正将《庄子》本旨阐发透彻。例如，《山木》篇“猖狂妄行，乃蹈乎大方”一句下，引方宗诚曰：“此盖亦窃取孔子‘从心所欲不逾矩’之意。”事实上，孔子所谓“不逾矩”，是合乎“礼”；而庄子所谓“蹈乎大方”是合乎“道”，此二者是不能等量齐观的。又如，《胠箧》篇“鲁酒薄而邯郸围”句下，引吴闿生曰：“引鲁酒事以见势不相及而事实相因。此见庄子本意未尝诋毁圣人也；特无奈假圣人之说以肆其奸者何耳！”《天道》篇“夫子乱人之性也”句下，引姚鼐曰：“庄子真是禅学，其诋孔子之徒，如以诃佛骂祖为抱佛恩。其意正俨然以教外别传自居也。”这些理解都有偏颇。

（二）关于庄子及其学说的性质

对于庄子，马其昶引宋濂曰：“庄子于学无所不窥，然所见过高，虽圣帝经天纬地之大业，曾不满其一哂，盖所谓古之狂者。”（《庄子故·则阳》）认为庄子不得志。《山木》篇“今处昏上乱相之间，而欲无惫，奚可得邪”句下，引梅曾亮曰：“庄周、屈原、司马迁，皆不得志于时者之所为也，皆怨悱之书也；然而庄周之怨悱也隐矣。”这里，马其昶亦将庄子与屈原、司马迁等的遭遇相比，认为他们同样不得志。这种理解也不符合庄子。庄子却聘的事实证明，庄子与屈原、司马迁不能同日而语，这说明，囿于儒家的眼界，马其昶对庄子的思想和人格缺乏正确的理解。正是把庄子儒家化，因此马其昶认为庄子亦积极入世。《人间世》篇题下，其昶引陈于廷的话说：“庄子拯世非忘世，其为书，求入世非求出世也。”《天道》篇“天道运而无所积”句下，引宣颖曰：“庄子之学，非寂灭者比。”道家庄子诚然入世，然与儒家之入世还是不同，此不同，马其昶未能深入剖析。

马其昶也承认庄子学说与佛教相通。在《庚桑楚》篇，其昶引朱熹曰：“《庚桑楚》篇全是禅。”类似的以佛解庄的例子虽有，但数量极少，完全改变了明末清初方以智、钱澄之等贯通庄佛的做法。

（三）关于《庄子》真伪

马其昶继承了前人的辨伪成果，在注《庄子》时对其真伪也有所辨析。其观点主要集中在卷八“《让王》《盗跖》《说剑》《渔父》《逸篇》”之首，其文曰：

> 《释文》称内篇众家并同，自余或有外无杂。余谓外、杂二篇，皆以阐内七篇之义。其分篇次第，果出自庄生以否，殆不可考。其间皆不无羼益。以其传久，故一仍之。其让王以下四篇，旧次列御寇前，然自苏子瞻辈，皆断其伪。今观之犹信。太史公称其“作渔父、盗跖、胠箧，以诋訿孔子之徒，以明老子之术”。世所号儒者，皆讬为孔子之徒，今胠箧所言不及孔子，第绌儒信老，是其义矣。若盗跖，真诋訿孔子，是殆拟为之者读史公语未审耳；

且又乌睹所谓老子之术者哉？非史公所见之旧，其为赝决也。因从宣颖南华经解例，退其篇目附于后。又姚姬传先生谓："《汉志》，《庄子》五十二篇。郭象存其三十三篇。然今本经象所删，犹有杂入可决起非庄生所为者；则其十九篇，恐亦有真庄生书，而为象去之矣。"

概而言之，马其昶认为郭象注三十三篇《庄子》中，真伪有三种情形：①《让王》《盗跖》《说剑》《渔父》四篇为伪无疑。文中杂引他人之语义证其伪。"苏轼曰：《盗跖》《渔父》《让王》《说剑》，皆浅陋不入于道。"（《让王》）"苏轼曰：'《寓言》之终曰阳子居西游于秦遇老子云云，若去其《让王》四篇，以合于《列御寇》篇首，固是一章也。'庄子之言未终，昧者勦之以入其言。焦竑曰：《列子》第二篇首载列御寇馈浆事，而即缀以杨朱争席，正与苏轼之言合。"在《外物》篇"安得夫忘言之人而与之言哉"句下，其昶引王夫之曰："此段文义，乃以起《寓言篇》末又与《列御寇》篇首意旨吻合，盖《杂篇》次序相因类如此。昔人以此益证《让王》四篇为搀入，信不诬也。"还说：《让王》篇"杂见《列子》《吕览》《淮南》及《韩诗外传》《新序》各书"，《盗跖》篇，引王安石的话说："《庄子》重言十七，以为耆艾，人而无人道者，不以先人。若《盗跖》，可谓无人道者，而以之为重言，其不然，明矣。故此篇之赝不攻自破。"《说剑》篇，"马骕曰：语近《国策》，非庄生本书"。《渔父》篇，"朱熹曰：苏子由《古史》中，论此数篇决非庄子书，乃后人截断本文搀入此。其考据甚精密"。②《骈拇》《胠箧》《马蹄》《缮性》《刻意》五篇可疑，他引吴澄曰："庄生书瑰玮参差，不以觭见之。唯《骈拇》《胠箧》《马蹄》《缮性》《刻意》五篇，自为一体。其果庄氏之书乎？抑周、秦间文士所为乎？未可知也。"③对历来有争议的《天下》篇，马其昶反而认为可信。他引马骕曰："此自序也。诸篇多寓言，而此独庄语。"他认为《天下》篇为庄子自序。这是非常新颖的见解。只可惜，限于体例，作者未申述其理由。

五、马其昶《庄子故》与王先谦《庄子集解》

马其昶（1855—1930）是与王先谦（1842—1917）同时而稍晚一些的

清代著名学者，二人都有体例类似的注庄作品，马其昶的《庄子故》与王先谦的《庄子集解》都以广泛征引前贤成果而著称，且其作品都在当时产生了巨大的影响。然而，二人却互不提及，此原因值得探讨。

从二人著述成书时间看，理应有所借鉴。王先谦的《庄子集解》成书于宣统元年即 1909 年，有其自序（《〈庄子集解〉序》）为证，此书当年即由思贤书局刊印出版。此书明显晚于马其昶的《庄子故》初版。马其昶的《庄子故》初稿写成于 1895 年（光绪二十年），由陈光淞于 1901 年年初刊于浙江，世称《遗经楼校本》。书成之后，马其昶于讲授《庄子》之余，时有增损改正，又掇录诸书，辑《庄子》佚文附于后。1906 年（光绪三十二年），由门人李国松刊入《集虚草堂丛书》。从时间上看，王先谦应该能够看到马其昶的《庄子故》。可是，《庄子集解》只字未提马其昶的《庄子故》。更有甚者，马其昶《庄子故》的第三版也只字未提王先谦的《庄子集解》。1927 年，马其昶患风疾，由北京返里，又取此书，以极大毅力，取北宋本、南宋本之《庄子》，校对一过，并采近人杨文会、章炳麟、马叙伦等十余家之说，融以己见，录于书眉，历二年而后成。按理说，马其昶此次修订，又吸收了很多时人的著述，甚至晚辈的著述都未遗漏（如奚侗），然而却没有提及王先谦的《庄子集解》，这是不可思议的事情。

从二人所引诸家名单看，二人也应该互有借鉴。王先谦的《庄子集解》："广泛征引前贤旧注说解。如郭象、陆德明、成玄英、方以智、王夫之、宣颖、卢文弨、姚鼐、王念孙、王引之、郭嵩焘、俞樾、李桢、郭庆藩、苏舆共 15 家之成果，其中还间接引用了陆德明《经典释文》中的李颐、司马彪、崔譔、向秀、支遁、王叔之、简文帝、李轨等人的成果。"①王先谦与郭嵩焘、郭庆藩、吴汝纶等皆交往密切。王先谦对桐城派人士有相当的了解和认识，他在《〈续古文类纂〉序》中说："自桐城方望溪氏以古义专家之学，主张后进，海峰承之，遗风遂衍。姚惜抱稟其师传，覃心冥追，益以所自得，推究阃奥，开设户墉。天下翕然号为正宗。承学之士，如蓬如风，如川赴壑，寻声企景，项领相望。百余年来，转相传述，遍于东南。

① 张蔚虹，《论王先谦〈庄子集解〉的学术成就》，《商丘师范学院学报》2015 年第 2 期，第 26-28 页。

由其道而名于文苑者，以数十计。呜呼，何其盛也！”“自惜抱继方、刘为古文学，天下相与尊尚其文，号桐城派。”（《葵园四种》）又说：“后来贤俊云兴，姚氏之绪论，流衍于东南，或亲得师承，或转相私淑，虽成就大小不同，然未有不由其门径义法而能自立者。”①王先谦对姚鼐及其后的桐城派学人是熟知的，且其与吴汝纶交往密切。而马其昶作为桐城派殿军，也是早就闻名当时，且师事吴汝纶，王先谦对他怎会不知，对其1901年、1906年两次出版的《庄子故》怎会不知道呢？

马其昶的《庄子故》更以搜罗之富著称，所引自汉代至清末，凡一百三十多家，仅清人就有七十多人，当他年老之时，重新修订《庄子故》时，距王先谦《庄子集解》成书已经十八年了，马其昶以谦虚、谨慎的态度搜罗对《庄子》的解说，甚至其学生也不放过，对于王先谦的得意门生苏舆（1874—1914）多有征引，但对于著名的《庄子集解》独独没有留意，也简直是个谜。马其昶对郭庆藩的《庄子集释》非常重视，郭庆藩《庄子集释》完成之后，曾请王先谦为之作序。想必马其昶对王先谦早有了解，为什么对其1909年出版的《庄子集解》独独没有留意？这的确匪夷所思。

或许王先谦和马其昶有所不合，故互不提及。据李肖聃《记葵园先生遗事》：“先生在戊戌时，最诋斥梁启超。及启超返国，为司法总长，一日秘书湘人某，言‘吾与葵园不合，以论学耳。至其行谊，固心服之，子为我作书敬问起居’。而先生语其门人王达，亦言‘梁某亡命十余年，观其近作，颇为长进，故吾为《五洲地理志》，仍采其《新大陆游记》，但隐其名耳’。”（《葵园述略》）②或许王先谦参考马其昶的《庄子故》亦“隐其名”。因为马其昶的人品值得怀疑。关于严复的《庄子评点》，还有一段公案在此值得一提。据说，严复在1912年年底，曾给他的得意门生熊元鄂的从弟熊育锡（纯如）一封书信，其中写道：

> 予生平喜读《庄子》，于其道理唯唯否否，每一开卷，有所见，则随下丹黄。马通伯借之去不肯还，乃以新帜见与，已意亦

---

① （清）王先谦，《王先谦诗文集》，长沙：岳麓书社2008年版，第33、722、845页。

② 转引自李和山，《王先谦学术年谱》，武汉：湖北人民出版社2009年版，第178页。

颇鞅鞅，今即欲更拟，进退不可知，又须费一番思索，老来精力日短，恐不能更钻故纸矣。（王栻编《严复集》）①

据严复说，马其昶曾借走他评点的《庄子》一书不还，给自己带来很大的不便。也许，马其昶人品的确令王先谦不齿。然而，这也只是推测。“集前贤注释”之注《庄子》体例，自古皆然。王先谦不必参考马其昶，因为王先谦在撰写《庄子集解》之前，已有成功的《荀子集解》出版，且获得一致好评。很可能，马其昶《庄子故》受了郭庆藩《庄子集释》的影响，而欲集前人之大成，而编撰一部简明扼要的《庄子注》亦未可知。今将《庄子集解》与《庄子故》对比，笔者发现，《庄子故》的确有其超越《庄子集解》之处，很多解说更切合《庄子》本旨。而《庄子集解》最终胜出，或许还是因为它比《庄子故》更为简省之故。正如钱穆所说：“王先生有《庄子集解》，模仿孙书。此刻则主简要，盖王氏亦袭桐城义法，已悟治庄不能墨守乾嘉矩矱矣。此书仍乏深趣，然便初学，读之易于入门。”（钱穆《庄子纂笺·序目》）②

第九节　胡远濬的《庄子诠诂》

胡远濬（1869—1933），一说（1866—1931），字渊如，号劳谦居士，别号天放散人，安徽怀宁人。他是安庆胡玉美家族第六代传人，其家族生产的蚕豆酱是安庆标志性地方产品。胡氏家族是安徽近代史上的名门望族，在安徽近代工商业、教育、文化等领域都曾出现过很多有影响的人物。他自幼随叔父胡竹芗在家族塾馆读书，后求学于安庆敬敷书院。清朝光绪辛卯（1891 年）举人。历任怀宁县教谕、安徽高等学堂、南京中央大学教授，学问渊博，对哲学、儒学、书法、绘画颇有造诣。曾与朱光潜、冯友兰等共事，有诗文酬答。胡远浚是桐城文派集大成者吴汝纶的追随者，不仅传授国学与哲学，而且著述颇丰，有《老子述义》《庄子诠诂》《劳谦室易》《劳谦室论道书》《劳谦室文集》《劳谦室札记》《劳谦室书版》《天放散人词稿》《天放散人画稿》《老庄哲学与黑格尔、马克思学术之比较》《谭

① 转引自方勇，《庄子学史》第三册，北京：人民出版社 2008 年版，第 309 页。
② 钱穆撰，《庄子纂笺》，北京：生活·读书·新知三联书店 2010 年版。

嗣同仁学之批判》等问世。

《庄子诠诂》撰成于 1917 年，并由商务印书馆刊印行世，为铅印线装本。1931 年商务印书馆铅印平装本，较之前本有所增删改易。1980 年，台湾商务印书馆再版。1996 年安徽省古籍整理出版规划委员会、安徽古籍丛书编审委员会重新整理，由吴光龙点校、诸伟奇审定，黄山书社出版。此版以 1931 年版为点校底本，以 1917 年版为校本，对两本相异之处，一一出校说明，以明胡氏学术思想演变之轨迹。原书的眉批皆置于正文适当之处，并收入芦干的《庄周故里九证》一文。

一、胡远濬及其《庄子诠诂》研究简介

胡远濬的生平简历，见于《安徽通志稿》（1934 年版）、《胡远濬事略》[①]、《安徽人物大辞典》（1992 年版）等。关于其学术思想，研究很少，《安徽通志稿》编辑评价他："学问渊博，为世所宗，尤深于老庄之学，议论至为精警。"[②]著名历史学家、古文字学家徐中舒在《我的学习之路》[③]中回忆深受老师胡远濬的影响，敬佩其治学精神与风采，并对其教学方法给予崇高评价。吴牧《国学教授胡远濬》[④]一文，也对胡远濬生平有较全面介绍。

《皖江研究〈庄子〉的大家》一文较为全面地介绍了胡远濬的成就、影响、注《庄》方法、交游等多个方面，文中称胡远濬是"研究《庄子》的权威"，认为其"庄子救世之情与孟子同"的观点，"在清末民初社会变革时期具有特别的积极意义，因为不少知识分子有逃避现实的心理，或者以为'无政府'便可逍遥自由"，认为"胡远浚能够从人格和精神境界上，对庄子其人其书予以充分的理解和肯定"[⑤]，并举例说明。例如，《庄子诠诂》中解《庄子·天道》篇"悲夫，世人以形色名声为足以得彼之情"一句，引欧阳修语说："悲夫一语，不尽有态，是庄子语。"解《达生》篇"悲夫，世之人以为养形足以存生"一句，引吴汝纶语说："吴汝纶曰：悲

① 胡庆禧，《胡远濬事略》，《安庆史志》1987 年第 1 期，第 38-39 页。
② 安徽通志馆编纂，《安徽通志稿》，台北：成文出版社 1985 年版。
③ 徐中舒，《我的学习之路》，《文史知识》1987 年第 6 期，第 4-5 页。
④ 吴牧，《国学教授胡远濬》，《安庆日报·下午版》2006 年 2 月 24 日。
⑤ 何诚斌，《皖江研究〈庄子〉的大家》，《安庆晚报》2014 年 5 月 17 日。

愤沉痛！”解《山木》篇“今处昏上乱相之间”一句，引梅曾亮语说：“庄周、屈原、司马迁皆不得志于时者，之所为也，皆怨悱之书也，然而庄周之怨悱也隐矣。”解《则阳》篇“夫力不足则伪，知不足则欺”一句，引马其昶语说：“马其昶曰：柳宗元谓博如庄周，哀如屈原。又曰：参之老庄，以肆其端。案其博也，正其哀之所激而肆者。刘勰并韩柳皆以屈原介庄周、司马迁之间，呜呼！此深知庄子者也。”认为其研究方法独具慧心。胡远浚说：“《庄子》注，纷纭充栋，今必聚世间所有，足吾一人目力，遍观而尽识之，势固不能，然又奚取焉？”面对这么多注解《庄子》的著作，怎么办呢？胡远浚接着提供了一个方法：“注者于古人所窥深浅不同，彼此推测不能一致，漫无简别，将愈纷歧而不可理，故只取适吾目而止。”所谓“只取适吾目而止”，也就是选择自己喜欢的来读。此为对《庄子诠诂》的简要论述。此外，还介绍了胡远濬与陈撄宁、陈独秀等的交游。胡远浚精研老庄学理之外，还对庄子养生之道“听息法”也有涉猎，这完全得益于陈撄宁的影响。

1996 年黄山书社出版的《庄子诠诂》之《前言》对胡远濬生平及《庄子诠诂》版本、思想特色亦作了简要概括。认为《庄子诠诂》特色有五：一是博采各注，自具炉锤；二是体现了作者融儒释道为一体的庄学观点；三是推阐大义，考证辨伪，立说平允；四是承继了皖学风采；五是闪现了近代精神。方勇《庄子学史》（2008 年版）第十一章有一节专论“胡远濬的《庄子诠诂》”，除生平、著述体例简介外，从四个方面总结了胡远濬的庄学思想：一是“认为外、杂篇多发内篇之旨”；二是“认为庄子多申老子之旨”；三是“认为庄子学说与儒家思想实为相通”；四是“有意掺杂了一些佛教思想，并征引了不少佛学思想资料”。方先生还指出了此书“失于考察，以讹传讹”的不足，方先生说：“但此书（尤其在楣栏）所转引的所谓欧阳修、王安石、苏轼、苏辙、黄庭坚、秦观等宋代名公的批语，经笔者考证，多数出于刘辰翁《庄子南华真经点校》，而胡氏失于考察，以讹传讹，这就影响了此著的学术价值。”[①]

① 方勇，《庄子学史》，北京：人民出版社 2008 年版，第 662 页。

二、《庄子诠诂》的体例、内容

关于《庄子诠诂》的体例和方法，胡远濬自己解释说：“《庄子》注，纷纭充栋，今必聚世间所有，足吾一人目力，遍观而尽识之，势固不能，然又奚取焉？且注者于古人所窥深浅不同，彼此推测不能一致，漫无简别，将欲纷歧而不可理，故只取适吾目而止。余曩读乡前辈马通伯先生《庄子故》，见其训诂精详，画章明确，又时于古今通人述《庄》之微言大义，附注尤征宏识。其博采各注，自具炉锤，意非深于文者莫能也，心爱而好之，因间有于鄙见未惬者，一师其意，辄搀他说附列简中，取便己读。久之心领神悟，得其纲要。于是增益渐多，分章语亦用更订，其或两说可通者并存之，此非必所得独多也，权藉有资，为功较易耳。书成，大体依马而略加变通，取其义故并发，题曰《庄子诠诂》。诸家精者向推郭象，为马注所及已多，余仍复有增入，而明陆长庚、清陈寿昌深通玄家之说，近人杨文会、章炳麟旁摭释氏，印证易明，均能补诸家所未及。陈、杨、章书晚出，马所未及见者，故余于四家之说采列较多云。”[①]由上可知，该书主要以马其昶《庄子故》为基础，分章订正，并对以往名注家如（晋）郭象、（明）陆长庚、（清）陈寿昌，以及近人杨文会、章炳麟等注加以补注，其中对佛教学者之注采列较多。此外，与马其昶《庄子故》不同，胡远濬《庄子诠诂》还吸取了王先谦《庄子集解》的成果。

关于辨伪。有别于前人轻易断《庄子》某几篇为伪的做法，胡远濬说：“夫正伪岂易识哉？”从“多闻阙疑”的谨慎态度出发，胡远濬的《庄子诠诂》“取前贤论文并订正语，附疑书眉，而篇次一仍郭旧”。对于马其昶《庄子故》“于篇末收取逸文”的做法也不满意，认为“所取要皆断简碎义，不足成章”。

三、胡远濬的庄学思想

胡远濬对《庄子》的理解主要体现在其《庄子诠诂序例》之中。概而言之，主要有以下几个方面。

---

① （清）胡远濬，吴光龙点校、诸伟奇审定，《庄子诠诂》，合肥：黄山书社 1996 年版。本节所引《庄子诠诂》皆据此本。

（一）关于《庄子》一书性质及读《庄子》之法

1.“《庄子》本体道之书”

他说：“‘神守形，纯气之守，守其一以处其和。’‘若一志，无听之以耳，而听之以心；无听之以心，而听之以气。’‘视乎冥冥，听乎无声。冥冥之中，独见晓焉；无声之中，独闻和焉。’诸如此类，皆洗心退藏于密之要方，以及后代玄家所谓以神守形诸节次，散见于《内篇》、《外篇》、《杂篇》者，几无一不完具。且其曰‘真宰’、曰‘真君’、曰‘玄德’、曰‘道、’曰‘玄’、曰‘天’、曰‘环中’、曰‘宗’、曰‘精’、曰‘真’、曰‘朴’、曰‘神’、曰‘纯气’、曰‘物’……皆一物也。”《庄子》作为道家哲学的代表作，处处彰显了庄子对形而上之“道”的体悟。“《庄子》本体道之书”，多“申老子之旨”，揭示了《庄子》作为道家代表作的性质。在诠释的过程中，常将老庄关联。《逍遥游》篇“蜩与学鸠笑之曰”句后，远濬按：“此即下士闻道大笑之喻。”《老子》第 41 章有“下士闻道，大笑之，不笑不足以为道”之语，胡远濬将此二句联起来，的确非常吻合。又如，《大宗师》篇“夫道，有情有信”一句，引陆长庚曰：“《老子》云：‘恍兮惚兮，其中有物；杳兮冥兮，其中有精；其精甚真，其中有信。’有情有信，自有欲以观其徼者言之也。情者，静之动也；性者，动之符也。”借此将庄子与老子的关系揭示出来。

胡远濬认为，“庄子道文并至”“庄之于老，与孟之于孔，直可双峰并峙”。对于《庄子》读法，胡远濬提出四点意见：一是“穷理以达用”“身体而力行”，因为“庄子论道，本体用兼尽”；二是“必须旁涉各书”，而“近世诸科学，于读《庄》实为切要”，“若自封其见，又何由尽窥其奥蕴乎”；三是“宜寻访一二道友，从之传授心法”，“庶于其洗心退藏于密之旨，方宜瞭然”；四是“熟读深玩，以致其思”，“久之自有引申触类，声入心通处”。

2.《庄子》意在救世

胡远濬认为，“庄子救世之情与孟子同”。他认为孟子“斥言利”与庄子“讥近名”都能挽人心于纷争。他说：“孟子痛斥言利，庄子深讥近名。名，即利也，亦即刑也。彼争名夺利者，其胸中搅扰，无一日之安，固天之戮民也。凡庄子所一视者，皆就言心，盖应迹不能无善恶，存心必不可怀荣辱。达此，则心安理得，而生焉有不遂者耶？《德充符》云‘不以好恶内伤其身，常因自然而不益生’与所谓‘为善无近名，为恶无近刑，缘督以为经’，固同旨也。无人之情，自不逐无涯之知耳。故《养生主》专为世情下箴砭。”胡远濬对《庄子》救世的理解是深刻而独到的，《庄子》与《老子》不同，《老子》更多谈“为天下”，而《庄子》多重在“人心”。“凡庄子所一视者，皆就言心”，正是对《庄子》独特救世之法的认识。其实，庄子救世与孟子大旨还是不同的，孟子是借宣扬仁义而入世的，而庄子则是借宣扬“体道”而入世的。这种不同，胡远濬未能揭明。

（二）对庄子人格的理解

“庄子标揭自得之旨”一节，胡远濬引《中庸》“君子无入而不自得”和《孟子》“君子深造之以道，欲其自得之也”两句，来说明庄子“于二义，盖兼有之”。若非自得，“《诗》《礼》且为盗资”。意思是说庄子本人之学说，是其身体力行之道。正因为庄子既体道而又能行道，他才能“逍遥游”，才能“乐以终身，忧以终身”，使得二者“并行不悖”。遵“道”而行，是庄子之所以旷达或悲愤的原因。

（三）对儒道关系的理解

胡远濬认为，“庄子破儒家之执，故立词不得不异，而其旨实同”。他反对宋儒视《庄子》为异端，强调儒道相通。他举三例为证。首先，引《周易》“一阴一阳之谓道”和《中庸》“道并行而不悖，如中虚不著一物，然后诚实无妄”，比喻儒道关系互补性，他说：“儒者就实理，充周言；道家就中虚，无著言。一有一无，二义固相需也。”其次，于“达道因物之旨”儒道亦相通。“贱而不可不任者，物也”（《庄子·在宥》）儒家亦有此旨。他说：此旨即“《易系辞》‘知崇礼卑，崇效天，卑法地’之说。天圆，自无寒暑昼夜，故道贵达；地方，自不得不随所据以为寒为暑，为昼为夜，则物宜因矣”。又说，《庄子》“‘彼且为婴儿，亦与之为婴儿’云云，正犹孟子之于齐宣，‘王好色，与之言好色；王好货，与之言好货；王好勇，与之言好勇’。其所以尔尔，在达之入于无疵”。“以是知知崇者礼卑，达道者因物。读者能其会通，而宋儒异端之疑自破”。胡远濬忽视《庄子》中大量批驳儒学的言论，而仅就几点相通处议论，难免偏颇之嫌。他认为，“庄子当时对垒者惟惠子”，这种理解显然抹杀了《庄子》与儒学的对立。在其论及《庄子》“正言若反”的特点时，也认为庄子并非真诋訾孔子，而其意“俨然以教外别传自居也”。其“正言若反”之解释，同样显示其儒道相通的认识。

（四）对《庄子》语言特色的理解

《庄子》自别其言有“三言”，历来众说纷纭，而胡远濬则认为“重言”既是“卮言”，又是“寓言”。胡远濬强调其“正言若反”。他引司马迁、苏轼、姚鼐、吴汝纶等的话说：“太史公云：‘周著书十余万言，大抵率寓言也，《畏垒虚》《亢桑子》之属，皆空语无事实。’苏子瞻亦谓：‘庄子正言盖无几，至于诋訾孔子，未尝不微见其意。’姚姬传氏云：‘庄子真是禅学，其诋孔子之徒，如以诃佛骂祖为报佛恩，其意俨然以教外别传自居也。’吴至父氏云：‘凡彼所谓仁义，乃当时伪托仁义以自利者耳。故曰：侯之门，仁义存。’读《庄》者不可不识此意……然则庄生绝而弃之，以纳于至平之域，岂过言哉！王荆公知不以辞害意，而目庄生为隐居放言之伦，其果能以意逆志者邪？”《庄子》一书大量运用“正言若反”笔法，这是值得充分肯定的，但胡远濬的解释，却用来证明儒道的相通，还是不得要领，其所举事例并不典型。可以说，胡远濬虽然认识到“正言若反”的存在，却没有真正理解其用法。

四、胡远濬《庄子诠诂》注庄之得失

胡远濬的《庄子诠诂》不论引用还是自解，多有精辟之论述。例如，《养生主》篇，“老聃死，秦失吊之”一节，因“遁天之刑”难解，“遂疑老聃不能令人忘情于死生”，胡远濬则认为，“遁天之刑，正讥弟子之强哀”，因为庄子所向往之“哀乐不能入”，“指体一而言。其随分而生哀乐，一出于至诚，自无毗阴毗阳之患以贼其心，是之谓不能入”。“岂知解家求其说不得，从而为之辞乎？盖庄子深痛当时君臣近名之病，原于作伪，往往离体为用，遂无由一依天理，此所以去道日远矣……夫道者，不死不生以为体者也。”这种理解是很深刻的。又如，《人间世》解题，引郭象语：“与人群者，不得离人，然人间事故，世世宜异，唯无心而不自用者为能唯变所适，而何足累？”历代解庄者对《人间世》的主旨皆有阐发，胡远濬仍然采用郭象之语，可谓洞见。“事暴君，处污世，出与人接”岂靠私智？“唯无心而不自用者为能”远离凶恶。郭象的理解还是非常切近庄子本意的。又如，《应帝王》篇“尽其所受乎天，而无见得，亦虚而已。”句下，引刘大櫆曰：“虚，乃《庄子》宗旨，所谓无心、无为、无用者，是也。”“唯道集虚”，“虚”然后才能遵“道”。“虚”字的确关涉《庄子》宗旨。

当然，胡远濬的解释同样也多有不尽如人意之处。例如，《逍遥游》“彭祖乃今以久特闻，众人匹之，不亦悲乎？”一句，胡远濬引姚永概曰：“众人之言寿者，皆以彭祖为比方，适可悲耳。”众人之寿若能与彭祖相比，还不算可悲，可悲的是，竟与彭祖相差太远，无法相比，斯才可悲。所以，此句胡远濬的理解还不到位。又如，“列子御风而行”的“御”，胡远濬解释为“迎”，也不恰当。又如，《养生主》篇“安时而处顺，哀乐不能入也，古者谓是帝之悬解”一句，引崔譔的话说：“以生为悬，以死为解。”这种理解于句法不合，于庄旨也不合。此处所谓“悬解”是指“安时而处顺，哀乐不能入”。庄子一贯主张不悦生，不恶死，顺其自然，当然更不会恶生而悦死。此外《庄子诠诂》之不足，还表现在以下几点。

1. 以儒释庄

囿于儒家的眼光，未能真正理解《庄子》哲理。例如，“已而不知其然谓之道”（《齐物论》），庄子本意在说明，“自然”是超越于人的认识的存在，而胡远濬却得出了“然人于理，求其说而不得者，概归之‘自然’，此本无可致诘之词”的结论。例如，《逍遥游》“虽然，犹有未树也”一句，远濬按：“此即孔子所谓‘可与适道，未可与立’。”“此虽免乎行，犹有所待者也”一句，远濬按：“行，即《孟子》‘非行仁义’之‘行’。‘有待’即孔子所谓‘未可与权’。盖已安而行之，立有余矣，犹未能无可无不可，从心所欲不逾矩也。”如此解释，实在离庄子之旨相差太远。

2. 以道教解《庄》

胡远濬自称对《庄子》妙道的体悟有赖于友人陈撄宁、范晞之帮助。他说："余颇愧悟道晚，既悟，守之不敢懈，则友人陈君撄宁、范君晞之力也。"（《庄子诠诂序例》）陈撄宁，著名道教学者，以仙学著称。胡远濬《庄子诠诂》即对陈撄宁多有吸取。例如，《逍遥游》"去以六月息者也"一句，即引陈撄宁的话说："陈撄宁曰：北冥有鱼，喻坎中之阳。化而为鸟，怒而飞，气满充关也。海运，玄家所谓运河车。南冥、天池，喻泥丸宫。九万里，取义'乾'之用九。六月，当夏四月，阳盛之时，即'乾'也。远濬按：庄子自云'寓言十九'，此自养气之寓言。"又如，《大宗师》篇"真人之息以踵"句下，引陆长庚、钱澄之、陈撄宁三人的解释说："陆长庚曰：真人息息归于根。踵，即根也，玄家所谓命蒂。钱澄之曰：心息相依，使息常纳于踵，则心常退藏于密。陈撄宁曰：息，指内呼吸言。踵，之奇阴八脉中之阴蹻脉而言。《医经》：'阴蹻脉起于跟中，循内踝上行，至咽喉，交贯冲脉。其为病也，令人阳缓而阴急。'此脉本足少阴肾经之别支。足少阴经通于涌泉穴，众人此脉常闭，真人以先天之阳冲破此关后，能一呼上通天谷，一吸下达涌泉，昼夜循环罔间也。"此种道教化的解释是很有特色的。

3. 以佛解庄

胡远濬解庄还不时引用佛教学者如杨文会、章炳麟等的解释。例如，《逍遥游》"故曰：至人无己，神人无功，圣人无名"一句，引杨文会曰："旧解谓三人无浅深。窃窥《庄》意，当以法报化三身配之。"《齐物论》篇引章炳麟之语触处皆是。又如，《大宗师》篇"撄宁也者，撄而后成者也"一句之下，引陆长庚、杨文会大段的解说："陆长庚曰：撄宁，言世棼扰扰之中而成大定，此即不坏世相而成实相如来所云上乘义谛也。杨文会曰：外天下，脱牢笼。外物，心不随物转。外生，无一法可当情。朝彻，长夜漫漫，忽然而天晓。见独，灵光独耀，回脱尘根。无古今，过去现在，不出当念，不死不生、生死涅槃二俱平等。'杀生'二句，即用明体。道之真体，具'杀生''生生'二用，所以证其'不死''不生'也，禅宗谓之杀活自在。无不将，一入一切；无不迎，一摄一切；无不毁，一坏一切坏；无不成，一成一切成。即将即迎，即毁即成，为撄；朝彻、见独，无古今，不死生，为宁。前文先宁后撄，后文先撄后宁，颠倒妙用，存乎其人，道无定法。撄者，烦扰也。宁者，沈静也。两门相反，适以相成，所谓八万尘劳，即解脱相也。章炳麟曰：所谓物者，谓如来藏。随顺法性，故无不将迎；一切染发不相应，故无不毁；究竟显实，故无不成；依本觉有不觉，依不觉有始觉，故撄而后成。”从佛学角度的诠释，使得本来易懂的哲理反而由于佛教术语的大量运用而难解。这又是《庄子诠诂》的一大弊端。

第十节　刘大櫆与《庄子》

刘大櫆（1698—1779），清桐城（今安徽桐城县）人，字才甫，一字耕南，号海峰，雍正列榜贡生，黔县教谕，桐城文派散文代表作家之一，是方苞的得意门生，又是姚鼐的老师，在“桐城派”的形成中起着承先启后的作用。其为文既重章法，兼重神韵，博采《庄子》、《离骚》、《左传》、《史记》、韩愈、柳宗元、欧阳修、苏轼之长，才气雄放，波澜壮阔。代表作有《观化》《息争》《焚书辨》《书荆轲传后》《黄山记》等。著作有《海峰先生集》16 卷，《论文偶记》1 卷，《歙县志》。《海峰先生集》有康熙间家刻本，雍正间刻本，乾隆间刻本，同治间刻本。现有 1990 年上海古籍出版社标点本《刘大櫆集》。此集凡文集 10 卷，诗集 6 卷。其所著《庄子评点》已失传，所幸散见于吴汝纶《庄子点勘》、马其昶《庄子故》、胡远濬《庄子诠诂》之中。方勇《庄子学史》有一节专论“刘大櫆的《庄子评点》”。

作为桐城学派的代表人物，刘大櫆亦服膺儒学，囿于其儒学的立场，他对《庄子》的理解确实存在很多问题。方勇《庄子学史》中对此有所分析。譬如其《辨异》中说：

> 是故尧、舜、禹、周、孔子，吾儒之于道，顺而睇之者也，故其所从事者实，而其言归于有用。老、庄、佛，异氏之于道，逆而睨之者也，故其所从事者虚，而其言归于无用。曰：“彼所以为是纷纷者，何也？”其初，五行而已矣；五行，阴阳而已矣；阴阳太极而已矣。太极是无极也。夫既无极矣，而又奚以是纷纷

者为哉？[1]

刘大櫆论庄子学说：“其所从事者虚，而其言归于无用。”自宋代始，很多儒家学者尽管不完全赞同庄子，但都采取儒道互补的态度对道家庄子学说予以某种程度的肯定，如王安石、苏轼等。然而到了清代，反而有很多儒家学者拘守儒家视野而对道家庄子采取虚无主义的态度，这是值得注意的一个现象。

刘大櫆的庄学代表作是其《庄子评点》，其中既有对《庄子》义理的阐发，亦有对《庄子》文章笔法和艺术特色的揭示，这是“评点体”著述体例的共同点。不同之处，这些评点往往别具慧心，发前人所未发。从刘大櫆的散文中亦可见出他对《庄子》散文艺术的倾慕。史载：“大櫆并古人神气音节得之，兼集《庄》、《骚》、《左》、《史》、韩柳欧苏之长。其气肆，其才雄，其波澜壮阔。尝著《观化篇》，奇诡似《庄子》；其他言义理者又极醇正。”（《清史稿·文苑传》）[2]刘大櫆的文风似《庄子》，句法似《庄子》，文中更多化用《庄子》寓言和典故。例如，《庄子》以寓言胜，常在文中插入一个或几个寓言，作用同于用譬，但内涵更丰富，文境更恢奇。刘大櫆文亦是。例如，《顾备九时文序》中有寓言曰：

> 楚之南有渔者，冀得吞舟之鱼，而恶其钩之曲也，乃取庄山之金以为锥，投之潇湘之浦。大鱼之食其饵而去者以千数，而终年不得一鱼也。人见之，或讽其少曲。渔者曰：“宁终吾生不得鱼，顾不忍曲钩求之为耻也。”

这则寓言明显有《庄子·外物》“任公子之钓”的影子：

> 任公子为巨钩大绘，五十犗以为饵，蹲乎会稽，投竿东海，旦旦而钓，期年不得鱼。已而，大鱼食之，牵巨钩，錎没而下；骛扬而奋鬐，白波若山，海水震荡，声侔鬼神，惮赫千里。任公子得若鱼，离而腊之。自制河以东，苍梧以北，莫不厌若鱼者。已而后世辁才讽说之徒，皆惊而相告也。夫揭竿累，趣灌渎，守鲵鲋，其于得大鱼，难矣。饰小说以干县令，其于大达亦远矣。

① （清）刘大櫆著，吴孟复标点，《刘大櫆集》，上海：上海古籍出版社 1990 年版，第 98 页。
② 赵尔巽等撰，《清史稿》，北京：中华书局 1998 年版。

刘大櫆化用《庄子·外物》篇“任公子之钓”的寓言，取其浩大声势和规模，以形成巨大反差，以说明“不忍曲钩求之”的处世原则。这说明，刘大櫆虽然站在儒家的立场对《庄子》义理不能苟同，但他对《庄子》散文的艺术却是极为推崇的。类似刘大櫆这样的学者很多，反映了《庄子》接受中的复杂情形。

第十一节　吴汝纶的《庄子点勘》

吴汝纶（1840—1903），字挚甫，一字挚父，安徽桐城人，晚清著名学者和教育家、桐城派后期主要代表作家。同治四年进士，曾先后任曾国藩、李鸿章幕僚及深州、冀州知州，长期主讲莲池书院，晚年被任命为京师大学堂总教习，并创办了名校桐城中学。吴汝纶大力提倡学习西方科学文化知识，主张“中学为体，西学为用”，并深入探求西方科学和哲学。在任京师大学堂总教习时，吴汝纶还曾远渡重洋赴日本考察学制，编撰了中国最早的一部介绍日本教育的专著《东游丛录》。

吴汝纶博学多才，一生著作等身。生前曾刊刻《深州风土记》《东游丛录》等，殁后一年，由其子吴闿生编次、门人王恩绂、恩绩等集资刊刻《桐城吴先生全书》，此书为吴汝纶全集。后来陆续有《桐城吴先生日记》《尺牍续编》《吴挚甫先生函稿》《李文忠公事略》《桐城吴先生遗书》及《桐城吴先生点勘诸子七种》传世。《庄子点勘》最早的版本是清宣统二年衍星社排印本，后收入严灵峰编《无求备斋庄子集成初编》第二十六册，1972 年由台北艺文印书馆出版。

关于《庄子点勘》的体例，目录后有吴汝纶儿子吴闿生的按语：“先公所校阅《庄子》书本，皆临写刘姚各家圈识，未有自点定者，独曾文正公杂钞中所载《逍遥游》《养生主》《骈拇》《马蹄》《胠箧》《达生》《山木》七篇为已所点定，其《外物》《秋水》二篇则未加墨，今逐录此七篇，圈识于印本中，其余缺略各篇概以姚氏圈识补之。以便学者云。”吴枫、宋一夫主编《中华道学通典》说：“此书十卷，而由汝纶所点定者只《逍遥游》《养生主》《骈拇》《马蹄》《胠箧》《达生》《山木》七篇，其余各篇为汝纶之子吴闿生补以姚鼐圈识而成书。全书之集说则出汝纶之手。书眉列崔譔、归有光、刘大櫆诸家识语，及自识。集说则广征博引，附以己说，加‘某案’二字以别之。有宣统二年（1910 年）衍星社排印本。”“汝纶案语，时有可取。如《逍遥游》‘以候敖者’，汝纶谓‘敖’犹晋宋人谓雉媒为游也，一语中的。其《天地篇》广列校语，亦可参订。后世学者评其书较归有光、方以智、刘大櫆、姚鼐诸家为上，见《续修四库全书总目提要》。”[1]方勇《庄子学史》有一节专论“吴汝纶的《庄子点勘》”。因《庄子点勘》字体模糊，难以卒读，故仅作简单介绍。

第十二节 方正瑗的《方斋补庄》

方正瑗（约 1735—？），字引除，号方斋，方中履子，方以智孙，清，桐城人。康熙庚子（1720 年）举人，官至陕西潼商道。创建关西书院，著书讲学，著述颇丰。著作有《方斋小言》《关西讲堂客问》《连理山人诗钞》《江淮集》《京华集》《关河集》《潇洒集》《方斋补庄》等。《方斋补庄》七卷，《四库全书总目杂家存目》2641 页收录，又名《西华经》，有方斋小言本、方氏七代遗书本。现收入《四库全书存目丛书》子部第 95 册。又有《方斋补庄》齐鲁书社 1997 年版本。

《方斋补庄》一卷，凡七篇，对其思想内容和倾向，前人多约略论及，如清四库馆臣为《方斋补庄》所作的提要，时人所为之序等。关于《方斋补庄》之体例，其自序说得明白：“见《庄》所未及论者，口授弟子，遂成七篇，号曰《补庄》，亦犹是先人之余唾也。”（《方斋补庄自序》）因此《方斋补庄》并非“阐述庄子本人的思想，而是要补救所谓的庄子思想之偏，以返回于孔子学说之醇之全”[2]。《四库全书总目提要》对其有简要评价：“国朝方正瑗撰。正瑗字引除，号方斋，桐城人。康熙庚子举人，官至陕西潼商道。是书以《庄子》背驰圣道，故即其内篇之目而补其所未及论者。盖欲明孔之全，正庄之偏，反庄之肆，以归学庄者於醇也。然庄子之书，汪洋恣肆，本不附托圣人以立言，此乃一一与之辨难，殊为赘设。

① 吴枫、宋一夫主编，《中华道学通典》，海口：南海出版公司 1994 年版，第 1239 页。
② 方勇，《庄子学史》，北京：人民出版社 2008 年版，第 172 页。

至反《南华经》之名而别名《西华经》，尤为不必矣。”[①]方勇《庄子学史》“桐城派的庄子学”中有“方正瑗的《方斋补庄》”一节。卫颖涛《清代注〈庄〉序跋中的思想研究》有一节专论：“方正瑗的《方斋补庄》。”[②]内容多引自方勇《庄子学史》一书。

《方斋补庄》七篇是针对《庄子》内七篇所作的引申，七篇之名取自《庄子》内七篇之名，包括《逍遥游》《齐物论》《养生主》《人间世》《德充符》《大宗师》《应帝王》。此七篇本是针对《庄子》不足或偏颇而作的辨正，但是文中却看不出作者所理解的《庄子》的缺点与不足，与《庄子》几乎没有什么联系。其门人德舆在其书序《西华经缘起》中说：“孔子述其道如日中天，照临下土，包括无遗，晷也。当时诸子并出，各成一家言，惟蒙庄有激于时，怒而大放厥词，语稍不检，承讹踵谬者遂至有弃绝圣智之流弊焉。殆与吾孔子所述周道反矣。近者关中多爱读《南华》一书，先生忧之，讲堂诸弟子朝夕请益，是乃有七篇之补，补其未及论者。盖欲明孔子之全，以正庄之偏，反庄之肆，以归学庄者于醇也。夫乐天知命，志诚不息，孔之逍遥游也；下学上达，显仁藏用，孔之齐物也；立身行道，过化存神，孔之养生主也；素位自得，践形复性，孔之人间世、德充符也；忠恕一贯，用行舍藏，无可无不可，孔之大宗师、应帝王也。若蒙庄者无用以自全，遗世而独立，果哉！莫之难矣。先生因庄补庄，所以正庄，所以述孔，以翼吾西土之人不欲其祸于庄而反乎孔也。”[③]从其门人对方正瑗《补庄》的理解可以看出，方正瑗囿于其儒家的立场上，对《庄子》思想缺乏深刻理解和同情。

第十三节　其他庄子学者及其著述简介

除了以上诸家之外，还有一些安徽庄学著述，简介如下：

1.（清）潘士瀛的《南华经注疏》

潘士瀛，清代江西婺源人，著有《南华经注疏》。

---

① （清）纪昀总纂，《四库全书》，长春：吉林大学出版社 2011 年版。
② 卫颖涛，《清代注〈庄〉序跋中的思想研究》，广西师范大学 2013 年硕士学位论文。
③ 中国社会科学院图书馆藏清光绪十四年刻桐城方氏七代遗书本。

2.（清）吴大先的《庄子别解》

吴大先，字维则，清代澄堂（今歙县）人，《庄子别解》。吴大先，疑为“吴大光”。

3.（清）程从大的《咏庄集》（一卷）

程从大，清代江家嘴车形（今安徽怀宁县江镇）人，著《咏庄集》一卷，“该书以《庄子》三十三篇题目为诗题，作五言长诗三十三首，诗有其门人弟子详注，可惜没什么思想特色， 纯粹只是《庄子》文意复述而已，并且格调艺术都不很高”①。

4.（清）何景宣的《诸子删注》

何景宣，字在中，号念慎，清宿松人。顺治壬辰（1652 年）岁贡生。有《诸子删注》。

5.（清）刘应缙的《老庄诸子删注》

刘应缙，清安徽宿松人。《老庄诸子删注》。《安徽艺文考·儒家》著录。

6.（清）王泰徵的《南华经质》

王泰徵，清安徽新安人，辑释《南华经质》。

7.（清）吴承渐的《庄子旁注》（五卷）

吴承渐，字公仪，清天都（今安徽歙县）人。辑注《庄子旁注》五卷。《贩书偶记续编》著录有“清天都吴承渐辑注，康熙己卯思训堂刊”。

8.（清）吴震生《拟摘入藏南华经》（一卷）

吴震生，清安徽休宁人。撰《拟摘入藏南华经》一卷。《杭州艺文志》作《摘庄》。

9.（清）梅冲的《庄子本义》（二卷）

梅冲②，字抱村，梅珏成之孙，清安徽宣城人。《庄子本义》二卷，据清道光元年承学堂刊本。

10.（清）江瀠（荣）的《南华集评》

江瀠（荣），字晴川，字炎侯，清旌德（今安徽）人。《南华集评》，

① 徐涛，《清末三家庄子学研究——以刘鸿典、陈寿昌、马其昶为对象》，华东师范大学 2012 年硕士学位论文。

② 梅冲，还是梅充，有待进一步考订。

《安徽艺文考·道家》著录。

11.（清）方宗诚《读诸子诸儒书杂记》（一卷）

（清）方宗诚，桐城人。《读诸子诸儒书杂记》（一卷）。

12. 方竹的《庄子闲评》

方竹（1713—1795），行名元钦，字瞻录，号白山，城内人（后迁居冬青岭）。岁贡生，工诗善画，读书之余，作书画不辍，书法以欧阳修、苏轼、米向阳为师，苍劲中姿媚自生。尤精篆刻，曾刻一印为“寄居梅间朱里，结庐霞水云间”，印联透出了僻居田园，寄情山水之情趣，自然地嵌入居地附近4个村名。著有《抱山初集》及二、三、四集和《向山集》《汲古斋文集》《庄子闲评》等。《庄子闲评》，《安徽艺文考·道家》著录。

13. 胡匡衷的《庄子集评》

胡匡衷（1728—1801），字寅臣，号朴斋，城内人（安徽绩溪人），清代“礼学三胡”之首。幼承庭训，以孝友闻名，以岁贡生候补训导，历官承德郎、户部广东司主事，官至资政大夫。生平治学严谨，实事求是，对儒家之说多不苟同。广纳宋元儒家之说，著有《周易传义疑参》十二卷、《周礼井田图考》、《畿内授田考》、《井田出赋考》、《仪礼释官》、《郑氏仪礼目录校正》、《侯国官制考》、《三礼札记》、《礼记职官考》、《论语补笺》、《庄子集评》、《离骚集注》、诗词文集《朴斋存稿》等。今存郭庆藩辑《庄子集评》（北京：中国书店1988年版）。《安徽艺文考·道家》著录。

14. 江有诰的《庄子韵读》

江有诰（1773—1851），字晋三，号古愚，安徽歙县人。读书不应科举功名考试，平生致力于古音韵学的研究，著述有《诗经韵读》《群经韵读》《楚辞韵读》《先秦韵读》《汉魏韵读》《唐韵四声正》《谐声表》《入声表》《二十一部韵谱》《唐韵再正》《唐韵更定部分》，总名《江氏音学十书》。六书之作有《说文六书录》《说文分韵谱》《说文质疑》《说文更定部分》《说文系传订讹》。又著有《经典正字》《隶书纠谬》，为祛俗学之误。可惜1846年其家中失火，所有著述刻版及未刻稿均付之一炬，因彼时江有诰目已失明，于是口授其子江锡善重录其著述，并拟续例证为补充其说。然终因火灾打击，江有诰郁郁而终。方勇《庄子学史》有“江有诰的《庄子韵读》”一节专门研究。

15. 葛怀民的《读庄随笔》《明道篇》

葛怀民，清怀宁人。字曼生，别号潜庄。光绪乙酉（1885 年）岁拔贡生。喜读《庄子》《老子》书，妙达玄理，又喜读《参同契》《抱朴子》等书。《读庄随笔》，《安徽艺文考道家》著录，潜庄丛书著本。

16.（清）朱景昭的《读庄劄记》（一卷）

朱景昭（1823—约 1878），字默存，以字行，人多称其朱默存，合肥东乡（今安徽省肥东县）人。咸丰壬子（1582 年）优贡生。《读庄劄记》（一卷），《安徽艺文考道家》著录，据民国二十二年排印《无梦轩遗书九种》收录，中国书店 1988 年出版。《陈撄宁先生大传》论及他。

17.（清）姚永朴的《诸子考略》

姚永朴（1861—1939），桐城人。《诸子考略》，清光绪三十年（1905 年）安庆正谊书局排印本，安庆市图书馆藏油印本。

第八章　民国安徽庄学

第一节　民国安徽庄学与庄学的转型

民国时期严格说来，是指从 1911 年辛亥革命至 1949 年新中国成立的这段时间。本书所谓“民国”较为宽泛，实际上从清末开始，可能延续到新中国成立之后。将一个庄学研究者划归此段主要依据的不是其生卒年，而是其作品著作、出版的时间。民国时期是继春秋战国之后的又一个政局动荡、学术繁荣的时期，此时文化呈现中西交汇、百家争鸣、异彩纷呈的局面。反映在庄学研究上，就是西方思想的渗透、学术方法的转型和白话文著述的产生。就西方思想而论，冲击中国传统庄学最巨者为进化论和自由思潮。最早将进化论引入中国学术研究的是严复，继之是胡适，胡适大胆地运用进化论解释《庄子》和先秦诸子哲学，此后以进化论解庄遂成为风气。在自由思潮的影响下，学术界普遍将庄子哲学的宗旨解释为追求绝对的自由。庄子思想遭到又一次严重扭曲。西学的引入，引起了中国学术方法的转变。许多学者已不再恪守传统的注疏形式，而是以西学为框架，在中国思想传统中寻找相似的问题进行分析，采取专题论文的形式，建立起新的学科体系。其具体途径就是比附。“只不过已不是零星的，而是系统的，成体系的比附。”[①]在此方面，胡适是开风气的学者，他的《中国哲学史大纲》是第一部用西方学术的方法研究中国传统哲学的先例。胡适在其开山之作《中国哲学史大纲》第一篇“导言”中即明确表示：“我做这部哲学史的最大奢望，在于把各家的哲学融会贯通，要使他们各成有头绪条理的学说。我所用的比较参证的材料，便是西洋的哲学。”[②]此后类似的

---

① 李若晖，《先秦诸子思想的内在逻辑建构》，《史学月刊》2014 年第 10 期，第 18-23 页。

② 胡适，《中国哲学史大纲》上册，上海：商务印书馆 1919 年版，第 31 页。

研究就如火如荼地展开了。在庄学研究方面，郎擎霄的《庄子学案》是第一部用西学的方法系统研究《庄子》的专著。“五四”新文化运动之后，白话文逐渐确立了它的主流地位。以白话文阐释《庄子》的著作次第展开，如陶西木《庄子洛诵》（1933 年）、叶玉麟的《白话译解庄子》（1934 年）、张默生的《庄子新释》（1848 年）等。可以说，民国安徽庄学开始了庄学的现代化进程。但同时，旧的传统方法的庄学研究也并没有断绝，只是已退居次要地位，成为现代庄学研究的辅助，如刘文典的《庄子补正》、胡怀琛的《庄子集解补正》等。

第二节　叶玉麟的《白话译解庄子》

叶玉麟（1876—1958），字浦荪，桐城人，与李国松受业于同县马其昶，为高第弟子。精于古文，著有《白话译解庄子》《白话译解道德经》《白话荀子读本》及选本《历代闺秀文选》《经书》等。叶玉麟《白话译解庄子》，成于 1934 年，1987 年 10 月天津市古籍书店影印本，为竖排版，原题为“白话译解庄子集解”。2007 年 9 月上海科学技术文献出版社出版的《白话译解庄子》则改为横排版，无随文夹注。此书多次出版，足见其影响广泛。但研究者甚少。吴鑫宇《二十世纪〈庄子〉白话译注初论》（河南大学 2012 年硕士学位论文）一篇，略有论及。

《白话译解庄子》书前有作者自序，自述创作的缘由，说：“向从师治古文，好读归熙甫《评点史记》，而《庄子》尤所深耆笃好，喜征引其文。老懒飘泊江关，未忘积习，会广益书局，请以俗语浅释老、庄、荀三子，因率儿辈，妄以陋识强解之。夫吾国文字高古，新会梁氏，尝称为世界各国冠。其神味隽永，词旨渊懿，全系虚字抑扬，在含咏吞吐间。岂里巷鄙言，所能状其超妙耶?今乃以学校诸生，偏废古文日久，致展卷多昧其辞旨。不得已，妄为语注，知不免为识者所呵也。然语录沿自宋人，儒先讲论经义，不免用里谚以存其真。学者循是以极深研几焉，姑以是为刍狗之陈可矣。书成，盖为惭怍累日夕也。”[①]由序文可知，用白话文译解《庄子》，

① 叶玉麟，《白话译解庄子》，上海：上海科学技术文献出版社 2007 年版。

属于开风气之行。由于世事的变迁，古文偏废日久，学校诸生，致“展卷多昧其辞旨”，不得已而为之“语注”。此后的《庄子》读本，就多有将原文、注释、翻译甚至评论结合在一起的。例如，张默生《庄子新释》、关锋《庄子内篇译解和批判》、曹础基《庄子浅注》、杨柳桥《庄子译诂》、王世舜《庄子译注》、陈鼓应的《庄子今注今译》、方勇和陆永品的《庄子诠评》等。

叶玉麟的《白话译解庄子》，首录《庄子》每篇原文全文，然后是白话文翻译。在白话译解的开头，往往引用前人如郭象、王先谦、苏舆、陆树芝、郭嵩焘、马骕、姚鼐、归有光、王夫之、宣颖、马其昶、吴澄、焦竑等的话阐释篇旨，这些引用也全用白话翻译。除翻译原文外，于每段之后多用简洁的文字点明章旨。此种体例，有助于初学者疏通文义，对于进深研究，亦有不少启发。因为作者的翻译是建立在前人注解的基础上的，吸取了前人大量的研究成果，进行了斟酌取舍。例如，《齐物论》中“昔者尧问于舜曰：‘我欲伐宗、脍、胥敖，南面而不释然，其故何也？’舜曰：‘夫三子者，犹存蓬艾之间，若不释然何哉？昔者十日并出，万物皆照，而况德之进乎日者乎？”一段，一般注解多将此段与下文相连，不加区分，更不予重视。胡远濬的《庄子诠诂》既将此段独立出来，又加按语：“尧欲强三子同己以为德，故伐之而不释然。夫日，无心者也，逾分犹且灼物，况有心凌物者哉！”叶玉麟的《白话译解庄子》不仅继之独立分段，而且按语更简洁明了。他直接点明“十日并出，万物皆照”的比喻意义：“以上比喻物论不齐并行不碍。”很多章旨概括很有见地，深富启发意义。又如，《大宗师》篇“夫道，有情有信”一段之后，作者指出：“以上说大道是万物变化的本原。”将庄子之“道”的要义揭示了出来。

将文言文翻译为白话文，很难做到句句精炼传神，叶玉麟的《白话译解庄子》也存在很多问题。但值得肯定的是，作者的翻译是下了工夫的，且有独到的理解，对庄子哲学有深邃的洞察和体悟。例如，《养生主》的开头和结尾，历来是注解的难点。他的翻译比较传神。开头一段：“吾人的生命有穷尽，愿望没有止时。要想以有限的生命来完成无穷的愿望，这对于生命是很危险的。不知道这是危险，反以为这是聪明，那更是危险了。若能忘却善恶的观念，就不会：有心为善，去求声名；有心为恶，去犯刑法。顺着自然的正道以为常法，才可以保全身体，护全性分，奉养父母，享尽天赋的寿命。”“吾生也有涯，而知也无涯，以有涯随无涯，殆已！已而为知者，殆而已矣”一句，在现代很容易引起误解，好像是说庄子反对求知。其实不然，“知”在古代同“智”，侧重表达人的主观思虑与欲望。叶玉麟用“愿望”一词翻译“知”字，比较接近。“为善无近名，为恶无近刑”一句，更是注解的难点，很多人以儒家的中庸之道解之，而低估庄子的品格。其实不然，庄子否定“为善”非因“近名”，为恶非因“近刑”，而是因为人的善恶的观念根本靠不住。因为人的认识有限，根本不知道什么是善，什么是恶。庄子说：“仁义之端，是非之涂，樊然淆乱，吾恶能知其辩！”（《齐物论》）又说：“天下皆知求其所不知，而莫知求其所已知者，皆知非其所不善，而莫知非其所已善者，是以大乱。”（《胠箧》）因此，庄子自称“余愧乎道德，是以上不敢为仁义之操，下不敢为淫僻之行也”（《骈拇》）。庄子希望人忘却善恶的观念，“缘督以为经”，这就是其所谓养生的宗旨。结尾一段，“指穷于为薪，火传也，不知其尽也”。叶玉麟翻译为：“用手指来折断树枝当柴烧，柴有烧完的时候，但是火可以传续下去，没有穷尽的时候。以上用柴比喻人的形体，用火比喻人的精神。形体有毁灭的时候，精神可以永远不死。善于养生的不注重形体，而宝贵精神。”王先谦曰：“以指析木为薪，薪有穷时。形虽亡，而神长存，养生之究竟。新有尽，火无穷。五喻。”可见，叶玉麟的翻译是在王先谦解释的基础上点明寓意，却有超越前人之处。

第三节　胡朴安的《庄子章义》

胡朴安（1878—1947），本名有忭，学名韫玉，字仲明、仲民、颂明，号朴安、半边翁，以号行世。安徽泾县溪头村人，近代著名文字训诂学家、南社诗人，有“国学大师”之称。胡朴安幼习经史，精研经子文字训诂之学，学宗戴震、包世臣，尤长于《周易》《诗经》《说文解字》及训诂学。辛亥革命前抵沪参加《民立报》等工作，并在国学保存会掌管藏书。加入南社，与诗人柳亚子、弘一法师等创办“文美会”。曾先后任教于上海大学、持志大学、国民大学和群治大学，笔耕不辍。晚年虽因脑溢血身体偏废，转而学佛。胡朴安曾说："盖此是病废之后第一年，而又未曾学佛，故心潮起伏，所以有如此之吟咏。今虽未能彻底大悟，而即空、即假、即中，气象迥不侔矣。"（《废病闭门记》）胡朴安学佛在民国三十年。且因病更加专心著述，并整理其祖、父、兄、弟、女儿的作品，尤以其弟胡怀琛遗著为中坚，刊印《朴学斋丛书》，计二十八种，订八厚册。

他自己的著述，列为一表，没有刊印在内。胡氏一生著述甚丰，计有六十多种，除诗歌、专著、论文、自传外，另编撰丛书、诗集数十种；专著有《文字学ABC》（上海：世界书局，1929年）、《中国文字学史（上、下）》（北京：商务印书馆，1937年）、《中国训诂学史》（北京：商务印书馆，1939年）、《周易古史观》、《庄子章义》、《中庸新解》、《通书新解》、《易经学》、《易序卦说》、《易大象说》、《八卦为上古纪事之符号说》、《尚书今古文说》、《诗经学》、《周易古史观》、《儒道墨学说》、《荀子学说》、《墨子学说》、《商君学说》、《校雠学》、《戴先生所著书考》、《中华全国风俗志》等；论文有《从文字学上考见古代人之声韵与言语》《从文字学上考见古代妇女》《从文字学上考见古代辨色的本能与染色技术》《从诗经上考见古代之家庭》等，尤能见其通过汉字形体声韵之分析，以考证古代科学技术、社会家庭组织、人的动作、心理、本能发展状况之学术特色；自传有《五九之我》《废病闭门记》《六十年前的我》等。除《朴学斋丛书》外，还编有《国学汇编》《南社诗话》《天南鸿雪》《古书校读法》及《南社丛选》等；编著目录学著述有《周秦诸子书目》《研究诗经学之书目》《文字学研究书目》等。1983年，其子胡道彦于台北影刊胡朴安编著之《朴学斋集》及《朴学斋丛书》第一集八册、第二集二十三册、第三集二册，计收其父胡鼎、其兄胡有恂、其弟胡怀琛及其女胡渊遗著三十九种、胡氏著作三十一种，另有安徽泾县乡邦文献等。

胡朴安还是著名的藏书家。藏书处有"朴学斋"，藏书有十多万卷，藏书以经部古籍为多，小学类的图书比较系统完备，有四百五十多种；清本和清代诗文集有千数百种，胡氏家族著述一百余种，后全部捐献给上海合众图书馆，该馆编撰有《泾县胡氏朴学斋藏书目录》六卷（油印本），著录图书三百余种。

一、胡朴安及其《庄子章义》研究概述

胡朴安《庄子》研究的成果，主要集中在《庄子章义》一书之中，另外，还散见于《儒墨道学说》及其诗文之中。《庄子章义》撰写于偏瘫之后，自称“亦自二千年来注《庄》者所未有”。“古有作者，视之亦无稍愧。予尝自谓：此三种书至少增我三百岁，《周易古史观》一百岁，《庄子章义》一百岁，《中庸新解》一百岁。”（《病废闭门记自序》）[①]可见，其自视之高。关于胡朴安的研究，主要集中在其《诗经》学、训诂学、文字学及其藏书、交往等方面。其庄学成果，罕有研究，据笔者所见，仅有《中法汉学研究所图书馆馆刊》于 1945 年第 1 期于“图书介绍”中对其《庄子章义》予以简要评价：“作者以为古来释《庄子》之书虽多，而未有能整理全书，成为有系统之学说者。故为之分章段，说大意，而冠以总说，自负独得庄子之真。且曰：‘本此书以读《庄子》，始觉《庄子》义虽瑰玮，而无不平易；词虽参差，而无不整齐’云云。然释义未见新颖，分割每篇，多者至为十余章；尤支离破碎，近帖括时文之习。”[②]此文认为胡朴安的《庄子章义》释义既不新颖，且分章支离破碎，未予好评。然胡朴安的《庄子章义》虽然有诸多不足之处，还有其独特的成就，值得研究。

二、《庄子章义》的内容、体例

《庄子章义》成书于民国二十三年（1934 年），民国三十二年（1945 年）刻印。它不是一部对《庄子》字词训诂注解的书，乃是分析论述篇章旨意的著述。全书除正文外，附有《自序》《题词》《总说》。《题词》是一组诗，为读《庄子》十三首，写成于民国七年，用陶渊明读《山海经》韵。作者认为此诗于“庄子大义”有所阐发，故录于卷首。例如，第二首《南华全经》云：“杀人盈城野，山川有苦颜，仁义不救世，干戈自年年。漆园独超脱，著书在名山。莫谓言荒唐，荒唐皆妙言。”《总说》部分由“道家源流及其派别”“庄子之自然思想”“自然即道”“自然的成功”“人我是非一致”“死生观念”“入世的方法”“精神的修

① 雪克编校，《胡朴安学术论著》，杭州：浙江人民出版社 1998 年版，第 3 页。
②《图书介绍・011・庄子章义》《中法汉学研究所图书馆馆刊》1945 年第 1 期，第 154-155 页。

养”“理想中的人格”“无为而治”“结论”几部分组成，是对庄子哲学的总体论述。

在《自序》中，作者阐述了自己选择“章义”体例解《庄子》的原委。作者认为，以传统的训诂之学研治子学益处不大。他说：“清代学者以文字声训求训诂，深得东汉学者之意，于经部大有收获，而出其余以治子部，所得颇少。盖治子方法与治经不同。”（《自序》）作者认为，《庄子》一书，“汪洋恣肆，莫可端倪”，而不明了“其用意旨趣之所在，及行文起落之所由”的原因就在于“章义不明”。他所见之《庄子》注解四十余种，“虽有断续之玄理发见，而求其能整理《庄子》全书，成为有统序之学说者，似乎未有”（《自序》）。于是抛开传统的随文夹注夹议的方法，“分其章段，说其大意”，不凭借原文，直接阐述篇章旨意及结构层次。每篇皆先总论篇旨，然后分章论述。力求各“篇之大意，皆由章段而明。不仅文从字顺，抑且理析义解，而用意之奇，行文之肆，能明其所以然之故”。作者先完成内七篇章义，后及外篇、杂篇（《让王》《盗跖》《说剑》《渔父》合并略说），共三十三篇。

理解胡朴按《庄子章义》体例的特点，可以与同时期郎擎霄的《庄子学案》进行比较。郎氏的《庄子学案》亦是一部系统研究《庄子》的著作，两书皆完成于1934年。然二者的体例完全不同。郎擎霄的《庄子学案》引用西学的方法，对《庄子》一书进行了系统、全面的研究，包括庄子事迹、《庄子》篇目及真赝考、庄子之宇宙观——本体论、庄子之宇宙观——自然论、庄子之宇宙观——进化论、庄子之人生哲学、庄子之政治哲学、庄子之经济思想、庄子之心理学、庄子之辩证法、庄子之文学、庄子与诸子比较、历代庄学述评等方面。作者称：“本书不过以科学方法，就庄子学说，为有系统之研究，学者欲知全豹，当取原书读之。”（《凡例》）[①]郎擎霄的《庄子学案》采用西方学术思想体系对《庄子》的研究属于外围的审视，还不是理解庄子哲学的最佳途径。胡朴安的《庄子章义》的体系，却是基于《庄子》本身，而不是西方的学术体系，故其体例颇富中国传统，适合《庄子》一书实际。这是其体例上的优长之处。

① 郎擎霄，《庄子学案》，上海：商务印书馆1934年版。

三、《庄子章义》之得失

（一）撇开原文，臆解《庄子》

《庄子章义》力图揭示《庄子》行文脉络及思想体系，原本是有其针对性和超越性的。但是，若离开《庄子》原文而加以阐释，很容易把作者自己的意思加进去，而背离《庄子》本义。这也就是历代解庄之注疏很难撇开原文，而采取随文注释的原因。也因为稍有不慎就歪曲原文，所以历代注疏都力求简洁、含蓄，而避免大段议论和发挥。胡朴安的《庄子章义》虽然不乏见解精辟之处，但大部分或者因袭前人之错误，或者谬解《庄子》，其原因就在于没有紧扣《庄子》原文，以《庄子》解庄。比较而言，陈撄宁的《南华内外篇分章标旨》处理得较好。兹仅举几例说明。

《总论·自然即道》部分，胡朴安提出“庄子之道不在实而在虚，不在有而在无。虚属于空间，无属于时间。虚无二字是庄子的宇宙观，即是庄子的思想根本”之后，没有从《庄子》书中找证据，而是进行了自己的推理，他说：“试举首空间，许多星球，各自运行，不相接触，而又有眼力所看不到的无穷星云星气。可见莫大的空间，虚处比实处多……我与莫大的空间相比较，在物质等于无有，故人生亦虚也……人寿不过百年，以百年的时间，与不可思议的时间相比较，在数学上等于零，故人生亦无也。”庄子诚然认为“自然即道”，道即自然。“道”无形无象，虽有时称之为“无”，却并非“虚无”之无，《庄子》中并没有人生虚无的观念。因此，认为“虚无二字”“即是庄子的思想根本”“本体既虚无，一切当然虚无，人人认识此虚无，自然可以无为而治”显然有悖于《庄子》。此结论的得出，就是因为没有紧扣《庄子》原文。

胡朴安对于《庄子》的是非观念亦未能切合庄子本旨。在《齐物论》中，庄子提出自己是非的观念，胡朴安即根据《齐物论》来阐释庄子的是非观念。他说：“是非本无一定之标准，是相对的，不是绝对的。”此理解并不符合《庄子》原文。庄子承认“物固有所然，物固有所可”，是非是绝对的。只是人的认识有限，对于事物不能有正确的认识，皆出于各自之“成心”。若“随其成心而师之，谁且无师乎？”因而有所谓是是非非。面对是非，庄子强调“和之以是非，而休乎天均”，不作是非的判断。因为是非的标准不在你我，任何人都不能作是非的裁判，庄子看来，“仁义之端，是非之涂，樊然淆乱，吾恶能知其辩！”因此，庄子主张“无辩”。人不能作是非的判断，并不等于是非没有一定之标准。在《庄子》书中，“人”“道”“物”是最基本的哲学范畴。“道”虽“隐于小成”，却是“万物之所系，而一化之所待”（《大宗师》）。

（二）分章支离，旨意混乱

胡朴安《庄子章义》的分章也存在很多问题，就是前人所谓的“支离破碎”。胡朴安的分章多有创新之处，然此创新多有割裂之嫌。例如，将《逍遥游》分为八章，将自“肩吾问于连叔曰”至“窅然丧其天下焉”一段再分为二。认为自“肩吾问于连叔曰”至“孰肯以物为事”一段言“神人无功”，自“宋人资章甫而适诸越”至“窅然丧其天下焉”一段言“至人无己”。事实上，后半部分亦是谈“神人无功”。“至人无己”是“惠子谓庄子曰”一段的主旨，而胡朴安认为是讲“不滞于物”。最后一章，本来是谈“庄子哲学的价值”，胡朴安则认为是谈“无用者正所以为大用”。因此，胡朴安的《逍遥游章义》分章既乱，篇章旨意的概括也无条理和系统。

《养生主》一篇，胡朴安的章义前后矛盾，缺乏条理。开头一段，胡朴安概括为“总论养生之道，任自然也”。接下来却说“尽年二字，是一篇之主义”。“庖丁解牛”一段则又离开“任自然”，而强调“善养生者，远离于物”，完全视“依乎天理”“因其固然”而不见，而这正是庖丁解牛成功之经验。又如，《大宗师》篇，庄子用“大宗师”指称“自本自根”“覆载天地、刻雕众形”的“道”，而胡朴安则说“故真人可谓吾人之大宗师”。类似章义概括不当之处还有很多，兹不一一列举。

（三）以佛解庄

胡朴安晚年喜读佛书，认为“世人多以汉学称我，是不知我者”。又认为“人苟能以精神之吾，忘物质之吾，善自修养，必能保持精神不灭”。

可见他自己对佛学的服膺。他的《庄子章义》就是在其学佛之后的著作。他曾自称“虽未能彻底大悟，而即空、即假、即中，气象迥不侔矣”（《废病闭门记》）[①]。他的后期著作，大多渗透着他对儒释道三教的圆融理解。《随缘五百言》诗曰：“儒家贵实在，道家任自然。儒以诚为本，道以退为先。二家若相背，致力有两端。参以佛学理，大道本融圆。殊途而同归，百流而共源。”胡朴安之《庄子章义》亦多有以佛解庄之实践。例如，以佛教的虚无观念解读《庄子》，认为“庄子乃道家之虚无派”，以之解读《齐物论》，认为“庄子以宇宙本体虚无的观念为人生观，认定本体虚无是真的我，有限有穷的我是假的我。故曰天地与我并生，万物与我为一。知我与天地万物同一虚无的本体，人我的界限自然泯化了”。胡朴安以自己的佛教观念阐释《齐物论》，偏离了庄子本义。在《齐物论》中，作者反对是非的辩论，不在于虚无观念，乃在于以道观物的结果。在“道”面前，万物都为有限，人的认识亦为有限，都不能自是而非人，所以庄子主张“无辩”。他对庄子“无为而治”的阐释亦打上了佛学虚无观念的烙印。在《总论·无为而治》一节中，他说：“关于无为而治的理想，可用第七篇《应帝王》说明。帝王是一国之王，须与人民相应。与孔子所谓为政以德，譬如北辰，居其所而众星共之相似。不过孔子所谓之德，与庄子所谓之德不同。孔子所谓之德，是以儒家实有之环境，有得于心之谓。庄子所谓之德，是以道家虚无之本体，有得于心之谓。本体既虚无，一切当然虚无。人人认识此虚无，自然可以无为而治。”

（四）因袭之弊

胡朴安的《庄子章义》虽然体例有所创新，但其内容多有因袭之错误。例如，《逍遥游》第一章，作者说：“自北冥有鱼，至汤之问棘也是已，为第一章，言物之逍遥也。”胡朴安认为，鹏鸟与学鸠在逍遥方面无本质区别，皆有所逍遥，而又皆非真逍遥。他说：“鹏鸟之大，其徙南冥也，水击三千里，抟扶摇而上者九万里，可谓逍遥矣。必待野马、尘埃之以息

① 雪克编校，《胡朴安学术论著》，杭州：浙江人民出版社 1998 年版，第 9 页。

相吹，非真逍遥也。蜩与学鸠，决起而飞，奚必九万里，一无所待，控地自乐，可谓逍遥矣。然以小自矜，而笑鹏鸟，非真逍遥也。”胡朴安之解释，明显承袭郭象“适性逍遥”，而犯泯灭“大小之辨”的错误。郭象注《逍遥游》谓：“夫小大虽殊，而放于自得之场，则物任其性，事称其能，各当其分，逍遥一也。”胡朴安亦认为“大鹏与斥鷃，一各任其自然，别无希望，随时随地，都是快乐”（《总论·自然地成功》）。事实上，在《庄子》中，“逍遥”二字，除题目中见之外，只在文末出现一次，大鹏寓言一段根本没有“逍遥”二字的影子。而“逍遥”亦非“自得”“快乐”之代名词。庄子大鹏寓言的用意，就在强调“小大之辨”，而非泯灭大小之别。胡朴安受郭象适性逍遥的影响，认为大鹏与斥鷃皆有所逍遥，又都未得真逍遥，这就泯没了二者的区别，违背了庄子“小大之辨”的初衷。庄子“小大之辨”的目的在于阔人胸臆，引导人们认识最高境界，即“得道”的境界。

《庄子章义》的因袭还体现在对《庄子》的真伪的认识上。《让王》《盗跖》《说剑》《渔父》四篇，自苏轼疑为伪作之后，很多人响应，亦定此四篇为伪。胡朴安《庄子章义》于此四篇亦认为伪作而未予以剖析。他说：“《让王》《盗跖》《说剑》《渔父》四篇，苏东坡以其枝叶太粗，疑为伪作，余谓庄子除内篇七篇，其外篇、杂篇必多后人羼入之作。此四篇尤其显然者。不仅枝叶太粗，意义亦浅。他篇虽有羼入之作，而谬悠之说，荒唐之言，无端崖之辞，尚是庄子学说之一派。此四篇则不然矣……余乃合此四篇而略说之。”考察胡朴安定其为伪作的理由，其实没有确凿的根据，只是沿袭前人，加以虚无缥缈的《庄子》之文章风格立论而已。

第四节　陈撄宁的《南华内外篇分章标旨》

陈撄宁（1880—1969），原名元善、志祥，因喜读《庄子》，且好仙道，乃改名撄宁，道号圆顿子，安徽怀宁人。中国近代著名道教学者，仙学创立者，清末秀才，清光绪三十四年毕业于安徽高等法政学堂。无意仕进，转而学道，历游九华、武当、崂山等名山，求师问贤，习修炼养生之术，又曾参访北京白云观，攻明刊《正统道藏》，民国六年（1917 年）后定居上海，民国十年著成《黄庭经讲义》，20 世纪 30 年代起在上海任仙学研究院教授，主编《扬善半月刊》《仙道月报》，研读《道藏》，著述甚多，对中医理论也有研究和著述，在道教和医学界有广泛影响。民国二十五年“中华道教会”成立，任会长。新中国成立后，1956 年与各地道教界人士发起筹备全国道教组织，1957 年中国道教协会成立，当选为会长兼秘书长，并当选为全国政协第二、三届委员，对新中国的道教事业和道教学术研究作出了极大贡献。

陈撄宁生前著述甚多，主要有《论四库提要不识道家学术之全体》《辨〈楞严经〉十种仙》《中华全国道教会缘起》《吕祖参黄龙事考证》《最上一乘性命双修二十四首丹诀申述》《口诀钩玄录》《黄庭经讲义》《灵源大道砍白话解》《孙不二女丹诗注》《参同契讲义》《学仙必成》《复兴道教计划书》《神经衰弱静功疗养法问答》《史记老子传问题考证》《老子第五十章研究》《南华内外篇分章标旨》《道教起源）《太平经的前因与后果》等，还有大量的书信及道经批注等。1978 年台湾真善美出版社出版的《中华仙学》，1989 年华文出版社出版的《道教与养生》，1991 年大连出版社出版《道家养生秘库（仙学解秘）》，1999 年宗教文化出版社出版的《仙学详述》，2006 年华夏出版社出版的《中华仙学养生全书》、2008 年中国文史出版社出版的《王伟业诞辰八十五周年纪念集》、2015 年中国人民大学出版社出版的《陈撄宁卷（中国近代思想家文库）》等皆为从不同角度对陈撄宁生前著述之选编。

陈撄宁对道家老庄之学有精深研究，胡远浚受聘于安徽省城师范学堂，因欲解老庄书上玄奥，曾问及陈撄宁。于是，陈撄宁乃约其精义，以语胡远濬，胡叹为空前之发明。其老庄学著述主要有《论四库提要不识道家学术之全体》《史记老子传问题考证》《老子第五十章研究》《〈南华内外篇〉分章标旨》《庄子听息法》等，其《〈南华内外篇〉分章标旨》便是他精研《庄子》之结晶。陈撄宁虽然多处论及《庄子》，但其庄学研究主要集中在其《〈南华内外篇〉分章标旨》文中。关于陈撄宁的研究多集中在其仙学的特色、成就等方面，其庄学方面仅吴亚魁的《陈撄宁的道家观》（《道家文化研究》第 20 辑）略有涉及。

一、陈撄宁主要庄学著述简介

（一）《〈南华内外篇〉分章标旨》

陈撄宁的《〈南华内外篇〉分章标旨》内容主要有三个部分——“引论”、《庄子》内七篇分章标旨、《庄子》外篇分章标旨。在“引论”部分，作者首先从庄老关系的比较中评价庄子其人其学，然后论证庄子哲学主要是以“无用之为用”而在历史上发挥影响的，然后考证《庄子》“南华”称号的来历，并对庄子“南华”之命名的原因进行了推测，他认为“南华”之名非因地而得名。

《〈庄子〉内七篇分章标旨》对《庄子》内七篇篇旨、章旨逐一作了简洁的概括。他认为：“研究庄子哲学，应从《南华内篇》入门，读者要先把每一篇大旨和篇中各章的重点弄清楚，再读它的全篇，自可迎刃而解。‘内七篇’都能够了解以后，其余‘外篇’‘杂篇’也就不难理会了。”

《〈庄子〉外篇分章标旨》只有章旨的概括而无篇旨的概括。这是因为，陈撄宁认为：“‘外篇’从第八至第二十二，共有十五篇，它与‘内篇’有显然不同之处，就在每篇的标题。‘内七篇’各具专题，每一题都限定三个字，看了它的题目，就晓得本篇重点所在，似乎是先拟出一个题目，而后按照这个题目来做文章。‘外篇’则不然，它是先有了文章而缺少题目，不得而已，遂用篇首二字或三字为题，如‘骈拇、马蹄、天地、天道、刻意、缮性、秋水、达生、田子方、知北游’等十篇；也有在本篇首句中摘取两字为题者，如‘胠箧、在宥、天运、至乐、山木’等五篇，所以这些题目不足以揭示一篇的大旨，自无解释之必要。”

在《庄子·外篇》十五篇中，陈撄宁将《骈拇》《马蹄》《胠箧》三篇分别出来，仅对其全篇大意进行概括，而不进行篇章分析。他认为“以上三篇皆不分章，另是一种格局，如果肯定‘内七篇’是庄周自己手笔，就可以看出这三篇决非他本人的作品，虽然文章做得很好，疑是老庄学派中能手所为”。他认为《骈拇》《马蹄》《胠箧》《刻意》《缮性》篇中有些地方也不像庄周自己所作。并提出自己辨伪的五条理由：①这五篇内容，非“寓言”，非“重言”，亦非“卮言”，与庄周作书的体例不合；

②是非利害之间，分析得很清楚，辨别得很彻底，与庄周“不谴是非以与世俗处”的本意相违；③批判世俗流弊，都从正面落笔，使读者一目了然，并无“谬悠、荒唐、无端崖之辞”杂入其间；④通篇格局齐整、结构谨严，为后来文章家论说之祖，不似其他各篇“恣纵”“諔诡”难以捉摸；⑤而且这五篇中，前三篇措辞愤激，指责圣人，归咎圣人；后二篇语气温和，赞美圣人，惋惜圣人，前后不像一个人的手笔。

（二）《庄子听息法》

《庄子听息法》，又叫《庄子心斋法》，是陈撄宁对《庄子·人间世》篇论“心斋”一段的解说。陈撄宁对自己的解释非常得意，他说：“庄子听呼吸法原为性命双修的基础，古今注《庄子》者，几乎没有一人把这层功夫开示于后学，他们多数是由于不懂，少数是出于保密，遂致此法埋没两千多年，几乎灭绝。”[①]陈撄宁认为“庄子这段话（颜回曰：敢问心斋？仲尼曰：若一志，无听之以耳。而听之以心；无听之以心，而听之以气；听止于耳，心止于符。气者虚而待物者也，唯道集虚，虚者心斋也）说的完全是静功的做法”，并逐句作了解释。

二、陈撄宁的庄学思想

（一）对老、庄关系的理解

关于陈撄宁对老庄之学的研究及论述，吴亚魁博士在《生命的追求——陈撄宁与近现代中国道教》一书中有系统的考察。何建明在《陈撄宁的几篇重要佚文及其思想》一文中对陈撄宁的老、庄关系有所论述：“需要补充说明的是，在上个世纪40年代，陈撄宁先生在《觉有情半月刊》上公开发表了《覆某先生书》一文，在该文中，他对老子和庄子进行了比较，提出了非常值得深思的重要思想。”[②]在《覆某先生书》一文中，陈撄宁先生说：“庄子见道处自谓超过老子，然实际上老子利人处多，庄子利人处少，世间可以无庄子，而不可以无老子。老子玄言，又非孔子所能及，然老子为教则不若孔教之广大。庄子可比祖师禅，老子可比如来禅，孔子则似净土宗

① 董刚昭主编，《中国功夫百家》，广州：广东高等教育出版社1988年版，第197页。
② 何建明，《陈撄宁的几篇重要佚文及其思想》，《中国道教》2008年第2期，第23-27页。

也。”在《〈南华内外篇〉分章标旨》一开头，陈撄宁就明确地指出：“道家向来以‘老、庄’并称，但庄子之道与老子不同。老子想用‘道’来救世，五千文中有许多地方都是为当世的侯王说教，《老子》第27章更明显地说：‘圣人常善救人，故无弃人；常善救物，故无弃物。’到了庄子时代，他认为世已无法可救，只能独善其身，抱定宗旨不求有用于世，因此说，‘弃世则无累’（《达生篇》），这完全和老子意思相反。再看《老子》五千文中没有‘忘’字，而《庄子》书中‘忘’字特别多，似乎是他独得的秘诀，如所谓忘物、忘形、忘己、忘言、忘功利、忘机巧、忘仁义、忘礼乐、忘道术、忘天下等等（还有许多‘忘’字从简未录），这些理论都脱离实际，非但别人家做不到，就连他本人也难得做到。”

陈撄宁对庄老关系的认识，虽然独特，但亦显示其理解的偏颇。老子多立足于帝王之治，庄子多立足于个人处世，此其不同。但若说老子想用“道”来救世，庄子则不求有用于世，这就错了，其实老子、庄子都旨在救世，且都是用宣扬“遵道”“无为”之学说来救世人。其实《老子》第二十七章所说:“圣人常善救人，故无弃人；常善救物，故无弃物。”一句之中的“圣人”，是特指道家的理想人格，而不是儒家所谓“圣人”，儒家所谓“圣人”恰是老子“绝圣弃智”的对象。再者，庄子所谓“弃世则无累”一句中的“世”，并非指世人，而是指世上之物，并不是指人。“弃世则无累”一句《达生》篇原文如下：“夫欲免为形者，莫如弃世，弃世则无累，无累则正平，正平则与彼更生，更生则几矣。”此段是讲人的形体与生命的关系，不是谈个人与社会的关系。所以，从庄子“弃世则无累”一句得不出“独善其身”的结论。

（二）陈撄宁对《庄子》的评价

陈撄宁对《庄子》一书评价也很有问题，他说：“庄周的老朋友惠施在当时已经说，‘子之言大而无用’，我们今日也认为惠施的批评是对的，可怪的是先秦古笈有用的书佚亡很多，这部无用的书反而流传二千二百余年。”“庄子哲学是以‘无用之为用’（外物篇庄子答惠子之语）而见重于世，这当然有它的历史背景。我们处于今日社会主义制度之下，那些原因早已不存在了，自应该抛弃玄虚，乐观现实，若再接受庄子的厌世思想，岂非无病而呻，所以我们研究《庄子》，是以批判的精神对待历史遗产，不是盲目地相信他的哲学，读者请勿误会。”陈撄宁对《庄子》之评价主要有三点——“无用”“玄虚”“消极”。对于《庄子》之文学成就，陈撄宁则给予了充分肯定，他说：“已往文章家常喜欢读《庄子》，并且称它为仙才，上乘者袭取其精神，中乘者摹仿其格调，再次者搬运其词藻，我们相信《庄子》给予古今文学界有很大帮助。世人所以爱好《庄子》，如果说是钻研哲理，不如说是欣赏奇文，假使没有那样变幻莫测的文章，光靠它的理论，未必能够使人如此倾倒。”

（三）对庄学存在原因的分析

陈撄宁既认定《庄子》一书“无用”，而“这部无用的书反而流传二千二百余年，历代皆有人研究，未曾断过”，究其原因，陈撄宁概括为五个方面：一是魏晋六朝，社会极不安定，受玄谈风气影响，《庄子》成为贵族文人清谈的好资料；二是唐宋帝王的崇信，上行下效，《庄子》声价抬高；三是《庄子》消极思想、厌世主义和一些伤时嫉俗之谈成为旧社会失意文人的精神安慰；四是庄子隐而不仕的处世态度成为历代遗民阶层的人生选择；五是《庄子》文学的魅力吸引大批读者。陈撄宁从时代背景、统治阶级的推崇和提倡与《庄子》本身的文学价值三个方面解释了庄学存在的原因。陈撄宁旨在分析“庄子哲学是以‘无用之为用’（外物篇庄子答惠子之语）而见重于世”，由此可见陈撄宁对《庄子》义理的否定。然而，《庄子》哲理之博大精深却是其备受历代文人墨客欢迎的根本原因。

（四）对《庄子》“南华”之名的考证与推测

庄子被称为“南华仙人”、《庄子》被称为“南华真经”有较久远的历史。据史料记载，早在南朝就有了。《隋书·经籍志》子部道家类已著录梁旷所撰《南华论》和《南华论音》，梁旷是南朝梁代人。那么，《庄子》为什么有“南华”之名？陈撄宁否定了“庄子号南华”和“庄周隐于曹州之南华山”两种说法，作者推测说：“南华县因庄子而得名。”“如果曹州确实有南华山，这个山名或许因庄子而起。”陈撄宁虽然没有考证出“庄子”与“南华”关系的原因，但他的推测更坚定了“南华”源自道教一说。有人认为，南朝道教徒最先赋予了“南华”一词特殊含义。北宋陈景元在《南华真经章句音义》卷 1 中说：“南华者，义取离明英华，发挥道妙也。”陈撄宁说：“县名既能改，难道山名不能改，未必是先有山名然后才有书名。”此种推测是比较可信的。

三、陈撄宁解庄的特点

（一）以庄解庄

首先，在笔者所见到的诸种解《庄子》著作中，唯陈撄宁的《〈南华内外篇〉分章标旨》足当“以庄解庄”之名。他曾批评杨文会的以佛解庄说：“杨仁山居士……将《阴符》《道德》《冲虚》《南华》等书，一概拿佛家的义理去融会贯通，当然不免有牵强处，但大部分尚能折衷于至当。”虽然陈撄宁自己所抱持的理念与《庄子》不同，他自己也将自己的学术名之“仙学”以与道家区别，但在解释《庄子》篇旨之时，却多能避免“以己解庄”的弊端。譬如，他分析《在宥》篇时说：“其中广成子告黄帝一段话，历代研究长生之术者，都认为这是最上乘的方法，但作者引此一段话，却是别有用意，宗旨并不在长生。”这是纯客观的、庄子化的解释。

其次，陈撄宁在概括《庄子》章义时，尽量规避自己的语言，而是直接选用《庄子》中的原话，如此就能最大限度地降低己意的渗透。例如，《山木》篇章旨他分析说：

> 第二十篇 山木 此篇共分九章，皆言远害全身之道。首章，言“有用”、“无用”和“材与不材之间”都难以免患，最好是“道德之乡”；“市南宜僚”章，言“去累、除忧、虚己游世”；“北宫奢”章，言“一之间无敢设”、“复归于朴”；“孔子围于陈蔡”章，言“削迹捐势，不为功名，无责于人，人亦无责”；“孔子问子桑雽”章，言“君子之交淡若水，小人之交甘若醴，君子淡以亲，小人甘以绝”；“庄子衣大布”章，言士不遭时，难逞其能，衣敝履穿，是贫非惫；“孔子穷于陈蔡”章，言“无受天损、无受人益、无始非卒、人与天一”；“庄子游乎雕陵”章，

> 言螳螂“见得而忘其形”，异鹊“见利而忘其真”，庄周“守形而忘其身”，皆是自召其害；“阳子之宋”章，言“恶者贵而美者贱”，其故在己不在人。

上文中，引号内的文字都是《庄子·山木》篇原文词句，不再是玄虚而难解的话，而是尽量用《庄子》文中的语言来概括，此种解庄是前所未有的。

陈撄宁《〈南华内外篇〉分章标旨》在前人《庄子》注本分段法之基础上，有所改变，其分章大多较前人合理。例如，《应帝王》篇，陈撄宁说：“本篇言帝王应（读去声）世之道。”这就将“应”的意思解释得简洁明了。“‘肩吾见狂接舆’至‘而曾二虫之无知’为第二章，言经常法式和礼仪制度不足以治天下，必先治内而后才能治外，先正己而后才能正人。”如此概括远胜前人。胡远濬《庄子诠诂》在此段末说：“焦竑曰：鸟鼠避患，曾不待教，况民之有知，岂必作为经式仪度，以扰乱其常性哉！远濬按：此《天地》篇‘不推，谁其比忧’之意。马其昶曰：‘治在因人，不在法度。’”以上三种解释都不如陈撄宁解释得准确、到位。

（二）以现代科学解庄

以现代科学知识解释《庄子》亦是陈撄宁释庄解庄的一个显著特点。例如，在《仙学必成》一文中，他解释《庄子·天地》篇“泰初有无，无有无名”一段时说：“流动而生物（电子游转不停，原子化合化分，乃分子阶级）。”“物成生理谓之形（植物性的细胞组成植物之形，动物性的细胞组成动物之形，各有各的生理）。”[①]括号内的文字就是陈撄宁对《庄子》原文的解释，这种解释是前所未有的。以现代科学解庄是时代赋予陈撄宁的一大特色。据说，陈撄宁早在安徽高等政法学堂读书时，曾师事翻译《天演论》、提倡西方科学的严复，他懂得了一些近代西方科学知识，遂力图用西方科学知识来解释仙道养生学。

陈撄宁对“仙学”本身特点的认识，是他选择吸纳西方科学知识的主要原因。陈撄宁倡导“仙学”，以与传统道教相区别。他认为，“神仙之

① 武国忠主编，《中华仙学养生全书》（上），北京：华夏出版社2006年版，第375页。

术，首贵长生”，因贵长生，故重实证；因重实证，故重科学。他说：“神仙之术，首贵长生，惟讲现实，极与科学相接近。有科学思想、科学知识之人，学仙最易入门。”[①]“我国古代所遗传之神仙学术，本与宗教性质不同。各种宗教，皆言死后灵魂如何如何，独有仙学，只讲生前，不说死后。又凡宗教首重信仰，信仰者，仰赖他力也；仙学贵在实证，实证者，全赖自力也。所以神仙学术，可说是科学而非宗教。”[②]况且，“现在与将来，是科学实验时代，空谈的哲学与玄学，已经感觉根本动摇，何况夹杂许多神话！如何能令人心悦诚服呢？”[③]因此，他的仙学比较重视科学精神。他曾说：“神仙要有凭有据，万目共睹，并且还要能经过科学家的实验，成功就说成功，不成功就说不成功，其中界限，俨如铜墙铁壁，没有丝毫躲闪的余地。”[④]他比较重视吸取当时的科学知识来建立他的仙学。

关于陈撄宁仙学对科学的吸纳，刘延刚《论陈撄宁对道教与科学之关系的调适》中已有论述：“其仙学思想中一个明显的现代性特点就是应对西方文明的挑战，将道教中神仙养生之术独立出来成为神仙学体系，力图协调道教文化与科学的关系，引入近代科学精神，将仙学与人体探秘及中医结合起来，以迂回战术挽救衰败的道教，以图复兴道家文化。”[⑤]牟钟鉴《道教生命学浅议》中亦指出陈撄宁之仙学有厚重的科学积蕴——中医学术，他说：“陈撄宁是我国民国年间著名的中医家，医德医术皆名重一时，为世人敬仰，故其仙学有厚重的科学积蕴为之支持，他的努力在于使仙学基于科学，又超出科学，从而成就生命学的完整体系。”[⑥]以上论述皆极中肯。

（三）以道教解庄

陈撄宁虽以“仙学”标榜自己的学术主张，其实质还属于道家修炼一派。所以，后世一直视其为道教学者。例如，有人评价他：“在中国近现代道教史上，曾经出现过一位十分重要的道教人物，他就是名扬教内外的

---

① 吴亚魁，《生命的追求——陈撄宁与近现代中国道教》，上海：上海辞书出版社 2005 年版，第 198 页。
② 吴亚魁，《生命的追求——陈撄宁与近现代中国道教》，上海：上海辞书出版社 2005 年版，第 190 页。
③ 洪建林编，《仙学解秘——道家养生秘库》，大连：大连出版社 1991 年版，第 462 页。
④ 吴亚魁，《生命的追求——陈撄宁与近现代中国道教》，上海：上海辞书出版社 2005 年版，第 199 页。
⑤ 刘延刚，《论陈撄宁对道教与科学之关系的调适》，《四川大学学报》2009 年第 2 期，第 51-57 页。
⑥ 转引自刘延刚，《论陈撄宁对道教与科学之关系的调适》，《四川大学学报》2009 年第 2 期，第 51-57 页。

一代仙学大师陈撄宁先生。”（《序一》）[①]“在陈撄宁的一生中，他毕生从事的道教和道教文化研究一直没有得到时代应有的重视。”（《序二》）[②]他在对道家经典《老子》《庄子》的吸纳即主要在修炼这个方面。他在《辨〈楞严经〉十种仙》中说：“吾国仙道，始于黄帝，乃是一种独立的专门学术，对于儒教无甚关系，而比较老庄之道，亦有不同。后来仙学书籍，固不免有附会老庄之处，但只采取老庄一部分修养方法，而非全部接受他们的教义。”[③]因此，他对《庄子·刻意》篇所反对的“吹响呼吸、吐故纳新、熊经鸟伸”之“为寿”之术非常感兴趣，他对《庄子》的解释就主要体现在这些方面。这些方面的《庄子》解释典型地体现了道教学者的旨趣。

《庄子·大宗师》有“古之真人，其寝不梦，其觉无忧，其食不甘，其息深深。真人之息以踵，众人之息以喉”。其中，“真人之息以踵”引起陈撄宁的高度关注。他解释说：“踵即是后跟也。或疑人身呼吸之空气只可以到肺部，若到下丹田已觉不易，到两腿可谓‘绝无’。若再要到两踵，岂非梦话。庄子惯作寓言，如何能认为实事？虽然庄子明明说真人之息与众人之息不同，若是众人，其息固以喉而不以踵也。再者庄子所谓真人之息，是指呼吸而言，不是两鼻孔的呼吸。若用鼻孔呼吸，依旧是个凡夫，不足称为真人。”[④]可见“庄子之真人息以踵”对于陈撄宁而言，是个难处。后来他继续探讨这一问题，其结论是：“常人用肺呼吸，至多气达丹田，决不能至踵。可知不是指外息，而是指内息，或称胎息。”[⑤]陈撄宁《庄子修养法内篇注释》《庄子修养法外杂篇注释》就是以道教解庄成果的集结。

四、陈撄宁解庄的得失

除了前述“以庄解庄”的方法之外，陈撄宁解庄的成就还在于实事求是的精神。陈撄宁对于《庄子》中有些问题不轻下断语，而是持阙疑的态度，提出这些问题本身已可见其非凡的眼力。例如，《齐物论》篇，他说：“‘故昔者尧问于舜’至‘德之进于日者乎’为第三章，此章不过六十三个

① 吴亚魁，《生命的追求——陈撄宁与近现代中国道教》，上海：上海辞书出版社 2005 年版，第 2 页。
② 吴亚魁，《生命的追求——陈撄宁与近现代中国道教·序一》，上海：上海辞书出版社 2005 年版，第 10 页。
③ 吴亚魁，《生命的追求——陈撄宁与近现代中国道教》，上海：上海辞书出版社 2005 年版，第 191 页。
④ 洪建林编，《仙学解秘——道家养生秘库》，大连：大连出版社 1991 年版，第 326 页。
⑤ 吴亚魁，《生命的追求——陈撄宁与近现代中国道教》，上海：上海辞书出版社 2005 年版，第 18 页。

字，完全是寓言，究竟与齐物论的本旨有什么关系，各家看法不同，暂时难以肯定。”这一段的确与前后文不合，与全文主旨无关，其是非分明的态度也与全文不同。对此段，前人的处理要么分出一段，牵强解释；要么附于后段，忽略问题的存在。陈撄宁虽不能给出合理的解释，但提出问题，实事求是，已难能可贵。又如，《在宥》篇，“‘贱而不可不任’至篇末‘不可不察也’为第六章，前五章都是讲‘无为’，唯独这一章是讲‘有为’，作者恐人不懂他立言之意，自己又加以解释云，‘无为者天道，有为者人道；主者天道，臣者人道’。意思是说二者各有所宜，此与《天道篇》首章大旨相同，但不知是否契合庄子的本意。”对此，胡远濬的解释也可备一解，胡远濬说：“臣，从主者也。此谓无为为体，而有为因应相去远，证明人道宜听命天道耳。此就有为申无为与之有天人之别，明道以无为为宗。”（《庄子诠诂》）①此外，庄子原文之意，是强调“无为”的本质在“因应”，而不是什么都不为，正如“物”，“虽贱”而“不可不任”，同样，“仁”“义”“礼”“事”并非皆一概弃绝，这是庄子关于“仁”“义”“礼”“法”等事物的辩证观点。与其强调“无为”不矛盾。陈撄宁提出的问题，的确能启人深思，胜过勉为其难的强解。

陈撄宁虽然比较能“以庄解庄”，但他对《庄子》的理解也不无值得商榷之处，如《逍遥游》一文，他说，“全篇要领在‘至人无已’一句”，“既然‘无已’，也就‘无功’；既然‘无功’，也就‘无名’，因此就能够达到‘无所可用，安所困苦’（本篇结尾二句）这样逍遥自在的境界”。事实上，《逍遥游》首先标举的是一种境界，超越的境界，这就是“逍遥游”的目的。其次，才落到“至人无己”一句。庄子说：“若夫乘天地之正，而御六气之辩，以游无穷者，彼且恶乎待哉！故曰：至人无己，神人无功，圣人无名。”庄子所谓最高的境界就是“乘天地之正，而御六气之辩”，其实质就是得“道”，“无己”是体“道”的结果。“体道”是《逍遥游》所论之核心，是全篇要领。陈撄宁又说：“本篇（《逍遥游》）共分四章。从‘北冥有鱼’至‘圣人无名’为第一章，极言‘逍遥游’海阔天空之气象。”如此理解也很不恰当，若单言“海阔天空之

①（清）胡远濬，《庄子诠诂》，吴光龙点校、诸伟奇审定，合肥：黄山书社 1996 年版。

气象”，只要“从‘北冥有鱼’至‘而后乃今将图南’”就够了，没有必要后面的“小大之辨”了。且大鹏寓言的用意也不在“极言‘逍遥游’海阔天空之气象”，乃在于阐发“小不负大”之道理。为下面的得“道”乃大得作铺垫。

又如，他分析《齐物论》篇章旨意说：“‘啮缺问于王倪’至‘而况利害之端乎’为第四章，言居处、食味、色欲，人与动物没有共同的标准，可见人类所谓利害、是非，彼此之间也无共同的标准。”这种概括也是有问题的。庄子在此段中一连提出三个问题——“三者孰知正处？”“四者孰知正味？”“四者孰知天下之正色哉？”意思是对独断论之否定，而不是否定有共同的标准。庄子此段意在说明，各人不自以为是，就能不以己之所是而非人之所非，而达到“是其所非而非其所是”，就能“和之以是非，而休乎天均”，如此才能齐“物论”。

陈撄宁取名“撄宁”的含义亦显示了他对《庄子·大宗师》篇“撄宁”一词的错误理解。《大宗师》有一段话说：“其为物，无不将也，无不迎也，无不悔也，无不成也，其名为撄宁，撄宁也者，撄而后成者也。”陈撄宁在《覆某先生书》中对自己取名撄宁的解释是：“尊函谓《淮南子》‘形神俱没’之说，近于涅槃，然则贱名撄宁二字，亦可谓庄子之涅槃。当年取此名字，原认为自己究竟归宿处，但此是未来劫中事，目下尚不欲疾趣寂灭。”①

综上所述，陈撄宁的庄子学有其鲜明的时代特色和独特个性，值得我们批判继承。陈撄宁在其《仙学必成》一文中说：“我于光绪三十三（1907）年，在安徽省怀远县亲自遇着，彼此相聚两旬之久，许我实地试验，证明仙家之说非虚，并改正道书上各种错误，然后我方下决心抛弃家庭，淡薄名利，费四十载光阴，阅千百部秘籍，打起全副精神，专求这一件事。”②而他认为有价值且值得追求一生的事业就是追求肉体长生不死，也就是他所谓的“成仙”。而刻意求长生，却是庄子所反对的做法，在《刻意》篇，庄子说：“吹呴呼吸，吐故纳新，熊经鸟申，为寿而已矣，此导引之士，

① 转引自何建明，《陈撄宁的几篇重要佚文及其思想》，《中国道教》2008年第2期，第23-27页。

② 武国忠，《中华仙学养生全书》（上），北京：华夏出版社2006年版，第368页。

养形之人，彭祖寿考者之所好也。若夫不刻意而高……不导引而寿，无不忘也，无不有也，淡然无极而众美从之，此天地之道，圣人之德也。”陈撄宁显然不能接受庄子的观点，而是抱定“仙学必成”之信念，孜孜以求，然而最终还是失败了。1969 年 5 月 25 日，陈撄宁因肺癌病逝于北京医院，终年 89 岁。他曾告诫他的弟子们说，倘若自己今后“仍不免老病而死，又无丝毫神通，你们切切不要烘云托月，制造谣言，说我已经得道，免得欺骗后人”①。他本人不想得人过高的、不实的崇拜，而事实上，他死之后，道教界誉其为“当代的太上老君”。这不能不说是陈撄宁消极影响的表现。他跟庄子的较量终究以失败而告终。

第五节　胡怀琛的《庄子集解补正》

胡怀琛（1886—1938），原名有怀，字季仁，后改寄尘。胡朴安之弟，泾县溪头村人。有《庄子集解补正》（一卷）、《中国寓言研究》、《读书杂记》、《列子张湛注补正》（一卷）、《淮南鸿烈集解补正》（一卷）、《惠施诡辩新解》（一卷）《太白国籍问题》（一卷）、《王念孙读书杂志正误》、《江村集》（一卷）、《福履理路诗钞》（一卷）、《上武诗钞》（一卷）、《秋山文存》（一卷）、《中庸浅说》（一卷）、《老子学辨》（一卷）、《老子补注》（一卷）、《札迻正误》（一卷）等，皆收在《朴学斋丛书》中。

在正文前小序中，作者自述《庄子集解补正》创作缘由：“古今注《庄子》者甚多，大抵偏此‘名理’，其重名物、‘训诂’者，以近人郭庆藩《庄子集释》，王先谦《庄子集解》为最著。而《集解》尤简当，亦尤有名。余以民国二十年至二十一年间，披读集解，得管见六十七条，录而存之，以备遗忘，并与喜读《庄子》者相商兑也。”正文即分条陈列其新解。其所“补正”的内容大致分为以下几类。

（1）纠正王先谦注释之错误。例如，“乘云气三句”条：“《逍遥游》篇云：‘乘云气，御飞龙，而游乎四海之外。’王先谦云：‘乘云气三句

① 詹石窗主编，《百年道学精华集成》第 5 辑《道医养生》（卷 6），合肥：巴蜀书社 2014 年版，第 64 页。

又见《齐物论》篇。’余按：《齐物论》篇无此三句。”

（2）补充前人未有的新见解。例如，“坳”条：“《逍遥游》篇云：‘覆杯水于坳堂之上。’《集解》引支遁云：‘谓堂有坳垤形也。’余按：坳垤即凹凸，一为形声字，一为象形字。”

（3）纠正郭象、成玄英、俞樾等的注释。例如，“芧”条，作者考证“芧”“橡”之别，“以正郭说芧即橡之误”。又如，“介”字条，《庚桑楚》云：“介而离山。”《集解》引俞樾云：“方言，兽无偶曰介。”胡怀琛按曰：“不独兽无偶曰介，人无偶亦曰介。《书·泰誓》：‘若有一介臣’，《中庸》引作‘若有一个臣’，是‘介’与‘个’同。今人尚有‘一介书生’‘一介之使’等俗语。何俞樾未之知也？”

（4）校证《庄子》原文之失误。例如，《人间世》篇“怒其臂以当车辙”一句，胡怀琛曰，“车辙”当作“车轮”，“此庄生原文疏忽处，《韩诗外传》作‘螳螂举足将搏其轮’，是也”。

（5）提出疑问。例如，“荤“条，《人间世》篇：“唯不饮酒，不茹荤者，数月矣。如此则可以为斋乎？”胡怀琛考证“荤”为蔬菜之中气味剧烈者，非谓肉食也。“荤”虽为菜蔬，而释氏亦戒食之。以不食荤菜为斋，在佛教入中国前，似无此俗，故庄子此语极为可疑。

《庄子集解补正》指出了很多富有创见性的错误，对理解《庄子》原文很有帮助，可备以后修订《庄子集解》之用。

第六节　刘文典的《庄子补正》

刘文典（1889—1958），原名文聪，字叔雅，笔名刘天民。安徽合肥人，原籍安徽怀宁。他早年留学日本，并投身革命，加入同盟会，先后师从国学大师刘师培、章太炎，历任北京大学教授、安徽大学校长、清华大学国文系主任、西南联合大学教授、云南大学教授等职。刘文典学识渊博，著述丰富，其所著《淮南鸿烈集解》《庄子补正》《三余札记》《宣南杂志》《群书校补》《说苑斠补》《大唐西域记简端记》及其翻译之作《进化与人生》《生命之不可思议》《进化论讲话》等都产生了广泛的影响，他本人也因此狂放不羁，口出狂言，被目为“狂人”。他曾自信地说：“古今真懂《庄子》者，两个半人而已。第一个是庄子本人，第二个是我刘文典，其余半个是冯友兰。”言下之意，其实真正懂《庄子》的，只有他一人而已。《庄子补正》便是他骄傲的资本。此外，其庄学著作还有《庄子琐记》，收在《三余札记》之中。

一、《庄子补正》版本、内容简介

《庄子补正》是一部校勘学集大成之作，全书收列《庄子》内篇、外篇、杂篇全部原文和郭象注、成玄英疏及陆德明《经典释文》之《庄子音义》，校以历代重要《庄子》版本，并广泛征引著名学者王念孙、王引之、卢文弨、奚侗、俞樾、郭庆藩、张太炎、刘师培、马叙伦等的校勘成果，而将其补正之文分系于各篇相关内容之下。此书成于 1939 年，至 1947 年方由商务印书馆出版，后收入严灵峰主编的《无求备斋庄子集成初编》，在台湾影印出版。1988 年，赵锋、诸伟奇点校整理后，由安徽大学、云南大学联合出版。点校本除正文外，还包括《校点说明》、《陈寅恪序》、《自序》、张德光《庄子补正跋》。

二、刘文典及其《庄子补正》研究概述

关于刘文典的研究，主要集中在其生平、逸闻轶事方面，除回忆性的散文随笔之外，还有章玉政《狂人刘文典》（桂林：广西师范大学出版社 2008 年版），刘平章《我的父亲刘文典》（《云南大学学报》第十卷第 5 期）、张文勲《刘文典传略》（《刘文典全集》第四卷）、戴健《刘文典一生述评》（《安徽史学》1991 年第 1 期）、邹振环《关于刘文典生平的一点补充——谈谈刘文典的进化论译著》，《安徽史学》1991 年第 4 期）、周乾《刘文典与胡适交往的历史考察》（《学术界》2007 年第 4 期）等论文几十篇。对其学术思想研究者较少。

对于《庄子补正》，最早作出评价的是陈寅恪。陈寅恪论《庄子补正》说：“先生之作可谓天下之至慎矣。其著书之例，虽能确证其有所脱，然无书本可依者，则不之补；虽能确证其有所误，然不详其所以致误之由者，亦不之正。故先生于《庄子》一书，所持胜义，犹多蕴而未出，此书殊不足以尽之也……先生此书之刊布盖将一匡当世之学风，而示人以准则，岂

仅供治《庄子》者之所必读而已哉？”（《庄子补正·陈寅恪序》）[1]陈寅恪的评价有过高之嫌。正因为刘文典自视过高，陈寅恪评价不实，王叔岷著《评刘文典〈庄子补正〉》一文，则认为“刘文典先生之《淮南子》及《庄子》，校勘考据皆甚糟糕”（《庄子校释》）[2]。傅斯年曾说：“刘君校《庄子》，甚自负，不意历史语言研究所之助理研究员王叔岷君曾加检视发现其无穷错误。”傅斯年所说，即指王叔岷《评刘文典〈庄子补正〉》一文。[3]

王氏《评刘文典〈庄子补正〉》开头一段说:“昔年治庄子，闻合肥刘文典先生有旧稿《庄子补正》，于宋椠唐写诸本，及前人著述可资比勘者，均已收采。说者谓其不止复庄书唐人或魏晋之原有面目，并复先秦之旧。又闻先生亦极自矜工苦，常语人曰:‘欲与我谈庄子，须庄子复生可也。’其自负既如此，人誉之复如彼，则补正一稿，应有观止之叹。岷复孜孜讨治庄书，不亦泰多事乎?然因积稿甚多，不忍弃置。去岁仲秋，已成校释五卷，凡一千五百六十九条，虽颇惬私意，尚未敢问世，常思得先生旧稿，以资参证。厥后垫江张君怀瑾，自昆明来书，称先生补正，已由云南大学杀青。既而赠岷一册，得之大喜，如获珍宝。但翻检一过，窃有所疑。刘先生之说与岷宿昔所见虽不无暗合，然其武断处实未敢苟同。其于庄子唐钞、宋刊、元明翻刻各本，并未遍加涉猎；征引类书，亦仅《御览》稍备，即其所已收采之各条，又复讹误层出，先生持是以为正，似未能复先秦之旧也。庄书中疑义，先生所未发正者尚多。兹谨就其所已标出者，作一概要批评。”接着对刘氏这部得意之作展开了逐条逐字的摘谬与纠正。最后，王氏得出结论说：“《补正》中引书之疏漏，尤不可胜举。所引而无关校勘或义理者，又不知翦裁，且多徒事钞录不下断语，貌似谨严。其一下断语，便决然无疑，貌似正墙。故说者多称先生治书精严有法，不知其可商榷之处甚多也，此稿所论，已可窥其大略，非敢有意攻先生之短，治学不

① 刘文典撰，赵锋、诸伟奇点校整理，《庄子补正》，合肥：安徽大学出版社、昆明：云南大学出版社1988年版。

② 王叔岷，《庄子校释》，上海：商务印书馆1947年版。王叔岷，《评刘文典〈庄子补正〉》一文在后来出版的《庄子校释》中被删掉了。

③ 肖伊绯，《刘文典落选中研院始末——兼及王叔岷“评刘文典〈庄子补正〉”》，《中华读书报》2013年6月24日14版文化周刊出版史。

得不求真耳。”总之，无论从征引古籍版本的数量、质量上来看，还是从校勘学角度上的取舍裁剪、精审论断上来看，王氏都从根本上推翻了刘著的学术基础，并对刘的学术水准乃至学术品格都大加质疑几近彻底否定。这篇书评文字今天很难见到了，笔者所引是根据肖伊绯的《刘文典落选中研院始末——兼及王叔岷“评刘文典〈庄子补正〉”》。据肖伊绯说，《庄子校释》1993 年版序言中写道：“庄子校释五卷，为岷手写本，最后附录《评刘文典〈庄子补正〉》一篇则删去，少年气盛，明于人而暗于己，实不应对前辈作苛刻之评，常引以为戒。”①

《庄子补正》点校整理之际，张德光的《庄子补正跋》对之再一次进行了评价。张德光说，《庄子补正》“正传写之舛讹，纠旧疏之违失，冥思研索，考订精审。故《补正》之编虽止五万余言，大抵驳正旧文，质而能该，其所制断，殊多至理”。具体而言，有以下几点：①“原有文字义不明，经补正后方可通贯者”；②“原有文字偶脱佚，经拾补后可正句读之误者”；③“原有文字本可通，旧解亦平实无误，而疏者或生异说，经补出脱字后，知异解转增迷妄者”；④“有传写寖讹，误以注入正文，而后人习焉不察，多以意度之词强作解者”；⑤“有原文本无异解，经补正后，别出新意，可备一说，以启覃思者。”综上所述，“《补正》乃校勘训诂专著；其兼综群言，发微补阙，实为精心刻意之作，足资治《庄》学者之借镜。惟先生旧为是书，犹承乾嘉余绪，守高邮家法，故往往博引繁称，句比字栉，琐末求详，不能一一抉择也。如校《外物》篇 ‘海水震荡’，则云‘震’当作‘振’；校《山木》篇 ‘来者勿禁’，则谓‘勿’当作‘无’；校《让王》篇 ‘无财谓之贫’，则改‘谓之’为‘之谓’。如此之类，殆无所取义。复因过求证据，而忽于全书纲领，间亦不免臆为移补正文。然就校点而论，此疏彼密，利钝忽形，原不能毫无疵累”（《庄子补正跋》）。

方勇《庄子学史》有一节专论“刘文典的《庄子补证》”，在分析《庄子补正》主要内容的基础上，对之作出了如下评价：“刘文典的《庄子补正》在探求《庄子》本义、校订《庄子》原文、纠正旧注旧疏之违失等方

① 肖伊绯，《刘文典落选中研院始末——兼及王叔岷“评刘文典〈庄子补正〉”》，《中华读书报》2013 年 6 月 26 日 14 版文化周刊出版史。

面取得了为世人所瞩目的成就，是民国时期一部重要的《庄子》考证著作。”笔者亦曾对《庄子补正》下过工夫，对其“补正”逐条进行过辨析，其结论是：“刘文典先生的《庄子补正》一书，对《庄子》（33篇）正文的衍、脱、讹、倒等疑误都给予补正。有些意见中肯，可以据以订正原文；有些可备一说，极有参考价值，然不慎之处，亦在所难免。”并辨析了不慎之二例。一是“始臣之解牛之时，所见无非牛者。三年之后，未尝见全牛也”，二是“始也，吾以为其人也，而今非也”。[①]另外，“《补正》所补的内容有些意义不大，如增补脱掉的‘者’‘也’‘哉’‘矣’等语气词，解释通假，补充模棱两可的异文，补正注疏之失误，更有些理解有所偏颇，因此，使用此书，需要‘汰博存精，批判吸收’”[②]。

肖海燕的《刘文典的〈庄子〉研究》分别论述了《庄子补正》的成因、成就及刘文典对于《庄子》与进化论的看法。寇蔻的《刘文典与〈庄子补正〉研究》共分三章，即刘文典解《庄子》的思想学术背景、刘文典庄学研究的主要内容、刘文典及《庄子补正》对近代学术界的影响。其中，第二章从“不同版本的比较与利用”“根据文本意义校勘古籍”“根据字形、音韵的校勘方法”“引用多种文献记载进行校勘”“参考古书的注解用于校勘”“依据义例校勘”几个方面分析《庄子补正》的内容。[③]又从“刘文典对于庄子思想与生物进化论的看法”“刘文典对庄子宇宙观及政治观念的体现与运用”“刘文典对‘以佛解庄’的看法”三个方面总结刘文典的庄学思想。只可惜后者的分析比较牵强。刘固盛、刘韶军、肖海燕著《近代中国老庄学》亦有一章论述“刘文典的庄学成就”，包括“《庄子补正》的成因”“《庄子补正》的成就”“《庄子》与生物进化论”三个部分。[④]

三、刘文典的庄学思想

刘文典的《庄子补正》属于校勘方面的专著，而非庄子思想研究方面

① 高深、王德龙，《刘文典〈庄子养生主补正〉疑义辨析》，《淮北师范大学学报》2011年第32卷第1期，第139-142页。

② 高深、王德龙，《刘文典〈庄子补正〉内篇辨析》，《淮北职业技术学院学报》2011年第10卷第1期，第63-65页。

③ 寇蔻，《刘文典与〈庄子补正〉研究》，华中师范大学2014年硕士学位论文。

④ 刘韶军、肖海燕，《近代中国老庄学》，福州：福建人民出版社2014年版。

的著作，无由见出其庄学思想。但通过刘文典的言行举止和其“自序”，其庄学思想还是可以略窥一二的。刘文典的狂放是出了名的。据说，一日，日机空袭，警报响起，西南联合大学的教授和学生四下散开躲避。刘文典跑到中途，忽然想起他“十二万分”佩服的陈寅恪身体羸弱且目力衰竭，于是便率几个学生折回来搀扶着陈往城外跑去。他强撑着不让学生扶他，大声叫嚷着：“保存国粹要紧！保存国粹要紧！”让学生们搀着陈寅恪先走。这时，只见他平素藐视的新文学作家沈从文也在人流中，便顾不得自己气喘如牛，转身呵斥道：“你跑什么跑？我刘某人是在替庄子跑，我要死了，就没人讲《庄子》了！你替谁跑？”还有顶撞蒋介石、上课时吸烟、瘾于鸦片等都是众所周知的。刘文典之狂放与庄子有无直接关系，虽然不好说，但其开始《庄子补正》的撰写却与他的人生经历有密切的关系。他在《自序》中说，其子早夭，对他打击甚大，“乃以点勘群籍自遣”。他说：“庄子之书，齐彭殇，等生死，寂寞恬惔，休乎天均，固道民以坐忘，示人以悬解者也，以道观之，邦国之争，等蜗角之相触；世事之治乱，犹蚊虻之过前。一人之生死荣瘁，何有哉！”是《庄子》医治了他丧子之痛。此外，国难当头，庄子的高风亮节又是支撑他渡过难关的精神力量。他说：“《庄子》者，吾先民教忠教孝之书也，高濮上之节，却国相之聘，孰肯污伪命者乎！至仁无亲，兼忘天下，孰肯事齐事楚，以忝所生者乎！士能视生死如昼夜，以利禄为尘垢者，必能以名节显。是固将振溆世之民，救天下之敝，非徒以违世，陆沉名高者也。苟世之君子，善读其书，修内圣外王之业，明六通四辟之道，使人纪民彝复存于天壤，是则余董理此书之微意也。”（《庄子补正·自序》）他的“《庄子》者，吾先民教忠教孝之书也”的认识虽然有些问题，但他认为《庄子》能通过陶冶人的情操的方式救世的认识还是值得肯定的。从其为人处世的狂傲来看，他对庄子的接受类似魏晋玄学名士，也是没有真正领悟庄子哲学的真精神。

第七节　胡适的庄学研究

胡适（1891—1962），原名胡洪骍，字适之，安徽绩溪人。现代学者，历史学家、文学家、哲学家。胡适童年时在老家绩溪接受了严格的旧式教育，少年时到上海进新式学堂，初步接触了西方的思想文化，接受《天演论》等新思潮，受到梁启超、严复思想的较大影响。后赴美留学，师从哲学家杜威，接受了杜威的实用主义哲学。1917 年胡适回国，任北京大学教授，加入《新青年》编辑部，撰文反对封建主义，宣传个性自由、民主和科学，积极提倡“文学改良”和白话文学，成为当时新文化运动的重要人物。胡适兴趣广泛，著述丰富，在文学、哲学、史学、考据学、教育学、伦理学、红学等诸多领域都有深入的研究。主要著作有《中国哲学史大纲》（上）、《尝试集》、《白话文学史》（上）等。后人整理出版的胡适的作品集有 1930 年亚东图书馆出版的《胡适文存》、1986 年台北远流出版事业股份有限公司出版的《胡适作品集》、1987 年岳麓书社出版的黄保定等编的《胡适书评序跋集》、1998 年光明日报出版社出版的胡明主编的《胡适精品集》、1998 年北京大学出版社出版的欧阳哲生主编的《胡适文集》《胡适全集》、2003 年安徽教育出版社出版的季羡林主编的《胡适全集》等。

一、胡适庄学研究概述

胡适的庄学研究主要见于他的《先秦名学史》《先秦诸子进化论》《中国古代哲学史》①中。胡适的庄学论述虽然不多，然而由于《庄子》在中国哲学史上的重要地位，胡适的庄学思想也就渗透到他的中国古代哲学的研究之中。胡适是民国时期中西学术兼备的代表，他尝试运用西方哲学体系研究中国古代哲学，产生了深远的影响。蔡元培为该书所作序中即说：“中国古代学术从没有编成系统的记载。《庄子》的《天下篇》，《汉书·艺文志》的《六艺略》《诸子略》，均是平行的纪述。我们要编成系统，古人的著作没有可依傍的，不能不依傍西洋人的哲学史。”其学术研究引起广泛的关注，如国学大师梁启超、章太炎等都给予了恰切的批评。梁启超指出：“有价值的著作，总是有他自己特别的观察点……胡先生观察中国古代哲学，全从‘知识论’方面下手，观察得异常精密，我对于本书这方面，认为是空前创作……我所要商量的，是论中国古代哲学，是否应以此为唯一之观察点？这观察点我虽然认为有益且必要，但以宗派不同之各家，

① 胡适的《中国古代哲学史》一书的前身就是 1919 年出版的《中国哲学史大纲卷上》，其中第九篇《庄子》还曾以“庄子哲学浅释”为题发表于《东方杂志》第 15 卷第 11、12 号，即 1918 年 11 月 15 日和 12 月 15 日。

都专从这方面论他的长短，恐怕有偏宕狭隘的毛病。”[①]梁启超还以“评胡适之《中国哲学史大纲》”（续）[①]为题在北京大学公开演讲，对胡适《中国哲学史大纲》中的不严谨之处一一分析批评，如批评胡适“思想的来源抹杀得太过”“在疑古太过”等，其批评皆指向其主观臆断和牵强附会。叶青《胡适批判》、胡荻原《贫困的哲学》、王礼锡《活文学之死》等对胡适的治学方法皆提出批评。后人对胡适的批评络绎不绝，然多不出梁启超批评的范围，如屈志清批评胡适“武断”“望文生义”“主观臆断”“混乱地处理史料和随意地摆弄古人”等。[②]

对于胡适以进化论解庄的做法，批评之声更是不绝于耳。当时章太炎即致函（《与胡适》）批评其误解原文。[③]姚玄华《评胡适中国哲学史大纲论老庄哲学部分》批评他未能抓住主要方面。不仅当时的学者批评他牵强附会，直到1956年，还有人著文驳难，如谭彼岸的《批判胡适所谓“庄子书中的生物进化论”》（《生物学报》1956年第8期，第1-4页）。对胡适庄学进行全面研究者不多，主要有李宝红的《胡适与庄子研究》从“胡适与庄子研究范式的转换”“对庄子人生哲学的批判”“对庄子科学思想的批判与挖掘”三个方面做了总结[④]；刘洪生的《20世纪庄学研究史稿》中有一章“胡适的庄子研究”，包含“胡适的生平与创作”“关于《庄子》的作者与诸篇真伪”“关于庄子哲学的论述”三节内容[⑤]；陆冠州的《胡适以知识论诠释庄学所形成的研究路径》（《应华学报》2007年第2期第35-73页）专门分析和评价胡适庄学研究的知识论路径；李宝红、康庆的《二十世纪中国庄学》有“胡适与庄子研究范式的转换”一节，具体分析了胡适的《庄子》研究在庄学研究史上的地位与影响，认为胡适的《中国哲学史大纲》“奠定了中国学术研究的近代转型”，即“用西方学术的分科、观念、范畴和体系研究中国传统学术”，“这是与二十世纪以前庄学研究的绝不相同之处”[⑥]。此外，陈少明的《现代庄学及其背景》（《中国哲学

① 梁启超，《评胡适之〈中国哲学史大纲〉》（续），《晨报副镌》1922年3月6日第1版。
② 屈志清，《评胡适〈中国哲学史大纲〉》，《南宁师院学报》1982年第3期，第72-79页。
③ 马勇编，《章太炎书信集》，石家庄：河北人民出版社2003年版，第655页。
④ 李宝红，《胡适与庄子研究》，《安徽史学》2004年第5版，第92-96页。
⑤ 刘洪生，《20世纪庄学研究史稿》，郑州：中原农民出版社2007年版。
⑥ 李宝红、康庆，《二十世纪中国庄学》，长沙：湖南人民出版社2006年版，第145页。

史》2001 年第 1 期，第 85-94 页）、李若晖的《先秦诸子思想的内在逻辑建构》（《史学月刊》2014 年第 10 期，第 18-23 页）等都有论及。李承贵的《先秦儒道思想阐释的进化论向度——胡适的开掘、思考及评论》（《暨南学报》2013 年第 3 期）一文总结了胡适论《庄子》中进化论的三个方面内容，即一是“物种由来之观念”，二是“不断递升之观念”，三是“适者生存之观念”。

二、胡适庄学研究内容析论

胡适的《中国古代哲学史》第九篇《庄子》共有两章——《庄子时代的生物进化论》和《庄子的名学和人生哲学》。论题主要有以下几点。

（一）论《庄子》之真伪

对于《庄子》的真伪，胡适继承了宋代苏轼的说法，认为“《让王》《盗跖》《说剑》《渔父》诸篇，文笔极劣，全是假托”。在前人辨伪的基础上，更加怀疑《庄子》的真实性，他认为，外篇、杂篇中“至少有十分之九是假造的……《天下篇》是一篇绝妙的后序，却决不是庄子自作的。其余的许多篇，大概都是后人杂凑和假造的了”[①]。这种大胆怀疑的精神是前无古人的。胡适没有做到如他所主张的“小心求证”，很多武断的结论。对《庄子·天下篇》的真伪，多有认为不出于庄子之手，但仔细考察，其他篇目或可能出于其弟子之手，但此篇非庄子莫属。众所周知，“子”是古人对先生的尊称，是弟子的口吻，而只有自称才称名。《天下》篇中“庄周闻其风而悦之”，“庄周”的称谓即是铁证。对惠施的称呼也能说明这一点。《庄子》多次称引惠施与庄子的辩论，一般说“惠子谓庄子曰”，而罕用“惠施”。只有《天下》篇称“惠施”：“惠施多方，其书五车。”只有庄子自著才可能如此称呼。《庄子》多用“庄子”，而罕用“庄周”。考察《庄子》书称“庄周”的用例，皆关涉个人内心的感受，而非一般的言论和行动。例如，《齐物论》末尾一段：

> 昔者庄周梦为胡蝶，栩栩然胡蝶也。俄然觉，则蘧蘧然周也。不知周之梦为胡蝶与，胡蝶之梦为周与？周与胡蝶，则必有分矣。

① 胡适，《中国古代哲学史》，合肥：安徽教育出版社 2006 年版。

此之谓物化。

此为庄子自述梦境，真切自然。又如，《山木》篇：

庄周游于雕陵之野，睹一异鹊，自南方来者，翼广七尺，目大运寸，感周之颡，而集于栗林。

此为庄子自述过往一段经历和感受，“感周之颡”，细致入微，也非他人所能言。又如，《外物》一段：

庄周家贫，故往贷粟于监河侯。监河侯曰：“诺。我将得邑金，将贷子三百金，可乎？”庄周忿然作色曰：“周昨来，有中道而呼者。周顾视车辙中，有鲋鱼焉。周问之曰：‘鲋鱼，来！子何为者邪？’对曰：‘我，东海之波臣也。君岂有斗升之水而活我哉？’周曰：‘诺。我且南游吴越之土，激西江之水而迎子，可乎？’鲋鱼忿然作色曰：‘吾失我常与，我无所处。吾得斗升之水然活耳，君乃言此，曾不如早索我于枯鱼之肆！’”

此为庄子自述贷粟之经历，表情、神态具体、细致。《庄子》全书“庄周”之称仅见以上三例，皆与“庄子”之段落迥异。《天下》篇称“庄周”当亦出于庄子之手。

（二）论《庄子》书中的生物进化论

胡适引用《天下篇》“寂寞无形，变化无常”几句，得出“庄子哲学的起点，只在一个万物变迁的问题”，称“‘自化’二字是《庄子》生物进化论的大旨”，“万物皆种也，以不同形相禅”，这十一个字竟是一篇“物种由来”，并对《至乐》篇“种有几”一段进行了进化论的解释。这些解释往往只盯住《庄子》中的只言片语断章取义。《庄子》虽承认变化是事物的重要属性，“无动而不变，无时而不移”（《秋水》），却认为“性不可易，命不可变”（《天运》）。因为“道”是万物的本原和主宰，它“覆载万物”“刻雕众形”，赋予万物各各不同的属性。物类既成，遂“自为雌雄而化”（《天运》），代代繁衍。在生与死之间，所有变化都没有超越物种的界限。不但以“进化论”解庄是错误的，庄子时代诸子也无所谓的“进化论”。胡适以进化论释庄遭到了众多的批评，后来胡适自己也反省说：“此书第九篇第一章论《庄子时代的生物进化论》，是全书里最脆弱的一章……我在那一章里述‘《庄子》书中的生物进化论’，用的材料，下的结论，现在看来，都大有问题。”（《中国古代哲学史·台北版自记》）尽管胡适订正了自己的一些言论，但最初的解释却产生了极为深远的影响，引起了广泛的讨论，至今还有人奉之为不刊之论。在有关“庄子时代诸子生物进化论”的讨论中，既有肯定的声音，也有强有力的反驳，如谭彼岸的《批判胡适所谓“庄子书中的生物进化论”》（《生物学通论》1956 年 8 月号，第 1-4 页）、刘晓明的《〈墨子〉“化若蛙为鹑”、“蛙买化也”辨解》（《广州师范学院》1994 年第 3 期，第 50-52 页）、李思孟《中国古代有生物进化思想吗？》（《自然辩证法通讯》1997 年第 3 期，第 57-63 页）等论文都持之有据，切中肯綮。

（三）论庄子的逻辑学

庄子的逻辑学，就是胡适所说的“庄子的名学”。胡适分析了庄子的是非观，认为“庄子因为不信辩论可以定是非，所以他的名学的第一步只是破坏的怀疑主义”。又说“庄子因为能‘达观’一切，所以不反对固有社会；所以要‘不谴是非，以与世俗处’……这种极端‘不谴是非’的达观主义，即是极端的守旧主义”。胡适对庄子是非观的理解也是大有问题的。庄子反对世间是是非非的辩论，是因为庄子认为“天下多得一察焉以自为好”，“能胜任之口，不能服人以心，辩者之囿也”（《天下》）。因此庄子对人间的辩论确实持怀疑态度，“庸讵知吾所谓知之非不知耶？庸讵知吾所谓不知之非知耶？”（《齐物论》）但不是“破坏的怀疑态度”，相反却是建设的怀疑态度，其目的是引导人们认识自己的局限，而虚心体“道”。庄子说：“夫随其成心而师之，谁独且无师乎？”（《齐物论》）因为师心自用，拘守成见，就不能虚心接受“道”，因为“唯道集虚”（《人间世》）、“道隐于小成，言隐于荣华”（《齐物论》）。所以庄子说：“与其誉尧而非桀也，不如两忘而化其道。”（《大宗师》）庄子这种“不谴是非”的达观主义，并非是极端的守旧主义，乃是为真理扫除障碍的创新。

在否定庄子名学的同时，胡适也有所肯定。他引《齐物论》中“是亦一无穷，非亦一无穷”之后说：“这种议论，含有一个真理。天下的是非，本来不是永远不变的。世上无不变之事物，也无不变之是非。古代用人为牺牲，以祭神求福，今人便以为野蛮了。古人用生人殉葬，今人也以为野蛮了……举这几条，以表天下的是非也随时势变迁，也有进化退化。”胡适的理解显然与庄子也是有很大的差距。庄子所论“是亦一无穷，非亦一无穷”，是“天下之人各为其所欲焉以自为方”的结果，是人类的不幸。庄子说：“悲夫，百家往而不反，必不合矣！后世之学者，不幸不见天地之纯，古人之大体，道术将为天下裂。”（《天下》）胡适则否认绝对的是非之存在，而肯定“是亦一无穷，非亦一无穷”的真理性。胡适将其与德国黑格尔的学说进行了比较，他说：“这个变化进化的道德观念和是非观念，有些和德国的海智尔相似。海智尔说人世的真伪是非，有一种一定的进化次序。先有人说‘这是甲’，后有人说‘这是非甲’，两人于是争论起来了。到了后来，有人说：‘这个也不是甲，也不是非甲。这个是乙。’这乙便是甲与非甲的精华，便是集甲与非甲之大成。过了一个时代，又有人出来说：‘这是非乙’，于是乙与非乙又争起来了。后来又有人采集乙与非乙的精华，说‘这是丙’。海智尔以为思想的进化，都是如此。”“这就是庄子所说‘彼出于是，是亦因彼……是亦一无穷，非亦一无穷也。”这种比较的眼光为胡适的学术研究开创了新思路，也为庄学研究注入了新鲜的血液，当然盲目的比附也是其最大的缺陷。

（四）论庄子的人生哲学

胡适对庄子的人生哲学多粗浅、直率的判断，如“庄子的人生哲学，只是一个达观主义”，庄子的人生哲学，也只是“依乎天理，因其固然”这八个字。胡适论庄子的人生哲学多强调其消极的一面，如说：“这种人生哲学的流弊，重的可以养成一种阿谀依违，苟且媚世的无耻小人；轻的也会造成一种不关社会痛痒，不问民生痛苦，乐天安命，听其自然的废物。”

（五）庄子哲学总论

胡适认为“庄子的哲学，总而言之，只是一个出世主义”。因为“他虽然与世人往来，却不问世上的是非、善恶、得失、祸福、生死、喜怒、贫富……一切只是达观，一切只要‘正而待之’，只要‘依乎天理，因其固然’。他虽在人世，却和不在人世一样，眼光见地处处都要超出世俗之上，都要超出‘形骸之外’。这便是出世主义”。又说：“庄子是知道进化的道理，但他不幸把进化看作天道的自然，以为人力全无助进的效能，因此他虽说天道进化，却实在是守旧党的祖师。他的学说实在是社会进步和学术进步的大阻力。”胡适对庄子哲学的这种简单、粗暴的论断反映了胡适的认识局限。“胡适对庄子哲学的研究和评论，显然与他本人的唯科学主义倾向和实用主义思想有关。”（李宝红《胡适与庄子研究》）[①]诚如梁启超所说，胡适的《中国哲学史大纲》“讲墨子、荀子最好，讲孔子、庄子最不好”（《评胡适之〈中国哲学史大纲〉》）[②]。

胡适对庄子哲学的主旨的认识也是很有问题的。他将《德充符》中“自其异者视之，肝胆楚越也。自其同者视之，万物皆一也”一句视为庄子哲学的纲领。他说：“庄子只是要人懂得这个道理，故说：‘自其异者视之，肝胆楚越也。自其同者视之，万物皆一也。’庄子的名学和人生哲学，都只是要人知道‘万物皆一’四个大字。”事实上，庄子并非只强调“万物皆一”，更强调“小大之辨”。其目的是引导人们认识“道”。只有认识“道”，才能无为而无不为，指导现实人生。国学大师章太炎指出:“诸子学术，本不容易了然，总要看他宗旨所在，才得不错；如但看一句两句好处，这都是断章取义的所为，不尽关系他的本意。”[③]如此批评于胡适的庄学研究是非常适切的。胡适的贡献在于，他尝试运用西方哲学体系研究《庄子》，以西方的学术系统重新建构庄子思想的体系，推动了庄子研究范式的转换。“在胡适研究方法的影响之下，庄子研究开始突破传统注释、序跋、评点方式的局限性，出现了一些具有系统性的论文和论著。”（李宝红《胡适与庄子研究》）他的《中国哲学史大纲》的创作也转变了中国学术研究的方向，使中国学术从此与西方接轨了。

三、胡适庄学研究的局限性

胡适对庄子哲学的阐述具有鲜明的时代局限性，以进化论解庄、牵强

① 李宝红，《胡适与庄子研究》，《安徽史学》2004年第5期，第92-96页。
② 梁启超，《评胡适之〈中国哲学史大纲〉》，《饮冰室合集》之三十八，北京：中华书局1989年版。
③ 傅杰编，《章太炎学术史论集》，中国社会科学出版社1997年版，第255页。

比附、断章取义早已为世人诟病。这方面的批评很多，但多属只言片语的指责，据《庄子》文本的批驳很少。有鉴于此，分析研究《庄子》书中的变化思想，对于以进化论解庄的做法当有釜底抽薪之功。“化”本为“匕”，倒人形。《说文解字》曰：“匕，变也，从到（倒）人。”①后添加一正立的人形，从二人，一为正立的人，一为倒立的人，即今“化”字，泛指“变化”。《庄子》书中论“化”之处非常多，如“化”“物化”“形化”“化生”“自化”等，据粗略统计有70余处，对事物的产生、发展、变化、消亡的原因和规律都有深入、细致的论述。

（一）“无动而不变，无时而不移”：论事物变化的普遍性及其限度

《庄子》承认变化是事物的一个重要属性，“无动而不变，无时而不移”（《秋水》）。《庄子》一书所论变化多种多样，无一涉及物种的改变，如关于生死、形貌的改变、认识的改变、时间推移、教化、生长发育、盛衰的变化。

不仅如此，对于变化的限度，《庄子》更有明确的论述：“夫白鶂之相视，眸子不运而化；虫，雄鸣于上风，雌应于下风而化；类自为雌雄而化。性不可易，命不可变，时不可止，道不可壅。”（《天运》）“类自为雌雄而化”②，每一物种都因雌雄交接而化育，变化不超出类的范围。正如《易·系辞下》所说：“男女构精，万物化生。”③事物的生生不息不会改变其本质属性。因为“性不可易，命不可变”。《庄子》中有些“化”容易引起误解，然仔细考究，也未改变事物的本质属性。例如，“其所恶者为臭腐；臭腐复化为神奇，神奇复化为臭腐”（《知北游》），此为对事物态度的改变；“周与胡蝶，则必有分矣。此之谓物化”（《齐物论》），“庄周梦为蝴蝶”，不是指庄周变为蝴蝶。此为“梦”与“觉”之间认识的改变。现在再来看被作为进化论之证据的《至乐》篇“程生马，马生人”一段：

---

①（汉）许慎，《说文解字》，北京：中华书局1963年版，第168页。

② 还有一种解释，即将“类”视为一种怪兽，雌雄同体。这是根据《山海经》的记载。但今人考证认为，此种说法纯属误解。不管哪一种解释，雌雄交配而产生后代，是指同类，而非异类，这是可以肯定的。

③ 杨天才、张善文，《周易译注》，北京：中华书局2011年版，第625页。

种有几？得水则为继，得水土之际则为蛙蠙之衣，生于陵屯则为陵舄，陵舄得郁栖则为乌足。乌足之根为蛴螬，其叶为胡蝶。胡蝶，胥也化而为虫，生于灶下，其状若脱，其名为鸲掇。鸲掇千日为鸟，其名为干余骨。干余骨之沫为斯弥，斯弥为食醯。颐辂生乎食醯，黄軦生乎九猷，瞀芮生乎腐蠸。羊奚比乎不箰，久竹生青宁，青宁生程，程生马，马生人，人又反入于机。万物皆出于机，皆入于机。

此段以"种有几"开头，无疑是在谈论事物的种类。很多人认为此段说明生物间之种种变化。最典型的代表是胡适，他说："自'种有幾'到'程生马，马生人'这一大段……竟可作一篇人种由来（desent of man）读。你看他把一切生物都排成一部族谱，从极下等的微生物，到最高等的'人'，一步一步的进化，这种议论与近世的生物进化论相同。"[①]还有人认为，此段"作者不但列出物物相生的链条，而且指出物种禅变的具体条件"[②]。事实上，《至乐》篇的"种有几"一段，并没有列出"物物相生的链条"，只不过列举了一些物种的生存环境，如"得水土""得水土之际""生于陵屯""得郁栖""生于灶下""生乎食醯""生乎九猷""生乎腐蠸"等。后边几句的句型也与前几句相同，都是论生存环境，只不过"于"字省略了，就变成"久竹生青宁，青宁生程，程生马，马生人"了。至于蝴蝶之"化而为虫""为鸲掇""为鸟""为干余骨"也不涉及物种的改变，蝴蝶的一生可分为卵期幼虫期蛹期和成虫期四个时期。蝴蝶幼虫爬行，成虫却能飞，这是奇妙的变化。正如蚕"屡化如神……蛹以为父，蛾以为母，三伏三起，事乃大已"（《荀子·赋篇》）[③]。古人未必认为它们变成了异类。

"万物皆种也，以不同形相禅"（《庄子·寓言》），也是被广泛曲解的例证。胡适说："'万物皆种也，以不同形相禅'，这十一个字竟是一篇'物种由来'。"[④]恰恰相反，这句话是反对进化论的明证。在古

① 胡适，《先秦诸子进化论》，《科学》1917年第31卷第1期，第19-41页。

② 李炳海，《万物以形相禅观念和齐物论的纠结——兼释〈庄子〉中"强阳"的含义》，《东疆学刊》2002年第3期，第18-23页。

③（清）王先谦撰，沈啸寰、王星贤点校，《荀子集解》，北京：中华书局2013年版，第564页。

④ 胡适，《中国古代哲学史》，合肥：安徽教育出版社2006年版，第232页。本节所论胡适论庄的言论若无标注，皆据此本。

汉语中，“种”既指生物传代繁殖的物质，如“诞降嘉种”（《诗·大雅·生民》）①，又指生物在生态和形态上具有不同特点的分类的基本单位，如“河南曰豫州……其谷宜五种”（《周礼·夏官·职方氏》），郑玄注：“五种，黍、稷、菽、麦、稻。”②“以不同形相禅”，即“各以其形禅于无穷”③。万物之间有截然的界限就是所谓“类”，一物一类，万物万类。“万物皆种”说明各类生物的传代繁殖与物种起源意义上的“无中生有”不同，是“以有生有”。“以不同形相禅”是指万物生成以后的衍化，是“以形相生”（《知北游》）。此即俗语所谓“龙生龙，凤生凤，老鼠的儿子会打洞”“种豆得豆，种瓜得瓜”之类，是生物界普遍存在的现象。万物并生，同时存在，不存在先后或转化。庄子说：“天地与我并生，万物与我齐一”（《齐物论》）。《列子》中亦有：“天地万物与我并生，类也。”（《列子·说符篇》）④可见，物种的出现是同时的，这是庄子时代古人的普遍信仰。

胡适说，《庄子·天下篇》“所记惠施、公孙龙的哲学里面，有‘卵有毛’‘犬可以为羊’‘丁子有尾’诸条”，皆可以作进化论的证据。其实，这也是靠不住的。“卵有毛”“犬可以为羊”“丁子有尾”等是众所周知的诡辩论者的话题。“卵有毛”是鸟类发育过程中的正常现象，“卵无毛，则鸟何自有也？”“犬羊之名，皆人所命，若先名犬为羊，则为羊矣”⑤。“犬可以为羊”与“昔者子呼我牛也而谓之牛，呼我马也谓之马”（《庄子·天道》）道理一致。“楚人称虾蟆为丁子”，“虾蟆初生，无足有尾。闻雷后足出而尾没矣”⑤，这些都不必作进化论解释。

（二）“物固有所然，物固有所可”：论事物质的规定性及其原因

《庄子》非但不承认事物的变化能改变其本质，相反，《庄子》认为事物有它固有的属性，是不可改变的。例如，“物固有所然，物固有所可”

① 周振甫译注，《诗经译注》，北京：中华书局2010年版，第394页。
②（汉）郑玄注，（唐）贾公彦疏，《周礼注疏》，北京：中华书局1936年版，第1189页。
③ 王先谦引唐代卢重玄的注释，见（清）王先谦，《庄子集解》，北京：中华书局1987年版，第246页。
④ 杨伯峻，《列子集释》，北京：中华书局1979年版，第269页。
⑤ 王先谦引宣颖之解释，（清）王先谦，《庄子集解》，北京：中华书局1987年版，第297页。

（《齐物论》），“夫若是者，以为命有所成而形有所适也，夫不可损益”（《至乐》），“果蓏有理，人伦虽难，所以相齿”（《知北游》）。又如：

凡有貌相声色者，皆物也，壹其性，养其气，合其德，以通乎万物之所造。（《达生》）

彼民有常性，织而衣，耕而食，是谓同德。（《马蹄》）

乱天之经，逆物之情，玄天弗成。（《在宥》）

其中，“有理”“壹其性”“有常性”等都是强调事物本身有其保持不变的属性，这就是事物的本质属性。万物在生成之后，即“一受其成形”，则“不化以待尽”（《田子方》），事物的本质就不会再发生改变，而是“精神生于道，形本生于精，而万物以形相生。故九窍者胎生，八窍者卵生”（《知北游》），从此生生不息了。

决定事物的本质不变的外在力量就是“道”。“道”赋予事物各自不同的形体，不同的属性，它“自本自根，生天生地”“覆载天地，刻雕众形”（《大宗师》），“秋毫”虽小，赖之成体。在《庄子》中，“道”不仅创造万物，还主宰万物，掌管一切的变化。因此，《庄子》中的“道”又被称为“造物者”“造化者”，赋予它相当的人格性。不仅如此，《庄子》还以“同帝”“真宰”“真君”“大宗师”“造物者”等词语指称“道”：“化育万物，不可为象，其名为同帝。”（《刻意》）“予方将与造物者为人。”（《大宗师》）庄子将“道”描述为有动作（“化育”“报人”等）、有感情（“有情有信”）、具有“人”格性（“予方将与造物者为人”）的“真”实（“无益损乎其真”）存在。其人格性虽不如基督教的上帝显明，但与基督教的上帝一样，无形无象，自在永在，无中生有，神性十足：“天不得不高，地不得不广，日月不得不行，万物不得不昌。”（《知北游》）《庄子》赞曰：“夫道，渊乎其居也，漻乎其清也……视乎冥冥，听乎无声。冥冥之中，独见晓焉；无声之中，独闻和焉。故深之又深而能物焉，神之又神而能精焉；故其与万物接也，至无而供其求，时骋而要其宿，大小，长短，修远。”（《天地》）“神之又神”，即是强调其完全的神性。所以，不能认为“在庄子的思想里，万物进化，都是自生自化，并无主宰”①。

① 刘固盛，《近代中国老庄学与进化论思潮》，《华中师范大学学报》2012年第6期，第104-112页。

也不能认为我们中国，“伊古以来，对于物种的原始，都没有主张创造说的”[①]。

（三）“自化”与“造化”：论变化的主宰

以进化论解《庄子》的另一个根据是《庄子》中有“自化”一词。例如，胡适据《庄子·秋水》中的“物之生也，若骤若驰，无动而不变，无时而不移。何为乎？何不为乎？夫故将自化”一句，认为“‘自化’二字，是《庄子》生物进化论的大旨”。又说：“这种生物进化论，说万物进化，都是自生自化，并无主宰。”有人虽然反对以进化论解《庄子》，但仍然肯定《庄子》中事物的变化是自然而然的，没有神创论的影子。例如，李季认为，《庄子·至乐》提出物种可变的理论，“虽与生物进化事实不符，但无希伯来人上帝造万物的胡说。”[②]又如，李思孟认为：“从‘种有几……’这段话可以看出，庄子不认为物种是神有意创造的，也不认为物种是固定不变的，这与进化论一致。”[③]笔者认为，类似的说法缺乏《庄子》文本的证据。

《庄子》的确多次提到“自化”，但“自化”一词的含义却不能作如上的理解。我们看下面的例子：

> 物之生也，若骤若驰，无动而不变，无时而不移。何为乎？何不为乎？夫固将自化。（《秋水》）
>
> 鸡鸣狗吠，是人之所知；虽有大知，不能以言其所自化，又不能以意其所将为。（《则阳》）
>
> 汝徒处无为，而物自化。（《在宥》）
>
> 古之畜天下者，无欲而天下足，无为而万物化，渊静而百姓定。（《天地》）

以上几例中的“自”指事物本身，是相对于“人”而言的：第一例中，将“人为”与“物化”对立，强调事物的变化并不因人的意志而转移；第二例中，将“人”与“鸡鸣狗吠”对立，强调事物的变化超越于人的智慧；

① 章鸿钊，《达尔文的天择律与庄子的天均律》，《学艺》1924年第2卷第4-15页。

②（德）海尔博（Adolf Heiborn）著，李季译，《达尔文及其学说》译者绪言，上海：上海亚东图书馆1933年版。

③ 李思孟，《化生说——从生物学学说到哲学和道教学说》，《全国第四届生物学哲学委员会第一次会议学术研讨论文集》，2005年5月1日，第57-63页。

第三例中，将“汝”与“物”对立；第四例中，将“古之畜天下者”与“万物”“百姓”对立。以上四例都是强调人对事物应持有的态度：不要干涉、操纵，乃是任凭，顺从。此即庄子所谓“无为”。在变化面前人应“与时俱化，而无肯专为”（《山木》）。因为“天不产而万物化，地不长而万物育，帝王无为而天下功”（《天道》）。自然无为是道家的行为原则。《庄子》之“自化”并非指事物不受外力控制，而只是强调不需要人的干预。

变化虽临在事物，却非事物本身所能操控。在《庄子》中，作者不仅将“生”“死”大化归于“道”，而且将一切的变化都归于“道”的作为：“行于万物者，道也。”（《天地》）“道”是“万物之所系，一化之所待。”（《大宗师》）《庄子》中类似的说法很多：

> 万物亦然，有待也而死，有待也而生。（《田子方》）
>
> 秋豪为小，待之成体。（《知北游》）
>
> 罔两问景曰：“曩子行，今子止；曩子坐，今子起，何其无特操与？景曰：“吾有待而然者邪？吾所待又有待而然者邪？吾待蛇蚹蜩翼邪？恶识所以然！恶识所以不然！”（《齐物论》）

万物生死都有待于“道”，由“道”掌管。《庄子》用“罔两问景”的寓言说明，“影不能自立，须待形；形不自主，又待真宰”[①]。影不能解释自己行为的原因，因为影子自身的行、止、坐、起不能自主，要取决于形，形亦不能自主，还要取决于真宰。“道”才是一切变化的主宰。

《列子·天瑞篇》有一段关于“自化”的论述，对我们理解道家的“自化”很有帮助。其原文是：

> 有生不生，有化不化。不生者能生生，不化者能化化。生者不能不生，化者不能不化，故常生常化。常生常化者，无时不生，无时不化……故生物者不生，化物者不化。自生自化，自形自色，自智自力，自消自息。谓之生、化、形、色、智、力、消、息者，非也。

这段话意思是：“有的生、有的不生；有的化，有的不化。不生不化

① （清）王先谦，《庄子集解》，北京：中华书局 1987 年版，第 26 页。

的，确又能生生、化化，而为生、化的本原。因此，生的不能不生，化的不能不化。生的、化的，是说有形之物，随着阴阳四时的运转，而生生不已，变化不居。”[①]“不生”“不化”者能产生万物、变化万物，就是“生物者”“化物者”。它“自生自化，自形自色，自智自力，自消自息”。但是“谓之生、化、形、色、智、力、消、息者，非也”。为什么呢？因为“不生”“不化”者，永无改变。此“不生”“不化”者就是“道”。“自生自化”之“自”是指创造万物、掌管万物的“道”，而非被造之万物。这与老子谓“道”性“自然”同理。道家所谓“自然”是“道”的作为。“道”就是“自然”。严复在《〈群己权界论〉译凡例》中说：“老氏之自然，盖谓世间一切事物，皆有待而然，惟最初众父，无待而然，以其无待，故称自然。此在西文为 Self-existence。惟造父真宰，无极太极，为能当之。”[②]可见，道家所谓“自化”并非如进化论者所理解的事物自身的自生自化。胡适论“《列子》书中的生物进化论”所依据的材料就是上面所引《列子·天瑞篇》开头的一段文字。他说：“既然万物‘自生、自化、自形、自色、自智、自力、自消、自息’自然不承认一个主宰的‘天’了。”其错误就在于误解了“自生、自化”中“自”之所指。

（四）“有乎出，有乎入”：论万物的起源与归宿

《庄子》认为，事物有生，亦有死，“有乎生，有乎死，有乎出，有乎入”（《庚桑楚》），“生有所萌，死有所归”（《田子方》）。“生”与“出”同义，指萌生；“死”与“入”同义，指归宿。庄子认为“万物出乎无有”，因为“有不能以有为有，必出乎无有”（《庚桑楚》）。此“无”能生“有”，称其“无”，乃是因为它“视之而不见，听之而不闻，搏之而不得”（《知北游》）。正是“无”才能赋予万物以形体。“物物者非物”“形形之不形”“不形之形，形之不形”（《知北游》），这些语句就是庄子对“有出于无”的逻辑推理。这与老子“有生于无”（《老子》第 40 章）的认识是一致的。《列子·天瑞篇》也有“有形者生于无形”的论述：

---

① 董秋爽，《我国古代学者的进化思潮》，《湖南师范大学自然科学学报》1957 年第 2 期，第 67-88 页。
②（英）约翰·穆勒著，严复译，《群己权界论》，上海：生活·读书·新知三联书店 2009 年版。

夫有形者生于无形……故有生者，有生生者；有形者，有形形者；有声者，有声声者；有色者，有色色者；有味者，有味味者。生之所生者死矣，而生生者未尝终；形之所形者实矣，而形形者未尝有；声之所声者闻矣，而声声者未尝发；色之所色者彰矣，而色色者未尝显；味之所味者尝矣，而味味者未尝呈：皆无之职也。能阴能阳，能柔能刚，能短能长，能圆能方，能生能死，能暑能凉，能浮能沉，能宫能商，能出能没，能玄能黄，能甘能苦，能羶能香。无知也，无能也，而无不知也，而无不能也。（《列子集释》）

这段话的意思是说，有形之物出于无形者，此无形者是实在的，无始无终，永不改变，无所不能。《列子》从有形生于无形的推理与老庄一致。

“油然不形而神，万物畜而不知。此之谓本根。”（《知北游》）因此“万物有乎生而莫见其根，有乎出而莫见其门”（《则阳》）。“入出不见其形，是谓天门。天门者，无有也”（《庚桑楚》）。庄子认为“生”来自“无”，“死”亦归于“无”。也就是说，事物从哪里来，还要到哪里去。此“无”，泰初就存在，所谓“泰初有无，无有无名，一之所起，有一而未形”（《天地》）。庄子认为此“无”就是“道”。“道者，万物之所出。”（《渔父》）既为万物的本原，亦为万物的归宿。《庄子·至乐》篇所谓人由无到有、复归于无的过程，就形象地说明了这一道理：

是其始死也，我独何能无慨然！察其始而本无生，非徒无生也而本无形，非徒无形也而本无气。杂乎芒芴之间，变而有气，气变而有形，形变而有生，今又变而之死，是相与为春秋冬夏四时行也。

人由“无形”到“有形”，再到“死”，“则物之造乎不形而止乎无所化”（《达生》），完成一个循环。万物起源于“道”，复归于“道”。在生与死之间，万物“壹其性，养其气，合其德，以通乎万物之所造”（《达生》）。这一过程，万物的本质属性始终不变。正如“化”字所示，立时为“人”，倒下时亦为“人”。所以，进化论所说的物种变迁是不可能发生的。

综上所述，在庄子哲学中，“道”与“物”是最基本的范畴，有形之

“物”生于无形之“道”，“道”赋予万物不同的属性。“性不可易，命不可变”，在生与死之间，所有变化都没有超越物种的界限。《庄子》所论之“化”有些是指人的“生”“老”“病”“死”，有些是指时间的推移、认识的改变、行为方式的改变，有些是指生物的繁衍生息，有些是指物体形状颜色的改变。凡此种种，皆不属于事物本质属性的改变，与物种的改变无关。物类既成，遂“自为雌雄而化”，代代繁衍。以“进化论”解《庄子》是牵强附会的典型范例。胡适以“进化论”解《庄子》显然没有从《庄子》全文考察，只抓住只言片语就妄下结论，造成不可挽回的恶劣影响。

胡适以进化论解《庄子》所代表的简单比附的做法，是具有时代特色的，也是具有代表性的。李若晖在《先秦诸子思想的内在逻辑建构》中即说：“是时国事日非，中华传统文化的现代转型显得万分紧迫。”①胡适即言：“吾国居今日而欲与欧美各国争存于世界也，非造一新文明不可。造新文明，非易事也。尽去其旧而新是谋，则有削趾适履之讥。取其形式而遗其精神，则有买椟还珠之诮。必也，先周知我之精神与他人精神果何在，又须知人与我相异之处果何在，然后可以取他人之长补我所不足。折衷新旧，贯通东西，以成一新中国之新文明，吾国今日之急务，无急于是者矣。二十世纪之大事，无大于是者矣。”（胡适《非留学篇》）②可是“折衷新旧，贯通东西”的具体途径仍然是比附。胡适首次把庄子思想纳入现代意义上的哲学学科，为庄子开始与西方哲学对话奠定了基础，但是由于胡适对外来的新思想，接触不久，了解不深，且对中国传统经典缺乏深入的研究，故此其比附往往有牵强附会、削足适履之嫌。

胡适的比附不只是零星的，而是系统的、成体系的比附。胡适在其开山之作《中国哲学史大纲》第一篇《导言》中即明白表示：“我做这部哲学史的最大奢望，在于把各家的哲学融会贯通，要使他们各成有头绪条理的学说。我所用的比较参证的材料，便是西洋的哲学。”③当然，更著名也更有影响的是蔡元培为该书所作序中的话：“中国古代学术从没有编成系统的纪载。《庄子》的《天下篇》，《汉书·艺文志》的《六艺略》《诸

① 李若晖，《先秦诸子思想的内在逻辑建构》，《史学月刊》2014年第10期，第18-23页。
② 欧阳哲生编，《胡适文集》第九卷，北京：北京大学出版社1998年版，第675页。
③ 胡适，《中国哲学史大纲》上册，上海：商务印书馆1919年版，第31页。

子略》，均是平行的纪述。我们要编成系统，古人的著作没有可依傍的，不能不依傍西洋人的哲学史。”唐德刚曾对此有过略带揶揄却不失深刻的揭示：“适之先生求学于清末民初之际。那是孔家店已不倒自倒。思想界一片空白，青年知识分子乃四出‘求经’。可是这些洋‘经’对他们来说，实在是太新鲜、太高明了。在泰山压顶的西风东渐之下，他们完全丧失了‘学术自主’的信心（事实上也无此能力），因而新学问对他们只有皈依的份，哪里谈得到怀疑呢？幼年既无力怀疑，也无心怀疑，年老功成业就，已成了开山宗师，东方一世祖，自然就更不会怀疑了。”①

胡适在《中国哲学史大纲》中论《庄子》本应抓住庄子哲学的主要方面去阐释，然而他却大谈特谈“《庄子》书中的生物进化论”，偏离了《庄子》“遵道”“贵德”“无为”的思想主旨。对此前人多有批评，姚玄华《评胡适中国哲学史大纲论老庄哲学部分》一针见血地指出：“他把庄子哲学的重要部分全丢开，却来谈这些不太相干的东西，这表明他未找出庄子的中心思想。”②章太炎在给胡适的信中也提到：“接到《中国哲学史大纲》，尽有见解。但诸子学术，不容易了解，总要看他宗旨所在，才得不错。如但看一句两句好处，这都是断章取义得所为，不尽关系他的本意。”③张岱年先生在《论胡适》中也说，胡适“对于古代儒家、道家哲学中的精义邃旨不甚了解”④。陈少明《现代庄学及其背景》一文中也批评胡适没有将重点放在“人”的一方面，却放在了“物”的一方面。他说：“古之好庄者，兴趣大致集中在逍遥、齐物、自然、无为等观念上，特别是前二者，更是‘庄之所以为庄者’的体现。故所着重的文本，自然以《逍遥游》特别是《齐物论》为主。齐物之物，究竟是指物事，还是指观念（所谓‘物论’），虽然历来看法不一，但一个‘齐’字，表明庄子关心的不是要维护‘物’的客观性，而是要开导世人如何重新想象‘物’之‘性’。‘齐’就是在思想中把形形色色的物的具体特性过滤掉，变成无特性的‘物’。这样识物，即以万物为一物，物与物便能相通：‘故举莛与楹，厉与西施，恢恑

① 唐德刚译注，《胡适口述自传》，台北：传记文学出版社1981年版，第84页。
② 姚玄华，《评胡适中国哲学史大纲论老庄哲学部分》，《文化建设》1935年第11期，第103-112页。
③ 耿云志主编，《胡适研究丛刊》（第一辑），北京：北京大学出版社1995年版。
④ 张岱年，《张岱年全集》（第八卷），济南：山东人民出版社1996年版，第545页。

憰怪，道通为一。其分也成也，其成也毁也。凡物无成与毁，复通为一。’因此，与其说齐物，不如说是非物。庄子关心的不是事实，而是对事实的看法。但 20 世纪的学者，却真的要到庄子思想中去寻‘物’。”①胡适对庄子哲学的具体论断几乎没有一句没有问题，什么“守旧”“出世主义”等，都是乱扣帽子的极不严谨的作风的表现。

综上所述，胡适的《庄子》学研究的确存在很多问题，分析其所存在问题，目的不是贬低胡适，胡适的成就前人多有肯定，其《中国哲学史》的一版再版本身就是一个明证。胡适的成就在研究方法上的创新，这是胡适所引以为豪的成就，也是举世公认的一点。其不足之处，有时代的局限性。即使今天，仍有很多人步胡适之后尘，主张先秦诸子学中有进化论的内容。正如曹聚仁所言：“在一个学术思潮完成以前，应该有许多人耐心做前趋的工作；胡适的智慧和胡适的方法最适宜于做前趋的工夫。”②是的，胡适的工作是“前趋性的”，这一点已经应验在庄学史，甚至中国哲学史的研究中了。正如欧阳哲生所说：“胡适对道家的研究，在中国近现代学术史、思想史上有着极为特殊的示范意义……他注重传统思想现代意义的开掘，用‘中西互释’的眼光透视中国传统哲学，凸显中国思想传统中被压抑的自由意识；这是胡适治中国哲学史（思想史）的突出特点，也是值得今人借鉴之处。从二十世纪中国学术的发展实际来看，胡适的这一方向，代表着中国学术比较健康但却未被充分发展的一个传统。”③

第八节　郎擎霄的《庄子学案》

郎擎霄（约 1903—？）④是民国时期相当活跃的一位安徽籍学者，怀宁人。其生平不详，有多方面的成就，著述颇丰，有《老子学案》（上海：大东书局，1926 年版）、《庄子学案》、《孟子学案》、《墨子哲学》（1924 年版）、《增补订正革命原理》（1927 年版）、《中国民食史》（1934 年

① 陈少明，《现代庄学及其背景》，《中国哲学史》2001 年第 1 期，第 85-94 页。

② 曹聚仁，《书与人物（一）》，《涛声》1932 年第 27 期第 4 版，第 3 页。

③ 欧阳哲生，《胡适与道家》，《中国哲学史》1997 年第 4 期，第 102-109 页。

④ 关于郎擎霄的生卒年代，笔者没能发现直接的史料记录，只能根据线索推论其生于 1903 年。郎擎霄在《光明》杂志曾经发表短文自言：“我十九年来——自出生到如今——的最恶劣习惯就是咬手指甲。”这篇短文发表时间是 1921 年 12 月，此时郎擎霄 19 岁，那么可以推知他出生于 1903 年。

版）、《职业指导大纲》（上海：泰东图书局，1927年版）、《读子札记》、《古代非战思想研究》、《中国无政府主义思想史》、《保甲运动之理论与实践》（广东民政厅编辑处，1929年版）、《光明月报》（编辑）、《托尔斯泰生平及其学说》（1931年版）《中国南方械斗之原因及其组织》（《东方杂志》1933年30卷第19期）、《清代粤东械斗史实》和《近三百年来中国南部之民间械斗》等。其庄学研究著作主要有《庄子学案》，上海商务印书馆1934年出版，《民国丛书》收录。此外，其《老子学案》亦有“庄子之无政府思想”“庄子及其哲学”“庄子之释老”三节。

关于郎擎霄《庄子学案》的研究不多，仅有几部专著和几篇论文涉及。谢祥皓《庄子导读》仅有200多字的论述，论其在庄子学史上的地位和特点：“系统地对庄子之生平事迹、《庄子》篇目之真伪、《庄子》之宇宙观、人生哲学、政治哲学、心理学、辩证法、《庄子》之文学等方面，进行了全面的分析研究，并对历代之《庄》学作了评述，可以说是系统研究庄子其人其书的第一部专著。”该书的主要优点，“一是老庄结合”，“二是所取材料颇丰”。[①]丁时华《民国时期三大庄子学著作研究》第一章即是“郎擎霄的《庄子学案》”，从“援西学以释《庄子》之旨”“引诸子以资比较发明”“撰述评以明庄学递演之迹”三个方面进行了论述。此章收在方勇《庄子学史》一书之中。其中，评价《庄子学案》“为《庄子》研究开辟了一条新的途径”[②]。刘固盛、刘韶军、肖海燕著《近代中国老庄学》（福州：福建人民出版社，2014年版）亦有一章“郎擎霄《庄子学案》”，论述郎擎霄“对庄子思想的阐释”及其“历代庄学述评”。

一、《庄子学案》之体例

引用西学的方法，对《庄子》一书进行了系统、全面的研究，包括“庄子事迹”“庄子篇目及真赝考”“庄子之宇宙观——本体论”“庄子之宇宙观——自然论”“庄子之宇宙观——进化论”“庄子之人生哲学”“庄子之政治哲学”“庄子之经济思想”“庄子之心理学”“庄子之辩证法”“庄子之文学”“庄子与诸子比较论”“历代庄学述评”等方面。作者称：

① 谢祥皓，《庄子导读》，成都：巴蜀书社1988年版，第64页。
② 丁时华，《民国时期三大庄子学著作研究》，华东师范大学2005年硕士学位论文。

“本书不过以科学方法，就庄子学说，为有系统之研究，学者欲知全豹，当取原书读之。”（《凡例》）[1]《庄子学案》的这种体例是民国时人普遍采用的方法，如胡适、梁启超等即已经引进西学的方法，研究先秦诸子。郎擎霄在其《老子学案·自序》中说到他对前人方法的借鉴，他说：“近人胡适之、梁任公诸辈以科学的方法治古书，甚为学者所喜。今吾亦仿照此法。”[2]其实，郎擎霄的治学方法直接借鉴了陈柱。

前人指出的《庄子学案》“援西学以释《庄子》之旨”“引诸子以资比较发明”“撰述评以明庄学递演之迹”三个方面的特点陈柱的《墨学十论》（上海：商务印书馆，1928 年）已经在使用了。《墨学十论》即采用西学的方法研究墨子，更有“《墨子》与诸子之异同”“历代墨学述评”。《庄子学案》之“庄子之文学”一章，亦直接借鉴陈柱《老子与庄子》（上海：商务印书馆，1934 年）。陈柱《老子与庄子》第四章谈“《庄子》的文学成就”指出其文学之优美早有定论。概括庄子之文章有“寓言”“重言”“卮言”三种体式，有“境幽”“古趣”“善譬”“善言情”“善说理”等特点，这些都被《庄子学案》所继承。

关于《庄子》篇目，历来沿用郭象注本分为内篇、外篇、杂篇三部分。在“庄子之文学”一章，郎氏则从文体的角度将《庄子》之篇目分为五类——“论说体”“演讲体”“书序体”“列传体”“杂记体”，具体篇目归类如下：①内七篇为一类，盖谓庄子自作者也（论说体，文旨华妙）。②《马蹄》《秋水》《在宥》《天地》《天运》《天道》《知北游》《达生》《缮性》《骈拇》《庚桑楚》《则阳》《胠箧》等为一类，盖庄子之演说词，而庄子之徒所随地记录也（演讲体，最雄放）。③《寓言》《天下》为一类，盖庄子自叙其学说之大旨者也（书序体，最简洁）。④《列御寇》《徐无鬼》《至乐》《外物》《山木》《说剑》《田子方》为一类，盖庄子弟子所记庄子言行之实录也（列传体，最严整）。⑤《渔父》《让王》《盗跖》《刻意》为一类，盖庄子之杂谈而其徒记述增益之者也（杂记体，平实）。按文体分类，不仅能揭示《庄子》文章的不同风格，还能

① 郎擎霄，《庄子学案》，上海：商务印书馆 1934 年版。
② 郎擎霄，《老子学案》，《民国丛书》（第四编），上海：上海书店 1992 年版。

说明各篇之作者。此分类角度新颖，比较切合《庄子》一书实际。此种分类，在民国诸子学研究中，是较普遍存在的一种风尚。陈柱《墨学十论》（1926 年）即将《墨子》之文体分为七类，认为七类之中“论说体颇华丽，演讲体最平实，经体、传体最奇奥，序体最严正，记传体亦简洁”[①]。郎擎霄《庄子学案》体例上的特点，彰显了民国诸子学的时代特色。在诸子学研究领域，此方法并不新颖，但对于《庄子》而言，郎擎霄却是采用当时流行的西学的方法系统研究《庄子》的第一位。

二、郎擎霄的庄学思想

（一）关于庄子与诸子的比较

郎擎霄的《庄子学案》最突出的一个特点，就是比较方法的使用。既有中西比较，亦有诸子之间的比较，而且贯穿始终。除了庄子与老子的比较之外，《庄子学案》还有“庄子与诸子比较论”专章讨论庄子与其他诸子之异同。

1. 关于庄老关系的理解

“夫老之于庄，犹孔之于孟，一部南华，不啻为《老子》注脚。故本书各章所述，先乎老而后及庄，以明学统，而资互发。”（《庄子学案·凡例》）[②]郎擎霄关于庄老关系的理解与司马迁所谓庄子之学“其要本归于老子之言”一脉相承。同时，郎擎霄又指出庄子与老子之差异。在“庄子学说之渊源”一节中明确指出：“庄子学说，当出自老子，而自立为一家。”又以《庄子·天下》为据，论述庄子学术“叙述老子止言虚静无为等等而已，而自叙曰：‘与天地精神往来，而不敖倪于万物，不谴是非，以与世俗处。’又曰：‘上与造物者游，而下与外死生无终始者为友。’则其学较老子为博大，岂仅学老者而已哉？”郎擎霄的庄老关系论既指明庄子学的渊源，又指出庄子学对老子学的发展，颇有见地。

2. 庄子与墨翟比较

关于先秦诸子的比较，主要集中在道家与儒家、儒家与墨家，据笔者

① 陈柱，《墨学十论》，桂林：广西师范大学出版社 2010 年版。
② 郎擎霄，《庄子学案》，天津：天津市古籍书店影印 1990 年版，本书所引皆据此本。

所知，将道家与墨家比较，郎擎霄可谓第一人。郎擎霄认为墨家近于积极主义，道家近于消极主义，这是两家之大异，然“其说亦多有同焉”。郎擎霄认为其同有三：“老庄之兼爱、节用、非攻之宗旨与墨子同”：“老子之慈，庄子之相爱，即墨子之兼爱也；老子之俭，庄子之无欲，即墨子之节用也；老子之不敢为天下先，庄子之不争，即墨子之非攻也。”同中有异者有二：“法天”“非乐”。他说：“老庄之言法天，而墨子亦未尝不言法天。”“然老庄卒与墨子大异者，盖墨子之天为有意志之天，而老庄之天为不仁之天，无意志之天也。”“墨庄之非乐其出发点同而则其目的则迥异焉。”此外，郎擎霄还指出庄子对墨子的批评有三，即“对于非乐说之反对”“对于好辩之反对”“对于节葬说之反对”，这三个方面亦体现了庄子和墨子之差异。

3. 庄子与列御寇之比较

郎擎霄将庄子、列御寇之怀疑主义、宇宙论、命定论、生死观进行了比较，认为在这几个方面二人皆有共性。

首先，郎擎霄认为，庄列二人同属怀疑主义者。他说：“怀疑主义者为道家思想之特色也。老子首倡之”，“至列庄，更发皇而广大之。”他引《列子·天瑞》篇之“杞人忧天”和“两小儿辩日”和《列子·说符》篇的“鲁施氏有二子”寓言为据，证明列子为怀疑主义者，其言曰：“言天地坏者亦谬，言天地不坏者亦谬，坏与不坏，吾所不能知也。”由此可知，郎擎霄所谓怀疑主义者就是不可知论者。郎擎霄举《庄子·秋水》篇“差其时，逆其俗者，谓之篡夫；当其时，顺其俗者，谓之义之徒”。郎擎霄以之为庄子怀疑主义的例证。其实，庄子并不是怀疑主义者，也不是不可知论者，庄子有对“道”真理性的信仰。《庄子·秋水》篇“差其时，逆其俗者，谓之篡夫；当其时，顺其俗者，谓之义之徒”之言，只能说明庄子的辩证法观点，承认事物的相对性而已。

其次，郎擎霄认为“列子以宇宙之本体为虚无，与庄子同”。在生死观方面，郎擎霄认为庄列略同，“大意谓死生为生物必须之历程，无所悲喜”，不同之处在于，“列子明倡轮回转生说”，而庄子则无。郎擎霄还据《列子·力命篇》论证“列子为极端之命定论者，人生一切——生死寿夭贫富贵贱等，悉归于定命焉”。《庄子·德充符》亦云：“死生存亡穷达贫富贤与不肖毁誉饿渴寒暑，是事之变，命之行也。”郎擎霄的结论是：“列庄绝对否定自由意志，以为人之一举一动，均归诸于命之自然也。”从以上比较中可以得出庄列二人皆持命定论的结论，但郎擎霄认为“列庄绝对否定自由意志”，这就有失武断了。

4. 庄子与杨朱之比较

郎擎霄认为，杨朱之“唯我论”“快乐论”“养生论”“生死观”与“宿命论”皆可与庄子比较。郎擎霄认为杨朱之“利己主义，以为当各养护其天赋之生命，保之爱之，全其自然之性”，此与庄子“全生之旨相同，惟所取方法则异，如杨子主爱己利己，而庄子则主丧我忘物也”。认为杨朱的“快乐主义乃守静抱朴的快乐主义”，与“《庄子》之《逍遥游》相似”。庄子亦主张“至乐无乐”，这一点与杨朱的“快乐主义乃守静抱朴的快乐主义”实有相通，这与“《庄子》之《逍遥游》”毫无关系。“杨子痛恶世俗为区区之名利而塞情阏欲，以至不能养自然之生，故以制止自然之情与杜塞耳目鼻口身意之欲者为非，此与庄子之养生说相似。”认为杨朱“不谋其前，不虑其后，无恋当今，德之至也”的生死观与庄子“齐生死”之旨相同，杨朱薄葬之旨亦与庄子同。庄子与列子皆持命定论，皆为宿命论者。以上所论，皆极中肯。

此外，郎擎霄还将庄子与田骈慎到、宋钘尹文、惠施、公孙龙等一一进行了粗略比较。虽然比较较粗疏，然皆具开创之功。

（二）对《庄子》主旨的理解

郎擎霄认为《庄子》的主旨为自由政治。他说：“于是大倡自由之说，力斥干涉之谈。”（《庄子学案·自序》）庄子反对有为政治，但并未大倡自由之说，此结论有违庄子本意。庄子明确提出“循道”（《天道》）、“依乎天理，因其固然”（《养生主》）、“猖狂妄行，乃蹈乎大方”（《山木》）。以自由说解释《庄子》，是较普遍的误解。以西方近代的“自由”观念解释中国先秦典籍《庄子》，将庄子看成自由主义思想家，这是盲目比附的又一典型例证。

在“庄子之人生哲学”一章，郎氏又说：“庄子根据其中心思想之解脱观，述超越之处世论。”郎氏认为庄子的思想核心是解脱，这又是一种误解，庄子的思想不是解脱（解脱是佛教的核心思想），乃是“引人向道”。

（三）对庄子、《庄子》的评价

郎擎霄说：“庄子思想主于委心任运，颇近颓废自甘，然其说理实极精深，试读周书盖可知也。”庄子反对“随其成心而师之”（《齐物论》），怎能说庄子思想主于“委心任运”呢？什么是“颓废”？庄子极有原则，不肯同流合污，岂是颓废？可见郎氏对庄子的评价很不恰当。然而，对于《庄子》文学之价值，郎擎霄评价极高，对《庄子》散文之“古趣”“谐趣”“想象”“比喻”“雄辩”“善写情”备极称赞，认为“《庄子》之书义理最为丰富，其文虽质浅而甚博辩，诚子部中之宝书也”。

（四）《庄子》篇目辨伪

关于《庄子》中《让王》《盗跖》《说剑》《渔父》四篇真伪，自宋代苏轼指为伪作后，学术界多有以之为伪的。郎擎霄对此则有不同的认识，他说：“宋苏子瞻以《让王》《盗跖》《说剑》《渔父》四篇为庄子伪作，要之，儒道其术本不同，其相绌无足怪也。”（《庄子之政治哲学》）他认为，苏轼认定此四篇伪作并非有什么切实证据，只不过是因为苏轼囿于儒家的学说而不能接受罢了。这种理解新颖而独到。

三、《庄子学案》的得失

（一）对《庄子》中某些重要观念的理解深契《庄子》之旨

1. 自然

郎擎霄对《庄子》中“自然”的理解是很独特的。他说：“庄子以为自然是善的，人是恶的，人为是恶的。”“自然原来是善的，有秩序的只因有人为，便生扰乱，便生罪恶，一切扰乱与罪恶皆由人起。”这是庄子对于自然的第一个观念。”接着，他又说：“庄子以为自然有至高无上的能力，宇宙间的一切都在其管理支配之下，人的能力渺小，想要超出自然的支配，改变自然的规律，则是不可能的。”因此，“自然的命在物就是性，性和命其实是二而一的，两者都有绝大的威权，只可顺从，不可抗拒”。郎擎霄认为：“庄子有了这两种自然的观念，故对于自然主张顺从，不主张反抗；主张因任，不主张人为。故其对宇宙人生之各方面的态度，都是消极的、出世的。”（《老子学案》）他说：“荀子之‘制天命而用之’，培根之‘控制自然’，在庄子目光观之，不啻痴人说梦，于事无济也。”在《庄子》中“自然”与“道”其实是二而一的范畴，郎氏的理解是独到的。

2. 非薄仁义

在“庄子之政治哲学”一章，郎擎霄曰：“要而言之，老子所以薄仁义：一者，仁义为有心之作；二者，为丧失道德而后为仁义，譬之六亲不合有孝子，国家昏乱有忠臣，为不幸之产儿，仁义为不祥之产物也。易言之，老子非罪仁义之人也，不过欲使道德不至丧失，则世无从需用仁义矣。至庄子则本老子之说而廓大之，以为仁义为残生损性之具，非特不能防止罪恶，反为助长之媒介，彼‘窃钩者诛，窃国者侯，诸侯之门而仁义存’及大恶人利用仁义为卫己武器也。”郎氏对老子、庄子菲薄仁义的原因理解得较准确。关于老庄的仁义观历来遭到误解。儒家学者不是认为庄子助孔子，就是认为偏激。其实，庄子对于仁义的看法与老子同，他们并不反对仁义本身，乃是反对过分高举仁义的做法，因为“仁义”的作用非但有限，反而会扰乱人心、为大盗所资。庄子认为对待仁义的正确态度应该是“道德已明而仁义次之”（《天道》）、“会于仁而不恃”（《在宥》）。得“道”是首要的，否则高举仁义就会阻碍人们认识大“道”。就儒家学者而言，仁义正是阻碍他们认识“道”的罪魁祸首。今日新儒家仍抱着儒学不放，以此排斥基督教亦是同样的道理。此即庄子所谓“道隐于小成”之意。因此，老庄抨击仁义不遗余力，就是这个原因。老庄倡攘弃仁义之说的目的就是引人向“道”。只有“道”才配得高举，“不通于道者，无自而可”（《在宥》）。郎擎霄“老子非罪仁义之人也，不过欲使道德不至丧失”确为至论。

3. 安其性命之情

“性”“性命”等词常出现在《庄子》之中，对于“性”“性命”，庄子主张“安之”。《在宥》篇曰：“昔尧之治天下也，使天下欣欣焉人乐其性，是不恬也；桀之治天下也，使天下瘁瘁焉人苦其性，是不愉也……自三代以下者，匈匈焉终以赏罚为事。彼何暇安其性命之情哉？”庄子的理想社会图景就是天下之人皆“安其性命之情”。那么，什么是“性”？

何谓“安其性命之情”？在“庄子之心理学”一章，郎擎霄曰：“道家认性为原始状态，不涉人为，故主张返本复初。”所谓“安其性命之情”就是“不失其性”“不淫其性”。此理解中肯。《骈拇》篇曰：“彼至正者，不失其性命之情。”《在宥》篇曰：“闻在宥天下，不闻治天下也。在之者，恐天下之淫其性也；宥之者，恐天下之迁其德也。”可见，“不失”“不淫”就是“安”。

4.“人”

在“庄子之政治哲学”一章，郎擎霄曰：“在盖人不能无中生有，不过用自然之物，藉自然之力，加以劳力而变化之，使之适于满足人类之欲望，是以生产不外化无用之物为有用，或化有用之物更为有用耳。”“人”不能“无中生有”，可与“道”虽“无形”却“刻雕众形”相比较，这是一对范畴。此外，“人”又与“自然之物”相对。正因“自然之物”非人手所造，故曰“自然”。人不能创造“自然”，只能“藉（借）”“用”。这是“人”与“自然”的区别；“自然之物”与人同属受造，皆源于“道”。这是其相同点。正确理解“人”“道”“自然”的关系，才能真正理解《庄子》。郎氏虽然对庄子之“道”的理解不够准确，他对“人”“自然”的论述却较中肯。

（二）对《庄子》中重要概念的理解偏颇

1.“道”

在“庄子之宇宙观——本体论”一章，郎擎霄说：“古代民智未启，对于宇宙，如天地日月星辰等，莫不以为神怪，而老子则不然，虽无今日实测之精确，而实知宇宙之不可思议，而名之曰道。”又说：“夫道尚不可道，名尚不可名，岂有神焉能为之创造耶？若有神能为之创造，则创造神者又谁邪？是故知宇宙之为无对待，则知无天神以创造宇宙矣。”在这里，郎氏将庄子之“道”等同于“宇宙”。事实上，《庄子》说得很明确，即“道”“生天生地”“覆载天地、刻雕众形”（《大宗师》）。“宇宙”作为“时空”的总和，正是“道”的造化。“道”“自本自根，未有天地，自古以固存；神鬼神帝”（《大宗师》），正说明“道”的神性，它“有情有信，无为无形”，这正是其神性的表现。此章郎擎霄议论最无道理。

2.“无为”

郎氏认为，“无为”就是“极端放任主义”。在“庄子之政治哲学”一章，郎氏说：“此以游之放任，喻为治者之当放任也。”又说：“庄子既任天，故对于人为之政府、人为之礼制极力掊击，而欲打倒礼教，以实其无政府主义。”（《庄子学案》）“庄子极端主张放任主义也，如《在宥篇》曰：‘闻在宥天下，不闻治天下也。’”“虽有轩冕之赏弗能劝，斧钺之威弗能禁之；仁义法度，转为资盗，庄子将欲矫之，故法天道之自然，尚无为以致治也。”郎氏认为，“无为”就是“极端放任主义”。这又是对庄子哲学的一个严重误解，“无为”不是不要任何作为，而是顺其自然不妄为。

（三）受时代思潮的影响，以自由说、进化论解庄

对于以“自由说”解庄前已论述。以进化论解庄的典型例证就是“种有几”一段，郎擎霄继承胡适及日人渡边秀方等以进化论解《庄子》的做法，并引述了他们的言论，以示肯定之意。《庄子》一书绝无进化之思想。进化论与创造论相对，而《庄子》之“道”就是“造物者”“物物者”，绝没有进化论的立足之地。以进化论解庄犯了牵强附会的通病，此一弊端，郎擎霄亦未能避免。

综上所述，郎擎霄的《庄子学案》是用西学的方法系统研究庄子其人其书的第一部专著。然其对《庄子》的思想主旨、重要概念的理解多有偏颇，故而其影响不大。

第九节　单演义《庄子天下篇荟释》

单演义（1909—1989），原名晏一，字慧轩，安徽萧县人。单演义自称：“予自束发讽籀，即喜研诵先秦诸子，迨肄业东胶，侍高晋先生讲席，尤酷嗜南华真经”。（《〈庄子天下篇荟释〉自序》）[①]单演义早年师从著名古典文学学者高亨、蒋秉南、萧一山等先生，专治《庄子》，先后完成《庄子通论》《庄子荟释》等著作。《庄子荟释》是在高亨先生的授意下编

① 张芝友，《〈庄子天下篇荟释〉跋》，台北：台湾空庭书苑有限公司 2007 年版。

纂而成的，凡33卷，共400余万字，可谓是皇皇巨著，至今尚没有如此宏富的《庄子》荟释之作。1948年，单演义先生将《庄子荟释》中的《庄子天下篇荟释》出版，时人认为该书“功力勤，罗致富，既踵前修之轨迹，又示楷式于方来”“其津逮学人，当不在王（先谦）郭（庆藩）二氏之下也”①。在孙道升先生为单演义先生《庄子天下篇荟释》所写的序言中，即认为单演义先生该书“一变中国学者注疏之陋规，为千数百年注庄者辟一新纪元，创一新体例。恢恢乎有远略矣！”（《单著〈庄子天下篇荟释〉小序》）②并将其与“西洋焦威德（Jowett）之迻（yí）译柏拉图对话全集”相类比。孙道升先生所说的“创一新体例”就是开“玄义”，就是对文本的思想意义作出自己的阐释和分析，这就与中国现代学术传统有了对接的可能。③除《庄子天下篇荟释》（民国三十七年西安黎明日报社排印本）外，单演义还有《庄子别传》（《凯旋》1948年第31期，第39-57页）、《庄子中之列子》（《凯旋》1948年第32期，第32-39页）等著作。

《庄子天下篇荟释》前有孙道升《小序》单演义《自序》，正文分“前论”“本论”“后论”三部分。“前论”包括《解题》《考证》《提要》；“本论”包括《总论道术》《论邹鲁之士之方术及道术分裂之原由》《论墨翟秦滑厘之方术》《论宋钘尹文之方术》《论彭蒙田骈慎到之方术》《论关尹老聃之方术》《论庄周之方术》《论惠施之方术》；“后论”附《诸子家数比较表》。④从《庄子天下篇荟释》目录中可以明显看出，单演义的《庄子荟释》在体例上有所创新。传统诸子汇释、集解、集释之作很多，皆为随文释义，都属于传统的注疏体，引用前人的阐释缺乏问题意识。而单演义的《庄子荟释》，以若干专题为线索，针对《庄子》学中的难点搜罗前贤代表性的观点，最后加上自己的按语和阐释。行文简洁，观点分明，确实是一部难得的研究著作，集资料性和学术性于一体。这或许就是孙道升所说“一变中国学者注疏之陋规，为千数百年注庄者辟一新纪元，创一新体例”的含义吧。单演义的这种注庄体例，是中、西学术结合的产物，

① 张芝友，《〈庄子天下篇荟释〉跋》，台北：台湾空庭书苑有限公司2007年版，第189页。
② 张芝友，《〈庄子天下篇荟释〉跋》，台北：台湾空庭书苑有限公司2007年版。
③ 王富仁，《单演义先生与中国现代文学研究学科的建立与发展》，《西北大学学报》2010年第1期，第34-41页。
④ 单演义，《单演义文集庄子天下篇荟释》，西安：西北大学出版社2009版。

是以西学的方法来研究中国传统经典的著名范例，既避免了以西方的观念阐释传统经典的牵强附会，又避免了传统注疏的琐碎和主次不分的不足。可惜的是，单演义先生的《庄子荟释》在动荡不安的年代里大部分佚失了。

第十节 方东美的庄学研究

方东美（1899—1977），名珣，字德怀，后改字东美，与哲学家方以智、桐城派始祖方苞系宗亲关系。方东美国学根底深厚，圆融儒释道，又兼通西学，精通英、法、德文，并略通希腊、拉丁、梵文。故此其著述呈现综合、贯通的态势。正如方东美自言："我的哲学品格，是从儒家传统中陶冶；我的哲学气魄，是从道家精神中酝酿；我的哲学智慧，是从大乘佛学中领略，我的哲学方法，是从西方哲学中提炼。"（金忠烈《梦缘·学缘·事缘》）[①]这段话也有人翻译为："在家庭传统上我是儒家，在性情契合上我是道家，在宗教启发上我是佛教徒，但就后天训练而言，我是一个西方人。"[②]英文原文为："I am a Confucian by family tradition，a Taoist by temperament， and a Buddhist by Religious inspiration；Moreover I am a westerner by training."方东美著述丰富，有《生生之德》（台北：台湾黎明文化事业公司，1979 年版）、《中国人生哲学概要》（台北：台湾问学出版社，1985 年版）、《科学哲学与人生》（台北：台湾成均出版社，1980 年版）、《中国哲学之精神及其发展》（台北：台湾成均出版社，1984 年版）、《生生之美》（北京：北京大学出版社，2009 年版）等。学生据其讲课录音整理出版了《原始儒家道家哲学》（台北：台湾黎明文化事业公司，1979 年版）、《新儒家哲学十八讲》（台北：台湾黎明文化事业公司，1983 年版）、《中国大乘佛学》（台北：台湾黎明文化事业公司，1984 年版）、《华严宗哲学》等。方东美的作品收录在《当代新儒学八大家集·方东美集》（北京：群言出版社，1994 年版）中。

方东美庄学研究主要集中在《原始儒家道家哲学》（台北：台湾黎明文化事业公司，1979 年版）和《中国哲学之精神及其发展》（台北：台湾

① 杨士毅，《方东美先生纪念集》，台北：正中书局 1982 年版，第 873-874 页。
② 方东美，《方东美先生讲演集》，台北：黎明文化事业股份有限公司 2005 年版，第 99、100 页。

成均出版社，1984 年版）中。《生生之美》第二编第三章“中国形上学中之宇宙与个人”亦论及庄子哲学。方东美有“诗哲”之雅称，其语言富有诗意，是用诗的语言来作哲学的论析。例如，其论《逍遥游》的主旨说：“庄子更进一步，以其诗人之慧眼，发为形上学睿见，巧运神思，将那窒息碍人之数理空间，点化之成为画家之艺术空间，作为精神纵横驰骋、灵性自由翱翔之空灵领域，再将道之妙用倾注其中，使一己之灵魂，昂首云天，飘然高举，至于廖天一处，以契合真宰。一言以蔽之，庄子之形上学，将‘道’投射到无穷之时空范畴，俾其作用发挥淋漓尽致，成为精神生命之极诣。这是蕴藏在庄子《逍遥游》一篇寓言之中之形上学义涵，通篇以诗兼隐喻的比兴语言表达之。宛若一只大鹏神鸟，庄子之精神，遗世独立，飘然远引，背云气、负青天、翱翔太虚，‘独与天地精神往来’，御气培风而行，与造物者游。”（方东美《生生之美》）①据笔者所知，有关方东美庄学思想的研究的论著主要有李宝红、康庆的《二十世纪中国庄学》（长沙：湖南人民出版社，2006 年）、李安泽的《生命理境与形而上学——方东美哲学的阐释与批评》（中国社会科学出版社，2007 年）、林琳的《庄学百年——二十世纪庄学研究述评》（山东大学 2010 年硕士学位论文）等。石了英的《台港及海外华人学者美学视野下的庄子阐释》（暨南大学 2010 年博士学位论文）中有一节：“方东美‘生命美学’视野下的庄子阐释。”

方东美和唐君毅等的学术趋向一致，被认为是“新儒家”的代表。他们都是在晚清学术和西学西化的背景之下，主张继承发扬宋明理学，重新认识和构造中国哲学，以此作为中国现代化发展的基础，因其侧重点在儒学。但新儒家的学者都是通才，要求对全部哲学史进行重新认识，以此在新儒家学者的著作中，也包括了许多对老庄道家思想的论述。又由于新儒家的学者是在整体上审视中国哲学史，因此在其研究老庄思想的时候，就能够站在一个较高的水平上，具有比一般的老庄研究专著还要深邃的见解。方东美等的学术活动在 20 世纪 50 年代就已开始，而到 20 世纪 80 年代形成高潮，达到顶峰。方东美和唐君毅二人虽然在 20 世纪 70 年代后期先后辞世，但他们的研究成果有很多是在死后的 20 世纪 80 年代中整理问世，

① 方东美，《生生之美》，北京：北京大学出版社 2009 年版，第 153 页。

或多次再版，广为流布。

第十一节　其他安徽庄学著者及其著述简介

除以上诸家之外，还有几位安徽庄子学者及其著作简介如下：

1. 方东树的庄学研究

方东树（1772—1851），字植之，别署副墨子，晚号仪卫老人。安徽桐城人。《昭昧詹言》卷十二：“太白诗与《庄子》文同妙，意接词不接，发想无端，如天上白云，卷舒灭现，无有定型。”

2. 周学熙的《南华经解选读》

周学熙（1866—1947），字缉之，号止庵，安徽至德（今东至）人，《南华经解选读》据民国二十一年周氏师古堂刊本。

3. 奚侗的《庄子补注》

奚侗（1878—1939），字度青，号无识，以字行。原当涂霍里人。清末附生，日本明治大学毕业，历任海门、江浦、崇明知县，创办贫儿教养院、平民工厂，修治水利，革除积弊，拒绝汪伪从政邀请，退隐家乡治学修志。其老庄研究，颇受国内外一些研究学者的钦佩，人称“解庄自郭氏以下殆无有善于此者”。著有《庄子补注》《老子集解》《说文采玉》等书。钱穆《庄子纂笺序目》称奚侗《庄子补注》、武延绪《庄子札记》“两书皆晚出，而所获犹多前人所未及”。《庄子补注》4卷，民国六年当涂奚氏排印，严灵峰《无求备斋庄子集成续编》收录。方勇《庄子学史》有一节“奚侗的《庄子补注》”。章士钊有《奚侗庄子补注编后》一文，对《庄子补注》的成就有简要评述。[1]

4. 吴承仕的《庄子音义辨证》

吴承仕（1884—1939），字絸斋，检斋，桥斋，号展成，又号济安，安徽歙县人。撰《庄子音义辨证》，据民国十二年排印《经籍旧音辨证》本 。吴承仕，中国著名经学家、古文字学家和教育家。其《淮南旧注校理》（三卷），对刘文典《淮南鸿烈集解》的疏失，多所发正。《淮南旧注校理》

① 章士钊，《奚侗庄子补注编后》，《章士钊全集》第6卷，上海：文汇出版社2000年版，第253页。

有周纪彬的校点本。庄华峰汇编《吴承仕研究资料集》（黄山：黄山书社，1990 年版）。吴承仕著，武静寰整理点校，《吴检斋先生学术论文集》。黄季刚《经籍旧音辨证笺识》、沈兼士《吴著经籍旧音辨证发墨》。

5. 张贻惠的《庄子讲解》

张贻惠（1886—1946），别名少涵，出生于安徽省全椒县。撰《庄子讲解》，据民国三十五年综合学术社排印本。

6. 吴大先的《庄子别解》

吴大先，明，歙县澄塘人。《安徽艺文考道家》著录。《歙县志·人物志·士林》曰：“吴大先，字维则，澄塘人。守贫自乐，言行不苟。好携琴山水间，著书之暇辄弹一曲为娱，鸟语松风，互相响答。著有《离骚致幽集》，《左传别解》《史记别解》《庄子》别解诸书。”其《庄子别解》，《重修安徽通志·艺文志·子部·道家类》有著录，但将其列在姚鼐等之后，大概是视吴大先为清人。而严灵峰先生认定此书的年代至 1734 年，恐有误。[①]著述言行，不拘于时，著有《左传史记》《庄子别解》诸书，孙鹰骥称其为“紫阳正脉”。

7. 王传燮的《庄子发微》

王传燮（1893—1923），字理堂，清，怀远人，安徽官立实业中学农科毕业，南京高师选科毕业，日本大学留学，才华出众，英年早逝，不少文人名士著文深感惋惜，在当地负有盛名。著有《中国白话历史》和《中国白话地理》，《庄子发微》（二卷）。《庄子发微》（二卷），《安徽艺文考道家》著录，民国五年油印本（安庆市图书馆藏）。另有民国十五年浦口美华纸号排印本。

8. 鲍光豹的庄学研究

鲍光豹（1898—1961），字幼文，安徽歙县人。有《凤山集：鲍幼文先生遗著》存世。其中《读子札记》有两则论及《庄子》，摘录如下：

> 《庄子·秋水篇》：“望洋向若而叹。”曩以为洋者海洋也。今观释文“望”作“盳”，云“目亡洋犹望羊，仰视貌”，而叹

① 刘海涛，《〈周秦汉魏诸子知见书目〉明代〈庄子〉书目匡补》，《图书馆杂志》2009 年第 5 期，第 65-68 页。

其说之精，盖河伯至于北海，东面而视，不见水端，则是既向海而视矣。下乃云“旋其面目，望洋向若”。面目既旋，方向已改，是以知“望洋”之“洋”非海洋也。（乙亥二月十五夜）

《秋水篇》蛇谓风曰：“予动吾脊胁而行，则有似也。”旧注云“似有足”。吴汝纶云：“似与俟通，待也。”光豹按，旧说是也。盖原书“有似”二字误倒，当云“则似有也”，与下“而似无有”对文。蛇之行似有，风之行似无有，故注云“似有足”。以注文若是，则庄书“有似”二字之为倒文审矣。（同夜）[①]

此两条札记皆极富创见，发前人所未发，显示了作者对《庄子》精深研究。

9. 高节文的《庄子天下篇注解》

高节文（1901—1982），安徽枞阳（铜陵）白石乡人，后移居贵池。贵池（今安庆）人。《庄子天下篇注解》。

10. 舒传轼《庄子研究》（不详）

11. 李世藻《庄骚汇笺》（不详）

① 鲍光豹，《凤山集：鲍幼文先生遗著》，上海：学林出版社 1987 年版，119 页。

结　　语

在安徽这片土地上，庄子学在每一个历史时期都有所继承和发展，涌现出了一批批庄学研究者，既有全国闻名的大家，亦有不被人重视的小家，还有被历史湮没的学人。安徽庄学的地位值得肯定，安徽学者的庄学研究成果值得总结，其不足也昭示后人，再接再厉，推进庄学研究，更好地为后人提供处世原则的指导。

一、安徽庄学在中国庄学史上的独特地位

（一）安徽是中国庄学的发源地

作为安徽蒙城的先哲，庄子的影响首先发生在皖北的大地上，然后向周边扩展，影响了全国。战国时期皖北地区是庄子生活、讲学、著书的重要区域，此时也是庄子学说产生及传播的初期。据《庄子》记载，庄子身边有一些游学弟子，为庄学在安徽地域的传播奠定了基础。从《吕氏春秋》频繁征引《庄子》来看，庄子的后继者在安徽地域也大有人在。汉初黄老思想占主流地位，庄学在安徽地域也随之迅速传播，《淮南子》对《庄子》的阐发就是代表。《淮南子》不仅大量引用《庄子》，更是积极阐释《庄子》的第一部书。即使在儒学独尊的汉代中期，安徽庄学亦有广泛的影响，儒家学者桓谭的《新论》对《庄子》就多有吸收和借鉴。汉魏时期安徽地域的抒情小赋从写法到思想都明显地受到《庄子》影响，宋玉、曹植的赋都与《庄子》散文有直接联系。魏晋玄学兴起，玄学家以清谈老庄为风雅，《庄子》的影响盛极一时，如“竹林七贤”中的嵇康和刘伶，皆力求在言语行为上效法庄子。安徽庄学在南北朝之前没有间断，这是独一无二的。

（二）安徽庄学是中国庄学的代表

安徽省位于华东腹地，吴头楚尾，襟江带淮，东连吴越，西接中原，北承齐鲁，南达赣闽，地处南北文化交流之汇，安徽位居中原，地形呈南北条形分布，无论就南北或东西来看，都居中国的腹地，且与中国经济、政治中心由北往南转移相适应，安徽庄学史可以代表中国庄学的发展与变迁。北宋时，曾在安徽做官的文豪苏轼撰写《庄子祠堂记》，首揭《庄子》辨伪的大旗。自明代始，安徽庄学著作大量涌现，如方虚名的《南华真经旁注》（五卷）、吴世尚的《庄子解》（三卷）、钱澄之的《庄屈合诂》（八卷）、释德清的《庄子内篇注》（四卷）等都是明代著名的庄学力作。不过，安徽庄学研究者囿于其学派或宗教信仰，对《庄子》的注释和研究亦多有偏颇，带有以儒释庄、以佛释庄或者以道教释庄等不同的倾向性。清代桐城派庄学异军突起，姚鼐的《庄子章义》（五卷）、方潜的《南华经解》、吴汝纶的《庄子点勘》（十卷）、马其昶的《庄子故》等都产生了广泛的影响。此外，安徽佛教学者杨文会力避玄虚，扎扎实实地进行了庄佛会通研究。在“以文解庄”方面，吴世尚的《庄子解》有推进之功。民国时期，安徽庄学既有对传统的坚守，亦有开风气之作，如胡远濬的《庄子诠诂》、胡朴安的《庄子内篇章义浅说》、刘文典的《庄子补正》、陈撄宁的《〈南华内外篇〉分章标旨》、叶玉麟《白话译解庄子》、郎擎霄《庄子学案》、单演义《庄子荟释》、胡适《庄子》研究、王傅燮《庄子发微》等，可以说，在吸收西学、学术方法的转型和白话文著述等方面，安徽庄学都走在了时代的前列。

二、安徽庄学的特点

（一）朝代不平衡性

纵观安徽庄学史，庄子学的发展既高潮迭起，又有其低谷和消沉。在庄子学的起始阶段，庄子的弟子深刻地领悟了庄子思想的精髓，将庄子的言行和思想记录下来，并加以传播和论证，庄子思想得以系统地展现在世人面前。汉代，安徽皖北地区成为庄学传播的重镇，《淮南子》一枝独秀，代表了当时庄学研究的专精和深度。魏晋南北朝时期，安徽庄学兴盛在魏晋，南北朝几无一人研究庄学。唐朝亦是庄学研究的薄弱时期，安徽籍庄学家仅见一位，即休宁人张烜；安徽学者中亦罕见对《庄子》一书的引述，仅见张籍的《罔象得玄珠》诗化用《庄子》典故。宋代安徽庄学研究大大超越前朝，出现了陈抟、吕本中、王之道、程大昌、朱熹、方回等众多学者，他们对《庄子》都有较深的研究和较多的论述。元代安徽庄学再落低谷，安徽学者仅见陈栎有庄学著作传世。至明、清、民国时期，安徽庄学一直保持强劲的势头，出现了大量的、在全国范围产生重大影响的庄学家，如憨山德清、方以智、钱澄之、汪道昆、方虚名、张潮、吴世尚、方人杰、姚鼐、方潜、杨文会、马其昶、胡远濬、刘大櫆、吴汝纶、叶玉麟、胡朴安、陈撄宁、刘文典、郎庆霄、胡适、单演义等。

在面向全国的中国庄学研究中，由于考察的对象众多，往往把“魏晋”和“南北朝”、“宋”和“元”、“明”和“清”合并考察，这样的研究往往掩盖了一些问题。譬如在所谓“庄学的勃兴”的魏晋南北朝时期，据笔者的统计，真正的勃兴其实仅在魏晋，南北朝已经转弱。魏晋时期，儒学式微，玄学、佛学兴盛，皆促进了庄学的兴盛。而南北朝时期，政权动荡不安，朝代更替频繁，加之思想界对魏晋风流的反思和抵制，庄学自然呈衰退之势。学术界一般将“宋元”作为一个时期考察，实际上，宋代和元代亦不可同日而语，在庄学研究方面，元代与之前的宋代和其后的明代相比，落差都极大。中国庄学研究的第二次高潮是宋代。庄学家人数由隋唐五代时期的 19 人猛增至 60 人。究其原因，主要是“宋代的文化建设和思想学术都呈现出一种承前启后、博大宏通、百川汇海式的兴旺景象，中华民族文化经过几千年的发展、积淀、演变，至此进入了一个极其昌盛的成熟阶段而为后世所难以企及”[①]。尤其是“儒、佛、道之间的交融互涉，彼此合流，才出现了整个时代思想学术的巨大推进；也正是在这种思想背景之下，庄学研究变得普遍繁荣，新意不断”[②]。元代非常特殊，究其原因，元代是由蒙古族入侵建立的王朝，蒙古族文明与华夏文明具有异质性，蒙古族统治给汉族文人带来了巨大的混乱，科举制度被废除，元代士子们通

① 熊铁基、刘固盛、刘韶军著，《中国庄学史》，长沙：湖南人民出版社 2003 年版，第 296 页。
② 熊铁基、刘固盛、刘韶军著，《中国庄学史》，长沙：湖南人民出版社 2003 年版，第 313 页。

往仕宦的道路被堵塞，又加上民族矛盾，有仕进机会的士大夫又多不屑仕进，因而他们失去了学术研究所必备的优裕的生活保障和和平稳定的心境，一百多年的时间里封建文人致力于调整适应，原来的学术研究遂难以为继。元代庄学研究处于低谷势所必然。

一般认为，清代学术集大成，庄学研究必然最盛。事实上，中国庄学研究的第三次高潮是明代，而非清代。这又为“明清”合并考察所掩盖。明代庄学研究远承宋代庄学，且有巨大飞跃，其庄学队伍之庞大甚至超过其后的清代，这是笔者在做此统计之前所没有预料到的。清代庄学集千古之优势，这或许意味着庄学研究的成就超越前代，但并不意味着庄学研究的声势也最盛。正是明代庄学研究的巨大投入，清代才能集前代之大成，取得突出的成就。明代庄学研究何以如此兴盛呢？究其原因，明朝是中国历史上由汉族建立的最后一个封建王朝，也是中国封建社会后期统治时间最久的统一王朝。封建帝王及其最高统治集团采用了强有力的专制手段，利用儒、释、道之说强化封建统治，采用软硬兼施的文治手段笼络知识分子。文人的生活处境得以改善，有利于潜心学术研究。同时，知识阶层反对思想专制的斗争也促进了具有反叛性质的庄学的复兴。明代初期朱元璋采取种种钳制思想的措施，鼓吹程朱理学，与之对抗，明代正德、嘉靖时期产生了王阳明的“心学”。王阳明心学强调独立思考，倡导发挥人之自然本性，这与庄子学具有本质上的相通，倡导心学的学者即对《庄子》多有取资，多有研究，如李贽、焦竑等既是心学的传播者又有庄学著述传世。清代庄学集前代之大成，取得了显著的成就。但因时局的需要，诸子学的研究已超越前代儒、释、道的范围，墨学异军突起，传统学术有所减弱，庄子学亦呈衰退之势。民国时期，西学东渐，学术研究的新领域、新方法日渐开辟，融汇中西成为学术研究的潮流，这些对传统的学术研究都具有一定的冲击性，庄子学的研究队伍减少是必然的趋势。

（二）地域不平衡性

在安徽 17 个地级市中，安徽庄学家主要集中在安庆、黄山、亳州、宣城、滁州和淮北等 6 个地区，尤以安庆、黄山、亳州、宣城为最。统计数字如下：

淮北	亳州	宿州	淮南	滁州	六安	合肥	巢湖	铜陵	宣城	池州	安庆	黄山
5	13	3	1	7	3	2	3	1	10	4	22	18

在笔者统计的92位安徽庄学家中，安庆有22位，黄山有18位，亳州有13位，宣城10位，滁州7位，淮北5位，约占总人数的82%，主要分布在古代的亳州、休宁、桐城、歙县、新安等地区。若以六安、合肥、巢湖一线为界，分为皖北、皖南，可以看出，南北庄学亦不平衡，皖北有29位，皖南有55位。且皖北的庄学家主要出现在宋代之前，而皖南的庄学家主要出现在宋代以后。由此可见，庄学发展的重心也经历了由北向南发展。这与宋代之后，政治经济中心南移有密切的关系。

三、安徽庄学的成就与不足

（一）成就

安徽自古至今都是庄学传播、研究的重要省份，庄学研究著述层出不穷，然都有各自的局限和成就，其得失值得分析和评判，以利于我们批判继承优秀文化遗产。安徽庄学著述体例多种多样，既有传统的注疏，又有评点，还有独出心裁的创新。其成就主要表现在以下三个方面。

1. 在《庄子》文本的阐释方面

《庄子》一书历来号称难懂，文本的阐释就是迫切需要的。在安徽庄学著述中，很多学人在这方面辛勤耕耘，甘坐冷板凳，甘为人梯，对《庄子》文本进行阐释、整理和校勘。例如，汉代的淮南王刘安，其《淮南子》博大精深，首次对老庄哲学进行了系统的阐释，只不过其阐释亦是一部别开生面的著作。马其昶的《庄子故》杂引前人解说，简洁精当，堪与王先谦的《庄子集解》比肩；其采撷广，淘洗精，较郭庆藩的《庄子集释》，又见超出。以白话文译解《庄子》方面，叶玉麟走在了时代前列，且其理解独到，语言精练传神。刘文典的《庄子补正》，更是资料翔实，于《庄子》版本校勘功夫深厚，对理解《庄子》至今仍有借鉴和启发。又如，陈撄宁《〈南华内外篇〉分章标旨》是庄学著述中少有的“以庄解庄”的典范。虽然他自己抱持的理念与道家不同，他将自己的学术名之“仙学”以与道家区别，但在注解《庄子》之时，却能避免“以己解庄”的弊端，这是难能可贵的。

2. 在《庄子》文学的接受方面

《庄子》散文在先秦诸子中最富艺术魅力，早在宋代，就有人在阐释义理的同时注意章法、句法、文法的点拨，如林希逸的《庄子鬳斋口义》等。随着评点体著述的兴起，《庄子》散文的艺术特色得以阐发。在这方面，安徽学者吴世尚的《庄子解》就是一部集注释与评点为一体的杰作，其批评涵盖“文法”“文字”“神韵”“义理”等多个方面。其评点上承林云铭《庄子因》，下启姚鼐《庄子章义》、胡文英《庄子独见》、刘凤苞《南华雪心编》，与宣颖《南华经解》比肩。清人刘大櫆的《庄子评点》别具慧心，发前人所未发。清人方人杰对《庄子》散文立意、断句、段落、转折、章法、句法、字法皆有点拨，标志者评点体《庄子》注释的成熟。这是方人杰在前人评点《庄子》基础上的新推进。

3. 对庄子人格、庄子哲学的接受方面

作为先秦道家的经典，《庄子》在历史中影响了一批又一批文人墨客。其中，有出于对庄子人格的倾慕，有出于对《庄子》义理的服膺，亦有出于对社会现实的逃避，亦有用于对黑暗社会的抗争。封建社会文人不管对《庄子》有何接受，都在不同程度上受其沾溉和影响。安徽学者的庄学著述中就有很多对于庄子人格的推崇，对于《庄子》义理精到的理解。例如，嵇喜对《庄子》的理解远胜嵇康。嵇喜所说“达人与物化，无俗不可安”正是对《庄子》中“达人”形象的中肯理解。“君子体变通，否泰非常理。当流则蚁行，时逝则鹊起。”（《秀才答四首附》其二）“李叟寄周朝，庄生游漆园。时至忽蝉蜕，变化无常端。”（《秀才答四首附》其一）与嵇康的坚执不同，嵇喜重“变通”，引《庄子》“得时则蚁行，失时则鹊起”[①]自况，说明自己会根据具体情况作出调整，顺其自然。得时则循序渐进，失时则断然离开，不会给自己招惹祸端。并以老子为周朝柱下史、庄子为漆园吏的经历说明出仕未尝不是道家的选择。嵇喜是在无道之世，既能积极有为，又能善始善终的一个典型，“纵躯任世度，至人不私己”，

① “得时则蚁行，失时则鹊起”句为《庄子》佚文，除嵇喜诗外，《埤雅·释虫》亦引《庄子》语：“得时则蚁行，失时则鹊起。蚁行逶迟有序，需而不速，故君子之得时也，其廉于进如此。”（宋）陆佃著、王敏红校点，《埤雅》，杭州：浙江大学出版社 2008 年版，第 93 页。

是真正践行老庄无为原则的得道高人。

（二）不足

安徽庄学良莠不齐，得失并存。从先秦至民国，安徽庄学既有平稳发展，亦呈现大起大落。除唐、元两代之外，安徽庄学在每一个时代中，都产生一批卓有建树的庄学家，但不可否认，他们的庄学著述和研究也存在诸多问题，兹从以下两方面作一简要总结。

1. 对《庄子》主旨的理解

由于《庄子》散文蕴涵的丰富深刻的哲理和独特的艺术魅力，《庄子》对后世文化的影响是全方位的："好文者资其辞，求道者意其妙，汩俗者遣其累，奸邪者济其欲。"①不同的读者对《庄子》的理解和接受不同。莎士比亚曾说过："一千个读者就有一千个哈姆雷特。"同样，一千个注《庄子》者就有一千个庄子。每个注《庄子》者都自认为深窥《庄子》堂奥，独得庄子真义。然事实证明，没有一个人能得庄子之真。晚清思想家魏源曾说过老学史上无一人得老子之真："后世之述《老子》者，如韩非有《喻老》《解老》，则是以刑名为道德，王雱、吕惠卿诸家皆以庄解老，苏子由、焦竑、李贽诸家又动以释家之意解老，无一人得其真。"（魏源《老子本义》）②《四库全书总目·御注道德经》曰："诸家旧注，多各以私见揣摩，或参以神怪之谈，或傅以虚无之理，或歧而解以丹法，或引而参诸兵谋。群言淆乱，转无所折中。"（《四库全书总目》卷 146）与老学相似，庄学研究也皆不尽人意，或者以儒解庄，或者以佛解庄，或者以道教解庄，或者以西方思想观念解庄，鲜有真正理解庄子真意者。有人以放浪形骸为"逍遥"，以随心所欲为"自然"，对《庄子》之基本概念存在严重曲解。历代《庄子》研究都带上了时代和个人的局限。

2. 对儒道关系的理解

在《庄子》的理解上，关键之处在于理解其与儒家的关系。在这些方面，安徽庄学研究同样存在着很大的差距。例如，宋人王之道称儒、释、道三教"名虽不同，其实无二"，清人胡远濬认为，"庄子破儒家之执，

① （宋）叶适，《叶适集》第三册，北京：中华书局 1961 年版，第 712 页。
② （清）魏源，《老子本义》，上海：上海书店 1987 年版。

故立词不得不异，而其旨实同”（《庄子诠诂》）[1]。类似的言论比比皆是。这是因为，安徽庄学研究者与全国各地其他地区的庄学研究者一样，囿于自身的门户之见，对儒道关系的理解多有偏颇。即便在明、清、民国时期，虽然国门已经打开，新思想和新方法不断渗入，但对西方文化的理解还很有限，还缺乏中西贯通的学者，对中国古老的道家经典进行人类学层面上的阐释，而仅仅局限在儒学尽善尽美的观念里，看不到儒学的根本缺陷。诚如美籍华人李绍崑所说：“论庄子，亦如是。在今天，他也许很容易被看成一位布道家，专门给人传布逍遥自在的福音。可是，庄子会向你大声疾呼，人们根本不知道自己要的是什么，你怎能去告诉他去逍遥在在呢！固然，庄子的批孔非儒，自有其某种程度的道理在；他自己的哲学，在本质上是宗教的、神秘的。在他当时的社会环境里，人生各面都被视为与神圣攸关。”“儒家学说之受到庄子的责难，并非由于神秘低级的借口——个人不愿上进的兽性束缚，而是由于更为高尚的理由。这一点，我们西方学者犹当牢记在心，不然，我们就很难了解庄子和禅师们为何那样反对唯名主义。庄子对仁义的要求，并不低于儒家，而是高于儒家。他对儒家最大的不满是嫌儒家发展得不够。”“庄子宏道，儒家亦宏道……可是，庄子却认为，孔子心仪之道尚不足以称‘大道’，孔子所了解的只是人道的表现，只是传统智慧的流露，只是人伦道德的体会而已。”[2]庄子的学说是在对儒家学说的抨击中建立起来的。“他山之石可以攻玉”，《庄子》正需要这样的他者视野。

四、安徽庄学史研究的价值和意义

中国庄学的地域性凸显安徽庄学研究的价值和意义。据笔者所知，安徽庄学研究的价值和意义大致有以下两个方面。

（1）有助于理清庄学产生、发展的源流。庄子故里在安徽，安徽是庄学的源头。关于庄子的故里，目前所知最早的记载是司马迁的《史记》：“庄子者，蒙人也，名周。周尝为蒙漆园吏，与梁惠王、齐宣王同时。”（《老

① （清）胡远濬，《庄子诠诂》，吴光龙点校、诸伟奇审定，合肥：黄山书社 1996 年版。

② （美）弥尔敦著，李绍崑译，《庄子研究》，《华中师院学报》1983 年第 3 期，第 129-136 页。

子伯夷列传》）[1]古“蒙”到底在哪里，今天却引起了诸多争议。关于庄子故里，目前主要有以下几种说法：安徽蒙城、河南商丘、山东东明。就笔者的统计来看，在汉代之前，河南庄学家仅有吕不韦一人，著作仅见吕不韦主编的《吕氏春秋》，众所周知，《吕氏春秋》并非出自吕不韦一人之手，由其纂辑门客所著而成。两汉时期，河南没有承继者。汉代山东唯一的庄学家是刘梁（著有《庄子外杂篇注》），名声远不及安徽的淮南王刘安，按照传播学的理论，庄子学说的传播应该是由近及远、由强到弱，且山东、河南历代庄学家的人数之和不及安徽一省。庄子作为道家的集大成者，其影响应该自其故里向周边渐行扩散才是，比较山东、河南、安徽的庄学家的分布可知，安徽最具备这一特点。安徽庄学史的考察有助于庄子故里的考辨。在各地域庄学中，安徽庄学最具代表性，最能反映中国庄学的面貌。安徽庄学与中国庄学一起同兴同衰，经历了同样的波澜起伏。安徽庄学史既是中国庄学史的一支，又是中国庄学史的主流，研究安徽庄学可以发现中国庄学的进程和流变。

（2）安徽庄学史研究是以历代安徽学者的庄学著述为主要研究对象，以历史为线索，考察安徽庄学的变迁。在对安徽学者庄学著述文献进行检索、阅读、研究的基础上，总结秦汉至民国各时期安徽庄学的成果，包括各个时代安徽庄学研究概述，各个时代中影响较大、具有代表性的庄学著作的内容、成就及其对《庄子》的继承和发展。虽然安徽庄学亦有不尽如人意之处，不可忽视的是，《庄子》毕竟传开，给后人提供了不同角度的理解，互相参照，取长补短，还是可以发现散落其间的颗颗珍珠，经过筛选、串联，《庄子》真面目多少会呈现在我们面前，给后人以启迪。对安徽庄学进行历史的考察，有助于挖掘安徽历史文化宝藏、批判继承优秀历史文化遗产、促进安徽地域学术的发展，推动安徽文化建设，提升皖北文化旅游等产业的内涵。

[1]（汉）司马迁撰，（南朝宋）裴骃集解，（唐）司马贞索隐，（唐）张守节正义，《史记》，上海：上海世纪出版股份有限公司、上海古籍出版社 2011 年版，第 1653 页。

参 考 文 献

安徽省图书馆. 1961. 安徽文献书目. 合肥：安徽人民出版社.

安徽省图书馆. 2003. 安徽省馆藏皖人书目. 合肥：黄山书社.

安徽通志馆. 1985. 安徽通志稿. 台北：成文出版社.

（汉）班固. 1962. 汉书. 北京：中华书局.

曹道衡，沈玉成. 2003. 南北朝文学史. 北京：中国社会科学出版社.

曹道衡，沈玉成. 2007. 南北朝文学史. 北京：中国社会科学出版社.

（魏）曹植. 1984. 曹植集校注. 北京：人民文学出版社.

昌彼得. 1988. 宋人传记资料索引. 北京：中华书局.

（元）陈栎. 1986. 定宇集. 台北：台湾商务印书馆.

（晋）陈寿. 1982. 三国志. 北京：中华书局.

陈顺智. 1993. 魏晋玄学与六朝文学. 武汉：武汉大学出版社.

（明）程敏政. 2004. 新安文献志. 合肥：黄山书社.

（宋）褚伯秀. 2014. 庄子义海纂微. 上海：华东师范大学出版社.

崔大华. 1992. 庄学研究. 北京：人民出版社.

崔大华. 2003. 道家与中国文化精神. 郑州：河南人民出版社.

邓绍基. 1991. 元代文学史. 北京：人民文学出版社.

（清）董浩. 1990. 全唐文. 上海：上海古籍出版社.

（南朝宋）范晔. 1965. 后汉书. 北京：中华书局.

方东美. 2005. 方东美先生讲演集. 台北：黎明文化事业股份有限公司.

方东美. 2009. 生生之美. 北京：北京大学出版社.

（明）方孔照. 1996. 周易时论合编. 上海：上海古籍出版社.

（明）方以智. 1962. 东西均. 北京：中华书局.

（明）方以智. 2015. 方以智著作选. 北京：九州出版社.

方勇. 2008. 庄子学史. 北京：人民出版社.

方勇. 2011. 子藏. 北京：国家图书馆出版社.

（唐）房玄龄. 1974. 晋书. 北京：中华书局.

傅杰. 1997. 章太炎学术史论集. 北京：中国社会科学出版社.

傅璇琮. 1998. 全宋诗. 北京：北京大学出版社.

傅亚庶. 1997. 三曹诗文全集译注. 长春：吉林文史出版社.

（晋）葛洪，成林. 1993. 西京杂记全译. 贵阳：贵州人民出版社.

耿云志. 1995. 胡适研究丛刊. 北京：北京大学出版社.

龚鹏程，陈廖安. 1999. 中华续道藏初辑. 台北：新文丰出版公司.

（清）桂迓衡. 1998. 光绪贵池县志. 南京：江苏古籍出版社.

（清）郭庆藩. 1961. 庄子集释. 北京：中华书局.

何治基. 1968. 安徽通志. 台北：台湾华文书局.

贺昌群. 1999. 魏晋清谈思想初论. 北京：商务印书馆.

胡大雷. 2007. 玄言诗研究. 北京：中华书局.

胡孚琛. 1995. 中华道教大辞典. 北京：中国社会科学出版社.

胡适. 2013. 中国中古思想史长编. 上海：上海古籍出社.

（清）胡远濬. 1996. 庄子诠诂. 合肥：黄山书社.

（宋）华岳. 1993. 翠微南征录北征录合集. 合肥：黄山书社.

（汉）桓谭. 2009. 新辑本桓谭新论. 北京：中华书局.

（明）黄宗羲. 1987. 明文海. 北京：中华书局.

（明）黄宗羲. 2012. 黄宗羲全集. 杭州：浙江古籍出版社.

霍建波. 2007. 生命理境与形而上学——方东美哲学的阐释与批评. 北京：中国社会科学出版社.

（三国魏）嵇康. 2014. 嵇康集校注. 北京：中华书局.

季羡林. 1996. 四库存目丛书. 济南. 齐鲁书社.

剑南. 2011. 二十五史. 长春：吉林大学出版社.

江瑔. 2012. 读子卮言. 上海：华东师范大学出版社.

蒋伯潜. 2013. 诸子通考. 上海：上海古籍出版社.

蒋国保. 1987. 方以智哲学思想研究. 合肥：安徽人民出版社.

蒋元卿. 1989. 皖人书录. 合肥：黄山书社.

孔繁. 1987. 魏晋玄学和文学. 北京：中国社会科学.

孔令宏. 2004. 从道家到道教. 北京：中华书局.

孔又专. 2009. 陈抟道教思想研究. 成都：巴蜀书社.

郎擎霄. 1934. 庄子学案. 上海：商务印书馆.

（唐）李白. 1998. 李太白全集. 北京：北京图书馆出版社.

李宝红，康庆. 2006. 二十世纪中国庄学. 长沙：湖南人民出版社.

李炳海. 1992. 道家与道家文学. 长春：东北师范大学出版社.
（宋）李昉. 1960. 太平御览. 北京：中华书局.
李和山. 2009. 王先谦学术年谱. 武汉：湖北人民出版社.
李申. 2012. 中国哲学史文献学. 郑州：河南人民出版社.
李修生. 2000. 全元文. 南京：江苏古籍出版社.
（唐）李延寿. 1974. 北史. 北京：中华书局.
（唐）李延寿. 1995. 南史. 长春：吉林人民出版社.
李一氓. 1992. 道藏. 北京：文物出版社. 上海：上海书店，天津：天津古籍出版社.
梁启超. 1989. 饮冰室合集. 北京：中华书局.
梁启超. 2014. 中国近三百年学术史. 上海：上海古籍出版社.
（宋）林希逸. 1997. 庄子鬳斋口义校注. 北京：中华书局.
（清）林云铭. 2011. 庄子因. 上海：华东师范大学出版社.
（清）刘大櫆. 1990. 刘大櫆集. 上海：上海古籍出版社.
刘洪生. 2007. 20 世纪庄学研究史稿. 郑州：中原农民出版社.
刘联群. 2003. 陈抟传奇. 成都：四川人民出版社.
刘韶军，肖海燕. 2014. 近代中国老庄学. 福建人民出版社.
刘文典. 1998. 淮南鸿烈集解. 合肥：安徽大学出版社，昆明：云南大学出版社.
刘文典. 1999. 庄子补正. 合肥：安徽大学出版社，昆明：云南大学出版社.
（清）刘熙载. 1978. 艺概. 上海：上海古籍出版社.
（清）刘熙载. 2000. 刘熙载文集. 南京：江苏古籍出版社.
（南朝梁）刘勰. 1995. 文心雕龙译注. 济南：齐鲁书社.
（后晋）刘昫. 1975. 旧唐书. 北京：中华书局.
（南朝宋）刘义庆. 2007. 世说新语笺疏. 北京：中华书局.
刘仲华. 2004. 清代诸子学研究. 北京：中国人民大学出版社.
卢干. 1996. 漆园古今. 合肥：黄山书社.
陆钦. 1999. 庄子通义. 长春：吉林人民出版社.
（明）陆西星. 2010. 南华真经副墨. 北京：中华书局.
逯钦立. 1983. 先秦汉魏晋南北朝诗. 北京：中华书局.
罗宗强. 1996. 魏晋南北朝文学思想史. 北京：中华书局.
马怀良. 2006. 汉晋之际道家思想研究. 厦门：厦门大学出版社.
（清）马其袒. 1989. 定本《庄主故》. 合肥：黄山书社.
马庆洲. 2009. 淮南子考论. 北京：北京大学出版社.
马晓乐. 2006. 魏晋南北朝庄学研究. 山东大学博士学位论文.

梅向东，李波. 2011. 桐城派学术文化. 合肥：合肥工业大学出版社.
《民国丛书》编委会. 1992. 民国丛书（第四编），上海：上海书店.
牟钟鉴. 1987. 《吕氏春秋》与《淮南子》思想研究. 济南：齐鲁书社.
南炳文，汤纲. 2014. 明史. 上海：上海人民出版社.
（清）彭定求. 1995. 道藏辑要. 成都：巴蜀书社.
皮元珍. 2000. 嵇康研究. 长沙：湖南人民出版社.
（清）钱澄之. 1998. 庄屈合诂. 合肥：黄山书社.
（清）钱澄之. 1998. 田间文集. 合肥：黄山书社.
钱穆. 2010. 庄子纂笺. 北京：生活•读书•新知三联书店.
单演义. 2009. 单演义文集. 西安：西北大学出版社.
尚永亮. 2000. 庄骚传播接受史综论. 北京：文化艺术出版社.
（梁）沈约. 1974. 宋书. 北京：中华书局.
石国柱，楼文钊，许成尧. 1971. 歙县志. 台北：成文出版社.
（明）释德清. 2009. 庄子内篇注. 上海：华东师范大学出版社.
（汉）司马迁. 2011. 史记. 上海：上海古籍出版社.
（明）宋濂. 1976. 元史. 北京：中华书局.
宋效永. 1995. 庄子与中国文学. 南京：江苏教育出版社.
苏克勤. 2015. 天下文章出桐城 桐城方氏家族文化评传. 郑州：郑州大学出版社.
（宋）苏轼. 2011. 苏轼文集编年笺注. 成都：巴蜀书社.
孙琴安. 1999. 中国评点文学史. 上海：上海社会科学出版社.
孙望. 2002. 韦应物诗集系年校笺. 北京：中华书局.
孙以楷. 2004. 道家与中国哲学. 北京：人民出版社.
孙以楷，陈广忠. 2001. 道家文化寻根——安徽两淮道家九子研究. 合肥：安徽人民出版社.
台北中央图书馆. 1987. 明人传记资料索引. 北京：中华书局.
唐先田，陈友冰. 2013. 安徽文学史. 合肥：安徽文艺出版社.
（元）脱脱. 1977. 宋史. 北京：中华书局.
（明）汪道昆. 2004. 太函集. 合肥：黄山书社.
汪泰荣. 2016. 光绪《吉安府志》. 北京：中华书局.
王范之. 1993. 吕氏春秋研究. 呼和浩特：内蒙古大学出版社.
王叔岷. 1947. 庄子校释. 上海：商务印书馆.
（清）王先谦. 1987. 庄子集解. 北京：中华书局.
（清）王先谦. 2008. 王先谦诗文集. 长沙：岳麓书社.
（宋）王之道. 2006. 《相山集》点校. 北京：北京图书馆出版社.

（清）王晫，涨潮. 1992. 檀几丛书. 上海：上海古籍出版社.
（唐）魏征. 1973. 隋书. 北京：中华书局.
闻一多. 2003. 周易与庄子研究. 成都：巴蜀书社.
吴枫，宋一夫. 1994. 中华道学通典. 海口：南海出版社.
吴亚魁. 2005. 生命的追求—陈撄宁与近现代中国道教. 上海：上海辞书出版社.
武国忠. 2006. 中华仙学养生全书. 北京：华夏出版社.
夏传才. 2013. 曹操集校注. 石家庄：河北教育出版社.
夏传才，唐绍忠. 2013. 曹丕集校注. 石家庄：河北教育出版社.
（梁）萧统. 1977. 文选. 北京：中华书局.
谢祥皓. 1988. 庄子导读. 成都：巴蜀书社.
熊铁基. 2006. 二十世纪中国庄学史. 长沙：湖南人民出版社.
熊铁基. 2013. 中国庄学史. 北京：人民出版社.
熊铁基，刘固盛，刘韶军. 2003. 中国庄学史. 长沙：湖南人民出版社.
徐复观. 2001. 两汉思想史. 上海：华东师范大学出版社.
许地山. 1996. 道教史. 上海：华东师范大学出版社.
许抗生. 1989. 魏晋玄学史. 西安：陕西师范大学出版社.
雪克. 1998. 胡朴安学术论著. 杭州：浙江人民出版社.
（清）严可均. 1997. 全上古三代秦汉三国六朝文. 石家庄：河北教育出版社.
严灵峰. 1972. 无求备斋庄子集成初编. 台北：艺文印书馆.
严灵峰. 1974. 无求备斋庄子集成续编. 台北：艺文印书馆.
严灵峰. 1974. 无求备斋老列庄三子集成补编. 台北：成文出版社.
严灵峰. 1975. 周秦汉魏诸子知见书目. 台北：正中书局.
阎奇，安旗. 1990. 李白全集编年注释. 成都：巴蜀书社.
（北齐）颜之推. 1998. 颜氏家训译注. 长春：吉林文史出版社.
（宋）杨杰. 1991. 无为集. 北京：中华书局.
杨镰. 2013. 全元诗. 北京：中华书局.
（宋）杨慎. 1937. 升庵全集. 上海：商务印书馆.
杨士毅. 1982. 方东美先生纪念集. 台北：正中书局.
（清）杨文会. 2000. 杨仁山全集. 合肥：黄山书社.
姚鼐. 1992. 惜抱轩诗文集. 上海：上海古籍出版社.
叶瑛. 2004. 文史通义校注. 北京：中华书局.
叶玉麟. 2007. 白话译解庄子. 上海：上海科学技术文献出版社.
（清）永瑢. 1965. 四库全书总目. 北京：中华书局.

余敦康. 2004. 魏晋玄学史. 北京：北京大学出版社.

余英时. 2013. 士与中国文化. 上海：上海人民出版社.

曾枣庄，刘琳. 2006. 全宋文. 上海：上海辞书出版社.

（清）张潮. 1990. 昭代丛书. 上海：上海古籍出版社.

（清）张潮. 2008. 幽梦影. 郑州：中州古籍出版社.

（唐）张籍. 2011. 张籍集系年校注. 北京：中华书局.

（明）张溥. 2001. 汉魏六朝百三名家集. 南京：江苏古籍出版社.

张舜徽. 1985. 文献学论著辑要. 西安：陕西人民出版社.

张松辉. 2004. 先秦两汉道家与文学. 北京：东方出版社.

张廷银. 2003. 魏晋玄言诗研究. 台北：文史哲出版社.

张永义，邢益海. 2011. 药地炮庄. 北京：华夏出版社.

张志烈，马德富，周裕锴. 2010. 苏轼全集校注. 石家庄：河北人民出版社.

（唐）长孙无忌. 1985. 隋书经籍志. 北京：中华书局.

赵尔巽. 1998. 清史稿. 北京：中华书局.

中国社会科学院历史研究所清史研究室. 1985. 清史资料（第六辑）. 北京：中华书局.

（宋）朱熹. 1926. 朱子全书. 上海：上海古籍出版社.

（宋）朱熹. 1994. 朱子语类. 北京：中华书局.

后　　记

《安徽庄学史》书稿终于完成了，这是我继《天道与圣言——〈庄子〉与〈圣经〉比较研究》之后第二部庄学研究的专著。作为《庄子》的爱好者、安徽学者，《安徽庄学史》的课题很早引起了我的关注。生活于安徽蒙城的庄子，其影响首先发生在皖北的大地上，然后向周边扩展，影响了全国，并在世界范围内产生比较广泛的影响。自古至今，庄学研究成果浩如烟海，个人的精力有限，如何从一个角度或侧面考察庄子学发展变迁中的成就与得失就是必须考虑的问题。安徽庄学史是庄学接受史的一个分支，是研究庄学的一个突破口。安徽位居中原，安徽地形呈南北条形分布，无论就南北或东西来看，都居中国的腹地，与中国经济、政治中心由北往南转移相适应，安徽庄学史可以代表中国庄学的发展与变迁。这是我选择研究安徽庄学史的考量。

本书是在安徽省教育厅人文社科重点研究基地项目的基础上写成的。从接触安徽庄学著述至今已有七八个年头了。从搜集资料、研读书稿、撰写论文到结撰全篇，我付出了艰苦的劳动，也收获了丰收的喜悦。在这个过程中，我既加深了对《庄子》文本的理解，也了解了庄子学发展变迁的轮廓，真切地体会到在中国知识分子心底里各家各派哲学的分量，感受了中国文化的特点。在《庄子》这块试金石面前，有儒家的逢迎、有道教的借用、有佛家的吸收，缺少的是地道的道家学人。庄子期待知音。庄子曾说：“万世之后，而一遇大圣知其解者，是旦暮遇之也。”（《齐物论》）事实不幸被庄子言中。在中国传统文化的氛围里研究庄子，是难有突破的。“他山之石，可以攻玉”，因中西交融的文化视野，笔者的安徽庄学研究可以诊断庄学研究中的成就和不足，引导学者以庄解庄。这是笔者深感自豪的。当然，由于笔者水平有限，疏漏之处也在所难免，欢迎各位批评指正。

高　深

2017年3月23日